U0931218

主编简介

刘智勇 1965年生，电子科技大学公共管理学院教授、四川省社会管理和公共服务标准化技术委员会委员、成都市应急管理学会理事。主要研究专长为公共危机管理、社会治理。主持国家社科基金项目2项、省部级社科项目8项，发表论文、著作100余篇（部）。

社会安全与危机管理研究

刘智勇◎主编

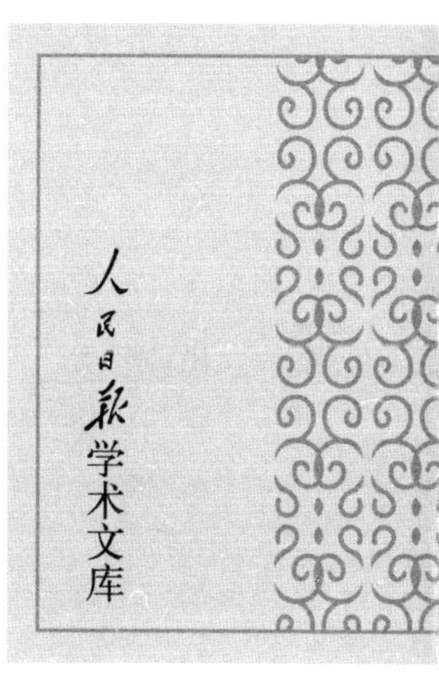

人民日报出版社

图书在版编目（CIP）数据

社会安全与危机管理研究 / 刘智勇主编．—北京：
人民日报出版社，2018.6
ISBN 978－7－5115－5493－2

Ⅰ.①社… Ⅱ.①刘… Ⅲ.①公共安全—危机管理—
研究 Ⅳ.①D035

中国版本图书馆 CIP 数据核字（2018）第 095405 号

书　　名： 社会安全与危机管理研究
主　　编： 刘智勇

出 版 人： 董　伟
责任编辑： 程文静　吴立平
装帧设计： 中联学林

出版发行： 人民日报出版社
社　　址： 北京金台西路 2 号
邮政编码： 100733
发行热线：（010）65369509　65369846　65363528　65369512
邮购热线：（010）65369530　65363527
编辑热线：（010）65363530
网　　址： www. peopledailypress. com
经　　销： 新华书店
印　　刷： 三河市华东印刷有限公司

开　　本： 710mm × 1000mm　1/16
字　　数： 332 千字
印　　张： 18.5
印　　次： 2018 年 7 月第 1 版　　2018 年 7 月第 1 次印刷

书　　号： ISBN 978－7－5115－5493－2
定　　价： 78.00 元

目　录

CONTENTS

公共危机管理多元主体协同机制构建研究*

刘智勇　王启友

进入21世纪以来，在全球范围内，由人口增加、不可再生资源的日益减少、气候变化、生态环境恶化等引发的各种灾害、生存危机事件增多，由网络犯罪、恐怖主义、民族与宗教冲突、生化武器扩散引发的各种非传统安全危机加剧，由经济全球化引发的金融与股市风险、国际贸易摩擦争端事件增加，由经济转轨、社会转型引发的社会安全事件频发和升级。种种自然因素与社会因素、国内因素与国际因素的影响及叠加，引发各类重大突发事件的几率显著增加，造成的危害和影响也日益加大，我国社会已进入高风险期。

自党的十八大以来，我国进入全面深化改革的攻坚阶段，在经济健康快速发展、社会总体安全和稳定的同时，各种新问题、新矛盾、新情况也不断涌现，日趋复杂。正确分析和判断我国经济和社会发展面临的严峻形势和挑战，系统总结改革开放以来特别是2003年“非典”公共卫生事件以来我国公共危机管理体系建设的成就和不足，努力建设具有中国特色社会主义公共危机管理体系，构建各类国家机关、各种社会组织和广大公众广泛参与、通力合作应对公共危机的协同机制，是我国学术界和实践部门共同面临的重大任务。

一、我国公共危机管理面临的严峻形势和挑战

对公共危机概念，目前国内尚无法定表述，学术界的表述也欠一致性。但比较普遍地认为，公共危机是指在社会运行过程中由各种自然或社会因素引发的、危及公共安全和社会正常秩序的一类紧急事件或者紧急状态。在我国现行法律法规中，未见“公共危机”概念，普遍使用的则是“突发事件”概念。如2007年8月

---

* 此文为国家社科基金项目《我国环境群体性事件合作治理模式研究》（16BZZ044）的阶段性研究成果。

刘智勇，电子科技大学公共管理学院，教授；王启友，成都市人民政府研究室，副教授，博士。

30 日通过的《中华人民共和国突发事件应对法》(后简称《突发事件应对法》)即是,该法将突发事件划分为四大类。下面拟以此分类为依据,就我国公共危机管理面临的形势和挑战做一分析。

(一)重大自然灾害频发

自然灾害,主要包括气象灾害、地质灾害、海洋灾害、生物灾害和森林草原火灾等。我国是世界上自然灾害最为严重的国家之一,灾害种类多、分布地域广、发生频率高、造成损失重。据民政部、国家减灾办发布的《2017 年前三季度全国自然灾害基本情况》显示:"各类自然灾害共造成全国 1.26 亿人次受灾,799 人死亡,90 人失踪,465.5 万人次紧急转移安置,141.9 万人次需紧急生活救助;13.9 万间房屋倒塌,29.3 万间严重损坏,121.5 万间一般损坏;农作物受灾面积 18158.8 千公顷,其中绝收 2083.5 千公顷;直接经济损失 3147.5 亿元。"[1] 小灾不断,巨灾增多,如在近 10 年间,在四川、重庆发生了特大干旱,在淮河流域发生了特大洪涝,在南方地区发生了特大低温雨雪冰冻灾害,在四川、甘肃、青海等地发生了特大地震和泥石流灾害,这些灾害均造成巨大的生命和财产损失。同时,伴随着全球气候变化以及我国经济快速发展和城市化进程不断加快,我国面临的资源、环境和生态压力进一步加大,防范和应对自然灾害的形势越加严峻。

(二)重大事故灾难事件频发

事故灾难,主要包括工、矿、贸等企业的各类生产安全事故、交通运输事故、公共设施和设备事故、环境污染和生态破坏事故等。2015 年,全国发生各类事故 281622 起,死亡 66187 人。[2] 2017 年全国发生各类生产安全事故 5.3 万起、死亡 3.8 万人。[3] 从公共安全事件发生频率看,在传统的生产安全、交通运输安全事件高发态势未得到有效遏制的情况下,公众出行交通安全、建筑设施安全、环境污染等领域的安全事故呈现多发趋势,成为新的公共安全热点问题。尤其值得警惕的是,由环境事故引发的环境安全事件显著上升,仅 2015 年,全国共发生突发环境事件 330 起。[4]

(三)重大公共卫生事件频发

公共卫生事件,主要包括传染病疫情、群体性不明原因疾病、食品安全和职业危害、动物疫情以及其他严重影响公众健康和生命安全的事件。从 2003 年至 2017 年,在我国曾发生过影响和危害巨大的"非典"、人感染高致病性禽流感、口蹄疫、高致病 HINI 等传染病疫情。此外,一些地方的食品生产领域出现了"毒奶粉""瘦肉精""染色馒头""地沟油""毒豆芽""塑化剂"等问题。这些都对我国公共卫生事件的危机管理提出了挑战。

(四)社会安全事件频发

社会安全事件,主要包括恐怖袭击事件、经济安全事件和涉外突发事件等。由于各种原因,我国非传统社会安全风险加大。我国经济体制深刻变革、社会结构深刻变动、利益格局深刻调整、思想观念深刻变化,给我国社会发展进步带来巨大活力的同时,也必然带来各种社会矛盾和利益冲突问题,由此引发的社会安全事件呈现频发、对抗升级趋势。相对于其他几类突发事件,社会安全事件对社会稳定、社会秩序的影响、破坏更为直接、严重,已成为公共危机管理的重中之重。特别值得一提的是,在我国话语体系中,有一类社会安全事件被称为"群体性突发事件",其对社会安全和稳定的威胁较大,长期以来倍受关注,成为党和政府维稳工作的重点。

公共危机事件曾被视为一种偶发性事件,公共危机管理工作也被视为一种临时的应急性工作。但是随着引发公共危机的各种因素不断增加,公共危机管理的常态化特点日趋显著,任何国家和政府都不可能避免公共危机的发生,将始终面临或隐或现、或急或缓的公共危机挑战。在我国,公共危机管理工作已成为各级党委、政府和其他组织随时随地都可能会面对的工作。"面对各种各样的危机,对于政府而言,如何建立起一个全面的整合的危机管理的体系,不断提升政府和社会的危机管理能力,可以说是公共危机管理的最大挑战。"[5]

面对当前严峻的危机形势和挑战,是否具有清醒的认识,是否具有较强的应对能力,成为考验党的执政能力和政府的行政能力的一个重要依据。早在 2002 年 11 月,党的十六大报告就明确指出:"面对很不安宁的世界,面对艰巨繁重的任务,全党同志一定要增强忧患意识,居安思危,清醒地看到日趋激烈的国际竞争带来的严峻挑战,清醒地看到前进道路上的困难和风险,倍加顾全大局,倍加珍视团结,倍加维护稳定。"2003 年"非典"事件的发生,使全党和全社会对公共危机的危害性以及提高国家公共危机管理能力的必要性、重大意义有了空前深刻的认识。

二、公共危机管理从体系建设走向协同机制的构建

公共危机管理的体系建设与协同机制构建,是公共危机管理的两个方面。体系建设是基础,协同机制是保障,二者相互联系,缺一不可。公共危机管理体系,是指应对公共危机事件的组织机构、制度、资源、平台等相关要素及各要素间关系的总和。协同机制是基于体系内各要素关系的制度性安排,下面拟研究的多元主体协同机制,特指体系内不同主体在危机管理中的权责关系的制度安排。

(一)公共危机管理体系建设的必要性

公共危机管理,有别于一般组织机构的内部危机管理,它更具复杂性和挑战

性。一般来讲,危机的性质、类型和特点,与危机管理的方式和手段之间存在内在联系。认识公共危机的特点,是理解公共危机管理体系建设的基础。

公共危机属于危机的一种类型,它首先具有一般危机的特点,即客观性、不确定性、突发性、危害性、扩散性,其次还有自身最显著的特点,这就是公共性。

何为公共性?目前少见有比较系统的研究成果。公共性,与危机是以何种原因发生以及由谁引发没有必然关系,主要是针对危机的影响范围、危害程度而言的。如果某一危机对公共价值、公共利益、公共安全或公共秩序造成了影响和危害,它就是一种公共性危机。此外,危机是否具有公共性,还与危机的应对主体类型有关系。如果危机按应对主体标准划分,可以分为:组织(如企事业)危机、区域危机(县、市、省级行政区域)、国家危机。区域危机、国家危机因其应对需要政府等公共组织参与,应属于公共危机范畴,"非典"事件、汶川特大地震就是典型的公共危机。当一个组织的内部危机向社会蔓延超越组织可控能力,需要该组织所在地党委、政府和社会力量共同参与应对时,作为个体的组织危机就演变为了一场公共危机。

由公共危机的"公共性"这一总特点可以派生出一些具体特点,包括层级性、区域性、外部性等,这几个特点存在部分交叉,侧重点有所不同。

公共危机的层级性,反映的是公共危机的影响和危害程度,以及所对应的危机管理主体的层级性。在我国,突发事件分为一般(Ⅳ)、较大(Ⅲ)、重大(Ⅱ)、特别重大(Ⅰ)四个等级,公共危机可参照此标准划分为四级。按照分类管理、分级负责的应急管理体制要求,公共危机的层级与管理主体的层级应该具有一致性,上述四个危机等级分别对应县级、市级、省级和国家级政府主体。需说明的是,也不是简单的一一对应关系,县级以上的公共危机管理,还包含了其下各级主体同时参与,以形成联动协同管理格局。

公共危机的区域性,是指公共危机的发生和影响范围在地域上的特点。这里的区域不仅是单一的行政区划概念,如某县或某市;还可能是一个跨行政区的地域概念,如中国西南、成渝、南方地区。发生范围的区域性,指公共危机发生在较大的地域内,如不少自然灾害类危机可能发生在较广的地域范围内;影响范围的区域性,指危机可能由一个局部或特定的小地域,蔓延扩展到更广大的地域,如传染性疾病、亚洲金融危机。在全球化、信息化时代,公共危机的区域出现不断扩大趋势,这必将推进公共危机治理走向府际合作、区域合作甚至国际合作。

公共危机的外部性,是相对于组织危机的内部性特点而言的,是公共危机的社会性表现。如前所述,公共危机一般会超越组织机构的边界对社会造成影响和危害。公共危机的外部性,是由危机的演变扩散特性所致。通常所谓的政府公共危机管理,一般不是指政府对自身内部危机的管理,而是指政府对外部即社会危机的管理,是把政府作为危机应对主体看待的。

公共危机的上述特点,给现代公共危机管理以极大的启示,这就是,任何单一的、孤立的公共危机管理要素,如单一的主体、单一的手段、单一的渠道、单一的资源等,都难以应对具有社会性、区域性、跨界性的公共危机,只有立足于公共危机管理的体系建设才能有效应对公共危机。如果忽视公共危机管理的体系建设,只注重零零星星、支离破碎的修复式建设,或只采取头痛医头、脚痛医脚的临时单项工作推进方式,或习惯于长期所形成的封闭、单一主体孤军奋战的危机管理模式,那么面对重大、特大公共危机时将会处处被动,无能为力。

原中国行政管理学会执行副会长兼秘书长高小平研究员指出:“在自然领域和社会生活中都面临许多新的矛盾,导致突发公共事件具有形成速度快、发展范围大和易产生倍增效应等特点。与以往处理人与自然、人与社会的矛盾相比,这一时期的突发公共事件有更大的危害性,应对难度倍增。这一现实国情凸现了对建立健全有别于一般公共管理规律的突发公共事件应急管理体系的必要性和重要性。”[6]开展公共危机管理体系建设有助于适应公共危机管理的新要求。

如何做好我国公共危机管理体系建设?高小平就我国应急管理体系建设所提出的“五化”思路,具有较大的参考价值,他所谓的“五化”即指综合化、系统化、专业化、协同化、规范化,他还提出实现“五化”的具体要求:根据综合化要求完善应急预案体系,运用综合化、系统化思维改进分类、分级管理,按照综合化、系统化、专业化要求进一步推进应急管理体制建设,按照综合化、系统化、专业化、协同化要求完善应急管理机制,按照综合化、系统化、专业化、协同化、规范化要求完善应急管理法制。[7]“五化”的核心内容就是完善“一案三制”建设(一案指应急管理的预案,三制指应急管理的体制、机制和法制),“一案三制”本质上就是推进应急管理的体系建设。

(二)我国公共危机管理体系建设的成就及不足

2003 年 7 月 28 日,党中央、国务院及时召开全国防治“非典”工作会议,胡锦涛在会上指出:“通过抗击非典斗争,我们比过去更加深刻地认识到,我国的经济发展和社会发展、城市发展和农村发展还不够协调;公共卫生事业发展滞后,公共卫生体系存在缺陷;突发公共事件应急机制不健全,处理和管理突发公共事件能力不强;一些地方和部门缺乏应对突发公共事件的准备和能力。我们要高度重视存在的问题,采取切实措施加以解决,真正使这次防治非典斗争成为我们改进工作、更好地推动事业发展的一个重要契机。”[8]胡锦涛的讲话,既指出了我国经济社会发展中存在的不全面、不协调和不可持续性等问题,也反映出我国公共危机管理体系建设中存在的突出问题。

在全国防治“非典”工作会议后,我国开始了全面启动有计划、有组织的公共危机管理体系建设工作。在公共危机管理体系建设之初,首先确定了科学原则和思路,即“借鉴国际经验,结合我国国情,运用系统理论、战略思维,集思广益、科学决策,提出‘一案三制’的宏大构想,整体优化系统结构和功能”[9]。这既是我国公共危机管理体系建设的特点又是成功的经验。经过五年左右建设,在2008年召开的第十一届全国人大一次会议上国务院郑重宣布:“全国应急管理体系基本建立。”[10]此后,我国公共危机管理体系建设进入深化和完善阶段。

我国公共危机管理工作首先立足于体系建设,是思想认识和实践上的巨大进步。从体系建设入手,改变了在公共危机管理工作中长期存在的碎片化、片面化做法,开始从系统、联系的视角,注重宏观和全面统筹推进公共危机管理各项工作的改革和创新,以更好地发挥公共危机管理体系的功能和作用。

在我国公共危机管理体系建设中,最具标志性的举措和成果就是建立了“一案三制”,实现了公共危机管理体系的“顶层设计”。其主要成效表现如下:

基本建成危机管理预案体系。预案编制是危机管理体系建设的龙头,是“一案三制”工作的起点,2005年初国务院办公厅成立应急预案小组,7月,国务院召开第一次全国应急管理工作会议,开始分级分类启动全国范围内的应急预案编制工作。截至2008年初,全国已制订了涵盖各类突发公共事件的应急预案130多万件,应急预案之网基本形成。此后,各级政府启动已有预案的修订完善工作,并将预案编制工作向社区、农村和各类企事业单位扩展,向实现全覆盖目标推进。

基本建成危机管理体制。危机管理体制主要是指由危机管理指挥机构、社会动员体系、专业救援队伍和专家咨询队伍等组成的组织体系。2006年8月,《中共中央关于构建社会主义和谐社会若干重大问题的决定》正式提出,按照“一案三制”的总体要求建设危机管理体系,要求“完善应急管理体制机制,有效应对各种风险”。通过几年努力,我国就初步建立起了统一领导、综合协调、分类管理、分级负责、属地管理为主的危机管理体制。近年来这一体制根据实践的需要仍处于不断完善中。

基本建成危机管理机制。危机管理机制主要是指危机管理体系各要素之间的权责划分和运行关系的制度性安排。我国危机管理机制建设与体制建设同步推进,目前已基本建立起了统一指挥、反应灵敏、功能齐全、协调有序、运转高效的危机管理机制。而且,还针对危机管理的要素和过程,细化机制建设,逐步建立健全了系列具体机制,包括危机监测预警机制、信息沟通共享机制、指挥和协调机制、分级负责与响应机制、社会动员机制、应急资源配置机制、政府与社会联动机制、国际间合作协调机制等。

基本建成危机管理法制。危机管理必须依法管理,法制是“一案三制”的基础和归宿。《突发事件应对法》是我国危机管理领域的第一部基本法和总法,成为我国危机管理走向法制化的标志。截至 2008 年初,在我国危机管理法律法规体系中,有相关的法律 35 件、行政法规 37 件、部门规章 55 件、法规性文件 111 件,涵盖危机管理的方方面面。近年来,进一步完善应急法制建设,重点转向解决应急法制领域的空白,以及制定法律法规的实施办法和细则。

我国立足于公共危机管理的体系建设,体现了战略上的整体思维和系统思维,而在体系建设中又将“一案三制”作为重点内容,体现了实施工作中的重点推进策略。我国能在几年时间内基本建成以“一案三制”为核心内容的公共危机管理体系,并且这一体系能在应对各类重大突发事件中发挥重要作用,特别是在应对 2008 年汶川特大地震、2010 年玉树地震和舟曲泥石流灾害、2013 年芦山地震、2011 年在利比亚的中国公民安全危机等重大突发事件中取得举世瞩目的成就,这充分说明我国危机管理体系建设的原则和思路是科学而合理的。

然而,面对国际和国内复杂多变的严峻形势和挑战,面对突发公共事件日益高度复合发展的趋势,我国的公共危机管理体系还存在一些不完全适应的局限性,集中表现为整合性、协调性、自组织性不太强,其功能和作用难以充分发挥。

所谓整合性不强,即指现行的公共危机管理体制仍具有分类别、分行业、分层级设置的特点,虽然通过近年来的体制改革创新已实现了一定程度上的整合,但还停留于低层级、区域性、行业性整合阶段。受现有行政管理“条块”结构体制这一根源性因素影响,我国公共危机管理体制在短期内还难以从根本上、全局上解决横向和纵向分割、整体性不强的问题,这对处置重大和特大、综合性公共危机事件产生不利影响。

所谓协调性不强,即指公共危机管理体系中内部与外部间、上下层级间、公私间、危机管理各阶段间的分工与合作不够顺畅,这反映的主要是机制方面的问题,当然也与体制问题有关。协调性不强问题可能导致公共危机管理各主体的联动性、合作性不强,以及运行不畅、效率不高等后果。

所谓自组织性不强,即指公共危机管理体系内部自身运行对行政权威的依赖性强,被组织干预的特征明显,系统内生自组织机制较弱,主动性、弹性不足。这与长期以来政府职能转变不到位、政社不分、社会组织弱小有关。其结果是社会的参与动力和积极性不高,公共危机中政府主导色彩太浓。

因此,完善和创新我国公共危机管理体系的目标是:提高体系的整合性、协调性、自组织性,最大限度实现体系结构科学、功能优化、运转高效。这是我国公共危机管理体系建设的必然选择。

（三）公共危机管理多元主体协同机制的完善

公共危机管理多元主体协同机制与公共危机管理体系之间相互依存、相互作用。实现多元主体协同机制，需依托公共危机管理体系，没有体系的支撑，多元主体协同就失去存在的依据。同样，没有多元主体协同机制，公共危机管理体系就只是形式，其功能和作用难以发挥。

完善公共危机管理多元主体协同机制，是公共危机管理体系建设走向深入的体现，也是解决我国公共危机管理体系现存问题的需要。前面所说的公共危机管理体系的整合性、协调性、自组织性不太强等问题，实质上就是多元主体协同机制不完善所造成的。完善公共危机管理多元主体协同机制，正是强化完善公共危机管理体系的重要举措之一。

在我国，多元主体参与公共危机管理的思想已获得广泛共识，而且也开始成为普遍实践。多元主体参与，主要是一种体制，这种体制在应对以汶川特大地震为代表的若干重大、特大突发事件中已经显示出其生命力和作用。然而，多元主体参与并不等于这些主体能够自然实现协同，通过体制内党政力量的集中组织动员实现多元主体参与并不难，难的是实现多元主体参与的有效协同。因为协同需要机制来保障，这种机制的形成受制于多种因素，建立起来难度大。

“危机管理的核心问题是各参与主体的权力—责任机制的构建与调适”，“建构危机管理机制的关键就在于建构危机状态下以政府为中心的危机管理权责机制。”[11]多元主体参与公共危机管理的成效取决于有无完善的协同机制，如果缺乏完善的协同机制，多元主体间不仅不能形成整合倍增效应，相反还可能会滋生内耗，降低系统效能。尤其在我国，具有快速动员和组织各种力量和资源参与公共危机管理的巨大社会和政治优势，如果没有完善的协同机制，就可能产生过度的、无序的应急投入，造成更大的浪费。如高小平所言：社会主义具有集中力量办大事的优越性，能在突发公共事件高压状态下快速形成巨大的战斗力和号召力，能有效调动各方资源和各部门以及公民积极性充分参与到应对突发公共事件的过程。但这种短时间内调动大量资源的体制和做法也存在很大的负面作用：一是容易出现应急过激反应现象，造成浪费，“只算政治账，不算经济账”；二是容易产生多个应急部门各自为政、协调困难的问题；三是容易形成地区资源分配不均或有的单位个体消耗过度的问题，这都会使应急效果大打折扣。对此他建议，在“一案三制”的框架内，通过制度供给的约束和平衡，消除集中资源时的盲目性。[12]我们认为，完善公共危机管理多元主体协同机制正是一种制度供给形式，正是解决多元主体参与中可能存在的权责不明、相互扯皮、配合不畅等问题的有效对策之一。

三、公共危机管理多元主体协同研究述评

自2001年美国“9·11”事件和2003年中国“非典”事件发生以来，在国内学术界，公共危机管理的研究就一直呈现“高温”不降的态势，产生了一大批研究成果。随着公共危机管理研究的深入，有关多元主体协同研究也出现日益增多趋势，学术界在公共危机管理需要多主体参与这一问题上形成共识，提出了一些有价值的观点和思路。但在具体问题上，如对怎样参与、不同主体的责权利关系如何合理界定、如何有效构建分工与协作机制等诸多问题，还缺乏系统、深入、整合性的研究；宏观性、原则性研究多，实用性、可操作性的对策方案研究少。公共危机管理的理论研究在回应实践需求之间尚存在较大差距。对已有的研究状况进行全面系统总结，了解研究进展、不足，对完善本领域的研究具有一定的参考价值。

（一）公共危机管理多元主体协同的研究概况

有关公共危机管理多元主体协同的研究成果主要分布于著作、期刊、各级各类基金项目中。鉴于“非典”事件是我国公共危机管理研究的转折点、鉴于期刊文章的影响力和代表性，本研究重点选取2003年至2017年的期刊文章研究成果做一述评。

在著作方面，公共危机管理方面的著作大致有数百部，但未发现一部公共危机管理多元主体协同方面的专门著作；相关的研究成果，主要散见于部分公共危机管理著作中，一般以章或节形式呈现，要么对公共危机管理的某一主体或多个主体的地位、作用、职责进行研究，要么对多个主体间的分工协作、权责关系进行研究。比较有代表性的成果有：中国行政管理学会课题组所著的《中国转型期群体性突发事件对策研究》第7章题为“培育社会自我调节机制”（2003）、原中国行政管理学会会长郭济主编的《政府应急管理实务》第13章题为“应急管理中政府与社会的合作互助”（2004）、阜阳师范学院王茂涛所著的《政府危机管理》第8章题为“危机管理的社会参与”（2005）、原国家安全生产监督管理局副局长闪淳昌和清华大学薛澜主编的《应急管理概论——理论与实践》第4章题为“政府应急管理体制”（2012）等。

在项目研究方面，以国家社会科学基金项目为例，据对全国哲学社会科学规划办公室公布的立项项目的初步统计，2003年至2017年，各类国家社科基金项目中有关公共危机管理方面的项目达数十项，其中，与多元主体协同相关的项目有10余项，代表性的项目如：2006年东南大学赵林度获得的《城际重大危险源应急

网络协同机制研究》、2009 年湖南大学裘丽获得的《互联网大规模协作在公共危机中的作用》、2010 年西安交通大学郭雪松获得的《我国城市应急管理中的组织协调与联动机制研究》、2010 年西南石油大学高军获得的《央企与驻地政府应对重大突发事件联动机制研究》、2014 年东华理工大学罗志红获得的《我国核电项目的社会稳定风险评估及协同治理机制研究》以及首都师范大学王冠中获得的《新中国重大疫病防控中的政府协同及实现机制研究》、2016 年湖南农业大学李诗悦获得的《大数据背景下突发事件跨界治理创新研究》以及电子科技大学王怡获得的《社会共治视角下食品安全风险防控法律机制研究》。此外，在历年立项的教育部人文社科项目以及全国各省市哲学社科规划项目中，属于公共危机管理多元主体研究领域的项目远远多于相关的国家级项目。

在期刊文章方面，属于公共危机管理多元主体领域内的文章数量较多，为了解具体的研究状况，以中国知网（CNKI）的期刊为检索源，以“篇名”为检索项，选择公共危机管理主体研究的常用概念如“党委”“政府”“人大”“企业”“媒体”“社区”“社会中介”“非政府组织”“志愿者”“第三部门”“民间组织”“社会组织”等，与“公共危机”“应急”“突发事件”等概念组合作为检索词，查得的相关文章情况如表 1-1 所示。

表 1-1　公共危机管理多元主体参与的刊发文章数量

类别 主体	公共危机	应急	突发事件	合计
党委	1	8	5	14
政府	746	770	655	2171
人大	0	7	5	10
政协	0	6	1	7
工会	0	4	5	9
共青团	0	0	0	0
妇联	0	0	0	0
企业	28	944	205	1180
媒体	265	174	1137	1576
社区	17	206	81	304
社会中介	0	0	0	0

续表

类别 主体	公共危机	应急	突发事件	合计
非政府组织	85	17	9	111
第三部门	5	0	2	7
民间组织	5	1	1	7
社会组织	15	28	10	53
志愿者	9	68	10	87
合计	1175	2233	2129	5537

从上表可看出，从公共危机、应急和突发事件三大方面研究16类不同主体参与危机管理的文章达5537篇，这表明公共危机管理主体研究已具相当规模。

5537篇文章仅是就各主体参与公共危机管理（应急管理或突发事件应对）的研究文章，还未完全反映出对主体间的协同关系进行研究的情况，因为对公共危机管理的多元主体协同研究，还需要研究主体间的分工合作、权责划分、运行方式等核心内容，为此，选择接近表达“协同”内涵的7个相关概念，再对上述5537篇文章做进一步检索，查得的基本情况见表1-2。

表1-2　公共危机管理多元主体协同的刊发文章数量

类别 主体	公共危机	应急	突发事件	合计
多元主体	14	2	2	18
多中心	3	2	2	7
协同	37	217	52	306
整合	21	82	15	118
合作	34	158	35	227
联动	9	517	68	594
合计	118	978	174	1270

从上表可知，在1270篇文章中直接研究主体间协同的文章为306篇，虽然研究主体联动的文章也达594篇，但其中多数文章主要是针对公共危机管理信息系

统的设计与开发而言的,侧重技术层面的研究,从管理层面研究联动的体制、机制和模式的文章不多。综上表明,在5500余篇有关公共危机管理多元主体研究的文章中,专门研究多元主体协同的文章相对较少。

(二)公共危机管理多元主体协同研究的主要内容简述

通过对公共危机管理多元主体参与领域的代表性文章的重点研读发现,从总体上看,其研究已有相当的基础,研究视角多样,研究内容较为广泛,基本涵盖公共危机管理多元主体及其协同的主要方面,其内容及观点归纳如下。

1. 有关公共危机管理多元主体协同的内涵、必要性研究

什么是公共危机管理多元主体协同? 需不需要协同? 这是在公共危机管理多元主体协同的研究中应当解决的基础性、关键性问题,已有研究成果对这些问题有较多的涉猎。

部分文章直接在篇名中使用了"多元主体参与""多元主体协同""多元主体整合""多元主体联动""多元主体合作"等词,这类文章篇名其实就已清楚表明了研究者的基本态度和主张,更多文章则在文中列小标题予以阐述,表达了类似的观点。张成福教授是国内较早提出公共危机管理多元主体协同思想的学者之一,他在2003年就提出:"构建政府主导、多种主体参与、权责明确的公共危机管理机制。"[13]他所谓的机制其实就是一种协同机制。学术界对多元主体协同内涵的理解尽管表述有差异,但基本认识较一致。例如,具有代表性的观点有:沙勇忠、解志元认为,危机协同治理是指在以网络技术为代表的信息技术的支持下,政府、非政府组织、企业、公民个人等社会多元要素参与合作、相互协调。危机协同治理的类型大体分为政府之间的协同、政府与公民社会之间的合作、公民社会之间的协同合作等类型。[14]娄成武、于东山认为,危机管理协同是"综合协调政府自身与一切社会组织甚至包括国际组织等主体,形成优势互补、协同配合、优化组合的网络系统。"[15]对多元主体的构成,多数文章论及较多的主体是政府、企业、媒体、非政府组织和公众等。例如,李明洪指出:"在利益多元化的今天,急需政府联合各相关利益主体协同治理,在政府、民众、企业和非政府组织(主要是媒体和环保NGO)之间开展对话协商和构建协同合作治理模式,形成多角度的行动联合动态机制。"[16]在对危机管理是否需要多元主体协同的必要性的认识上,未发现任何争议。一些文章通过对传统"单中心"危机管理模式局限性的分析,阐述危机管理多元主体协同的必要性。例如,韩丹、刘伟从多中心理论角度阐述了多元主体协同的理论实践价值在于:①多中心安排符合政府转型的需要;②多中心制度安排有利于促进危机治理中政府服务意识的增强;③多中心制度安排有利于提高公共危机治理的效率;④多中心制度安排有利于维护社会稳定。[17]

公共危机管理多元主体参与及其协同观的提出，是对过去在理论研究和实践上重政府主体而轻其他主体的狭隘主体观的反思和发展，是我国公共危机管理模式的创新，具有重要的理论和实践价值。

2. 有关公共危机管理多元主体协同中的问题研究

如前所述，公共危机管理多元主体协同，虽然在理论研究上有共识，但在实践中要实现有效协同并非易事，仍然存在不少问题和不足，多数文章对此进行了梳理、总结，观点比较一致。

赵玉娇指出了四个方面的问题：多元主体参与公共危机治理的意识不足，多元主体参与公共危机治理的法律不明，多元主体参与公共危机治理的信息不畅，多元主体参与公共危机治理的责权不清。[18]邓旭峰也从四个方面表达了自己的看法："一是缺乏专门应对公共危机的综合协调机构，二是忽视多主体间的协作与监督方面的法律规定，三是忽视社会各部门在公共危机治理中的协作交流，四是公共危机信息管理系统有待进一步健全。"[19]程潇凝等通过对参与农村公共危机治理的多元主体分析，认为在危机治理过程中，存在多元主体没有高效、有序地参与治理，随意性较大，各主体的权责较模糊等问题。[20]这三篇文章对协同存在的问题认识比较全面，综合起来，基本能概况目前学术界对公共危机管理多元主体协同问题的整体认识。

对公共危机管理多元主体协同中存在的问题开展研究，贯穿了有关公共危机管理及其主体协同研究全过程，只是在不同时期，研究的程度、侧重点不同而已。该领域的文章特别多，虽然少有专门对协同问题进行独立研究的文章，但绝大多数文章对此均有所涉猎。对公共危机管理多元主体协同中存在的问题的研究，也成为多数文章进一步研究协同的必要性和解决协同问题的依据。

3. 有关公共危机管理多元主体协同中的权责研究

公共危机管理多元主体的参与，重要的是能否实现协同，否则主体系统可能产生内耗，降低公共危机管理效能。而协同的效果取决于各主体间的权责划分。多元主体参与中存在的上述问题，其实就与主体间权责关系不明晰有关。

部分文章从不同角度对多元主体协同中的权责界定的必要性、重要性与要求等进行了研究。曹现强、赵宁较早撰文指出："危机管理的核心问题是各参与主体的权力—责任机制的构建与调适。为了有效地进行危机救治，必须对各参与主体进行合理的权力和责任划分。"[21]何学勤、陆宁从主体职能视角指出："各主体的角色和职能的划分成为公共危机协同治理的首要问题。"[22]张立荣、冷向明从结构与层次上研究不同主体间的权责指出："在权力结构上，除政府外，非政府组织、企业组织以及公民都在公共危机治理结构中同样拥有权力、能力和责任，形成一种权力与责任对等、制度化、常规化的多元治理结构。”[23]陈潭以集体行动理论为依据指出:“明晰产权、明确责任、沟通协调、自主治理、理性激励、合理监督等制度安排是解决公共管理危机或集体行动困境的可能路径。”[24]

在多元主体协同研究中对于权责的研究难度较大,已有研究成果深度不足,还主要停留于理念层面、原则层面的研究,缺乏针对性和可操作性的研究,如针对不同类型和不同级别的公共危机管理,各主体的具体权责如何界定?针对不同阶段和环节的公共危机管理,各主体的权责又如何界定和衔接?这是特别值得深入研究的问题。

4. 有关公共危机多元主体协同治理的对策研究

公共危机管理多元主体不仅需要协同,更为重要的是如何能有效协同,能否提出具有参考性和可应用性的对策建议,可反映出研究成果的水平和价值。涵盖对策内容的文章较多,但几乎都作为文章中的最后一个部分对待,单篇专门研究文章较少。

已有的对策研究内容,大致涵盖了组织结构的完善、主体权责界定、制度创新、机制完善、培育社会资本等等。例如,张立荣、冷向明主张从五个方面着力:完善协同治理的法规制度、优化协同治理的权责体系、加强协同治理的资源保障、搭建协同治理的信息平台、培育协同治理的社会资本。[25]沙勇忠、解志元从路径角度指出:“由管理理念向协同治理理念的转变、协同治理结构的建立、协同治理机制的塑造、社会资本的培育是构建我国公共危机协同治理的主要路径。”[26]杨永慧、熊代春从非政府组织与政府在公共危机中的关系角度提出实现“协同治理”的路径选择是,采取多种措施确保非政府组织的独立性、加强非政府组织与政府的沟通协调、政府为非政府组织提供良好的体制性环境、明确公共危机治理中非政府组织的地位和职责。[27]邓旭峰从法律制度环境、组织体系优化、权责规范、资源保障以及信息技术保障等五个方面提出构建公共危机多主体治理的制度保障体系。[28]

多元主体协同治理的对策研究,既是研究重点也是难点,已有的研究内容虽较为全面,但总体上过于原则、笼统,具有可操作价值的对策方案少。此外,研究视野不够开阔,对跨层次主体间的协同、危机管理过程中的动态协同以及跨区域中的协同对策研究还偏弱。

5. 有关公共危机管理的区域合作、国际合作研究

公共危机管理多元主体的协同,有狭义和广义两种情况,狭义的协同是指同一行政区域内不同主体之间以及同系统内上下级主体之间的协同,广义的协同还指跨行政区域甚至跨国界的不同主体间的协同。

广义协同的研究已受到关注,但研究成果很少。从所见到的代表性文章来看,佘廉、蒋珩提出了构建区域突发公共事件应急联动体系的有关设想并认为:一个高效能的区域突发公共事件应急联动体系应包括完善的组织架构、缜密的预测预警机制、快速的应急联动机制、合理的应急联动资源储备利用等方面。[29]彭婷婷认为:跨区域公共事件的特征决定了应该走地方政府合作治理的道路,进而提出要唤醒地方政府间的合作意识,建立科学的政府间合作机制,加强中央政府的宏观调控,完善已有的政府绩效考核体系。[30]张仁平、曹任何运用府际管理基本理论,提出从公共危机管理合作机构系统、法律与政策合作系统、善后合作系统三方面构建长株潭城市群公共危机管理合作模式。[31]樊帆、彭晓保、郭鹏指出:公共危机管理中的国际沟通与合作显得日益重要,构建危机背景下国际合作与学习机制。[32]

针对跨行政区域、跨国界(境)的广义协同研究相对较晚,但已有一个良好的开端,并逐渐引起重视,也顺应了公共危机协同管理的现实需要。当代公共危机呈现出规模大、范围广、蔓延性强的特点及发展趋势,广义的危机协同管理实践将逐渐上升为主要形式,加强广义协同的研究势在必行。

6. 有关公共危机管理多元主体协同的比较研究

公共危机管理是世界各国和地区共同面临的问题,各国和地区在公共危机管理中各自形成了自身的模式、特点,有其经验和教训,因此,各国和地区不仅需要在实践上相互合作,而且也需要开展比较研究,以相互学习和借鉴。

花勇通过对法国骚乱的社会性原因和政治体制因素的分析指出:面对转型期中国的分层社会,必须注意公正的国民待遇问题,特别是弱势群体的利益;关注社会分化以及由此带来的社会冲突;地方政府官员必须具备全球化意识和透明的行政意识,正确看待社会冲突的功能;建立完善的预警机制。[33]王宏伟通过分析联邦体制给美国应急管理带来的纵向及横向碎片化问题认为,现代应急管理是综合性应急管理,由此提出应急管理者要进行有效的协调,避免碎片化,实现整合化。[34]岳经纶、李甜妹认为:香港在突发事件应急管理领域形成了独具特色的合作式治理模式,可以为我国内地探索应急管理领域的合作式治理提供重要的借鉴,由此提出建立政府与非政府组织间的“合作伙伴”关系及其合作式应急治理机制。[35]

从比较视角研究公共危机管理多元主体协同的文章虽然不多,但反映出研究方法的多样性、研究视野的拓展性。不过,已有比较研究多选择欧美发达国家,其代表性还不够。此外,介绍性的成果多,深入对比研究的成果少,对其借鉴和启示价值挖掘不足。

（三）公共危机管理多元主体协同研究状况简要评价

当代公共危机事件呈现出日益频发、影响越来越大、后果越来越严重的特点，应对公共危机从政府单一主体应对走向多元主体协同应对是必然要求，开展对公共危机管理多元主体协同的研究具有重要的理论和实践价值，我国学术界及时地回应了公共危机管理的新特点和新要求，在公共危机管理多元主体协同方面形成了基本共识，普遍主张构建政府主导、多种主体分工合作、权责明晰的公共危机治理结构和机制。该领域已有研究文章初具规模，涉及内容较为广泛，提出的一些对策建议具有一定的参考价值。但是，研究深度、创新性不够，原则、思路研究多，具有较大应用价值的研究少。

1. 对多元主体的研究存在失衡问题

从所选择的对 16 类主体的研究文章分布来看，有失均衡和合理性。

一是对于政府、媒体、企业 3 类主体的研究过重。从对 16 类主体的研究文章来看，对于政府、媒体、企业这 3 类主体研究的文章数量居前三位，尤其是研究政府主体的达 1980 篇。这 3 类主体在公共危机管理中具有特殊地位和作用，成为研究重点有其必然性和合理性。但这从一个侧面反映出人们对多元主体的认识仍是以政府为中心的单一主体观。如果过于偏重政府主体研究，在实践中仍习惯于高度依赖政府主体，将可能会忽视其他主体的地位及其参与作用，影响其他主体作用的有效发挥。

二是忽视对作为公共危机管理主体的党组织的研究。检索仅发现 12 篇有关文章，这一现象颇值得深思。“中国共产党的各级组织在国家和地方的重大事务决策和公共管理方面发挥着巨大作用，在治理公共危机中担当着重大权责，成为应对自然灾害类突发事件的主导力量，这与世界上大多数国家的危机管理主体组织有着明显的不同。”[36] 在我国，大量各类重大突发事件的处置实践也充分表明各级党组织是重大公共危机管理中的决策者、领导者。然而理论研究在这方面的薄弱却与实际情况严重脱节，这不能不说是一大缺陷。因此，在研究我国公共危机管理的多元主体结构及其关系时，应把党组织职责和作用研究纳入其中。

三是对人大、政协、共青团、工会、妇联等主体的研究还相当薄弱。在我国，人大组织在公共危机管理中具有立法、监督的功能，政协组织在危机管理中具有辅助决策、监督等功能，共青团、工会、妇联等群众团体是党和政府应对公共危机的重要依靠力量。这 5 类主体在以往我国公共危机管理实践中所发挥的作用都很显著，广受认可，理论研究与实际情况同样存在很大的反差。

2. 在多元主体协同上存在“三重三轻”的研究倾向

在公共危机管理实践中多元主体协同事实上存在多种情况，诸如微观与宏观协同、横向与纵向协同以及危机管理过程不同阶段中的动态协同。作为理论研究理应与此相适应，反映实践的需要，发挥理论对实践的指导作用，然而，从已有研究成果来看，却存在下列“三重三轻”的研究倾向。

一是重微观层面主体协同而轻宏观层面主体协同的研究。所谓微观层面主体协同，是指在同一行政区域内（如省、市、县）的不同主体之间的协同；宏观层面主体协同，是指跨行政区域甚至跨国（境）的不同主体之间的协同。当代公共危机规模越来越大，影响范围越来越广，跨行政区域、跨国（境）的公共危机管理已成为一种现实和发展趋势，在更大范围和更高层次上开展多元主体协同的宏观研究极为必要，但是，已有研究成果则更多集中于研究微观层面主体间的协同，对宏观层面主体间的协同研究很少。

二是重横向主体协同而轻纵向主体协同的研究。公共危机事件依其严重程度、影响程度，通常划分为特别重大（Ⅰ）、重大（Ⅱ）、较大（Ⅲ）、一般（Ⅳ）四个等级，以便有针对性应对。危机等级不同，应对危机事件的主体层级就不同，较高等级的危机事件往往需要多级主体共同应对，如在我国，对于特别重大危机事件，要求从县级、市级、省级至国务院四级政府共同应对，这就涉及纵向协同问题。纵向协同所要明晰的是上下级主体间的权责关系，而横向协同所要明晰的则是同一层级的不同组织或部门间的权责关系。已有研究文章偏重于对横向主体间协同的研究而轻纵向主体间协同的研究，这种研究格局在危机事件小、级别不高的情况下，有其必然性和合理性，但随着重大公共危机事件日益增多，如果仍偏重于横向协同的研究就越来越不适应实践发展的需要了。

三是重静态协同而轻动态协同的研究。所谓静态协同研究，是指仅从理论和法规角度研究各类危机管理主体应该具有的权责，而不考虑危机事件本身的状况及其发展过程，属于一种应然性研究。动态协同研究，是指结合公共危机管理的过程来研究各主体的权责。静态协同研究虽是为动态研究服务的，但动态协同研究更具应用价值。因为，公共危机管理具有阶段性，如预测预警阶段、处置阶段、善后阶段等。在不同阶段，需要不同的主体参与，也即主体参与有一个最佳时序问题。此外，即使同一主体在不同阶段其权责分配的侧重点也不尽相同，因此，研究公共危机管理多元主体的协同，有必要具体深入研究在公共危机管理的不同阶段甚至同一阶段的不同环节，需要哪些主体参与及其如何参与，以更科学、合理地调配人力等应急保障资源，提高公共危机管理的效能。这种按危机管理时序对主体间协同进行的动态研究具有重要的现实意义，但是该方面的研究文章比较罕见，需要研究者给予高度关注和加强。

3. 对公共危机管理多元主体协同机制研究薄弱

公共危机管理多元主体的协同能否有效实现，关键在于机制保障、在于科学的制度设计，否则，协同可能会流于形式，甚至因为参与主体较多，出现推诿责任、滋生内耗等问题，致使危机多元主体协同管理的效能低于单一主体管理的效能。虽然目前研究多元主体协同的文章不少，但多局限于研究协同的必要性、意义、存在的问题及泛化的对策措施等层面上。协同中的机制问题本应是研究的重点，但已有研究大多避重就轻、浅尝辄止。专门研究机制的文章不仅很少，而且只作为"对策"研究内容之一，甚至有的文章把多元主体协同中的组织体系架构、法规建设、信息平台搭建、路径和手段等具体措施也视为协同机制。还有部分文章虽然也提出了一些所谓的协同机制，如预警机制、联动机制、信息共享机制、权责机制、激励机制等等，但这些机制未体现出协同的核心和实质问题，不是真正意义上的协同机制，只是公共危机管理的一般性机制。

四、公共危机管理多元主体参与的问题及其成因

在我国，以抗击"非典"事件为契机建立起了公共危机管理体系。这一体系在应对以汶川特大地震为代表的各类重大灾害危机事件中经受住了考验，显示出其有效性。但也应该清醒地认识到，公共危机管理体系建设是一个复杂而长期的系统工程，目前该体系建设仍处于初级阶段，作为体系建设重要内容之一的公共危机管理多元主体建设，还存在参与主体能力不强以及协同机制欠健全等问题，特别是在面对日益复杂的重大突发事件时，其不适应性和脆弱性将更加突出。深入分析现有问题及其成因，对于公共危机管理多元主体协同机制的完善具有重要的意义。

（一）公共危机管理主体参与存在的问题

从总体来看，公共危机管理主体参与中存在的问题集中在四个方面：一是参与主体范围虽然有所扩大，但不同主体地位作用发挥失衡，政府在某些本应该主要由社会主体解决的危机事务中仍然处于绝对主导地位，几乎包揽了相关的全部工作；二是跨地区、跨系统、跨领域的公共危机综合管理系统的建立具有显著的临时性、应急性特点，稳定的长效机制弱化；三是不同主体间存在明显的条块分割、协调困难的缺陷；四是社会组织的发育程度较低，参与程度和能力不高。并且这些问题常常交织在一起，进一步导致公共危机管理的效能降低。

1. 主体结构地位失衡，倚重倚轻

在我国现有的公共危机管理主体系统结构中，除党组织外，政府组织仍然是主角，处于绝对支配地位；虽然近年来公共危机管理也开始注意吸纳其他主体参

与,管理主体的范围有所扩大,多元主体参与已不再是突出问题。但是如何使多元主体平等参与、良性互动,更有效协同,则成为理论研究和现实中的突出问题。我国现行的公共危机管理体制是建立在危机分类、政府职能分工基础之上的,各种类型的公共危机管理基本上是以相应的政府职能部门为依托,带有浓厚的行政部门色彩,再经过多层次的"块块"切割,整个公共危机管理体系显得异常复杂和零碎,这导致政府对单项公共危机事件的反应能力比较强,但对需要各种资源整合、协同运作的复合型公共危机的反应能力比较弱,整个公共危机管理系统的协调成本高,难以形成高效能的联动整体。

我国公共危机管理中的主体系统建设的当务之急,不仅是进一步界定政府的角色和强化职能,还要构建和发展多种参与主体,强化政府与它们之间的互动与合作关系,实现多元主体结构的相对平衡。多元主体结构的相对平衡包括两层含义:一是权利的平衡,即保证政府主体之外的其他主体适度的政治表达与政治参与;二是义务的平衡,即强调政府责任的同时,明确其他主体的义务和责任,培养其他主体主动识别风险、消减风险的意识和能力,而不是被动地对风险做出反应。公共危机管理过程是平衡的多元主体互动过程,非常类似自然界中的"自组织现象",而自组织恰恰是系统达到有序状态的过程。如果"条条"与"块块"分割,多元主体倚重倚轻,应急反应结构单一,则系统自组织过程就很难实现,更难发挥整体联动的协同效应。

2. 多元主体间协同手段单一

虽然我国公共危机管理已初步形成多元主体参与的格局,并在一定程度上实现了协同,但从总体上看,协同手段仍习惯以行政方式为主,"行政主导"特点明显,刚性有余而柔性不足,传统的计划经济方式、高度集权的行政指挥方式、命令服从的管控方式仍继续在起作用,甚至起着主导作用,行政手段成为各主体协同的主要手段。总之,我国公共危机管理多元主体协同手段的简单划一,与公共危机事件的多样性对治理手段的多样性、差异性要求不相适应。

公共危机事件,类型多样、成因复杂、性质有别。在参与公共危机管理的多元主体中,不同主体与公共危机事件的关联度不同,有的主体可能就是公共危机事件的直接引发者,有的主体可能是公共危机事件的受害者,也有的主体可能与公共危机事件无直接的利害关系。同时,不同主体的性质也不同,如政府是非营利组织,企业则是营利性组织。这些不同性质和类型的主体在参与不同类别的公共危机管理中,其动机、目的、诉求是有差异的,在我国现行社会制度和政治体制下,通过党委号召、政府动员,虽然完全能够做到在极短时间内组织和调动各种社会组织和广大群众投入公共危机管理工作中,但这种依靠政治宣传、行政动员的运动式、突击式的公共危机管理模式是难以持续的，也难以作为一种普遍模式推广。不同主体参与公共危机管理，虽然是他们的一种义务和责任，但这些主体也应该拥有各自的权利和合理的利益诉求。因此，要提高公共危机管理多元主体参与的积极性，构建利益共享、权责共担的协同机制极为必要。为此，就应该根据公共危机的性质以及危机和主体的利益相关性程度，综合采取行政、法律、经济、道德的手段，提高各主体的协同效能。

3. 多元主体协同效能不高

公共危机管理多元主体协同效能与投入和产出比有关，效能反映的是协同结果状况。在我国，协同效能不高是多种因素综合影响的结果：一方面，长期以来，公共危机管理的成本意识、效能意识薄弱，加之公共危机管理的效能评估环节几乎缺失；另一方面，参与主体增加后，客观上也会造成沟通协调成本、决策成本增加。此外，如下两个因素的影响也比较大，同样不可忽视。

一是观念认识方面的误区。在一些人的认识中，突发事件需要快速处置，为了尽快平息事件求得稳定，甚至为了自身不被问责，就应不计成本特事特办，所谓的“不惜一切代价”“只算政治账，不算经济账”的说法就是这种认识的反映。这种认识和做法的结果是，应急反应过度，造成人、财、物的浪费。在自然灾害和安全事类危机管理中，群众的生命高于一切，为了群众的生命安全，应当“不惜一切代价”，不能算经济账，这是基本的原则，无可厚非。但在保障群众生命安全的前提下，合理、适度投入也是应该且可行的。那种不顾实际情况和需要，不讲求科学的应急救援方法，大搞人海战术，盲目、无序投入的做法显然是不可取的。如果能按照前面所述的过程协同，针对不同的突发事件及其不同阶段的实际需求，有序而适度地调配人财物资源，就有助于应急成本的降低。

二是在体制机制方面的问题。参与主体的增加客观上可能会降低协同效能，同时公共危机管理的体制性问题，又将进一步加剧主体协同的困难，降低协同效能。在多元主体参与的情境下，长期存在的“条块”分割、职责模糊的体制性问题，可能使危机管理沟通困难、多头指挥、信息混乱、决策迟缓、资源调度重复等问题更加突出。这不仅增加直接的管理成本，也会因危机事件处置延误产生新成本。

（二）公共危机管理主体协同问题的成因

上述公共危机管理主体协同存在的问题是多种原因导致的，了解和把握这些原因，对于找到解决问题的办法具有较大的参考价值。

1. “全能政府”的理念桎梏

在我国，长期计划经济体制和高度集权的权力结构形成“强政府”“弱社会”的格局，导致政企不分、政社不分、政事不分的“全能型政府”。政府常常成为公共管理的“主角”甚至“独角”,出现政府供给不足、管理效能弱化问题。这一体制性弊端对公共危机管理的影响,就是政府的危机管理机制失灵。政府总是被推上冲突纠纷的一方或应急处置第一线,成为矛盾、问题的焦点难以脱身,处于进退两难的境地。许多情况下,公共危机的起因本来与政府没有关系或没有直接关系,但长期以来形成了一种不管出了什么事总要找政府解决甚至找政府闹的怪象。这些年来全国各地频繁发生的不少社会性公共危机,冲突矛头大都指向政府。如果只有政府“孤军奋战”,缺乏其他各类组织和广大群众的积极参与、通力合作,既影响政府履行其他行政职能,又不利于公共危机事件的预防和有效解决。在公共危机管理中,政府同样需要有所为有所不为,合理界定与企业、与社会的权责,既要防止缺位也要避免越位。

2. 主体价值追求、行为方式不同

公共危机管理各主体的价值追求不同,会影响其参与公共危机管理的方式及其程度。各类非营利组织、企业、新闻媒体、国际组织以及公民个人在公共危机管理中各自的价值追求、行为方式不同,能够履行的职责与发挥的作用也不同。为了在实践中真正实现多元参与者之间的有效协同,就必须了解和把握不同主体价值追求方面的差异,尽可能寻求不同主体价值追求的相对均衡。然而,这存在相当大的难度,其原因在于:一是权威基础上的层级节制无法延展到政府之外,并且节制意识与民主意识之间本来也有天然的对立,这使得经典官僚制的系统控制思想无法转化为实际行动方案;二是治理主体多元化的实现,还存在价值取向与合法性基础方向差别的影响,由此衍生出多元化的行为动机,进而导致行为模式方面的迥异,而作为根源的那些差别却无法在暂时合作中完美消弥;三是分权基础上的自愿互助模式将面临“集体行动困境”或“囚徒困境”挑战,在分散利益动机驱使下交易成本高昂。即便是在小规模公共危机治理中可以克服以上困局,但仅有“多中心”化供给并不意味着整体利益的增进。总之,不同主体价值追求、行为方式的差异及其求同的难度,影响了公共危机管理多元主体协同的全面性和深度。

3. 多元主体协同的资源保障条件不足

在强调发挥政府的行政领导作用,并在纵向上界定国家、省(自治区、直辖市)、市和县不同层级主体的危机管理职责的同时,也应横向上构建危机管理参与主体体系,最大限度地吸纳社会力量,调动社会资源共同应对危机,从而形成党委领导、政府负责、社会协同、公众参与的公共危机管理工作格局。要实现公共危机中不同主体协同,其资源保障条件应该充足,包括人力资源、资金、技术、物资、信息资源保障等。近年来,国家对公共危机管理的资源投入力度不断加大,但实际效果与投入的程度相比并不成正比，原因在于没有建立起科学协同的资源保障机制，画地为牢，“条块”分割，资源分散，削弱了国家资源投入的绩效。因此，为提升公共危机管理的资源保障能力，一方面，要继续加强国家的资源投入，全方位地调动社会资源；另一方面，要加强资源保障的法制化建设。要制定资源保障的法规，清晰界定各类主体在资源保障中的权利与责任，并完善激励和监督机制。

4. 多元主体协同制度欠健全

公共危机管理成败的关键在于是否具有制度或正式程序的保障，确保各类主体分工明确、各司其职，功能差异得到整合，化解自身在公共危机管理中的冲突和摩擦，进而更好地实现协同的目标。我国在这方面的法制建设还不完备，缺乏具体化的公众参与的制度化安排。《突发事件应对法》作为我国非常态法律秩序的一部基本法，虽然对突发事件应对做出了规定：如“国家鼓励公民、法人和其他组织为人民政府应对突发事件工作提供物资、资金、技术支持和捐赠”，教育科研机构和新闻媒体等社会组织也应根据自身的特长参与突发事件的处理；规定政府可以“组织公民参加应急救援和处置工作，要求具有特定专长的人员提供服务”；也规定公民和各类社会组织有义务服从政府的决定和命令，配合政府采取的应急处置措施，积极参加应急救援工作，协助维护社会秩序等。然而，该法对公民和各类社会组织在危机管理中的地位和作用没有给予足够的强调，对他们的权利与义务规定缺乏对等性，制度设计上没有充分考虑他们或多或少具有“经济人”的特征，对他们的权利保障不到位、不具体，弱化了对他们参与危机管理的正向激励。公共危机管理的发展态势越来越取决于党委、政府、媒体、企业、公民等多元力量的博弈，多元力量的政治参与和意见表达是解决公共危机的必经之途。因此，必须确认各类主体参与危机管理的地位，做到权利与义务明确、责权一致。可见，公共危机管理的法制建设，首先要制定公共危机管理的基本法律；其次，要以基本法律为依据，完善各专项协同治理法规；再次，要制定各部门协同治理的工作制度。

五、公共危机管理多元主体协同机制的构建

实现公共危机管理多元主体的协同，最关键的任务是要解决不同主体的权责划分及其协作问题，这需要建立相应的机制。目前在我国还没有形成一个强有力的危机协同管理机制，分行业、单项的危机管理机构较多，缺乏完整意义上的、综合性的公共危机管理机构，缺乏由多元主体共同形成的公共危机管理组织体系，更缺乏关于多元主体参与危机治理及其内部协调运行方面的法律规范。

从总体上看，公共危机管理多元主体协同存在几种类型，包括纵向不同层次主体间协同、横向同层级主体间协同、跨行政区域（或国家）主体间协同、公私主体

间协同、行业与地方"条块"主体间的协同,等等。因此,公共危机管理多元主体协同机制的构建,也应该与协同的类型和需求相结合,以最大程度实现不同类型主体间的协同。

(一)分类分级与统一领导机制的建构

有效的公共危机管理体制机制,一方面要求对公共危机事件进行分类和分级管理,以制定出不同的公共危机应对方案;另一方面还要求在多元主体参与的情况下,能实现政令统一、行动统一。建立"分类分级、统一领导"的公共危机管理协同机制,正是实现这一目标的基本保障。为此,应重点做好如下三方面工作。

1. 健全公共危机管理的系统结构

按照分类分级的原则,应对不同类别、不同级别的公共危机,都需要一个富有弹性、适应性很强的组织及结构。公共危机管理系统结构(Public Criss Management Shell System,后简称 PCMSS),就是基于"分类分级、统一领导"的理念,特别是基于"在及时决策和民主参与之间寻求平衡"以及"在目标层层分解、责任到人和全体参与者齐心协力向统一目标冲刺之间寻求平衡"的思想而建立起来的公共危机管理模式,如图 5-1 所示。

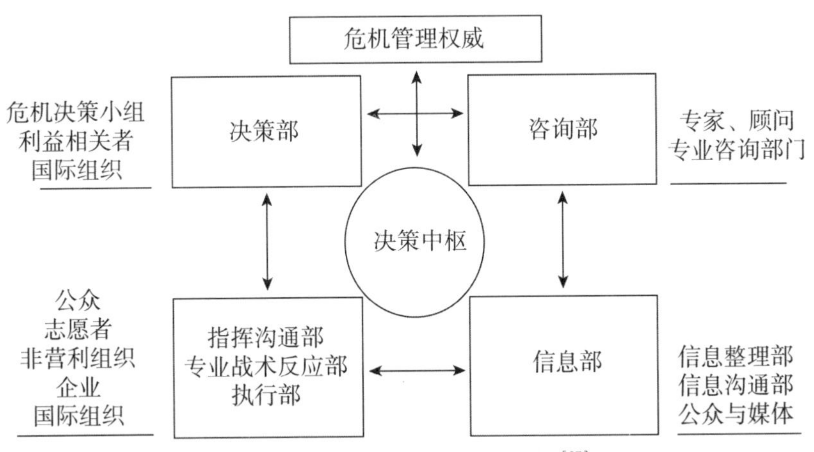

图 5-1 公共危机管理系统架构[37]

PCMSS 的最大特点是将多元主体整合进危机治理架构,通过分阶段的民主参与提高系统架构的弹性和动态适应力。这一组织体系的关键点在于设置了一个具有独立、主导地位的决策中枢,并赋予其专门的权力与资源,以便在危机治理的全过程中能发挥决策中枢的整合功能和权威的指挥控制功能,保证决策的相对集中和及时有序。而且还借助于公共危机治理核心机构的整合作用和强力措施,围绕公共危机管理的核心目标,将多元主体纳入预期的秩序化轨道和制度化平台。

这就是公共危机“分级分类、统一领导”机制的精髓所在。

此外,为实现“分类分级”与“统一领导”的公共危机管理机制,还应该建立一个公共危机治理的整合框架,如图5-2所示。这一整合框架表明,每个危机管理层都可能会(实际上也必然会)面对不同类别的公共危机。每一类公共危机的管理由相应职能部门牵头负责,并建立相应的危机管理系统结构(PCMSS),分别用PCMSS1、PCMSS2……表示。同时,作为从中央到地方各个层面的统一领导、决策机构,还必须建立总体的PCMSS。这样的一套公共危机管理体系,将“分类分级”与“统一领导”这两个危机管理的基本原则有效地结合在一起,如果能普遍地运用于实践之中,必然能够发挥良好的功效。

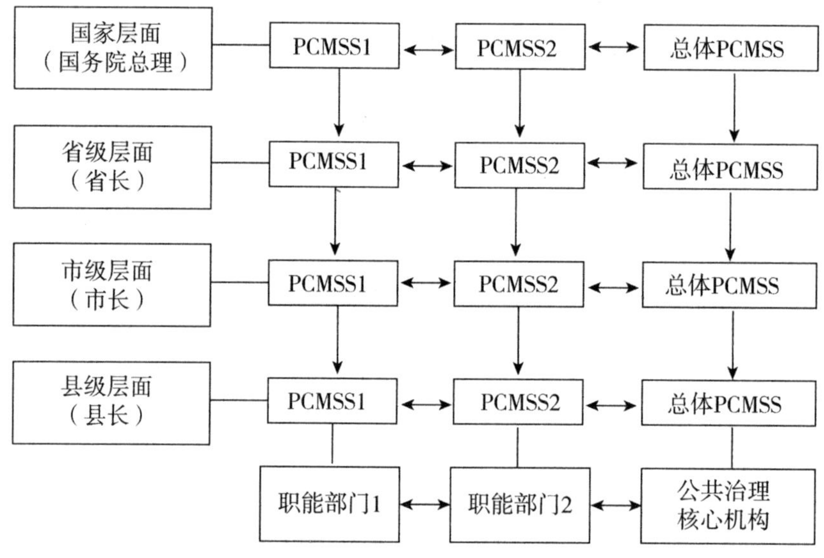

图5-2 公共危机“分类分级、统一领导”的整合框架

2. 变分散的临时应急为常态的综合应对

在我国,上至中央政府,下至县(区)乃至乡镇政府,都基本按照“分级分类、统一领导”的机制要求构建了公共危机管理的框架体系及各种单体预案。但是,我国危机处置在横向上是分散管理,没有一个综合的应急协调指挥中心。中央和地方层面都缺少具有综合决策、多方会商、全面协调功能的常设性危机管理核心机构,也缺少协调的具体法律和法规,实际上采取的往往是事后临时的、“撞击式”的补救行动。临时性的应急机构虽然可以避免机构膨胀,但无法从制度上保证多元主体的有机整合,且每次危机爆发后还需要重新组织相关力量,需要各参与主体进行必要的协调,这使危机治理的效率和效果大受影响。因此,变分散的临时应急为常态的综合应对,既是政府的职责,也是整个体制能否有效运行的关键所在。

3. 建立完善专门的危机管理机构

近年来,在我国一些地方已经开始探索设置专门的公共危机管理机构,将危机管理列入政府的重要工作。比如,深圳设立的“深圳市处置紧急事件委员会”,就是全市最高的危机事务管理机构。2018 年 3 月 13 日,全国人大第十三届一次会议通过《国务院机构改革方案》,决定组建国务院应急管理部,地方政府的应急管理部门也将相继组建,这标志着长期以来理论界和实务界呼吁建立专职、常设的应急管理机构已成为现实。

实际上,建立了专门的应急管理机构后对于一般性的突发事件的应对,未必需要专门的管理机构,可以寓危机管理于常规管理体制之中,在常规的管理之中加入危机管理的内容。因此,可以建立一套组织严密、统一高效的运转制度,平时依托一定的办事机构如各级办公厅(室),以此作为收集、分析信息和决策的参谋机构。

(二)分级响应与重心下移的机制的构建

公共危机管理的“分级响应”与“重心下移”机制,实际上是对“分类分级”机制的承接和深化。公共危机的响应分级,主要体现在政府层级上,任何一级政府属地范围内出现的公共危机事件,都应该由该级政府首先应对,同时向上一级政府报告;如果事件继续发展升级,公共危机管理中的指挥决策权就自然地向上一级归属。一个良好的公共危机管理体系,应具有两方面的特点,即横向上要有统一协调管理的权威性,纵向上要能延伸到社会基层。公共危机管理的重心下移,既是公共危机产生和发展特点的必然要求,也体现了公共危机管理在纵向层次上的资源分配和部门分工。

1. 明确分级管理体系中各级管理主体的权责

由于各类公共危机事件往往是相互交叉和关联的,某类危机事件可能和其他事件同时发生,或衍生出其他类型的危机事件。各类公共危机事件的性质、涉及的范围、造成的危害程度、可控性等各不相同,因此,它涉及哪个地方,首先就应由当地政府负责管理,实行分级负责。如果说分类与分级是相互补充的话,那么各管理主体权责如何划分则是一个关键性问题,将决定分级与分类是否能够有效配合。事实上,这种权责不可能分得十分细致,在此仅提出一些原则。

应根据公共危机事件的特点,明确公共危机管理的分工机制:专业性、技术性强的事件(如公共卫生事件)应以相应的中央部委牵头,地方政府积极配合;专业性、技术性不强的事件(如社会公共安全事件)应以地方政府为主,中央部委给予配合或指导;涉及跨省(自治区、直辖市)、跨部门或跨专业技术领域的公共危机事件,则由国务院及其有关部门牵头。在上述各种公共危机事件的处置过程中,需根据公共危机形势的发展,适当增设专业议事协调机构。

一般而言,全国性公共危机的处置既依赖于全国性的领导指挥,更有赖于危机发生地政府的积极应对和密切配合。在国务院的统一领导下,各地方、各部门要按照分级管理、分级响应的要求,建立健全公共危机管理机制,从而能够实现公共危机管理的“分级响应、重心下移”。“重心下移”的重点是加强县市级政府的危机管理机制。因为县和市级政府处于应对公共危机的第一线,它们对于本行政区域内的公共社会安全负有直接的责任,而且大部分的公共危机都应当也只能依靠属地基层政府的力量来解决。

2. 大力推动公共危机管理进基层、进社区

公共危机管理进基层、进社区,是“重心下移”的具体要求和体现。公共危机事件的应对涉及基层单位、家庭、个人,社区作为公共危机管理的基本单元和最基层组织,在发挥社区居民的积极性,实现源头预警、全民动员、全社会参与等方面具有重要而特殊的功能与作用。从 2007 年开始,我国就开始着力推进危机管理体系建设和危机管理进基层工作,国务院印发实施了《“十一五”期间国家突发公共事件应急体系建设规划》和《关于加强基层应急管理工作的意见》,并在浙江省召开全国基层应急管理工作座谈会,对应急管理“进社区、进乡村、进基层单位”进行部署,取得了显著成效。在新形势下,推进危机管理进基层、进社区还需进一步做好如下工作。

一是要加大政府的推动和支持。以社区为代表的基层社会或基层组织能否真正有效地参与危机管理,政府的指导与支持至为关键。危机管理的社区参与强调社区内部更多的合作、动员和自我依靠,它是一个权力共享和吸收民意的过程,而政府则扮演着推动者和合作者的角色。

二是要加强社区参与危机管理的组织建设。关键是要将社区危机管理纳入国家危机管理体系以及社区治理体系中加以统筹谋划。既要发挥街道办事处以及居委会、村委会等基层组织的作用,加强对它们在危机管理中的指导作用,也要重视社区草根组织甚至普通居民在危机管理中的作用。此外,要重视引导社区间的互助和互动。单个社区的危机管理资源有限,而不同社区有各自的资源优势,相邻社区可以建立应急救援机制,形成危机管理和救济的合作平台。

三是要塑造良好的社区危机管理文化。实践证明,社区的危机管理文化,对于居民的危机意识、应急能力的提升具有较大的作用。一方面,社区要运用各种渠道和机制,进行危机知识的宣传和应急演练与能力提升培训,使良好的安全意识和较强的危机应对能力成为社区每一个成员的基本素质,形成“人人懂安全、人

人促安全”的良好氛围。另一方面,要加强社区意识、社区情感和社区归属感的培养,形成“自己的生命自己保护”“自己的社区自己维护”的基本防灾理念和自救互助的救灾机制。

(三)条块结合、属地为主与跨区域治理机制的构建

我国行政管理的条块体制、公共危机事件具有的类别和层级属性,以及公共危机的复合、扩散性特点,都决定了公共危机管理需要建立条块结合、属地为主,区域合作的协同机制。

1. 建立条块结合、属地为主的机制

“条块结合、属地为主”与我国行政管理体制有关,也与前述“分类分级响应”和“分级管理、重心下移”等要求有部分重叠,但又有应用层次上的差别。“分类分级响应”和“分级管理、重心下移”主要是指危机响应主体的层次性差异,强调在这种差异中以事件发生地为依托进行危机管理;“条块结合、属地为主”主要是针对横向和纵向主体间的协同,它适用于各级政府与行业主管部门之间的危机管理分工。

因此,公共危机协同管理机制需要在制度上协调“条”与“块”的关系,实现统筹管理。一般而言,对于单项灾害事件,在没有发展成为较大的复合型公共危机的程度下,应以“条”为主,“块”为辅;反之,则应以“块”为主,“条”为辅。无论公共危机事件的起因是“条”或是“块”,它总是发生在一个地域范围内,“属地为主”就是基于此原因,而从这个意义上讲,“属地为主”和“重心下移”之间存在一定的“交集”。

建立公共危机管理的条块结合、属地管理为主的机制,最核心的问题在于建立权责机制和考评机制。实际上,相对权利而言,应对公共危机更多的是风险和责任。在公共危机问题上,争权是没有什么部门利益和权利好处的,但这只是指“战时”。在平时状态下,因为有关公共危机管理的事务涉及到大量的资金、资源、技术、队伍和装备的分配、控制权,所以有关权利和利益的配置仍是值得关注的焦点。[38]因此,完善公共危机管理多元主体协同的权责机制、建立责任政府尤显重要。

权责机制和责任政府的建立,必须以科学的绩效考核体系为基础。对政府的任何评价体系或机制,都将对政府行为产生导向作用——科学的绩效考核体系能引导地方政府的正确行为,反之,则极有可能把其“引入歧途”。从实际出发完善现有的政府官员绩效考核体系,特别需要立足于公共利益而非本地区的狭隘利益,促使地方政府官员不仅只关注地方利益,也要随时关注与本地区相关联的区域公共事务(尤其是区域性公共危机发生的可能性),与相邻政府间有良好的互动

和信息沟通,尝试为共同治理区域公共事务建立科学的合作制度。为了更好地消除地方政府及其官员在追求政绩时的不规范行为,可以在绩效考核体系中增加负强化,即必须对地方保护主义、封锁阻隔市场、环境保护不力等行为实施一定的惩罚,从而杜绝政府官员产生单纯追求经济发展和短期利益的想法,使地方政府一些急功近利的行为得到有效遏制。

2. 建立跨区域的公共危机管理协同机制

尽管我国已加快了区域公共危机管理协同机制建设的步伐,但现有的机制或模式尚不成熟,区域间尚难以进行深层次的联动与合作。继续探索适合我国区域发展与危机应对要求的区域公共危机协同运行机制,是理论界和实际工作者们共同的任务,应着力做好以下几个方面的工作。[39]

一是注重依托区域内既有公共管理合作平台推动危机治理的区域合作。由于我国公共管理是以属地管理为主的管理体制,所以,在建立区域公共危机管理联动机制中,必须依托现有的区域合作模式和机制,最大程度地利用区域内既有的合作机制资源,特别是各地相对分散的公共管理平台这一基础性资源。就当前情况来看,最好把跨区域的公共危机管理组织叠加或嵌套到现有的区域合作组织框架中,使区域公共危机管理机制融入区域合作机制,而不是另起炉灶,重建一套公共危机管理协同体系。

二是着力构建多层次、网络状的区域公共危机管理机制。公共危机管理涉及各种自然和社会风险,特别是对于层级复杂、相互交错的区域协作治理,很难用统一的模式去规范。因此,区域公共危机管理的协同,应该根据各区域的危机事件特征、影响范围,以及各区域政府危机管理的需求与能力,打破行政区域界限,从不同角度,以不同方式建立形式多样的多层次、网络状的协同机制。

三是大力提升区域公共危机管理协同的成效。区域公共危机管理协同的主要机制是“沟通、协调、支援”。沟通体现在危机信息情报的互联互通上,协调强调的是危机管理资源共享和调配,支援体现在抢险救援的相互支持和援助上。危机管理协同的实质是有效调动区域内的资源以应对危机事件,除了各地政府根据需要储备应急物资外,还应该从区域全局考虑,根据区域内历年的危机情况,结合风险评估,建立便于快速调度的区域应急物资储备体系,对区域内所有应急资源(包括物资名称、数量、储存场所、使用期限等)进行动态管理,确保突发事件发生时能快速有效利用。

(四)党委领导、政府负责、公众参与机制的构建

在我国,中国共产党是执政党,其各级党组织是应对公共危机最重要的主体组织和政治领导者,这是不同于西方国家政治体制的中国特色。各级党组织不仅

在国家重大事务上起着领导和决策作用,而且也在公共危机管理方面发挥着领导、决策作用,担负着重大政治责任。从进入21世纪后我国经历的多次重大突发事件来看,无论是抗击"非典"事件,还是汶川特大地震抢险救援,党中央和地方各级党组织都有力地发挥了核心领导作用。党委领导、政府负责、社会协同、公众参与成为我国公共危机管理格局的显著特点。

1. 理顺党委领导、政府负责的公共危机管理关系

在我国,党委和政府组织主导着公共危机管理,党委和政府的一般职责如果不能合理界定,同样会影响到公共危机管理中二者职责的划分及其作用的发挥。改革开放以来,我国各级党委和政府组织的关系经历了并还在经历着调整。尽管不同时期调整的具体内容有所不同,但从实质上看,主要就是围绕公共管理权限的调整,基本上都反映在党政职责关系的演变上。然而,党政关系无论怎样改革发展,党委在公共管理中的重要领导作用都不能减弱。事实上,以往所谓的"党政分开",准确地说应该是"党政分工",是对公共管理职责的合理分工。总的来看,党委仍然拥有对政府重大行政问题的决策权、组织人事管理的决定权,政府则拥有行政事务的管理权、行政决策的执行权。

行政首长负责制与党委领导是中国共产党民主集中制思想下的一对制度。我国法律和中国共产党的文件规定,行政首长负责政府的全面工作,党委负责在思想政治和组织上领导政府的工作。同时,包括行政首长本人在内的政府班子主要成员一般都是党委会的成员,凡是属于重大问题都需要在党委会上集体讨论、集体决策。因此,实际上在公共危机管理中,党委的领导主要是在危机事态下总揽全局,特别是要快速决策(极端情况下也要学会充分授权给政府组织);政府负责则主要是协调落实党委的决策部署,组织各相关职能部门,齐心协力应对公共危机事件。

2. 完善社会公众参与公共危机管理的机制

2006年,《国务院关于加强应急管理工作的意见》不仅明确了多元主体在治理公共危机中的作用,还强调全面应急管理工作要紧紧依靠群众,动员社会各方面力量积极参与。社会公众参与公共危机管理,是现代治理的基本要求和趋势,在我国学术界和实际部门已不存在争议,当务之急是如何落实的问题。

一是完善社会公众参与的制度与机制。公众参与的核心问题,是如何实现从个体参与走向集体参与,从无序参与走向有序参与的转变问题。无组织化的公众单独行动只会造成混乱,而且参与的个体越多混乱就越大。在公共危机状态下,单个力量只有加入或形成一个集体才能显示出整体的力量。当前,我国社会力量自我组织化的程度不高,日常参与公共事务的平台和渠道不多,特别是危机状态

下参与的制度安排还不完善,导致庞大的、潜在的公众力量尚未有效发挥作用。因此,政府作为应对公共危机的核心组织者和领导者,必须建立一系列组织机制,做好社会力量参与的组织、指导工作,使社会力量得到合理和快速的整合,与政府力量形成有机的互动。

二是完善政府与社会公众的信息共享机制。有效的信息沟通,是保证多元主体有效协同,准确和快速处置危机的重要因素。为此必须建立通畅的信息共享系统。当然,信息共享不仅是指突发事件发生后的信息共享,对于区域内自然状况特征、风险因素、脆弱点以及应急资源准备和分布情况等信息,也须在事前通过专门的应急平台向社会公布。从整体上看,各地区、各领域实现信息共享的动力还不足,重复建库、条块分割现象仍比较严重,制约着信息共享目标的实现。我们应在现有各类基础网络设施的基础上,建立应急资源信息交流平台,具体应以政府网络为核心,整合并完善其他社会公共网络资源,实现综合信息的充分共享。

三是重视和发挥媒体的传播沟通作用。公共危机中公众对信息的需求很强烈,如果信息不能及时发布,就可能造成谣言四起、人心慌乱的局面。"外界对危机的看法依赖于他们所收到的信息",[40] 在突发事件的发生发展中,媒体发挥着"信息集散中心"的功能,一方面媒体收集来自社会基层的信息,将之反馈于政府,为政府决策提供帮助;另一方面,媒体又将政府危机应对措施告知公众,避免公众在危机中产生恐慌心理。不过,个体理性行为的选择是他律和自律互动的产物,要实现媒体与政府间的良性互动,媒体要学会自律,遵守相关法律法规,及时公正地向社会释放正确的信息;政府则应主动通过网络、电视、报纸、广播甚至短信平台等媒介将信息告知社会公众。

(五)平战结合与资源整合的网络治理机制的构建

所谓公共危机管理的平战结合,是指公共危机的平时预防与应急处置的结合,体现的是公共危机管理过程中预防与应急的协同机制。实现平战结合涉及两个关键点:一是"平"与"战"的切换方式问题,二是在"平时"或"战时"对资源的网络化整合的依赖问题。为此,应该从以下几方面努力。

1. 塑造能力与权力相匹配的资源整合机制

平战结合与资源整合在公共危机管理过程中是密不可分的,平战结合的实现在很大程度上依赖于资源的有机整合。对于参与危机管理的各种非营利性组织、营利性组织、公众,政府应赋予其一定的权责关系,使其能在一定权限范围内发挥危机应对的主动性。当然,这种等级权力的主体及其运作方式已经不同于传统组织中的层级流动。在工业时代的官僚制组织形式中,权力与权威取决于在组织中的地位和层级,而在网络与知识社会中,权威取决于所掌握的知识和具备的能力。[41]网络社会所塑造的深入社会各个层面的网络使得知识和能力也高度分散化,同时,在网络与信息技术支撑下所形成的公共危机网络治理结构中的各个成员组织分散于各个社会角落,这必然要求权力与权威也相应分散化,与知识、信息的分布相匹配。

2. 健全政府对危机资源的强力整合机制

在公共危机中,集中权力和强制行动是必不可少的,由一个法定的权力中心执掌危机状态下的统一指挥权是公共危机管理的应有之义。公共危机管理需要由国家和政府对资源进行权威性分配(包括各参与主体的资源及参与者本身),将各个网络结点围绕一个共同的政策目标整合集成起来,以达到强化整体行动,实现协同效应的目的。公共危机网络治理结构中各成员组织之间的结合往往是松散的,它们在危机中所能做出的主动配合与积极响应只能是在自己的优势范围内。因此,为避免各自为阵的现象,在有限的时间内由"平时"转为"战时",且还要做出有效的协同行动,就需要建立由多元主体共同构成的核心机构来充当决策系统大脑的角色,赋予其至高的权力并保证充足的资源,以协调和整合成员的行为,调配相关资源并解决组织间时刻可能出现的冲突与矛盾。这种决策核心机构应该是上下纵贯的,在各层级的公共危机网络治理结构中都应有它的存在,以此来整合相应层次的网络治理结构中各成员组织间的配合行动,并以其所具有的等级权力来保证形成全国范围内整体联动的公共危机网络治理结构。由此,在政府组织的各个层级形成包括政府各部门、各社会组织甚至公众在内的全方位、立体化的综合协调联动系统。

3. 实行战时统平时分、统分结合的危机治理结构[42]

民主时代的精神要求治理主体多元化,并形成自主自治的分权管理结构。而公共危机的特殊性则要求在管理过程中实行适度的集权和统一指挥,这就造成了公共危机管理体系的内在价值冲突。合理安排公共危机管理结构是解决这一内在价值冲突的关键。"战时统""平时分",统分结合的管理结构正是化解这一冲突的一种制度选择,具体要求如下。

一是在公共危机管理的时间序列上实行战时统平时分、统分结合的管理体系。也就是根据公共危机管理的不同阶段采取不同的管理方式,即在公共危机爆发后由公共危机管理最高决策中心统一指挥、统一领导,各参与主体均统领于最高决策中心的指挥,以达到决策的一致性、快速性和有效性;在公共危机的缓和阶段、平息阶段以及恢复阶段,强调社会公众、非政府组织等各主体的广泛参与合作,使各参与主体在各自的权限范围内充分发挥主动性,形成共治的效应。

二是在公共危机管理的组织结构上实行统分结合的管理体系。也就是在明确各公共危机管理主体权责关系的基础上，在政府组织内部以及其他参与主体之间实行统分结合。即在政府组织内部，实行公共危机分级管理体制，根据公共危机的不同等级将危机的处置权赋予不同级别的行政首长。同时，在每一层级的管理体系中，专家咨询部门、信息集成部门、战术反应部门以及现场处理部门都在各自分工的基础上统率于该层级的危机决策中心。在政府组织与其他参与主体之间，要充分发挥其他各参与主体在信息收集、紧急应变以及协同治理等方面的积极性和灵活性，但必须要将其分置于危机决策中心之下，实现统分结合。

注释

[1]民政部、国家减灾办 . 2017 年前三季度全国自然灾害基本情况[EB/OL]. http://www. mca. gov. cn/article/zwgk/mzyw/201710/20171000006324. shtml.

[2]根据《国务院办公厅关于印发安全生产“十三五”规划的通知》中的数据计算而得 .

[3]2017 年全国安全生产形势呈现“三下降两好转”态势[EB/OL]. http://difang. gmw. cn/bj/2018 －01/29/content_27507458. htm.

[4]环境保护部通报 2015 年突发环境事件基本情况[EB/OL]. http://www. mep. gov. cn/gkml/hbb/qt/201604/t20160413_335118. htm.

[5][13]张成福 . 公共危机管理：全面整合的模式与中国的战略选择[J]. 中国行政管理，2003(7):7、9.

[6][7][9][12]高小平 . 中国特色应急管理体系建设的成就和发展[J]. 中国行政管理，2008(11):21、23、24.

[8]胡锦涛 . 全国防治非典工作会议在京举行[N]. 中国青年报，2003 －7 －29.

[10]温家宝在第十一届全国人大一次会议上所做的政府工作报告[N]. 人民日报，2008 －3 －6.

[11][21]曹现强，赵宁 . 危机管理中多元参与主体的权责机制分析[J]. 中国行政管理，2004(7):85.

[14][26]沙勇忠，解志元 . 论公共危机的协同治理[J]. 中国行政管理，2010(4):73—75、75—76.

[15]娄成武，于东山 . 系统化整合：中国公共危机管理的模式选择[J]. 行政管理改革，2009(4):49.

[16]李明洪 . 协同治理：环境群体性事件治理模式的探析[J]. 知识经济，2014(20):56.

[17]韩丹,刘伟．多中心理论视角下的公共危机治理——以江苏太湖蓝藻事件为例[J]．法制与经济,2011(6):84.

[18]赵玉娇．公共危机治理中多元主体参与的机制与完善对策[J]．产业与科技论坛,2010(4):36—37.

[19][28]邓旭峰．公共危机多主体参与治理的结构与制度保障研究[J]．社会主义研究,2011(3):53、51.

[20]程潇凝等．多元治理主体行为及参与困境分析[J]．广西师范学院学报(哲学社会科学版),2015(1):91.

[22]何学勤,陆宁．协同视角下的公共危机治理主体职能研究[J]．科教导刊,2010(2):88.

[23][25]张立荣,冷向明．协同治理与我国公共危机管理模式创新——基于协同理论的视角[J]．华中师范大学学报(人文社会科学版,2008(2):16、17－18.

[24]陈潭．集体行动的困境:理论阐述与实证分析——非合作博弈下的公共管理危机及其克服[J]．中国软科学,2003(9):139.

[27]杨永慧,熊代春．协同治理:公共危机治理的新路径[J]．领导科学,2009(11)(中):25.

[29]佘廉,蒋珩．区域突发公共事件应急联动体系亟待建设[J]．武汉理工大学学报(社会科学版,2007(2):164.

[30]彭婷婷．跨区域公共危机治理下地方政府合作存在的问题及对策分析[J]．管理观察,2009(14):38－39.

[31]张仁平,曹任何．府际管理视角下的长株潭城市群公共危机管理合作模式研究[J]．行政与法,2008(8):13.

[32]樊帆,彭晓保,郭鹏．公共危机管理中的国际合作与借鉴[J]．湖北社会科学,2010(2):17.

[33]花勇．建立社会整合机制　应对突发公共事件——法国骚乱的几点启示[J]．江苏省社会主义学院学报,2006(4):60.

[34]王宏伟．美国的应急协调:联邦体制、碎片化与整合[J]．国家行政学院学报,2010(3):124－125.

[35]岳经纶,李甜妹．合作式应急治理机制的构建:香港模式的启示[J]．公共行政评论,2009(6):81.

[36]刘文杰,刘智勇等．重大自然灾害类突发事件应对中地方党委的权责研究——以四川为例[J]．四川行政学院学报,2014(2):9.

[37][40]罗伯特·希斯．危机管理[M]．北京:中信出版社,2001:202－210、

130.

[38]刘霞,向良云．公共危机治理[M]．上海:上海交通大学出版社,2010:149.

[39]腾五晓,王清,夏剑霺．危机应对的区域应急联动模式研究[J]．社会科学,2010(7):69－70.

[41]刘霞,严晓．公共危机治理网络视域下的政府间关系[J]．云南社会科学,2009(6):32.

[42]刘霞,向良云．我国公共危机网络治理结构——双重整合机制的构建[J]．东南学术,2006(3).

公共危机管理的协调联动机制优化研究*

刘红芹

我国处于社会转型期，面临着前工业化、工业化甚至后工业化社会所具有的风险，在时间序列上原本属于不同发展阶段所面对的问题，现在被压缩到同一个时空状态。各类问题、矛盾、危机相互混合、逐步积累，呈现出前所未有的一体化态势，形成了综合风险。综合风险(comprehensive risk)，是对经济发展和社会运行带来不确定性、需要政府加以干预和应对的风险集合体[1]。正是因为政府面临着多种类、全方位的风险挑战，这就需要政府整合内外部资源，协调应对公共危机，不断完善并优化公共危机管理的协调联动机制。因此，在借鉴国外典型的危机管理协同联动机制的基础上，剖析我国公共危机管理协同联动机制的现状及困境，探究我国政府协调联动的特点，优化协调联动机制，对于提高政府风险治理能力具有重要意义。

一、国内外研究综述

(一)国外研究综述

应急联动这一概念最早出现于20世纪60年代，当时世界上许多国家都建立起城市应急联动系统。其原因是，城市居民希望在人身或财务受到侵害时，能够得到政府及时、高效的救助服务；政府也希望通过提供紧急救助服务的方式架起政府与市民的桥梁，更好地为市民服务，稳定社会；另外，利用这个系统，政府可以对重大突发事件实行统一指挥，以减轻各种灾害带来的损失。目前的研究主要体现在以下方面。

(1)从危机信息和沟通的视角研究危机管理的协调联动。加拿大的 Guy Mi-

* 此文为国家社科基金项目《我国环境群体性事件合作治理模式研究》(16BZZ044)的阶段性成果。

刘红芹，电子科技大学马克思主义学院，讲师，博士。

chael Corriveau 从危机管理中的信息流出发,对危机管理协调联动的决策和信息进行了研究[2]。Tavida Kamolvej 对信息和沟通在危机管理协调联动中发挥的作用进行了分析,并以泰国为例建立了国家、省以及地方政府间的协调联动模型[3]。

(2)从决策的视角研究。美国的 J. F. Annell 教授指出联邦、州以及其他地方政府的危机指挥决策系统是协调联动模型的基石,并设计了危机管理的协调联动模型,该模型主要包括五个部分:一是国家联动协调小组;二是紧急处理中心;三是地区联动协调小组;四是地区危机指挥中心;五是危机处置队伍[4]。David Mendonca 建立了以计算机为基础的系统模型来支持危机管理协调联动中的群体决策[5]。

(3)根据各国的实践,从实证的角度进行个案研究。Chaya R. Jain 通过对美国弗吉尼亚州政府官员的调查,分析了 2005 年卡特里娜飓风处理中各级政府的协调联动状况,研究发现后 9·11 时代美国在国土安全管理中的协调联动得到显著提升[6]。Janet Hutchinson 对加拿大 1997 年 Post – Red River Basin Flood 中联邦、省和市级政府的协调联动进行了分析[7]。

(4)其他研究。Isaac Brewer 基于地理信息系统的视角对危机管理的协调联动进行了探析。Louis N. Molino 提出了危机管理的 5C 策略,即指挥(Command)、控制(Control)、沟通(communications)、协调(coordination)和合作(cooperation),并指出协调联动是危机管理的基石[8]。Steven Curnin 等构建了一种多机构协同处理突发事件的理论框架[9]。危机管理系统的正常运转离不开多层次协调联动的运行。此外,有学者着眼于社会力量的参与,指出形成全社会处理危机事件协调互动的良好氛围对提高危机效能的重要性。

(二)国内研究综述

近年来,协调联动机制的研究逐渐引起国内学者的关注,但研究成果尚不丰富,政府公开的有关危机协调方面的数据和资料也有限。部分协调联动机制的研究成果分散在国内有关公共危机管理的研究成果里,具体的理论和实践体现在:

(1)城市应急联动系统的研究与实践。1998 年,国家部署社会服务联合行动工作。众多城市都在探索如何有效地整合现有资源,以图实现高效快速的城市应急救助服务,在这一方面,南宁、西安走在了前列。1999 年 4 月,朱镕基总理参观了美国芝加哥 9·11 应急中心,他希望能将这一现代化的设施介绍到中国,帮助中国建立类似的具有国际现代化水平的中心。2001 年 11 月 11 日,南宁市投资 1.6 亿元的中国第一套城市应急联动中心投入试运行。此外,上海、广州等城市应急联动机制的实践推动了理论的研究和实践的开展。很多学者基于 GIS、数字集群网络等技术在城市应急协调联动中的运用进行了研究。

(2)从多元主体参与的应对网络进行研究。薛澜和张成福等强调建立一个从政府、军队、媒体到民间组织等完备的全方位、主体化、多层次、综合性的危机应对网络,建立全面整合的危机管理模式。

(3)对个别灾种协调联动的研究。朱新艳、罗帆等对我国民航灾害应急联动机制优化进行了研究。针对我国现行的民航灾害应急联动救援体系所存在着多头指挥、组织形式不明确、责任关系不协调、信息沟通不顺畅、资源调度不合理等问题,提出了优化思路,并对民航灾害应急联动虚拟网络组织形式进行了设计[10]。王静以"7·23温州动车追尾事故"为例,精练出政府在协调联动机制的理论框架,并提出完善相关危机管理法律规范,加强政府公共责任与应对能力,提高危机预警机制能力,制定高水平危机应急处理方案等。[11]。

(4)应急联动模式的研究。有学者总结了我国城市应急联动系统的四种模式,即"分布接警、分布处警、大警协同"模式;"统一接警、分布处警"模式;"统一接警、分布处警、大警协同、资源共享"模式和"统一接警、统一处警"模式。凌学武、杨超等是国内首先提出公共危机协调联动机制的模型构架的学者。他认为协调联动机制模型可以由四个小系统构成:危机决策系统、危机指挥调度系统、危机专业处置系统、危机现场指挥系统。

(5)国内外的比较研究。李民和贾先文对中美跨界应急府际协调模式和流程进行了比较研究,并指出中美两国跨界应急合作机制各有其优劣,应正确审视两种不同体制下的应急管理模式,吸纳美国跨界应急救援优点,改进我国跨界应急合作治理机制,促进跨界应急合作规范化、网络化和一体化,提高应急合作效能。[12]

综上所述,国内学者虽然已经开始对公共危机协调联动机制做了相关的理论,但是研究比较零散,研究范围主要集中于城市这种小范围的协调联动,缺乏整体的思考和重要主题的深入研究。本文试图对公共危机管理的协调联动机制进行系统的审视,力图揭示出公共危机协调联动机制的一般规律,并提出相应的优化策略。

二、公共危机管理协调联动机制的理论阐释

(一)公共危机管理协调联动机制

对于协调联动机制内涵的把握是进行公共危机管理协调联动机制研究的理论基础和分析的出发点。凌学武等学者将协调联动机制界定为"在危机管理过程中有效地组织政府内部各部门之间,政府与社会组织之间的沟通与互补,通过良好的沟通与有效的信息交流,整合资源,共同行动,协调处理危机的规律性运作模式"[13]。本文认为,公共危机管理协调联动机制是指公共危机的利益相关者进行

预防、处置突发公共事件的各种制度及其运行方式的总称，具体包括组织体系、应急法制、资源保障、信息沟通和技术支持等方面。

（二）公共危机管理协调联动机制的运行模式

我国应急联动系统的建设主要存在于城市应急管理中。城市应急联动系统（City Emergency Response System, CERS）是在一个城市中，通过采用统一的号码用于公众报告紧急事件和紧急求助，并整合城市各种应急救援力量及市政服务资源，实现多警种、多部门、多层次、跨地域的统一接警，统一指挥，联合行动，及时、有序、高效地开展紧急救援或抢险救灾行动，从而保障城市公共安全的综合救援体系及集成技术平台。

目前，我国对城市应急联动体系未有一个统一的分类。一些专家从应急联动中心与原有的各指挥分中心之间的关系和体制角度，把我国的城市应急联动中心划分为四种类型：集权模式、授权模式、代理模式、协同模式。[14]

1. 集权模式

集权模式是指整合政府和社会所有的应急资源，成立专门的城市应急联动中心，由该部门代表政府全权行使应急联动指挥大权。该类型的系统一般称为“城市应急联动中心”。该模式所具有的特征是：政府牵头、政府投资、集中管理，应急联动中心是政府管理的一个部门，有专门的编制和预算；联动中心是城市应急事件处理的惟一中枢；政府将所有的指挥权归于联动中心，应急联动中心在处置紧急事件时，有权调动政府任何部门；采取一级接警、一级处警方式，即指挥中心统一接警，统一处警；简单事件由专业组处理，出现重大事件时，由指挥长协调各专业组进行联动处警；市政府不再另外设立各种指挥中心，出现重大事件时（例如SARS病毒流行事件），应急联动中心同时也是政府针对这种事件的指挥中心，政府领导可以在指挥中心的市长指挥区里直接进行指挥。我国第一个城市应急联动系统——南宁城市应急联动系统就是典型的集权模式。

2. 授权模式

授权模式是政府利用现有的应急指挥基础资源，根据城市应急联动的要求，通过局部的体制调整，授权应急基础比较好的某一部门（通常是公安部门）执行城市应急处理任务。在该部门的牵头下，政府相关应急部门联动办公，联合行动，从而快速构建城市应急联动系统。授权模式所具有的特征是：政府将应急联动的指挥权授权给公安，以公安处警为核心，协同其他联动部门共同处警。公安部门实施的110、119、122三台合一的应急体系，也是一种特殊的授权模式。在紧急情况下，公安代表政府调动各部门联合行动，并代表政府协调和监督紧急事务的处理。广州市的应急联动系统就属于授权模式。

3. 代理模式

代理模式是政府成立统一的接警中心或呼叫中心，负责接听城市的应急呼叫，根据呼叫的性质，将接警记录分配给一个或多个部门去处理，并根据各部门处理情况反馈报警人。本质上，这种模式还不是真正意义上的应急联动，但向城市提供了统一的紧急呼叫入口，方便了紧急情况下市民呼救。代理模式所具有的特征是：由政府牵头，统一了紧急呼叫的入口；各部门分头处警，各自指挥；中心负责向报警人反馈处理信息，监督各部门处理事件的过程。北京的应急联动系统属于代理模式。

4. 协同模式

协同模式是多个不同类型、不同层次的指挥中心和执行机构通过网络组合在一起，按照约定的流程，分工协作、联合指挥、联合行动。协同模式所具有的特征是：应急联动机制由多个不同类型、多层次的指挥系统构成。一般由一个政府指挥中心、多个部门指挥中心和更多个基层远程协同终端构成。不同系统具有不同的职责。这种模式对原有的机构基本不动，投资最省，更适合于大批中、小城市。广西的柳州和江苏的扬州城市应急联动系统就是协同模式的代表。

各个城市的应急联动系统采用的模式不是一成不变的。它会随着时间、条件、需求的变化而变化。也会是以一种模式为主，融合其他模式的一些功能，成为一种混合的模式。如起步时采用代理模式的城市，现在已向更高的集权模式发展；当初采用协同模式的小城市，有的现在已向授权模式发展。

三、国外典型的危机管理协同联动机制分析

世界各国由于政治制度、经济发展和历史传统等差异，形成了行政生态的多元化，公共危机管理的协调联动机制也各有特色。议会制下的日本和加拿大以及总统制下的美国和俄罗斯，它们各自的协调联动机制既有共同点也存在差异。

（一）美国的危机管理协调联动机制

美国社会面临着自然灾害、技术发展型灾害、恐怖活动与社会动荡等种种灾害的威胁，在国家紧急状态或重大灾难时，美国危机管理体系之所以能够有机协调、高效运作，关键在于全面的危机应对网络，不仅包括完备的危机应对计划和高效的核心机构，还涉及政府、医院、学校、工商企业、科研机构、新闻机构以及非政府机构。同时，危机管理协调体系中组织协调、立法协调、资源协调和信息协调等机制明确规定了突发公共事件的特点、应急管理机制运作原则，以及参与者的责任配置和合作关系，建立了完整的主动预防型应急协调体系。[15]

1. 组织协调机制

美国的联动机制主要依靠应急处理小组或应急处理委员会的成员单位以及各种突发事件预案、计划予以保证。美国紧急救援中心根据事件的层次和特点，决定各成员单位的分工和合作关系。为了确保联动机制的高效，行政长官总统、州长、市长是应急处理的第一责任人，相关行政部门和机构是应急小组或委员会的成员单位，应急预案和计划对相关单位的责任给予了明确规定，便于行动实施。具体而言，组织协调机制由以下四部分构成。

首先，应急指挥中心的设立。美国联邦、地区、州、县、市一般都把应急指挥中心理解为应急设施，平时由综合性应急管理机构负责管理和维护，不配备专职人员，不负责处理普通公众的报警、求助电话，仅作为灾害应急过程中地方政府官员协商、协调应急救援活动的场所。美国联邦、地区、州、县、市综合应急管理机构的一般配套设施，有综合性的应急指挥中心，如联邦应急管理局的国家应急行动协调中心，各地区办事处的地区应急行动协调中心，加州政府应急服务办公室的应急指挥中心和洛杉矶市应急准备局的应急指挥中心。

其次，有常设的综合管理协调机构。美国在联邦层级设内阁层级专门机构的国土安全部，整合了个联邦部门的个机关，近万名的编制人员，包括联邦应急管理署、原司法部的移民归化局、运输部的海岸警卫队、财政部的海关总署与秘密勤务局、能源部的劳伦斯国家实验室等。其组织规模仅次于国防部。联邦应急管理署配合州政府紧急服务办公室以及地方县、市政府的紧急运作中心。的总部设在华盛顿特区，局长由总统直接任命。将全国划分为十个区域，分别设有区域办事处，海外领地另设一个办公室，针对本区域灾害特点组织协调相关州具体应急事务，如在紧急状态下负责评估灾害造成的损失制定救援计划，协同地方实施救助等，如图 3－1 所示。在地方政府层面，州政府一般设有州长直接领导的应急办公机构，负责组织协调本州应急事务，市政府设有专门的应急机构和指挥中心，社区应急事务也有专人负责。[16]

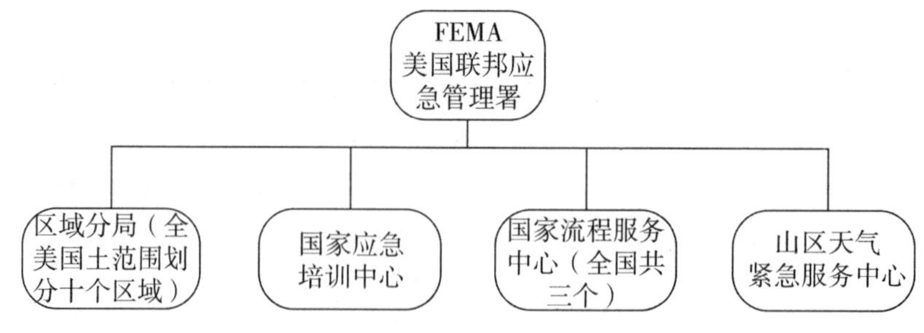

图 3－1　美国联邦应急管理署组织结构

再次,统一协调的指挥决策系统。美国的危机反应系统由联邦快速反应计划管理。该计划非常明确地说明27个不同的联邦部门和机构在各种不同的灾情情况下所负的责任。根据联邦反应计划,州和地方政府负有处理危机的主要责任。国家政府只是当灾难的后果超出州和地方的处理能力之外时,提供补充性的帮助。一旦这种情况出现,就会成为所有各种反应努力的协调机构,其作用至关重要。在许多国家,不同团体之间毫无交流,美国之所以能够避免这种问题,是因为不同来源的所有信息都进入一个机构。隶属美国国土安全部,负责全面协调,各个具体领域的危机反应则由其他的机构负责管理。美国国内划分了个应急区域,以应急区域的各个地方政府为节点,形成扁平化应急网络。

最后,健全的危机管理组织机构。美国危机管理政府间合作可分为横向和纵向两大类,前者又可以分为三个层面:①州内地方政府间的合作,如美国密歇根州突发事件治理法案第410款,自治市和县可以与其他县、自治市、公共代理机构、民族国家联盟,或者私人部门代理,或者其他所有实体达成相互救援或者互惠救援协议;②州际之间的合作。美国联邦灾难救济和突发事件救助法第611款规定,联邦政府应急管理总署署长对州际突发事件防御公约负有鼓励、审查和协调的责任;③州与邻国之间的合作,美国联邦灾难救济和突发事件救助法第612款规定,联邦政府应急管理总署署长应向州提供所有可行的救助,用于签订与邻国即墨西哥和加拿大的突发事件防御互助协定。就纵向而言,美国政府间的合作有两种:州政府和地方政府之间,联邦、州和地方政府之间。各州和联邦的突发事件应急管理法的一个中心目标就是如何在必要时倾全州或全国之力应对不测事件。[17]

此外,美国危机管理组织机构涵盖面广,国家安全委员会、联邦应急管理署、联邦调查局、中央情报局等核心机构具有极其重要的作用,同时研究评估、社会动员等外围机构相当发达。尤其是"9·11"事件后,美国成立联邦应急管理署,它是公共安全和财产负有责任的紧急事务管理人员、志愿机构、工商企业、执法部门以及其他团体的联系中心和领导机构,能够动员一切资源并以立法形式要求各州、县、市设有相应机构,每个部门或单位都指定具体人员负责,而且持证上岗,充分保证下情上达,整体上形成了纵向垂直协调管理、横向相互沟通交流、信息资源和社会资源充分共享、指挥协调高效、组织机构完备的全国范围的网络系统,完善的组织结构奠定了坚实的物质基础。

2. 立法协调机制

美国的应急管理法律比较完备。美国法律规定发生危机时,每个州都有责任进行救援,包括使用国民警卫队,而联邦宪法虽然没有规定应急时期国家权力如何行使及公民在应急时期的法律义务，但是联邦国会制定的一系列应急法律规范如国家紧急状态法、国土安全法等比较好地适应了美国联邦国家机关实施应急活动的需要。对于军方提供紧急事件援助，1991 年 2 月 15 日通过的国防部国内骚乱应对计划规定了国防部和法院共同应对危机的程序。这些法定程序，使得紧急事件应对过程中涉及启动应急计划的时机与程度，众议院、参议院对总统的授权，部门之间的协调等等问题都有章可循，使得整个应急行动也井然有序、权责分明。通过法制化的手段，形成了完备的应对计划、高效的核心协调机构、全面的危机应对网络和成熟的社会应对能力，提高了美国国家应急管理的整体能力。[18]

3. 资源协调机制

美国联邦政府利用《国家应急预案》应急支持职能附件的方式，明确了联邦政府机构和红十字会的资源保障任务、政策、组织构成和职责，每一项职能附件规定相应的联邦政府协调机构、牵头机构和支持机构。协调机构负责事前策划，与牵头机构、支持机构保持联系，并定期组织召开本职能相关机构的协调会。牵头机构作为职能的执行主体，负责提供人力，并尽可能获取足够使用的应急资源。支持机构应牵头机构要求，提供人力、装备、技术和信息方面的支持。

职能附件根据突发事件的具体情况，有选择地启动。启动后，协调机构、牵头机构和支持机构派出的应急人员或小组按承担的应急支持职能，分别编入事故指挥系统的组织框架中。

4. 信息协调机制

美国具有完善的信息协调机制和透明的信息发布制度，立法保护市民的信息权，建立完善的信息管理机构。在紧急情况下非常重视新闻媒体的作用，以便能够准确及时向公众传达灾难信息和指导信息，避免信息混乱、错误、拖延等原因产生的社会恐慌，稳定公众情绪。

美国联邦应急管理局通过实施“e－FEMA”战略，建立了应急信息系统层次结构模型，不仅使各类应急信息系统的信息资源能得到及时更新，还能促进不同系统之间的信息资源共享，为应急决策过程提供技术支持。目前，在美国得到广泛应用的信息系统包括以下 3 个系统。联邦应急管理信息系统。这是一个决策支持系统，综合考虑了应急管理的所有阶段（预防、准备、响应、恢复四个阶段），主要用来管理应急管理过程中的计划、协调、响应、培训和演习事务。网络应急管理系统（Web EOC）。该系统主要用于城市开展事故管理、应急指挥调度、资源调度及文档管理。灾害损失评估系统（HAZUS）。该系统主要用于预测地震、洪水和飓风可能造成的损失以及应采取的应急措施，以便在备灾和防灾过程中，通过加强对建筑物管理，来保障在灾难发生时减少人员伤亡和财产损失。

（二）日本危机管理协调联动机制

日本通过《灾害对策基本法》和《大规模灾害时消防及自卫队相互协助的协议》等一系列法律法规，建立了跨区域协作机制、消防、警察和自卫队应急救援机制，强化了中央和地方、部门与部门之间统一指挥、分工合作的力度。发生巨灾时，为提高运转效率，首相设置非常灾害对策本部，统一调度指挥。

1. 组织保障

日本的应急组织体系分为中央、都道府县、市町村三级制，各级政府在平时召开灾害应对会议，在灾害发生时，成立相应的灾害对策本部，如图 3－2 所示。

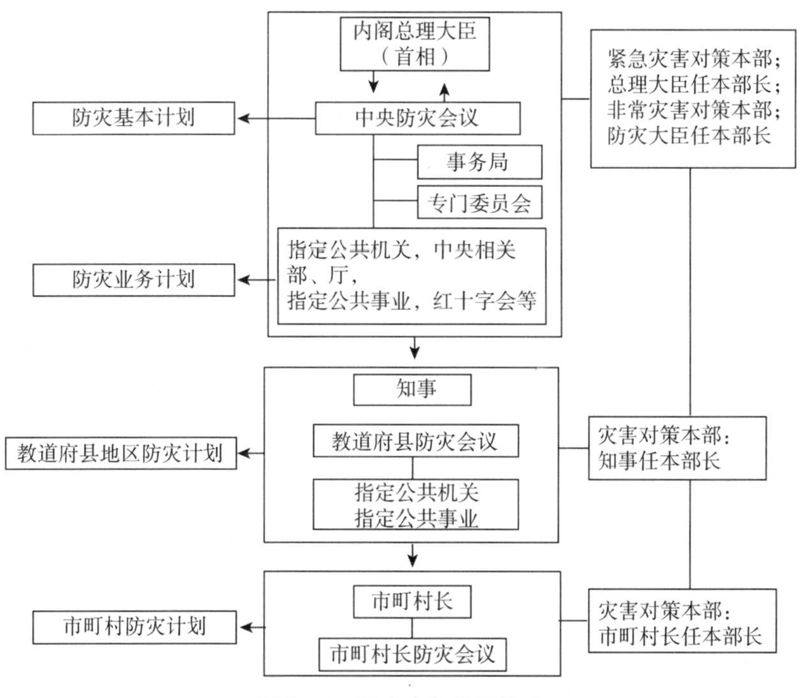

图 3－2　日本应急组织体系

在应急管理的组织方面，日本建立起了以内阁首相为最高指挥官，由内阁官房来负责总体协调、联络，并通过安全保障会议、阁僚会议或内阁会议、中央防灾会议等决策机构制定危机对策，由警察厅、防卫厅、海上保安厅、消防厅等各省厅、部门根据具体情况予以配合的高度严密、科学高效的组织体系。[19]

1993 年开始，在内阁官房（相当于我国国务院办公厅）中就已设置专门负责危机管理的“内阁危机管理总监”，官职为副官房长官，在发生紧急事件时直接辅助知事，强化协调各局的功能，从而改变以往纵向分割行政的局面。[20]

日本的防灾会议和防灾会议协调会是危机管理协调联动的有效方式。为了改变长期沿袭的纵向独立成体系的防灾组织体系，专门设置“防灾会议”作为综合协调机关，统一指挥和统筹各项防灾事宜。与此同时，为了在灾害发生时综合且有效地做出应对，专门以法制化的形式明确设置“灾害对策本部”（类似于我国的“总指挥部”），统领紧急状态下的组织、指挥和协调的职能。此外，在都道府县或市町村两级，当需要进行跨区域的协调时，应设立由两个以上的都道府县或市町村辖区联合成立的“防灾会议协调会”，共同处理跨区域的灾害应对事务。

2. 立法保障

日本的应急管理可谓“立法先行”，相关的法律法规极为完善。早在 1947 年日本就出台了《灾害救助法》，在此基础上于 1961 年又出台了可称之为日本防灾应急体系根本大法的《灾害基本对策法》。该法规定，为迅速且有效地达成灾害应对的任务，各行政机关间必须承担相互协助的义务。因此，各级政府机关可在执行灾害应变及复原任务时，请求、协调其他机关职员的派遣。

阪神大地震前，只有 18 个道府县、586 个市町村签订 72 小时相互援助协议。阪神大地震后，已有 47 个道府县、2000 多个市町村签订了 72 小时相互援助协议，协议中对于救灾物质的提供和调拨，救灾人员的派遣，救援车辆、船只的供应，医疗机构接收伤员，教育机构接收学生，以及自来水设施等的修复和供应，垃圾和下水处理等方面，都进行了详细说明。一旦东京发出援助请求，签订协议的周围地方政府都会“挺身而出”，及时提供救援。此外，为防止周围地方政府一齐救援而造成混乱，协议事先规定救援协调的都县市，比如东京受灾，第一救援协调都县市是琦玉县，第二救援协调都县市是千叶县。阪神大地震后，日本全国 2000 多个市町村都签订了 72 小时相互援助合作协议，使得联合防灾救灾形式深入基层、深入农村和山村。

3. 资源保障

根据日本的国家《灾害救助法》，各个城市必须有一定的物资储备。例如“东京都”必须每年按照在本年度的前三年的地方普通税收额平均值的千分之五作为灾害救助基金进行累积。2002 年累计有 110.26 亿日元。其中存放在国家财务省资金运用部和银行的存款有 60.71 亿日元。除了都政府外，各区、市、町、村政府也进行储备。充足的储备使日本政府在危机事件发生后，能及时地调拨给各受灾地区，保障了受灾人民最基本物质供给，有利于维护整个社会的稳定。

4. 信息保障

一方面，通过修改《灾害对策基本法》等相关的法规和成立各种会议组织，对信息资源进行重新有效配置。其中，“内阁情报会议”和“合同情报会议”在应对突发事件以及实现政府信息资源共享方面具有重要作用。内阁情报会议成立于1998年10月,主要任务是强化情报系统功能,协调和共享政府相关部门的情报,综合把握国内外的重要动向。该会议由内阁官房长官亲自主持,出席者为内阁官房副长官(政务1名、事务2名)、内阁危机管理总监、内阁情报官、警察厅长官、防卫厅事务次官、公安调查厅长官和外务省事务次官。此外,为了加强人员方面的合作以及随时沟通情况,在内阁情报会议下面又设置了合同情报会议,该会议原则上每半月召开一次,由内阁官房副长官(事务)主持,参加者有内阁危机管理总监、内阁官房副长助理(负责安全保障、危机管理)、内阁情报官、警察厅警备局长、防卫厅防卫局长、公安调查厅次长、外务省国际情报局局长等官员。[21]

另一方面,日本特别注重信息联络系统的建设,除了有线系统外,为了防止在灾害发生后出现有线通信被中断的问题,东京都建立了防灾行政无线通信系统圈。[22]东京都灾害联络系统,如图3-3所示。

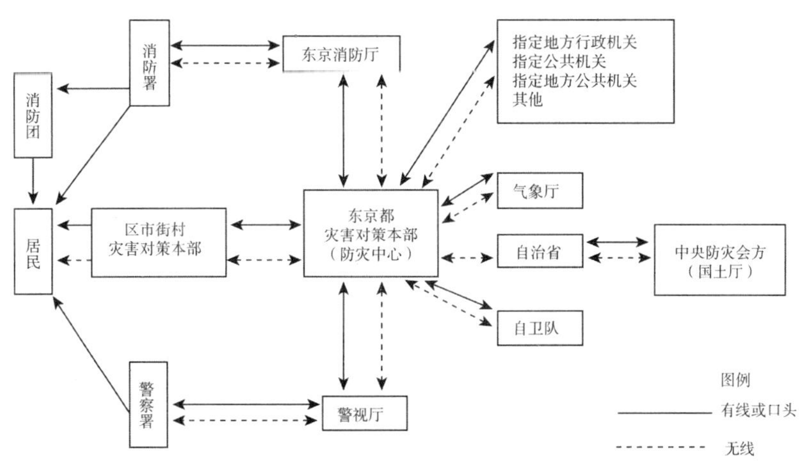

图3-3 东京都灾害联络系统

5. 外部力量的动员

首先,日本提倡建立携手互助的社会体系,以"自己的生命自己保护"、"自己的城市和市区自己保护"作为基本宗旨,改变以行政为中心的救灾体系,提出以行政、企业、非政府组织、非赢利团体和社区(居民)以及志愿者团体等多方合作的"公救",保证了救援的及时性和有序性。在2011年由地震引发的海啸及核泄漏等巨大灾害中,日本各地近3万个民间组织积极行动。除了这些专业的民间社团之外,日本全境几乎各个町(街道)和社区都有列入政府的《防灾规划》的"居民防灾议会"的自愿组织。这些自愿组织通过政府资金援助和各学术机构的支持开展日常的防灾演练。同时,此次海啸、地震还进一步整合了日本民间团体。2011 年 3 月底日本约 140 多个民间团体联合组建"东日本大地震支援全国网络"。加入此整合网络的除了各类非政府机构和各地的志愿者支援团体,连政府主导的中央共同募金会、日本红十字会、日本生活协同联合会也加入其中。

其次,基本确立消防、警察和自卫队合作机制。一方面,互相提供灾害情报,开展日常协作演习。另一方面,灾区附近的警察厅和消防厅,设置专门的联络人员,协调灾区附近的机构以及灾害现场工作。

(三)加拿大危机管理协调联动机制

1. 组织架构

加拿大应急管理体制分为联邦、省和市镇(社区)三级,实行分级管理。在联邦一级,专门设置了应急事务办公室,隶属于国防部。省和市镇两级管理机构的设置因地制宜,单独或合并视情况而定。各级应急事务管理部门下设应急事件管理中心,根据应急事件的不同种类,中心可隶属于任何一个部门,在该部门的组织下负责协调应急救援工作,如发生火灾由消防部门负责,发生交通事故由交管部门负责。对于法律上没有明确规定的特殊重大事件,各部门之间通过协调机制处理。2003 年成立的加拿大公共安全和应急部,是加拿大自然灾害主管部门,负责加拿大所有联邦政府部门和机构在保障国家安全方面的协调工作,并制定联邦层面上的相关计划和政策。职责范围除涉及自然灾害外,还涵盖犯罪和恐怖活动等。公安部也与其他各级政府部门、第一应急责任人、社区小组、私营领域和其他国家开展合作。在处理紧急事件过程中,进入紧急事件管理中心(部门)工作的官员数量,由中心主管根据事件危害的严重程度来确定。对于一般事件,由几个与发生事件主要相关政府部门的官员一起协调解决,如果事件严重,危害较大,所有相关政府部门负责紧急事件的官员,都集中到紧急事件管理中心,集中讨论决定如何处置。

2. 立法保障

加拿大政府于 2007 年 8 月通过了《应急管理法令》。该法令采取了一个全面的、针对所有灾害的方法来进行应急管理,该法令重点突出下列四个特点:反映现代应急管理的一些重要因素,如减灾预防、准备、应对和恢复及重要基础设施保护,强调加拿大政府内应急管理活动的协调和整合方法的必要性:加强与其他司法管辖部门、私营及志愿领域的合作,推动信息共享机制:保护私营领域向加政府提供的重要基础设施的信息。该法令从法律上规范联邦公安部及其他相关部长的职责,以确保强有力的领导来协调联邦应对能力,并对加各级政府制定的应急管理计划进行标准化管理。

3. 信息保障

突发事件管理是加拿大政府和军队日益增长的需求,管理人员比以往更需要工具和培训,从而更好应对环境灾难。FedGrid 计划(联盟网格)将利用已有的军队标准和技术来构建具有扩展性协作网格平台,以支持大范围的分布式仿真,包括突发事件管理训练、军队训练、高性能图像处理等。[23]

4. 外部力量动员

加拿大也组建了专门应急救援队伍,他们属于国家公务员编制。救援人员专业划分很细,涉及消防救援、水(冰)上救援、建筑物倒塌救援、狭窄空间救援、高空救援及生化救援等。各级政府投入巨资,购置先进的救灾设备和救援人员防护装备。每类救援人员的资格都有严格的资格考核。此外加拿大还建立了一支庞大的志愿者队伍,在应急事件的处理中发挥着重要的基础性作用。

(四)俄罗斯危机管理协调联动机制

自 1991 年独立以来,俄罗斯经济、政治、社会开始全面转轨。十余年来,俄罗斯经济、政治、社会和民族危机频发,国家和人民承受了巨大的苦难。在此期间,俄罗斯重视政府危机管理体系的建设,并在应对、管理各种恐怖主义事件过程中,逐步构建、完善应对影响和威胁俄罗斯国家安全的内外突发事件的预警和反应机制。独立以来,俄罗斯政治危机、金融危机以及车臣内战危机,给国民、社会和国家带来巨大灾难。为此,俄罗斯逐步建立了一个以总统为核心,以联邦安全会议为决策中枢,政府各部门分工合作、相互协调的危机管理体系。总的看来,俄罗斯政府危机管理体系的特点是"大总统、大安全"。俄罗斯总统比美国总统拥有更广泛的权力,他不仅是国家元首与军队统帅,还掌握着广泛的行政权和立法权。"大安全"是指俄罗斯设有专司国家安全战略的重要机构——俄罗斯联邦安全会议。

1. 立法

在立法方面,苏联时期的人民代表大会曾于 1990 年 4 月 3 日颁布了《紧急状态法律制度法》,1991 年 5 月 17 日,还未独立的俄罗斯又出台了《俄罗斯苏维埃联邦社会主义共和国紧急状态法》。2001 年 5 月 30 日,普京签署了《俄罗斯联邦紧急状态法》。2002 年 1 月 30 日又签署了《俄罗斯联邦战时状态法》,俄罗斯政府危机管理法律体系由此基本确立。《俄罗斯联邦紧急状态法》对紧急状态进行了明确定义,规定只有在对公民的生活和安全或俄罗斯联邦的宪法制度造成直接威胁,并且不得不采取紧急措施才能消除这种威胁的情况下,才能实行紧急状态。在俄罗斯联邦全境或个别地区实行紧急状态,必须由联邦总统发布命令,并立刻将情况向联邦委员会(议会上院)和国家杜马(议会下院)通报并立即送联邦委员会批准。

2. 机构设置

近年来,俄罗斯联邦逐步建立,并不断完善了一个以总统为核心,以联邦安全会议为决策中枢,政府各部门之间分工协作,相互协调,化解影响和威胁俄罗斯国家安全的内外突发事件的危机管理体系。该体系是一个在联邦总统直接领导下,由国家安全、警察、消防医疗、交通和社会保障等部门组成的庞大系统。

俄罗斯实行以紧急状态部为核心,其他有关部门协调配合的垂直管理体制。苏联解体后,在政治和社会经济剧烈动荡、国内民族矛盾不断激化的背景下,疲于应付各类突发事件的俄罗斯联邦政府承受着空前压力。1994 年 1 月 10 日,俄罗斯建立了直接对总统负责的"民防、紧急状态和消除自然灾害后果部"(简称为紧急状态部),主要负责自然灾害、技术性突发事件和灾难类突发公共事件的预防和救援工作。

紧急状态部是俄应对突发公共事件的中枢机构,内务部、国防部或者内卫部队协助紧急状态部处置突发事件。紧急状态部直辖万人的应急救援部队及装备。该部队作为独立警种,按部队建制,统一制服,统一警衔。在纵向上,俄联邦、联邦主体(州、直辖市、共和国、边疆区等)、城市和基层村镇四级政府设置了垂直领导的紧急状态机构。同时,为强化应急管理机构的权威性和中央的统一领导,在俄联邦和联邦主体之间设立了六个区域中心,每个区域中心管理下属的联邦主体紧急状态局,全俄形成了五级应急管理机构逐级负责的垂直管理模式。联邦、区域、联邦主体和城市紧急状态机构(部、中心、总局、局)下设指挥中心、救援队、信息中心、培训基地等管理和技术支撑机构,保证了紧急状态部有能力发挥中枢协调作用。紧急状态部成立以来,虽然俄政坛几经变化,但紧急状态部的职能和地位不但没有被削弱,反而不断得到加强,在处理国内外各类突发公共事件中发挥了重要作用。

进入紧急状态时,政府按以下程序运行:总统发布实行紧急状态命令后,立即向联邦委员会(议会上院)和杜马(议会下院)通报,并送联邦委员会批准。

在实行紧急状态的联邦总统令中,需要阐明实施紧急状态的原因、地区范围、保障紧急状态处置的人力和物力、限制公民和法人权利的范围、负责处置紧急状态的国家机关以及实行紧急状态的期限。联邦委员会批准后,总统的紧急状态令立即通过广播、电视等大众媒体传播给实行紧急状态地区的居民。实行紧急状态时,主管对外事务的联邦权力执行机关在三天内将相关情况通知联合国和欧洲委员会秘书长。在俄联邦个别地区实行紧急状态时,主管对外事务的联邦权力执行机关自联邦委员会通过批准总统紧急状态命令之时起,一昼夜之内将有关情况通知邻国。

(五)美、日、加、俄协调联动机制的比较及启示

发达国家的危机管理由来已久,而且已经探索出一系列有效的危机管理协调联动模式。然而国情、国力、外部安全环境的差异,决定了不同国家危机管理机制形态各异。如美国模式(强总统、大协调)、日本模式(强内阁、大安全)、俄罗斯模式(大总统、大安全)等。但一般而言,各主要国家的危机管理协调联动机制,都具有"政府领导、多元参与、统一平台、各司其职"特征。所谓"政府领导"是指公共危机协调联动机制必须以政府为指挥中枢,保证公共危机应急系统的权威性,以使危机管理机制迅速反应、灵活决策、有序协调。"多元参与"是指一个包括了军队、警察、消防、医疗、交通、外交等政府职能机构,以及非政府组织、企业、媒体和公众等共同参与的体系,是多元主体的治理模式。"统一平台"是指公共危机协调联动机制应形成一个统一、集中的指挥平台,在政府领导下,根据政府领导的指令和授权,指挥、协调、调度、监督相关部门和组织处置突发公共事件。"各司其职"是指公共危机应急处置中,各有关部门应通过公共危机应急处置指挥中心这一平台和枢纽,按照明确的职责分工,快速妥善处置或协助其他有关部门处置各类突发性公共安全事件。

基于以上原则,我国加强公共危机管理协调联动机制建设,重点要抓好以下几个方面。首先,强化应急管理机构综合协调职能是实现资源整合、提高应急处置效能的关键。其次,完善协调联动法制是提高协调联动的前提。再次,上下贯通、左右共享、良胜互动、及时准确的信息报告是应急体系高效运行的基础。最后,加强科普宣教、全社会共同参与是减少人员伤亡和经济损失的有效途径。

1. 应急法制建设滞后,缺乏协调联动机制保障

《突发事件应对法》是我国第一部应急管理综合性法律,它的出台推进了我国公共危机管理法治化的进程。目前,我国更多的是一些针对特定灾害的单项法律法规,如《消防法》《防洪法》和《破坏性地震应急条例》等,有关多个机构、多个区域如何协调应急的规范性文件或标准仍未出台。公共危机协调联动机制法律保障缺位,尤其是各级政府职能部门和政府外部协调联动主体在应急体系中的地位、权责分配、运作规则、处置程序、应急系统建设技术标准、经费保障等方面法律规范不完善。

2. 部门分割,协调不力,缺乏健全的组织体系

目前,我国按照灾害类型和行政职能部门系统来划分管理范围,即每一个灾种或几个灾种由一个部门或几个部门负责,成立领导小组等临时协调机构,这种危机管理方式仍然是运动式而非制度化的。以职能部门垂直管理为主的模式,各部门各自处理分管领域的应急事务,在单一灾害中充分发挥职能部门作用上具有

一定优势。但是,现在的灾害事故都很复杂,影响是全方位的,往往要求多部门联合行动,这不仅在行动指挥上要协调一致,还要具有专业水平的科学调度。这种"分兵把口"模式造成了条条块块之间资源分割、重复建设、职能交叉,增加了信息沟通和处理的环节,增加了难度,影响问题处理的时效性,不能应对多灾种并发的状况。

此外,由于各职能部门大都各自为政,尚未形成有效的具有约束力的机制,缺少必要的协同演练,即使演练也都是以部门单独演练为主,一旦发生综合性危机,无法作出快速反应和及时有效的处置。

3. 信息沟通不畅,信息共享机制缺失

一个有效的危机管理体制是政府成功管理危机的关键,这很大程度上又取决于能否进行良好的危机信息沟通。可见,良好有效的信息沟通体系是政府危机管理成功的关键。目前,各政府部门信息资源共享与整合不足,危机管理信息系统还没有建立统一的、法定的技术规范,没有统一的数据标准、数据交换格式。部门间、地区间的信息壁垒,社会、企业、政府间的信息不共享,不互动,"信息孤岛"影响了危机管理协调联动的有效性。例如,一些部门往往"以邻为壑",本着"个人自扫门前雪"的工作心态,这就导致上下级政府纵向信息沟通严重堵塞,延误危机管理的最终成效。所以,完善信息沟通渠道,加强协调联动机制建成为政府当务之急。

4. 资源的整合与调度能力不足

我国危机资源配置存在配置方式严重滞后和缺乏科学管理机制的问题,出现一次突发性事件,有关部门才会成立一个临时性的管理委员会,然后再紧急拨款,往往到了不得已的时候,才不惜一切代价进行突击准备[24]。

此外,在条块分割的应急管理体制下,各类储备的物质资源由不同的职能部门管理和使用,其弊端表现为一方面由于部门利益的驱动和扩张,导致各部门之间资源重复配置,严重影响社会物质资源的配置效率,极易造成大量资源闲置和浪费。另一方面,分部门储备和使用资源的应急模式很容易在突发公共事件发生时形成一个部门资源闲置,而另一个部门资源短缺的状况,社会应急无法产生联动协同的作用。

四、我国公共危机管理协调联动机制的优化策略

根据公共危机的发生过程、性质和机理,公共危机主要分为自然灾害、事故灾难、公共卫生事件和社会安全事件四类。每类公共危机均有从潜伏到消弭的过程,政府应急管理的生命周期便体现于上述过程中。政府在应急管理中不仅要建

立各类灾种间的协调联动机制,而且要将协调联动机制贯穿于应急管理生命周期各个阶段,而科学合理的应急管理组织结构是应急管理协调联动机制有效运转的保障。下文将基于公共危机类型、应急管理生命周期以及应急管理组织结构三个视角提出应急管理协调联动机制的构建策略,如图 4 - 1 所示。

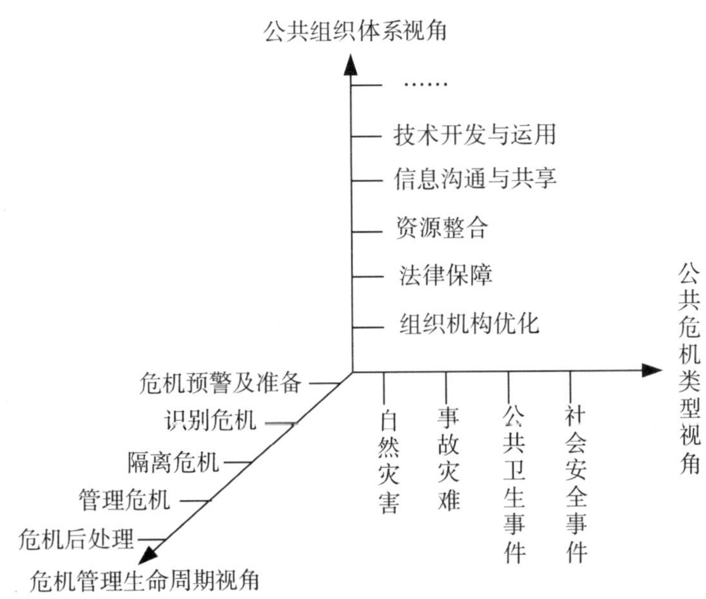

图 4 - 1 公共危机管理协调联动机制三维分析框架

(一)基于公共危机类型视角的分析

1. 公共危机类型

目前,关于公共危机的分类十分庞杂。不同的学者依据不同标准,总结了不同的分类。薛澜等学者从危机的动因角度将危机分为两大类,其一主要是针对由自然灾害和人为因素而引起的突发性事件——前者如水灾、地震、台风、干旱,后者如核泄漏、火灾、质量事故——政府作为公共事务的管理者,必然要承担控制由突发事件引起的连锁反应的责任。其二是由社会中对抗的统一体引发社会冲突行为而导致的社会失衡和混乱,由一定的社会问题诱发,诸如战争、暴力对抗、恐怖主义事件。2006 年我国颁布了《国家突发公共事件总体应急预案》,预案根据突发公共事件的发生过程、性质和机理,将突发公共事件主要分为自然灾害、事故灾难、公共卫生事件和社会安全事件四类。

2. 分灾种应急管理的局限性

当前公共危机管理各部门习惯于单灾种单一灾情的处理,这种分灾种的危机管理体系不利于协调各部门的减灾抗灾工作。由于危机事件的复杂度与危机协调联动程度呈正相关的关系,如图4-2所示,当一种危机引发其他危机时,分灾种的条条式的管理体制就显出局限性。正如一位学者所指出,危机袭击时并不是按照条块来的。因此,现代各国通用的做法就是专业分工与综合协调同时兼顾。

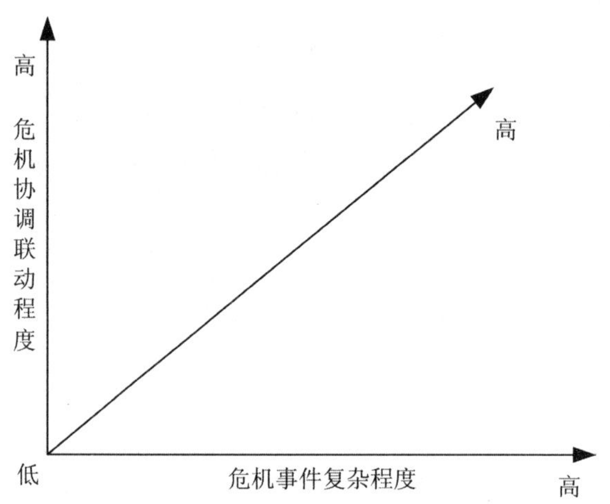

图4-2 危机事件的复杂度与危机协调联动程度的关系

3. 建立多灾种协调治理机构

对我国而言,较为可行的选择是在政府危机管理委员会下设灾种协调治理机构,主要的灾种协调治理机构有:抗震委员会、防汛委员会、防火委员会、道路交通安全委员会、突发卫生事件管理委员会、群体性事件管理委员会、事故灾难管理委员会等,它们分别设在地震、水务、消防、公安、交通、卫生等相应职能部门,待条件成熟后,逐步归并、实现综合减灾组织一元化领导。灾种协调治理机构的主要职责是:承担公共危机事件的协调管理等日常工作;对本灾种涉及的协调联动需求,报请政府危机管理委员会决定,负责与上级和下级相应工作部门的业务联系和国际交流与合作。

(二)基于危机管理生命周期的优化

1. 公共危机管理的生命周期

危机问题的形成与发展有着自身的运行规律,公共危机有其发展的生命周期,危机管理专家芬克曾将危机的生命周期分为征兆期、发作期、延续期和痊愈期[25]。本研究将公共危机的生命周期划分为潜伏期、爆发期、恢复期与消退期等四个阶段,如图4-3所示。公共危机管理是对公共危机生命周期全过程的管理,对危机管理过程的划分,虽然不同的专家、学者存在不同的划分方法,但这些标准基本上大同小异,没有实质的区别。本研究分析采用薛澜等学者的划分模式,即把危机管理的过程划分为以下五个阶段:危机预警及准备、识别危机、隔离危机、管理危机及危机后处理。危机管理在不同阶段管理的重点和职能各有侧重,各阶段相互配合,最终形成整合的危机管理一体化系统。

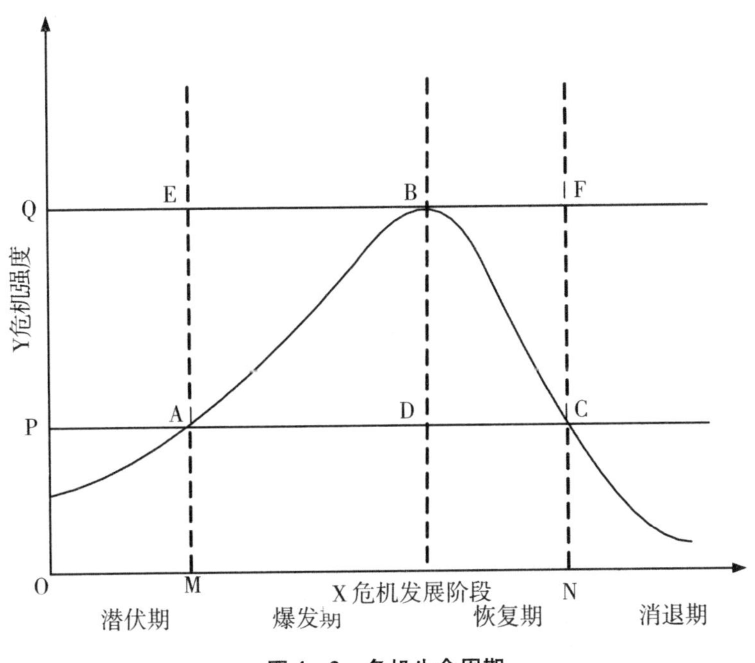

图4-3 危机生命周期

2. 建立全生命周期的协调联动机制

从危机管理的生命周期来看,协调联动机制不仅体现在危机处置阶段,而且在减灾方面应有更早的协调,即危机爆发前就应该设立相应协调机制。如图4-3所示,在OPAM这个矩形范围内,危机处于潜伏期,该阶段危机隐藏在常态管理中,容易被管理者忽略。因此,在这个阶段危机管理者重点要做好危机的预警工作。预警阶段的协调联动包括:与相关部门及相邻地区签订协调联动互助协议、建立协调联动信息系统、危机协调联动的培训与演习等。随着危机诱因的逐渐增多和积聚,危机进入全面爆发期,如图矩形ADBE所示。危机的强度大幅度上升并在爆发期达到极致,由P点升至Q点。危机事件随之迅速发展至转折点B点。在爆发期,危机管理协调联动的重点工作包括:成立危机管理协调联动指挥中心、建立完备的协调联动组织体系、启动事先签订的协调联动协议、做好危机管理资源的整合与调度等工作。爆发期后,危机进入恢复期和消退期,危机的影响逐渐减弱和消失,然而危机管理的协调联动仍需继续。在危机善后工作中,要及时总结危机处理中协调联动的经验和教训,同时做好危机恢复阶段的协调联动。危机管理生命周期的各个阶段没有严格的时间限制,有时危机所处阶段有时难以识别,但是危机管理协调联动机制贯穿于完整的危机管理系统之中。

(三)基于公共组织体系视角的优化

公共组织是以管理社会公共事务、协调社会公共利益管理为目的的组织,它既包括政府组织,也包括了第三部门组织。它的构成要素主要包括组织目标、组织人员、物质因素、职能范围、机构设置、职位设置、权责体系、规章制度和技术及信息等方面。优化公共危机管理组织体系就是要实现危机管理的横向整体配合,纵向联动协调。具体的优化路径如下。

1. 协调联动机制的组织机构优化

长期以来,中国应急管理组织是以科层制为基础,危机爆发后,该组织形式能够在短时间内动员整个组织的资源来应对一场突如其来的灾难。然而,灾后的救助与重建是一个更加持久的工程,仅仅依靠科层制组织一时的“力挽狂澜”是很难让灾区重新恢复。随着后工业社会不确定性与风险性的提升,任何灾难在现代社会中都是处于不断变化的复杂系统中,同时,伴随着灾难而来的次生事件和衍生事件也已经跨越了学科的分界,暗藏着极大的未知性[26]。因此,以扁平化、弹性化的应对网络替代传统政府组织中机械、僵化的层级,并将公共危机管理主体由单一的政府组织扩展为包括多元治理主体在内的网络系统成为必要的路径选择。

组织建设是实施协调联动机制的依托。当危机发生后,建立一个纵横结合的危机联动指挥中心,既能灵活地调动各级地方政府资源、社会资源和民间资源,又能迅速传达危机应急处置的意图和思路,将不同部门的力量整合起来,发挥专业救助队伍优势,在综合的应急模式中融合多元部门管理为一体,实现纵横联动应急。现阶段加强协调联动机制的组织建设,主要从两个方面入手。一是纵向协调联动机制建设。从危机事件分级分类开始,合理划定各级政府危机处置的主要责任。二是横向协调联动机制建设。政府危机管理组织体系除了建立纵向层级控制反应链条外,还应当吸纳社会其他组织参与到危机救治过程中来。[27]

(1)提高纵向协调联动机制的效率

纵向协调机制,薛澜等学者称之为“等级制协调机制”,主要是指上下级政府间在危机应对时的协同运作,充分保证下情上达,上级政策得以贯彻执行。由于各种危机事件往往都始发于地方,因此,应对危机事件的关键之一就是要求中央、省、市、县、乡(镇)等各级政府之间信息畅通,协同配合,共同解决危机。然而在我国现实运作中,下级政府往往存在虚假治理的行为倾向,而且这已经成为下级政府通常的选择。这说明,危机治理过程中等级协调的选择困境,所以我们不仅要关注单一层面上作为社会公共事务管理者的政府决策,更重要的是要研究中央政府和地方政府在有关问题上的协同[28]。

提高危机管理等级协调机制的效率,可行的原则是从根本上要为地方政府的行为选择创造一定的参与约束和激励相容约束,即提供相应的正向激励。要认识到任何委托人希望的效应最大化都只能通过代理人的效用最大化行为实现,因此,要确实尊重地方权益,进行科学、合理地分权。

此外,缺乏综合协调的指挥机构,相互之间形成不了协调配合的机制,制约了对公共突发事件应急管理向准确、快速、科学、高效的层次发展。成立由行政首长领导的危机管理中心,有效协调各部门、各地方的行动。

(2)构建网络化的协调联动组织结构

第一,构建跨区域和跨部门的公共危机应急联动组织体系。针对我国跨行政区以及跨部门的突发公共事件应急系统一直处于各自独立、分散管理的状态,必要构建区域和部门间突发公共事件应急联动组织体系,以便真正实现公共安全及应急处理的联合行动。

根据突发公共事件的特征,运用系统组织学原理,可以将区域应急联动组织设计为网络式动态联动组织。它是在从中央到地方按行政区划设立常设的应急管理机构的基础上,以政府应急管理法律法规为结合基础建立的动态连接体,区域应急联动指挥中心根据需要可以是常设也可以是因突发事件而临时成立的负责统一指挥统筹协调按行政区划设立的常设机构—地区省、市、县预警应急管理部门的关系与活动,这些常设机构可以根据需要与任何联动单位产生联结,这极大地提高了组织的弹性和对外界的反应能力,并借助于现代信息技术作为彼此沟通与协调的桥梁,信息技术的应用又促使组织突破地域的界限。应急联动中心作为网络组织的中心,其周围围绕着众多独立的联动单位。这些联动单位有紧密的纵向与横向联系,并由中心进行协调,从而形成一种网络。区域突发事件应急联动网络组织架构,如图4-4所示。

图4-4表示的是跨行政区的简单但较为完整的动态联动组织架构,该图可以反映动态联动组织的特性。对于不同的突发事件,涉及的部门及可能的层级都是不同的,他们之间的沟通模式或许更加复杂,需要与此相关的沟通技巧和一些特殊的收集信息的方式等。所以,对于各节点单位都要做相应的深入研究,合理确定和调整其职责[29]。

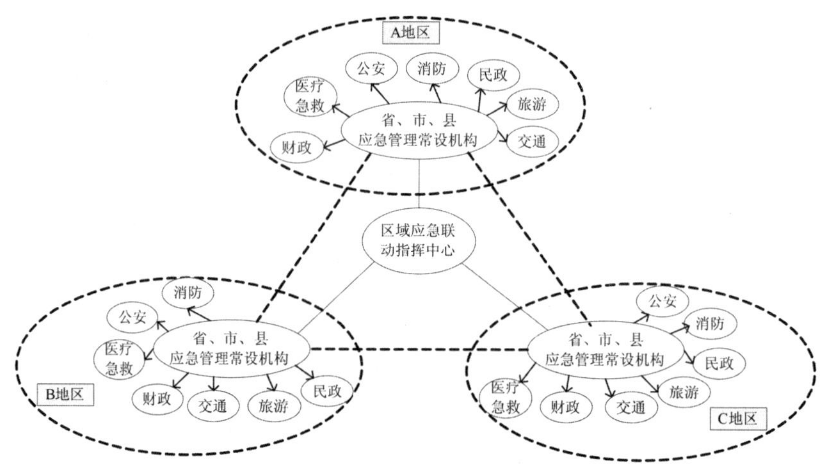

图 4－4　区域应急联动网络组织架构

区域突发公共事件应急联动体系的系统状态反映了该系统不同部分之间的相互关联，它的状态随时都在变化，而且系统状态不同部分之间的变化也相互关联。系统状态及其变化之间的关联，反映了系统的组织化状态。由于系统状态及其变化之间的关联，我们可以用一组变量描述系统的状态及其变化。系统状态变量的每一组具体的取值，都是系统的一种组织化状态。系统的组成状况联动单位的种类、数目、品质等决定了系统可能的微观状态，而系统的组织架构设计，决定联动单位与常设应急管理部门之间相对稳固的联系，决定不同微观状态是否会出现或出现的概率。组织架构设计影响系统状态变量的选取，决定状态变量之间的关联，甚至影响状态变量的数量，还会进一步影响状态变量的取值范围。

如以 X1 表示预警监测系统的状态，X2 表示应急联动系统的状态，X3 表示资源保障系统的状态……系统所有状态变量的集合称为状态变量空间，表示为：

$$X1 = \{X1, X2, \cdots, Xn\} \tag{1}$$

以 x1 表示联动单位 1 的状态，x2 表示联动单位 2 的状态……系统的每一微观状态 SI 均是其状态变量的某种组合

$$SI = s(x1, x2, \cdots, xn) \tag{2}$$

系统所有可能的微观状态用 S 表示

$$S = \{s1, s2, \cdots, sI, \cdots\cdots, SL\} \tag{3}$$

式中：L 为所有可能的微观状态数目。设微观状态 SI 出现的概率为 p(SI)，则系统的微观状态概率空间为

$$P(S):\ \{p(s1), p(s2), \cdots, p(sL)\} \tag{4}$$

且有

$$\sum p(si)=1 \tag{5}$$

由信息论知道,获得系统处于微观状态的消息所包含的信息量为

$$I(SI)=-\log p(si) \tag{6}$$

获得该系统处于何种微观状态的消息所包含的平均信息量为

$$H=\sum_{i=1}^{1} p(si)\log p(si) \tag{7}$$

H 称为系统的熵。系统的微观状态的不确定性越大,熵越大。

社会系统与自然系统不同。社会系统组织化的人为设计,限制了许多的微观状态出现,社会系统最为混乱的状态是未作任何组织化工作的情形。我们称社会系统未作组织化设计,处于最为混乱的状态时的熵为“综”,记为 Z。事实上社会系统总是会进行一定的组织设计,其实际熵 H 总是小于 Z 的。H/Z 为系统的混乱度,H/Z 越大,系统混乱程度越大,也就是组织化程度越低。

社会系统的有序度 R 定义为 $R=1-H/Z$ (8)

总之,在区域突发公共事件应急联动体系中,通过设计完善的组织架构,可以限制一些不利的微观状态的出现,进而降低系统内部的熵值,提高系统的有序度。

部门间的协调联动组织架构可以参照区域应急联动组织体系进行设计。以气候检测为例,众所周知,气候预测目前还是一个世界性难题,目前的技术手段还难以对气候进行准确预测,做好应急管理的基础性工作,增强气象与交通等部门的合作,加强信息共享以及部门联动机制,也许是当前最有效的减灾应急管理办法。当然,媒体对公众进行更多的应对极端天气气候事件的宣传,提高公众的自救意识和能力也非常关键。

第二,建立公私部门的协作伙伴关系。公共治理理论认为,在公共事务治理中,政府与社会良性互动的基本特征是合法性、透明性、责任性、法治性、回应性和有效性等[30]。在应急管理中,政府不再是事必躬亲的“划桨者”,应将重点转向规划、引导和“掌舵”。政府与社会组织之间不再是行政命令与服从的关系,而是积极配合、互动合作、相互依赖的伙伴关系。政府要树立对社会的应急服务意识,强化服务措施,提高社会对政府应急管理与服务的满意度。因此,各级政府必须通过制定共同的目标和加强协调能力,明确表示并积极支持加入协作伙伴关系,使任何政府不因危机而瘫痪。以应急物资储备为例,为减轻突发事件应对中政府的负担,有效地分散政府应急管理的风险,让民间部门和社会团体以及各种社区积极参与到防灾减灾和应急活动中是十分必要的,一些国家的地方政府便采取了与民间部门和团体事先在灾前签订合作协议的方式,以确保能迅速调配和整合的应急物资和避难空间。除了与政府的合作外,灾前协议型伙伴合作机制还包括民间

企业与居民之间的安全合作。

第三，构建多元化、立体化、网络化的协调联动机制。公共危机管理涉及多种利益相关者，因此，公共危机不是某一个部门或机构单独可以应对的。斯蒂芬·戈德史密斯和威廉·埃格斯在《网络化治理》一书中认为，当政府横向联合并纵向推行服务时，经常会出现极为复杂的网络。地方政府经常会面对一些相互关联但又似乎很难解决的问题，为了解决这些问题，政府往往会将解决问题的各种网络编织在一起[31]，即网络化治理。网络化治理代表了四种发展趋势的集合，它将第三方政府高水平的公私合作特征与协同政府充沛的网络管理能力结合起来，然后再利用技术将网络连接到一起，如图 4－5 所示。

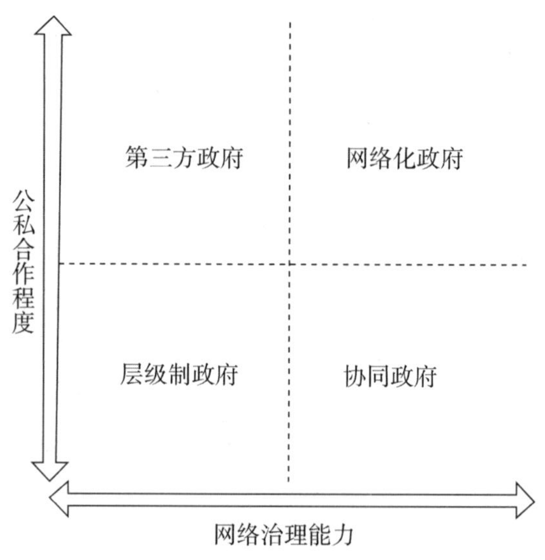

图 4－5　政府的四种模式

除政府之外，非政府组织、企业组织、媒体、国际组织以及公众等都在公共危机治理的结构中同时拥有权力、能力和责任，形成一种权力与责任对等、制度化、常规化的多元治理结构。在以政府为主导和中央政府统一决断的前提下，政府机构常规化、制度化地主动协同企业组织、非政府组织、公民个人及国际组织，共同形成公共危机管理的上下联动、协同应对的格局。要实现这一点，一方面要积极培育公民社会的成长，引导非政府组织等第三部门积极参与公共危机的应急处置。另一方面要积极参与多边国际合作应对机制。在全球化的时代，危机事件不是孤立的，地区性的危机能够变成全球范围内的危机。所以，“在对危机的处理上，尽管各国存在着地区上和意识形态的差异，但反应是相似的”。[35]危机管理一直是联合国等国际性组织致力于解决的重要问题。联合国许多机构的宗旨就是为了解决地区性的和世界性的危机事件,如联合国难民署、世界卫生组织等,它们都直接介入危机的管理,在这个变得更加相互依赖的世界中,我们的政府有责任,也有必要与国组织在危机管理方面扩展合作。在公共危机管理上,我们要积极争取国际性和地区性组织在资金、人员、技术、培训,以及道义上的支持,同时加强与国际组织在信息方面的沟通。同时,我国政府也应本着独立自主、互惠互利的原则,重视与其它国家,特别是与西方发达国家的合作,以寻求解决公共危机的最佳路径。

2. 完善协调联动的法律保障

无论在常态下,还是在危机状态下,政府行为法制化和依法行政都应是政府实施有效治理的基本原则。国外大量卓有成效的危机管理协调联动案例证明,提升协调联动能力必须要有系统化的立法体系建设,以保证协调度。

首先,制定协调联动的法律制度。由于各专项预案和部门预案是由各个部门自己制定,因此,要提高预案之间的调性以及危机状态下协调联动的操作边界以相关法律为基础。

其次,签订危机协调联动的协议。美国应急协调体系的主体契约协调,美国危机管理中签订了各种协议和契约,以规范政府及其他参与者的作为。法律体系是契约协调的主要内容,组织结构是物质基础[33]。我国各级政府,特别是不存在隶属关系的政府之间以及政府与外部的、营利性组织等危机利益相关者之间,要在危机管理的潜伏期签订危机协调联动的协议,以此来应对跨区域和跨领域危机协调联动的困境。

3. 完善信息共享与沟通机制

公共治理理论认为,在公共事务治理中,政府与社会良性互动的基本特征是合法性、透明性、责任性、法治性、回应性和有效性等。在公共危机管理中政府与社会的边界应该相互开放,保证彼此之间信息与资源交流的畅通。构建高效、完整的信息沟通渠道就成为协调联动机制良性运作的前提条件之一。它可以防止信息的误传,可以灵敏地启动危机预警系统,以在最短时间内控制事态,可以对危机潜伏期的情报及时处理,为准确分析危机发生的概率以及危机后可能产生的负面影响提供数据支持。加强协调联动机制建设,完善信息沟通渠道,必须要做到对危机信息源的持续跟踪监测,并及时分析整理所获取的危机信息、数据、资料,实现同步共享。

(1)完善信息沟通渠道。政府必须要对危机信息源的持续跟踪监测,及时分析整理所获取的危机信息、数据、资料,实现联动部门同步共享。政府应主动地向社会公开信息,解释各种应急政策,并发现和解决应急管理中的问题。各种社会组织也同样要为政府提供信息与资源支持,促进政府应急管理政策的实行。

(2)实现信息联动和信息共享。当整理分析危机信息后,就要及时向处理危机的主要责任部门和协作部门通报危机信息。如今,我国很多地方政府对道路交通事故快速抢救机制做了进一步完善,要求县级、事故电话实行联动快速反应机制,取得了良好的经济社会效益。

《国务院关于全面加强应急管理工作的意见》明确指出,要进一步建立健全信息报告工作制度,明确信息报告的责任主体,对迟报、漏报,甚至瞒报、谎报行为要依法追究责任。但是,每个部门有自己的信息获取渠道,为防止信息冲突,各部门认为上级部门拥有信息的优先发布权,倾向于将信息报告给上级部门,这样则会降低协调联动的效率。因此,明确应急联动部门信息传递与发布的权利与责任关系,将有助于应急联动指挥的信息采集与交换。此外,数据是各部门的关键资源,出于对数据安全的考虑,或出于对数据高回报的期望,抑或出于对本部门实际利益或地位的考虑,就会造成应急联动中心无法取得指挥所需要的数据,从而形成指挥信息缺失的现象,一定程度上制约了危机事件的快速协调和处理能力,耽误指挥决策的最佳时机。因此,应急联动工作必须要整合部门之间基本信息,实现信息资源共享。

(3)对危机信息进行整理分析。"组织监测和扫描到各种危机发生的信息后,下一步马上要采取的行动就是对这些危机信息进行系统的整理、分析,发现其中存在的主要问题以及隐藏在问题表象背后的本质原因。"一般来说,危机信息整理分析后由专业危机处理小组进行判断。一是从危机发生的可能性出发,判断现存的危机形式进一步恶化或失控的概率有多大。二是从危机影响程度出发,判断下一步可能失控的危机局势究竟在多大程度上影响组织正常运转、危害社会正常秩序。

4. 提高协调联动机制的技术开发与运用水平

利用现代网络与信息技术,超越传统的面对面的合作方式,可以极大地扩展多元主体在时间上和空间上以多种灵活方式相互配合的可能性。政府的协作技术是影响应急管理效率的重要因子,在斯蒂芬·戈德史密斯和威廉·埃格斯看来,协作技术对组织绩效的影响,如图 4-6 所示。

我国公共危机处置中应加快危机管理预警、处置、恢复工作中的技术开发与运用,特别是偏远地区信息传播技术的开发与运用,重点建设基础性通信支撑系统。

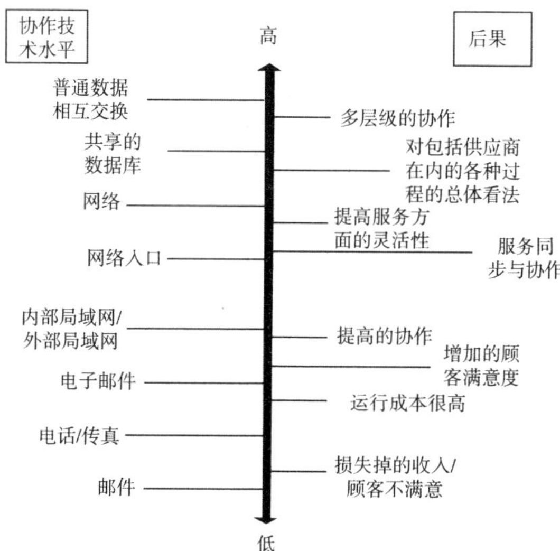

图 4－6　协作技术与组织绩效

总之,政府通过具有上述特点的网络治理结构的运作,可以重新整合政府组织内部以及社会中先前相互分割的部分在公共危机管理中的功能与效用,构建起"公民个体—社会群体—政府部门—整个国家"一体化,点、线、面相结合的动态性、柔性化的公共危机治理系统,实现危机治理成本的最小化和效能的最大化。

注释

[1]唐钧,谢一帆．风险政务:国际状况与我国的建设方略[J]．中国行政管理,2008(2):47.

[2]Guy Michael Corriveau. A cross – jurisdictional and multi – agency information model for emergency management[D]. Manitoba :University of Manitoba,2000.

[3]Tavida Kamolvej. The integration of intergovernmental coordination and information management in response to immediate crises: Thailand emergency management [D]. Pittsburgh :University of Pittsburgh,2006.

[4]J. F. Annell. The national incident management system: a multi – agency approach to emergency response in the United States of America [J], Rev. sci. tec. Off. int. Epiz,2006,25(1):223—231.

[5]David Mendonca. Improvisation in emergency response organizations: A cognitive approach[D]. Rensselaer :Rensselaer Polytechnic Institute,2001.

[6]Chaya R. Jain. The post – 9/11 federal homeland security paradigm and the a-

doptive capacity of public administration theory and practice[D]. Virginia:Virginia Commonwealth University,2006.

[7]Janet Hutchinson. Organizational crisis public relations management in Canada and the United States: Constructing a predictive model of crisis preparedness[D]. Wisconsin:Syracuse University,2002.

[8] Louis N. Molino. Systems thinking applied to crisis management: The eleven allegories as an analysis tool[D]. Walden: Walden University,2005.

[9] Steven Curnin, Christine Owen, Douglas Paton, Benjamin Brooks. A theoretical framework for negotiating the path of emergency management multi – agen? cy coordination[J]. Applied Ergonomics,2015(47):300—307.

[10]朱新艳,罗帆. 我国民航灾害应急联动机制优化研究[J]. 中国安全科学学报,2007(6).

[11]王静. 我国政府危机管理中的协调联动机制研究[D]. 青岛大学,2014.

[12]李民,贾先文. 中美省州际间跨界应急管理机制比较研究[J]. 中国地质大学学报(社会科学版),2016(5).

[13]凌学武,廖敏. 政府危机管理中的协调联动机制建设研究[J]. 理论界,2007(9):51

[14]陈振明. 公共管理学[M]. 北京:中国人民大学出版社,2005:145.

[15]王合兴,唐任伍. 美国应急协调体系特征及社会文化认同状况分析[J]. 城市与减灾,2006(6):1.

[16]郭济. 中央和大城市政府应急机制建设[M]. 北京:中国人民大学出版社,2005,125.

[17]万鹏飞. 美国、加拿大和英国突发事件应急管理法选编[M]. 北京:北京大学出版社,2006.

[18]李志祥,刘铁忠. 中美国家应急管理机制比较研究[J]. 北京理工大学学报(社会科学版),2006(5):5.

[19]姚国章. 典型国家突发公共事件应急管理体系及其借鉴[J]. 南京审计学院学报,2006(2):5.

[20]姚国章. 日本突发公共事件应急管理体系解析[J]. 电子政府,2007(7):66.

[21]王德迅. 日本危机管理体制的演进及其特点[J]. 国际经济评论,2007(3):50.

[22]赵成根. 国外大城市危机管理模式研究[M]. 北京:北京大学出版

社,2006.

[23]武永卫. 加拿大计划应对突发事件管理[J]. 中国教育网络,2006(8):34.

[24]汤敏轩. 危机管理体制中的信息沟通机制——基于组织整合的流程分析[J]. 江海学刊,2004,(1).

[25]Steven Fink. Crisis Management: Planning for the Inevitable[M]. Backinprint. com,2000.

[26]熊炎. 灾难应急管理中的组织演进[J]. 江西社会科学,2008(10).

[27]凌学武,廖敏. 政府危机管理中的协调联动机制建设研究[J]. 理论界,2007(9):51.

[28]薛澜,张强等. 危机管理:转型期中国面临的挑战[M]. 北京:清华大学出版社,2003:119,56,7.

[29]蒋珩,佘廉. 区域突发公共事件应急联动组织体系研究[J]. 武汉理工大学学报(社会科学版),2007,20(5):595,597—598.

[30]Keohane R, Nye J S. Powe1r and Interdependence[M], Boston: Little-Brown,Licatio1ns,1992.

[31][33][美]斯蒂芬·戈德史密斯,威廉·埃格斯. 网络化治理:公共部门新形态[M]. 孙迎春译,北京:北京大学出版社,2008:17.

[32][美]奥古斯丁. 危机管理[M]. 北京:中国人民大学出版社,2001.

邻避冲突中公众风险感知及参与意愿影响因素研究*

汤志伟　凡志强

一、问题的提出

随着我国城市经济的高速发展以及人民生活水平的不断提高，现有的公共设施越来越难以满足人民逐渐增长的需求，因此各地政府开始大量兴建发电厂、通讯设施、垃圾焚烧厂等公共设施。这类公共设施被称为邻避设施，由邻避设施引起的冲突被称为邻避冲突。邻避冲突是近年来最为主要的环境矛盾激化的表现之一。在一些学者的研究中，邻避设施多被界定为有污染威胁的公共设施，然而随着研究的不断深入，对邻避设施概念有了更加全面的认识。为了满足人民的需求，城市需要兴建一些公共设施，这些公共设施具有共同的特性，即能够为社会创造利益，具有公共产品属性，但是其周边的居民会承受设施兴建而带来的一些负外部效应，因而对设施的兴建常常采取抵制的态度。

随着民众环境保护意识及维护自身权利意识的兴起，邻避问题以及由此所带来的一系列纠纷和冲突受到越来越多的关注，也成为政府不得不面对的难题之一。以传播面较为广泛的互联网平台来看，近年来邻避冲突事件呈逐年上升趋势；从邻避冲突所涉及的地域范围来看，也几乎遍及全国各地；而邻避冲突所涉及的领域也几乎涉及社会经济生活的各个领域。近年来，受到关注度较高的邻避冲突有“北京六里屯反对垃圾焚烧发电厂事件”（2007 年）、“厦门 PX 项目迁址事件”（2007 年）、“广东番禺反对生活垃圾焚烧发电厂事件”（2009 年）、“大连福佳

---

* 此文为国家社科基金项目《风险感知视角下邻避冲突中群体行为演化与治理对策研究》（16BGL174）的阶段性成果。

汤志伟，电子科技大学公共管理学院，教授，博士。凡志强，电子科技大学公共管理学院，硕士研究生。

大化 PX 项目聚众抗议事件”(2011 年)、“广东茂名反对 PX 项目事件”(2014 年)等等,这些冲突不但使公共利益受到极大损害,影响公共设施的兴建,而且还扰乱了社会秩序,造成严重的后果。

城市化进程的不断推进促使关于邻避冲突的研究增多。国外学者更注重从邻避冲突的主体(设施附近居民)的特点出发,提出补偿缓解和制度缓解两大路径,尤其是基于“精英公众模型”找出了相对有效的治理路径。国内学者结合我国当前的经济社会转型背景,对邻避冲突治理进行了本土化的理论构建,并结合一系列事件开展了较为深入的案例研究,从冲突管理、危机管理、公共政策、民主政治等视角提出了相应的治理路径。但是,行之有效的、全面系统的邻避冲突治理框架还未形成,特别是基于我国社会文化环境考察邻避冲突主体的风险感知特点及其对邻避冲突中的参与行为演化研究还相当薄弱。另一方面,国内学者普遍认识到邻避设施附近居民的风险感知是邻避冲突演化的关键因素,而且当前中国正处于高风险社会的特点又深刻影响着设施附近居民的风险感知。遗憾的是,至今还少见对邻避设施附近居民的风险感知特点进行全面、系统的深入考察。因此,有必要对邻避冲突主体风险感知特点进行系统性认识,提出相关对策建议。目前,对邻避冲突的研究还处于起步阶段,基础性、原则性的定性研究成果较多,而对邻避冲突下的参与行为研究较少,且缺乏系统性、操作性。

鉴于此,本研究拟在前人研究成果的基础上,从心理测量范式、风险的社会放大框架、情绪结构理论出发总结出邻避冲突中公众风险感知的影响因素模型。基于公众参与对风险感知的影响,对邻避情境中公共政策过程的公众参与意愿进行实证分析,试图从公众参与的视角减弱邻避冲突中公众的风险感知,从政策过程中公众参与意愿的差异、公众参与意愿的影响因素和政府政策工具选择的三个方面提出相关的政策建议,以防范和缓解邻避冲突的发生和升级。

二、相关研究文献回顾

(一)国内研究

1. 对邻避冲突概念及成因的研究

“邻避”在我国是一个引入概念,关于邻避现象的研究,国内学术界虽然起步较晚,但也取得了一定成果。国内学者对邻避内涵的界定较多是直接引用国外学者的定义,“邻避运动”这一术语即是如何,也有学者给出了自己的理解,用邻避现象、邻避效应等术语来界定。丘昌泰等(2006)认为,邻避冲突是当国家推行某些对社会整体而言是必要的政策时,政策的目标地区却强烈反对把当地作为政策目标的草根运动[1]。汤汇浩(2011)认为,邻避效应(Not - In - My - Back - Yard)指居民或所在地单位因担心建设项目对身体健康、环境质量和资产价值等带来不利后果,而采取强烈的和坚决的、有时高度情绪化的集体反对甚至抗争行为[2]。孟卫东等(2013)将邻避冲突界定为由政府主导的城市和社区公共设施和项目的建立和维护过程中,由于邻避设施的显性和隐性风险成本的存在而导致公民个体或群体利益受损引发的公民个体或群体与政府之间的对抗矛盾和冲突[3]。童星等(2013)结合国内实际情况,认为邻避冲突是基于邻避设施的负面效果和成本分配的不公状况,居民在强烈的自利动机与理性权衡下反对将其建设在自家附近,所采取的抵触和抗拒行为[4]。

关于邻避冲突产生的原因的研究,也有多种观点,总体上认为主要是由邻避设施的负外部性导致的。台湾学者叶名森(2002)认为,邻避性设施产生抗争的原因包括有认知不同、互信不足、政治介入以及环境权出卖等[5]。陈澄(2009)认为,产生邻避现象的原因包括自然环境因素、社会心理因素和经济因素[6]。李永展在总结台湾大量邻避冲突案例基础上,将其成因分为经济因素、社会因素、心理因素和政治因素四个方面[7]。张向和通过归纳文献研究成果,认为影响邻避效应与邻避设施支持度的因素包括补偿、设施的风险分析、场地建设决策程序、投资运营商的信益度、公平性、设施的紧迫性、社会压力、公民认知理解度、社会经济因素等九种因素[8]。

2. 对风险感知的研究

"风险感知"(Perception of Risk)概念属于心理学范畴,指个体对存在于外界各种客观风险的感受和认知,且强调个体由直观判断和主观感受获得的经验对个体认知的影响(谢晓非,徐联苍,1995)[9]。所以,它是用来描述人们对风险的态度和直觉判断的一个概念,广义上,它也包括人们对风险的一般评估和反应。我国也有不少学者对公众的风险感知进行了研究,其中有代表性的是:彭泗清针对SARS 提出了个体对灾难评估的 25 项因素(2004)[10]。时堪等人以非典事件为例建立了公众风险感知的结构方程模型,对影响恐慌的相关要素进行了讨论,发现了影响恐惧的一些要素(2003)[11][12]。谢晓非等人研究了风险情景中的机会和威胁认知(2004)[13]。我国台湾学者汪铭生等人以石化行业为例研究了风险资讯整合模式与风险知觉研究(2004)[14],等等。

3. 对公众参与的研究

国内对于公民参与的研究成果,主要包括公民参与的定义、公民参与的意义、主体客体、类型和形式、结果等方面。在 20 世纪 90 年代,"公众参与"概念及其理论开始传入中国并逐渐兴起。俞可平教授是较早研究这一理论的学者,他认为公众参与又称为公共参与,是公民试图影响公共政策和公民生活的一切活动[15]。

学者贾西津认为，经典意义上的公民参与是指公民通过政治制度内的渠道，试图影响政府的活动，特别是与投票相关的一系列行为[16]。学者王锡锌认为，公众参与是在行政立法和决策过程中，政府相关主题通过允许、鼓励利害关系人和一般社会公众，就立法和决策所涉及的与利益相关或者涉及公共利益的重大问题，以提供信息、表达意见、发表评论、阐述利益诉求等方式参与立法和决策的过程，并进而提升行政立法和决策的公正性、正当性和合理性的一系列制度和机制[17]。公民参与是指普通公民通过各种合法方式参加政治生活，影响政治体系构成、运行方式、运行规则和公共政策过程的一系列行为[18]。学者蔡定剑认为，参与就是让人们有能力去影响和参加到那些影响他们生活的决策和行为，作为一种制度化的公众参与民主制度，指公共权力在进行立法、制定公共政策、决定公共事务或进行公共治理时，由公共权力机构通过开放的途径从公众和利害相关的个人或组织获取信息，听取意见，并通过反馈互动对公共决策和治理行为产生影响的各种行为[19]。

对公众有效参与影响因素的研究，国内也有部分研究成果。台北大学陈金贵教授将影响公众参与的因素分为三类，即参与主体、参与制度和参与实务[20]。王春雷以陈金贵的研究为基础，针对重大事件中的公众参与，提出影响公众有效参与的主要因素包括：公民文化、公民个性及受教育程度、政治的社会化程度，以及信息渠道及参与途径[21]。王筱安认为，在公共政策过程中公民参与的影响因素有：传统的公民文化、缺失的参与机制、有限的参与能力[22]。金太军、周义程立足系统论视角的考量认为，关乎政策过程中公民有序参与有效性的影响因素分为参与主体、参与客体和参与环境[23]。

但专门针对邻避冲突领域的公民参与的研究成果较缺乏。这方面的代表性研究成果主要是，黄岩、文锦认为，决策透明和公正性因素都是邻避冲突发生的重要原因(2010)[24]。管在高结合邻避设施的兴建与近年来群体性事件频繁发生的背景，指出我国邻避型抗争引发群体性事件社会深层因素包括：政治体制开放及公民自主性的增强、基层政府权威的削弱与司法救济渠道的不畅等(2010)[25]。乔艳洁等指出，在制定公共政策时，政策价值属性中公共性的偏离以及公共决策的制定中公民参与度不高是导致邻避现象的原因之一。进而建议政府部门应通过民意调查、召开公听会或者设置一个专门接听公民电话的办公室、选举民意代表的方式来收集公民意见信息，加大公民在邻避政策中的参与力度(2007)[26]。汤京平提出，畅通各方，特别是民意表达渠道，强化自上而下的决策过程及政治对话有助于避免和化解邻避冲突(1999)[27]。熊炎支持该观点，他通过案例分析，认为如果参与途径不畅通，人们容易采取非理性的行为来表达心中的不满情绪，并吸引社会的广泛关注,因此如果想要有效地化解邻避冲突,则应借助诸如设置公民参与机制,强化决策过程和政治对话等途径来实现该目的(2011)[28]。汤汇浩认为,具体到公益性项目的规划、选址、环评、建设和运营过程中,政府相关部门应充分尊重民众的环境知情权、参与权和监督权,努力将政府信息公开,民意调查,召开听证会等方式制度化、规范化、程序化、法治化,逐步实现从公众参与到共同决策的转变,推动公民参与机制的不断完善(2011)[2]。侯璐璐、刘云刚通过对番禺垃圾焚烧厂选址事研究,发现该事件中已经出现公众参与的雏形,但由于公众权力表达有限,实际上公众参与并未如期发挥效力。他们认为,只有建立起公民实权的公众参与机制,才能根本解决邻避设施选址问题产生的争议,保证城市建设的正常秩序和持续发展(2014)[29]。

(二)国外相关研究

1. 对邻避冲突的研究

国外有关邻避冲突的研究以欧海尔(O' Hare)1977 年提出"邻避"(Not on my block)概念为标志逐渐成熟[30]。此后,虽然相关概念使用仍然多种多样,但逐渐呈现统一使用 NIMBY(Not in my back yard)或类似缩略语的趋势,学者开始在"邻避(NIMBY)"这一概念框架下探讨相关理论与实践问题,研究主题和范围进一步扩大和深化,以 NIMBY 为概念框架的研究文献持续增加。邻避冲突既是一种社会利益冲突,也是一个复杂的公共管理和公共政策问题,它既涉及经济发展、技术改进策略,又涉及政治、环境伦理,其成因错综复杂,本质界定争议颇多,治理机制复杂且影响广泛,这导致国外邻避冲突的研究内容也较为复杂,但总体而言,国外邻避冲突研究内容主要集中于三个方面:首先,邻避冲突成因研究。有研究认为邻避设施的负外部性影响是造成邻避冲突的直接原因。如班奇拉奇[31]等认为,当社区面对来自邻避设施的负外部性影响威胁时,人们会产生情绪化反应,进而导致邻避冲突。卡恩莱尤瑟等人[32]的研究表明,地方反对邻避设施的邻避运动受到多种因素的影响和激励,设施给地方社区的感知成本很高、反对成本较低、反对成功的可能性较高,公民对科技不信任、对项目管理者或政府缺乏信心或信任、恶意误传信息等,都是导致邻避冲突的原因。其次,关于邻避冲突的本质研究。有研究认为,克拉夫特和克拉里认为邻避是强烈的、有时是情绪化的、非理性的、常常是固执地,地方反对那些居民认为会带来有害影响的设址建议。与他们相反,也有研究认为,邻避冲突本质上是公民影响公共政策的政治参与行为。第三,邻避抗争行为强度的影响因素研究。威尔达维斯基和戴克的研究表明,统计学上的独立变量如性别、年龄、教育、收入、心理观念等,都对公民反对邻避设施的态度或强度构成影响。瑞特认为,公民对政府的信任程度和知识等,都是诱发邻避冲突影响其强度的重要因素。而马克斯和范·维恩特菲尔德的研究表明,与邻避设施距离的远近决定了人们对待邻避设施的态度。克拉夫特和克拉里则认为,公民反对邻避设施的强度随感知风险的增加而增强。

2. 对风险感知的研究

风险感知研究必然要涉及到心理测量范式的研究。心理测量范式包括揭示优先和表述优先法。最先提出揭示优先方法的是Starr(1969)[33]。Starr. C(1969)在他的一项研究(Social Benefit Versus Technological Risk)中发展了一种权衡技术风险和收益的方法,用这种方法来回答一个基本问题:“多安全才是足够的安全?”他提出的显示性偏好的研究路径,假设社会可以通过试错法达到任意一种活动的风险与收益的最优均衡。他在对不同事物之间的风险—利益进行分析的基础上,提出了风险值的计算方法和风险的两范畴假说,发现由于风险类型不同,行为者接受危险的程度也不同,这一结果极大地引发了心理学家们的兴趣。Starr总结出的结论包括以下几个方面:第一,人们所能接受的某种事件或活动的风险程度大约是其所带来收益的三分之一的水平;第二,人们对于自愿承担风险可接受的程度,在相同水平的利益的条件下,大约是被迫承担风险的可接受程度的1000倍;第三,可接受的风险水平与暴露于该风险的人数成反比。尽管学者对Starr等人提出的研究方法存在质疑,但这种研究方法确实为后来心理学领域中进行风险的定量研究起到了奠基作用。

Fischhoff et al(1978)发展了另一种类型的分析方法,即表述优先法[34]。表述优先法用传统问卷形式,直接通过被试而获得大量的信息。这一方法有三方面的优点:首先,它可以获得个体目前状态下有关风险态度的信息;其次,可以从多方面考虑风险问题的利弊得失,而不仅仅局限于经济或某一方面的考虑;再次,可以同时收集大量的信息,并采用统计分析的方法对数据进行加工处理。近些年来,许多关于风险认知的研究都采用了这一方法(Slovic 1987)[35]。这些研究揭示出风险认知可量化与可预测的性质。

风险感知的研究从20世纪80年代起,受到西方国家学者的更多重视,他们除了对本国的各种风险问题进行研究外,还有一些在美国、匈牙利、挪威、波兰以及苏联进行的跨文化的比较研究(如:Slovic et al,1985b;Englander et al,1986,Teigen et al,1988;Mechitov Rebrik,1989;Goszczynska et al,1991)[36]。学者们在对公众的风险认知进行经验总结的同时,也致力于发展风险感知研究的理论框架。这方面的工作,尤以Paul Slovic为代表[37]。Paul Slovic在风险感知方面做了大量的研究工作[38]。Slovic在一项研究中使用问卷直接询问人们对风险和收益的感知,以及他们对各种各样的风险—收益权衡的表达性偏好。这种研究路径优点在于可以包括风险收益除金钱和实物以外的许多其他方面,也便于收集数据并用于统计分析。后来,Slovic 又引入人格理论,赋予风险事件以“人格特征”,这种研究方法被学者们广泛采用。Slovic 通过了解人类的各种风险行为,开创了对预测到的、并且已经造成不良后果的危险事物的分类学研究。其研究方法是,运用心理测量量表和多变量分析的方法,利用心理测量的参数定量表示风险或建立风险的“认知地图”。Slovic 把由 30 个项目组成的各种社会现象(如原子能发电、汽车、手枪等)看作独立的事物让被试从风险量级(magnitude of risk)和风险维度(dimension of risk)两方面评定其危险性。Slovic(1987)的研究表明,感知到的风险是可以量化和预测的[39]。心理测量技术适合于区分不同群体在风险感知和态度上的异同,“风险”概念对不同的人具有不同的含义。表达性偏好的心理测量研究得出的一个结论是:人们倾向于认为大多数活动当前的风险水平高得不可接受。

Kasperson (1988)提出了一个概念性框架,意在描述心理的、社会的、文化的和政治的因素是如何相互作用来“放大风险”并产生“涟漪效应”的[40]。在这一框架中一个重要的因素是一个假设:感知到的不利事件的严重性,受到该事件的信号或延展性的影响,提出了信号值(Signal Value)的概念。信号值是指人们对某一事件在多大程度上提供了未来发生类似事故的可能性的感知。信息的传递者可以在信息的每一部分中发现放大过程(Sorensen and Mileti,1987)[41]。如果一个实际陈述重复若干次,特别是被不同源头重复几次后,人们就更可能相信其准确性;如果信息符合某项社会公认的价值观,接受者就更能宽容其证据上的不足。

Slovic 等人提出的心理测量范式是对事件发生的可能性进行测量,并对这种测量结果进行排序、相关分析、因素分析等。风险心理测量范式往往得出“个体的风险感知是由风险性质决定”的结论[42]。对这种结论存在疑问:第一,这些研究用的是总体数据,也就是被试样本平均的风险评定率,而不把个体评定作为分析单元。这对风险比较来说是不恰当的,对个体的风险知觉,它只对各种风险性质的重要性提供了有限的信息,尽管用作分析的变异是风险内变异而不是个体内变异。第二,研究中调查的风险性质是不是个体风险判断中判断的性质并不清楚。

玛丽·道格拉斯在其《纯净与危险》一书中首次在介绍风险感知的基础上,系统性地提出了风险感知的文化理论的含义[43]。在文化理论中,风险感知的产生不是通过单个个体的心理作用,而是通过群体中以共享文化为基础的共同的心理结果。作为文化理论的感知主体,其存在形式是一种能够根据观察与规律对风险做出积极或消极反应的决策的制度或组织。玛丽·道格拉斯在之后的《自然象征》中又将文化理论进行了发展,形成了可以用为分析方法的网/群分析方法论[44]。

就风险感知的影响因素研究来看，Slovic，Fischhoff and Lichtenstein（1980）主张风险感知是可量化与可预测的。他们列出了决定认知风险的五项因素：死亡的频率、主观的致命估计、灾难的潜在性、死亡的重大性和质化特征。其中质化特征包括伤害性、影响的立即性、对风险的知识、对风险的控制、新奇、长期的－骤变的、平常的－惧怕的、后果的严重性等9项质化特征。透过质性风险判断的研究，Slovic etal.（1980）发现，影响风险感知的主要因素为风险的巨大程度及熟悉程度。Otway 和 Winterfeldt（1982）也指出衡量风险感知的因素，包括非自愿性、可控制性、不确定性、恐慌性、风险管理的困难性、影响时间等。此外，Slovic etal.（1984）也发现性别、时间与风险感知的不同有关，女性较男性有较高的风险感知，风险感知也会随时间而改变。关于风险感知的调节因素和风险感知的评估及管理方面，Covello 和 Merkhofer（1994）指出灾难的潜在性、熟悉性、不确定性、无助感等因素会调节公众的风险感知。Langford 等（2000）构建了风险感知与个体偏好的理论模型，并对该模型进行了实证分析。Finlay（1997）研究了风险感知及其可接受性，Plapp（2004）作了自然灾害的风险感知与评估研究，Renn（1998）对风险管理进行了研究，Platter（2005）则针对自然灾害，以模型化的思路对公众风险评估进行了深入的研究等[45]。

3. 对公众参与的研究

“公民参与”概念最早源于政治参与，甚至在相当长的时间内两者并没有相当明显的区分。自20世纪70年代以来，随着新公共行政运动、新公共管理运动和治理运动的推进，公开、透明、公正、回应、责任等价值观成为政府改革的主导方向，促进了公民参与思想的发展。另外，公民素质的提高、信息技术的发展，也给公民参与提供有利的条件，这些因素综合起来，推进了公民参与的蓬勃发展。自20世纪90年代以来，公民参与成为政策科学中重要的研究内容之一，研究机构、研究项目、研究成果等也日益丰富起来。

对于“公民参与”，比较有影响的研究为，美国学者阿恩斯坦（sherry R. Aronstein）认为，公民参与是一种公民权力的运用，是一种权力的再分配，使目前在政治、经济等活动中，无法掌握权力的民众，其意见在未来能有计划地被列入考虑。此外，她认为在美国当时不同地区的社会经济背景下，存在着八类不同层次的公民参与[46]。这篇论文成为研究公民参与的经典之作，她本人也被认为是研究公民参与的先驱。美国学者约翰·克莱顿·托马斯著、孙柏瑛译的《公共决策中的公民参与：公共管理者的新技能与新策略》一书，详尽罗列了公民参与有效性的评判标准，并为公共管理者在公共政策制定、执行过程中选择何种范围和何种程度的公民参与提供可操作性指南[47]。

公民参与,意指公民与行政官员分享公共权力参与公共政策决策制定和政府管理的程序与行为。公民参与总是围绕不同公共政策或政府决策以及政府行政程序开展的,涉及公共政策制定的各个环节与政府管理的诸多领域,很多研究从不同的侧面向我们呈现了公民参与在不同议题领域的应用及其效果。

Franklin 发现,城市规模、政府形式、法律规定等城市结构因素是影响参与式预算效果的关键因素[48]。Renée 指出利害相关者所在的地域空间大小、人口规模、社区同质程度等因素会造成参与活动存在不同的成本和收益,从而影响公民参与活动效果[49]。Branch 和 Bradbury 比较了美国能源部和国防部使用公民咨询委员会的案例,指出由于二者在信息公开、议题界定、决策制定程序、关系建构与问责机制上的不同导致参与效果各异[50]。在参与程序方面,King 等人指出,参与程序直接影响公民参与的效果,传统参与模式下的由于公民参与时间太晚导致参与活动通常是无效的[51]。Edelenbos 和 Klijn 通过实证研究,得出政府对参与过程管理的好坏与参与结果正相关,更广泛的利害相关者参与并不一定带来好的效果,而参与深度与好的结果正相关[52]。Barnes 等指出参与者的代表性是影响参与活动效果的重要变量[53]。Portillo 认为:官员的立场、认知与行为就成为影响参与活动效果的重要因素,在某种程度上可以看做是其他诸如社会结构[54]。

在邻避冲突领域的公众参与研究成果比较丰富。Leroyh(1993)认为,很多邻避冲突都与错误的选址程序有关,如果政府机构或开发商通过开放会议来表达对社区的充分关心,就可能会打消公众疑虑[55]。学者 Kuhn 和 Ballard(1998)对采用两种不同管理策略的加拿大 4 个污水处理厂进行实证研究发现,基于严密技术标准建立的两个处理厂引发了强烈的社会抗议,而基于决策机构分权和广泛公众参与原则兴建的两个工厂则顺利建成,没有引发邻避抗争。他们指出引发邻避抗争的主要原因是没有公正、公开、民主的公民参与[56]。SueoCowan(2003)根据英国不同地区的精神康复中心在由公共机构过渡到社区机构的重新安置的研究,之所以都不同程度地引发邻避问题,与居民多认为在该项目政策制定中,并没有提前与当地居民进行任何协商,整个过程都是在保密的环境下进行有关,有关政策过程中公众协商的政府方针及举措并没有很好地顾及地方居民的需求,由此带来了居民的反对抗争[57]。F. J. Popper 早在 1981 年就指出,在项目风险评估和决策过程中,公民参与的沟通机制可以避免和缓解邻避冲突[58]。学者戴维斯(1986)认为,在危害性废弃物选址决策制定过程中向公开选址信息和提倡公民参与,并将公民参与和技术努力相结合,能够有效消除公民对健康和社区财富的担心,从而预防邻避冲突的发生[59]。1994 年,Rabe Barry 通过对田野实验的分析,强调在邻避设施选址过程应当采用民主对话的方式[60]。与 Rabe 的观点类似的还有 Lidskog(1997),他认为,以经过公听会反复讨论再决策为主的公众参与活动有利于促进信任和公平,并且增加民众认可度[61]。Inhaber(1998)认为,在邻避设施兴建之初,应该通过增加多种对话渠道,以便让利益相关者尽可能多的参与到决策议程中去[62]。进入新世纪,学者 Saha 和 Mohai(2005)用实证研究证明,法律是公众参与邻避设施决策的有力保障,能提高有效参与水平,有利于加强公众对设施倡议者的信任[63]。Patrick Devine - Wright(2011)认为,解决邻避问题需要转变项目决定过程中公民参与的理念及实践模式,在理念方面,决策者要转变关于公众无知、非理性的偏见,而应在开诚布公,相互尊重下进行交流;在实践方面应构建多样化的自下而上的参与方式,改变网站投票,电话热线,问卷调查等单向交流方式,转而采用公民会议等双向交流对话机制[64]。

三、邻避冲突中的公众风险感知影响因素模型研究

(一)理论基础

1. 心理测量范式

心理测量范式(Psychometric Paradigm),是一套量化和预测风险感知的理论框架,用于定性、定量的研究各种因素及其相互关系对个体风险感知和行为反应的影响。Fishhoff et al. (1978)发展了一种分析方法即"表达偏好"(Expressed Preference),使用传统的问卷形式,直接通过被试获得大量的信息,揭示了风险感知可量化和可测量的性质。Slovic (1987)进一步借助"人格理论"赋予风险事件"人格特征"(Tim Personality of Hardards),如自愿性特征、潜在的灾难性特征、可控性特征等,设计出两极量表,让被试者在每种特征上根据自己的感受做出判断,同时结合等级评价量表、传统的态度问题、单词联想和情景法,形成了一个心理测量范式(The Psychometric Paradigm)。为更好地解释和分析,学者尝试为风险的多维度降维,形成几个重要的维度,包括可怕的风险(Dread Risk)和不知道的风险(Unknown Risk)、暴露(Exposure)、严重程度(Severity)等。Slovic (1987)的研究中,可怕的风险中高风险的一端包括不可控制的、可怕的、全球性的、激变的、后果致命的、对未来一代高风险的、不容易降低的、风险增加的和非自愿的等,未知的风险中高风险的一端包括无法观察的、其暴露无法知道的、影响延后的、新的风险和科学不知道的。他使用这些降维后的风险构面制作了风险感知的知觉地图(Cognitive Map),非常直观清晰地展示了人们对不同类型灾害的风险感知情况。例如公众对核能的风险感知,处于可怕风险维度非常高,未知风险维度较高的位置。在研究中,Slovic(1987)还使用了专家和一般大众区分两种人的风险感知差异,发现专家对风险感知的评判和一般大众完全不同,专家根据这些风险事件实际伤亡率

等数据来评估风险。心理测量范式对深入理解突发性事件中人们的风险感知具有重要作用，但是过去学者对于不向社会文化背景下公众内部不同人群之间的风险感知差异以及重大突发性灾害背景下的风险感知特征等，缺乏进一步的深入研究。

2. 风险的社会放大框架

风险的社会放大框架由卡斯帕森夫妇、雷恩及其同事、斯洛维奇及其同事创立于 1988 年。这一框架脱胎于上述等人的五篇主要研究作品，希望能够利用这一框架对风险事件本身进行分析与解释，用来描述风险感知与感知背后的社会变化过程。在风险的社会放大框架中，风险及其事件通过形象和符号等信号被刻画与记录，而这些信号又能够反作用于风险自身及其可控性等方面的认知。在这个过程中，风险信号经过来自心理、社会、制度和文化等方面的一系列的作用与影响。在影响过程中发生信号的放大或缩小过程，进而扩展到远远超出事件本身的影响，甚至可能对与其毫不相干的技术和组织的产生次级或再次级的“涟漪”效应，上述过程则被称之为风险的社会放大框架，具体如图 3 - 1 所示。

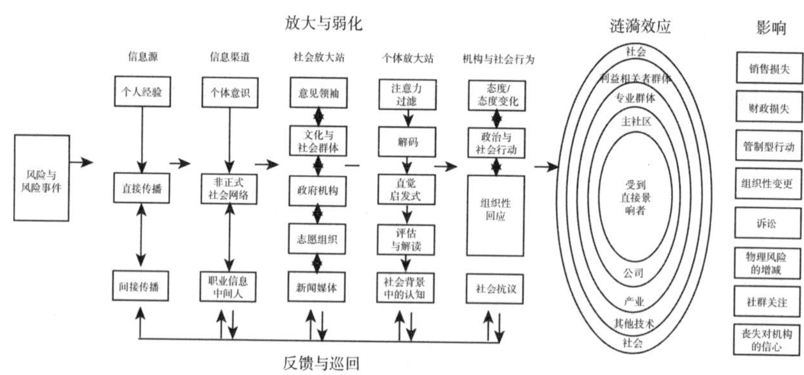

图 3 - 1　风险的社会放大框架

3. 情绪结构理论

目前关于情绪的结构研究主要有两个方面的取向，分别是“分类说”和“维度说”，其中分类取向主要认为情绪是个体对刺激的适应性反应，涉及生理机制、外部表现等各个方面，试图通过对情绪的反应类型将情绪区分为比起独立的数种基本情绪，但是分类取向在对情绪的分类数量和概念上一直没有达到一致。而维度取向则认为情绪是一个高度相关的连续体，在各种不同的情绪之间没有明确的界限，这种模糊的限定难以对情绪进行区分，情绪在几个基本维度上高度相当，因此应当根据情绪的不同核心或所在维度对情绪进行阐释，但是维度取向在维度的数量和类型以及维度的限定上面仍存在争论。Hamann(2012)认为,情绪的维度理论在实际应用中更加有效,能够用来解释更加复杂的情绪现象,他通过维度取向中的效价—唤醒模型对情绪进行研究发现,不同强度的基本情绪均处于效价和唤醒所组成的二维空间之中,如图 3 –2 所示。本研究在 Hamann 的基础上,对快乐与悲伤这一组极端情绪进行研究。

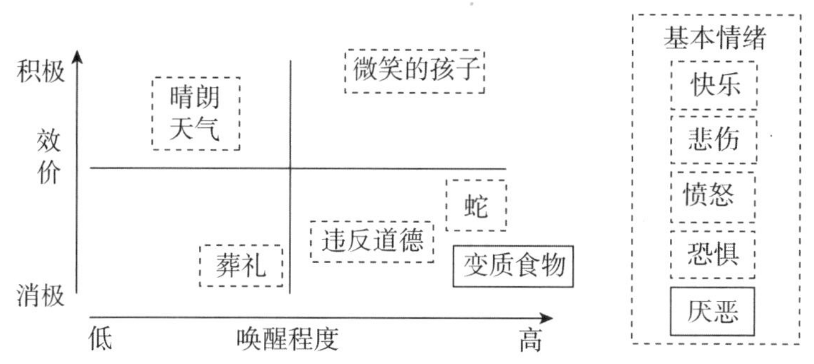

图 3 –2　基本情绪和情绪效价—唤醒模型的对应关系

(二)风险感知影响因素的研究模型

风险出现在现代社会的方方面面,是无法被回避的话题,而关于风险的研究也逐渐被学者所重视。关于风险感知的研究更是如此,学者从宏观和微观的角度给出了关于风险感知的描述。Slovic 将风险感知定义为人们对风险事件的直觉判断,而 1992 年,英国皇家学会将风险感知定义为人们对危险和收益的信念、态度、判断和情绪,以及由此而生的更为广泛的文化和社会倾向。在本研究中,则更倾向于 Slovic 的定义,认为风险感知是人们对于风险事件的直觉判断。关于风险感知的研究已经取得了显著的成果,但大量的研究都是基于某种一元的理论视角或出发点,而风险感知作为复杂的社会现象和理论问题,往往涉及多个层面的相互影响。因此本研究认为,还需要从“互构”的思路提炼更加完备的解释框架。为此,将从宏观、中观、微观三个维度切入,讨论分析邻避情景下风险感知的影响因素。其中,从宏观要素而言,重点在于邻避冲突发生的根源——邻避设施的兴建,邻避设施作为一个结构性的变量,对于风险感知有直接的催生和推动作用;从中观要素而言,风险的社会放大是一个关键的变量,社会放大代表着一定群体和一定组织的特征和因素,能够促进事件和感知产生不同的发展路径;从微观要素来看,情绪一直是已有研究旨在突破而又长期停滞不前的一个变量,情绪往往由感知推动反过来又会对感知产生反作用。本研究的突破在于,并不孤立或单一地分析邻避情境下风险感知问题中的设施、社会放大和情绪要素,而在一个互构的视角下,探索风险感知与三者之间的关系,进而尝试建构一个分析邻避情景下风险感知的全新框架。

本研究在互构论的基础之上,认为对风险感知的理解需要一个贯通宏观、中观和微观的多层次的角度来分析。通过厘清"邻避设施—风险社会放大—个体情绪"三者的互动规律,来进一步把握风险感知问题,基于这一点,本研究构建了一组风险感知的"设施—社会放大—情绪"研究框架,如图3-3所示。

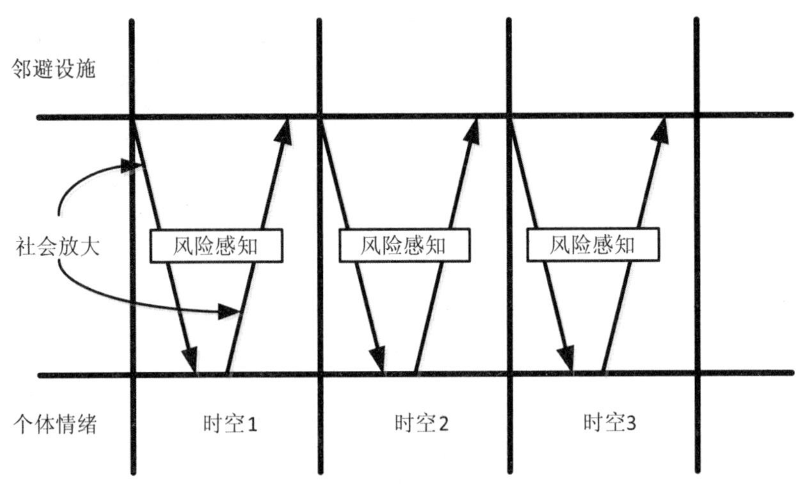

图3-3 风险感知的"设施—社会放大—情绪"模型

在宏观方面,主要考虑邻避设施自身因素对风险感知的影响,本部分研究根据Slovic的风险感知模型,采用不熟悉性、可能性、不可控性、忧虑性、长期性和灾难性等六个风险结构维度来衡量邻避设施的自身风险特性。在中观方面,主要考虑风险的社会放大效应对风险的放大宣传效果,而根据风险的社会放大框架,采用风险的传播源、传播渠道以及接收源三个维度来衡量风险的社会放大特性。在微观方面,本研究在Hamann研究的基础上,对五个基本情绪进行研究,分别是快乐、愤怒、恐惧、悲伤和厌恶,根据效价—唤醒模型的研究,将研究五个基本情绪中的两大极端情绪,以此来反应情绪因子对风险感知的影响作用。考虑到本研究的重点在于分析风险感知与邻避设施、社会放大、情绪的互动关系。本研究将从互构论的研究中吸取养分。互构论的出现,旨在反对原有传统社会科学研究当中的二元对立,并着力理解和阐释多元社会行动主体间的相互型塑、同构共生关系(郑杭生,杨敏,2003;杨敏,郑杭生,2010)。本研究的主旨也恰在于推动邻避情景下风险感知中的多元要素互动关系的建构。风险感知在宏观、中观、微观三个层面分别受到设施、社会放大、情绪的影响。邻避设施的影响可能导致社会放大的产生进而影响情绪的变化,同时情绪变化则会反应到社会放大上进而又影响邻避设施项目的走向。而在这个过程中风险感知作为脚本(script)则成为三者互动的媒介和纽带,通过对风险感知的影响可能影响到三者的互动,而同时三者的互动也可能带来风险感知在不同时空下产生不同的脚本形式。这样一种以风险感知为媒介,“设施—社会放大—情绪”三要素相互关系的互构逻辑,能够在模型中的三个方向和风险感知的脚本中得到体现。

同时,一方面如上文所讨论的那样,三者之间以及三者和感知之间的互动,另一方面这种互动需要进一步去观察具体时空下的影响因素的变化,从而来把握其规律。第一,从时间维度而言,设施、社会放大、情绪三者自身,都存在随着时间演变的规律。从事件在传播过程中呈现出发生、发展、结束的自然过程,而行为本身则可能存在着类似传染病机理的前期(潜伏期)、中期(爆发期)、后期(解决期)(佘廉,沈照磊,2011),最后,情绪本身也有着其感知、分辨、接受的规律。因而需要去发现在不同时间维度下,三者相互的作用机制,以及风险感知在其中被影响的机理。第二,从空间维度而言,风险感知在不同区域本身就存在着差异。不同的经济、政治、教育、传媒和文化的差异都可能造成不同区域在社会放大的传播过程中产生差异。不止如此,不同区域的环境因素也会对情绪造成不同的影响,进而同样的刺激完全可能产生不同的情绪变化,并造成行为的不同。最后,从事件发生后空间距离的差异也可能发现,不同的区域有着不同的行动逻辑和心理反应,进而也会有不同的风险感知。因此,需要进一步反映不同空间维度下,三者的差异以及风险感知的不同。第三,风险感知始终是本研究关心的核心所在。作为脚本的感知也牵动着整个模型的方向。要挖掘感知的脚本,则需要充分深入到内容的分析。一方面需要充分认识到内容本身的社会建构意义,进而去把握感知的种种流变。正如福柯所言,话语所谈及的对象不是先存于话语的,而是在其言说的过程中形成并发展的。话语实际上反映着一个有结构和规律性的整体“世界”,又反过来建构甚至创造出其所描述“世界”。因而通过对这些话语的分析,也就有可能去挖掘到背后那个潜藏着的“世界”。而通过内容的挖掘,不仅能够从表达性的层面上去帮助了解情绪和行动的呈现,还有可能帮助从述行性的层面上发现话语的行动指向,进而将重新揭示话语背后的情景,话语对于事件、行为,甚至情绪的建构。

四、邻避情境中政策过程的公众参与研究

(一)理论基础

1. 公众参与意愿

目前,学术界对于公众参与意愿概念还没有一个统一的说法。本研究通过文献梳理,借助行为意愿概念,将公众参与意愿定义为公民在涉及自身利益的公共政策制定、实施以及评估过程中,为了维护自身利益和表达自己观点所付出的努力程度和积极程度[65]。在前人对公共政策公众参与意愿的研究中,大部分都只是针对政策过程的某一阶段的研究,主要集中于制定期的研究,这容易忽视其他阶段中的公众参与意愿,对于提高整个政策过程的公众参与意愿有一定的局限性。因此,本研究对公众参与意愿的研究,着眼于整个政策过程。

2. 政策过程

关于政策过程的研究,最早是拉斯韦尔提出的。在拉斯韦尔之后,关于政策过程的阶段划分不断涌现出新的看法,其中以琼斯的六阶段划分和安德森的五阶段划分最被学者所接受。其中,琼斯的六阶段划分主要包括问题确认、形成建议、决策过程、选定政策、政策执行以及政策评估等六个方面[66];安德森则将过程阶段分为问题的形成、政策方案的制定、政策方案的通过、政策的实施和政策的评价五个阶段[67]。相比之下,国内学者陈振明教授虽然也将政策周期分为五个阶段,但其与安德森的划分方式略有不同,分别为政策制定、政策执行、政策评估、政策监控和政策终结等五个阶段[68]。通过文献梳理,我们发现国内外学界虽然对政策过程划分略有不同,但都主要包括制定期、实施期和评估期。借此,本研究按照政策制定期、实施期和评估期三个阶段对公众参与意愿及其关键影响因素进行研究。

3. 计划行为理论

计划行为理论是在社会心理学研究中发展起来的比较成熟的一个研究意愿和行为影响因素的理论,该理论由 Ajzen 提出。Ajzen 认为,影响行为意向的因素主要有行为态度、主观规范和知觉行为控制三个方面[69]。行为态度包括个体对实施某种行为的价值的认知以及个体是否愿意实施某种行为的情感反应;主观规范则是指个体在实施某种行为时是否受到其他个体或群体对该行为的影响;知觉行为控制则分别从主观和客观两个方面对个体实施某种行为的以往经验和预计阻力进行描述,主观上包括个体如优势劣势心态等自身条件,客观上主要涉及实施某种行为的场所和机会等外部条件[70]。这三个因素综合影响了个体实施某种行为的意向,行为态度越积极、主观规范水平越高、知觉行为控制越强,行为意向

就越大,反之就越小。通过对文献的梳理,可以发现计划行为理论在经济、医疗、运动等领域对人的行为意向进行了很好的解释。但是,目前国内在公众参与领域中运用计划行为理论对公众参与意愿的研究还非常少。学者朱正威等运用计划行为理论对社会稳定风险评估中公众参与意愿影响因素的研究结果表明,计划行为理论中的各变量对公众参与意愿都产生了正向显著的影响[71],这说明计划行为理论对公众参与意愿有良好的解释。因此,本研究希望借由计划行为理论,对邻避情境中政策过程的公众参与意愿及其影响因素进行研究,从而得出计划行为理论各变量对公众参与意愿的解释。依据计划行为理论可以认为,在邻避情境中,公众对参与政策的态度越积极,参与的意向会越强烈,实施参与行为的可能性就越大。此外,如果公众认为一些重要他人(比如朋友、同事、家人)对自己参与政策过程持强烈支持态度,则其参与意愿会更高,同时公众认为参与政策很容易,且该公众拥有参与的机会、条件以及知识储备时,则参与的意愿会更高。

(二)研究模型

上述对政策过程和公众参与意愿的影响因素做了深入分析。依据政策过程理论提出了政策过程包括三个阶段:政策制定期、政策实施期和政策评估期,并依据计划行为理论提出邻避情境中政策过程的公众参与意愿的三个影响因素:行为态度、主观规范和知觉行为控制。由此,本研究建立以下图 4 - 1 模型:

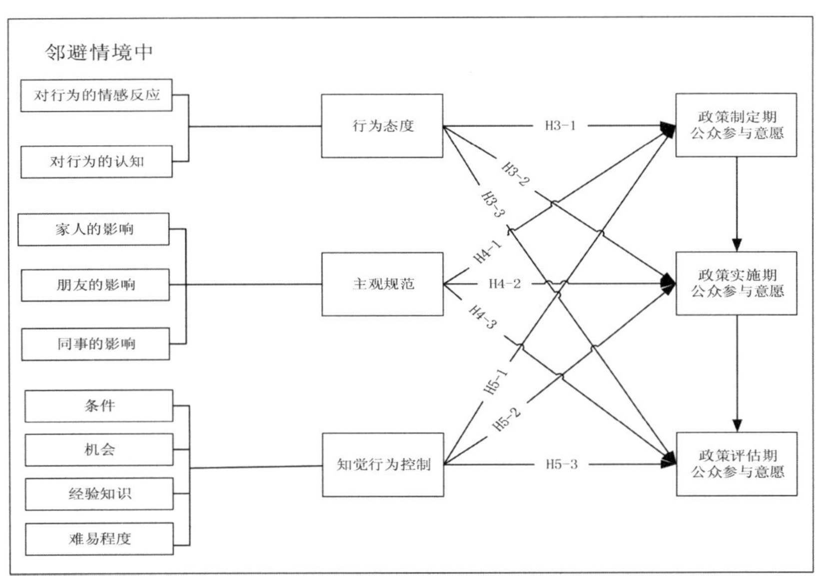

图 4 - 1 邻避情境中政策过程的公众参与意愿的影响因素模型

（三）研究假设

本研究的思路是探讨邻避情境中政策过程的公众参与影响因素，由此提出以下假设：

H1：邻避情境中，公共政策制定期与实施期相比，公众参与意愿不存在显著差异。

H2：邻避情境中，公共政策实施期与评估期相比，公众参与意愿不存在显著差异。

H3－1：邻避情境中，公共政策制定期，行为态度对公众参与意愿有正向的显著影响。

H3－2：邻避情境中，公共政策制定期，主观规范对公众参与意愿有正向的显著影响。

H3－3：邻避情境中，公共政策制定期，知觉行为控制对公众参与意愿有正向的显著影响。

H4－1：邻避情境中，公共政策实施期，行为态度对公众参与意愿有正向的显著影响。

H4－2：邻避情境中，公共政策实施期，主观规范对公众参与意愿有正向的显著影响。

H4－3：邻避情境中，公共政策实施期，知觉行为控制对公众参与意愿有正向的显著影响。

H5－1：邻避情境中，公共政策评估期，行为态度对公众参与意愿有正向的显著影响。

H5－2：邻避情境中，公共政策评估期，主观规范对公众参与意愿有正向的显著影响。

H5－3：邻避情境中，公共政策评估期，知觉行为控制对公众参与意愿有正向的显著影响。

（四）问卷设计

在理论上对命题进行分析并建立模型、提出假设后，还需要从实证的角度进行验证。本研究以实际案例为背景，设置调查问卷，对邻避情境中政策过程的公众参与意愿进行调查。其中，公众参与意愿影响因素为自变量，公众参与意愿为因变量。具体指标设置表 4－1 所示。

表 4－1　公众参与意愿指标设置

一级指标	二级指标	三级指标
公众参与意愿	政策制定期参与意愿	愿意参与政府组织的制定期的活动
	政策实施期参与意愿	愿意参与政府组织的实施期的活动
	政策评估期参与意愿	愿意参与政府组织的评估期的活动
对行为的态度	对行为的情感反应	自己非常乐意做的事情
	对行为的认知	是非常明智的行为
主观规范	家人的影响	我的家人对我参与持肯定态度
	朋友的影响	我的朋友对我参与持肯定态度
	同事的影响	我的同事对我参与持肯定态度
知觉行为控制	条件	我有参与条件(如时间、经济能力和场所等)
	机会	我有参与的机会
	经验知识	我有参与的相关经验知识
	难易程度	我认为参与很容易

(五)数据分析

1. 信度和效度分析

首先,应该对问卷进行信度和效度的检验。最常用的信度检验方法采用 Cronbach's α 系数法。一般认为,信度系数最好在 0.80 以上,0.70—0.80 之间算是可以接受的范围。在本研究中,Cronbach's α 值全部都超过了 0.70,说明问卷编制的内在信度在可以接受的范围内。同时进行问卷的效度分析,采用 KMO 统计量比较各变量之间的简单关系和偏相关的大小,取值范围在 0—1 之间。一般认为 KMO 大于 0.9 时效果最佳,0.7 以上效果尚可[72]。结果表明,KOM 值均大于 0.7,进行最大方差旋转后提取特征值大于 1 的因子,解释方差比均超过了 60%,说明问卷的测试项目能较好地测量出对应的潜在变量。信度和效度的分析结果如表 4－2:

表 4－2　信度、效度检验

变量	Cronbach'α	KMO	Sig.	累积方差贡献率
公众参与意愿	0.859	0.716	0.000	77.984%
行为态度	0.917	0.816	0.000	70.686%
主观规范	0.950	0.888	0.000	71.727%

续表

变量	Cronbach'α	KMO	Sig.	累积方差贡献率
知觉行为控制	0.834	0.888	0.000	63.832%

2. 公众参与意愿差异分析

本研究中的公众参与意愿即分析在邻避情境中，公众在公共政策的不同阶段的参与意向，并比较不同阶段意愿的异同，从而得出公众参与意愿是否存在差异。本研究将首先分析在公共政策的三个阶段的公众参与意愿，然后通过对"制定期"和"实施期"、"实施期"和"评估期"公众参与意愿进行比较，从而得出在不同阶段公众参与意愿是否存在差异。在本研究中，采用配对样本 T 检验比较不同阶段的公众参与意愿。

3. 制定期和实施期的公众参与意愿比较

对于 H1，通过配对样本 T 检验，表 4－3 结果显示，$t=-2.562$，$P=0.011<0.05$（置信水平 95%），差异显著，因此假设 H1 不成立，说明邻避情境中，在政策制定阶段和实施阶段相比，公众参与意愿存在的差异显著。制定期公众参与意愿的均值为 3.83，小于实施期的均值 3.95，说明实施期的公众参与意愿比制定期更高。

表 4－3　成对样本统计量（制定期与实施期）

		均值	N	标准差	均值的标准误
对 1	（制定期）意愿	3.84	246	.904	.058
	（实施期）意愿	3.95	246	.879	.056

表 4－4　配对样本 T 检验结果（制定期与实施期）

<table>
<tr><td rowspan="3"></td><td colspan="5">成对差分</td><td rowspan="3">t</td><td rowspan="3">Sig.（双侧）</td></tr>
<tr><td rowspan="2">均值</td><td rowspan="2">标准差</td><td rowspan="2">均值的标准误</td><td colspan="2">差分的 95% 置信区间</td></tr>
<tr><td>下限</td><td>上限</td></tr>
<tr><td>（制定期）意愿—（实施期）意愿</td><td>−.118</td><td>.722</td><td>.046</td><td>−.209</td><td>−.027</td><td>2.482</td><td>.011</td></tr>
</table>

4. 实施期和评估期的公众参与意愿比较

对于 H2,通过配对样本 T 检验,表 4 –5 结果显示,t =0. 099,P =0. 921 >0. 05(置信水平 95%),在统计上不存在显著差异,因此假设 H2 成立,说明邻避情境中,政策实施期的公众参与意愿与评估期相比,差异不显著。

表 4 –5　成对样本统计量(实施期与评估期)

		均值	N	标准差	均值的标准误
对 1	(实施期)意愿	3. 95	246	. 879	. 056
	(评估期)意愿	3. 95	246	. 877	. 056

表 4 –6　配对样本 T 检验结果(实施期与评估期)

	成对差分					t	Sig.(双侧)
	均值	标准差	均值的标准误	差分的 95% 置信区间			
				下限	上限		
(制定期)意愿—(实施期)意愿	–. 004	. 642	. 041	–. 077	–. 085	. 099	. 921

5. 政策过程中公众参与意愿影响分析

为了探讨邻避情境中,行为态度、主观规范、知觉行为控制与不同阶段的参与意愿的关系,判断影响变量是否对公众参与意愿具有影响作用,可以用皮尔逊(Pearson)相关分析法进行初步检验。相关分析是度量变量之间关系强度的一个统计量,而回归分析是用来研究自变量对因变量的贡献,以及自变量对因变量的解释程度的。下文将对行为态度、主观规范、知觉行为控制对公众参与意愿进行回归分析检验,探讨比较各变量对公众参与意愿的影响效果。

表 4 –7 分析结果表明,假设 H3 –1、H3 –2 和 H3 –3 得到初步验证。即在邻避情境中,政策制定期行为态度、主观规范和知觉行为控制与公众参与意愿之间都存在显著相关(在 0. 01 水平下显著),相关关系是正向的,这一结果说明如果公众对于参与的态度越积极、其认为重要的人支持越大、知觉行为控制越强,参与意愿也会越高。

表 4-7　政策制定期各变量与公众参与意愿的相关分析

		参与意愿	行为态度	主观规范	知觉行为控制
参与意愿	Pearson 相关性	1	.711**	.543**	.259**
	显著性(双侧)		.000	.000	.000
	N	246	246	246	246
行为态度	Pearson 相关性	.711**	1	.676**	.290**
	显著性(双侧)	.000		.000	.000
	N	246	246	246	246
主观规范	Pearson 相关性	.543**	.676**	1	.290**
	显著性(双侧)	.000	.000		.000
	N	246	246	246	246
知觉行为控制	Pearson 相关性	.259**	.290**	.290**	1
	显著性(双侧)	.000	.000	.000	
	N	246	246	246	246

表4-8汇总了在制定期，行为态度、主观规范和知觉行为控制与公众参与意愿回归分析的结果。其中，判定系数调整后 $R^2 = 0.509$，说明模型拟合优度是可以接受的。$F = 85.519$，$p = 0.000 < 0.001$，表明该模型中的公众参与意愿与各解释变量线性关系通过显著性检验。其中，只有行为态度对公众参与意愿存在显著正影响（$\beta = 0.625$，$p = 0.000 < 0.01$），且行为态度能够解释公众参与意愿50.9%的变化。

表 4-8　制定期各变量与公众参与意愿的回归分析

因变量	标准化系数	T	显著性	R^2	调整后 R^2	F 值
	Beta					
常数		2.603	0.010	0.515	0.509	85.519 (0.000)
行为态度	0.625	10.197	0.000			
主观规范	0.107	1.739	0.083			
知觉行为控制	0.046	0.977	0.330			

基于表4-9分析结果可以看出，假设H4-1、H4-2和H4-3得到初步验

证。即在政策实施期,行为态度、主观规范和知觉行为控制与公众参与意愿都存在显著相关(在0.01水平下显著),相关关系是正向的,这一结果说明如果公众对于参与的态度越积极、重要他人支持越大、知觉行为控制越强,参与意愿也会越高。

表4-9　政策实施期各变量与公众参与意愿的相关分析

		参与意愿	行为态度	主观规范	知觉行为控制
参与意愿	Pearson 相关性	1	.757**	.598**	.401**
	显著性(双侧)		.000	.000	.000
行为态度	Pearson 相关性	.757**	1	.716**	.441**
	显著性(双侧)	.000		.000	.000
主观规范	Pearson 相关性	.598**	.716**	1	.464**
	显著性(双侧)	.000	.000		.000
知觉行为控制	Pearson 相关性	.401**	.441**	.464**	1
	显著性(双侧)	.000	.000	.000	

注:**代表在0.01水平上显著(双侧检验)

表4-10汇总了在实施期,行为态度、主观规范和知觉行为控制与公众参与意愿回归分析的结果。其中,判定系数调整后$R^2=0.578$,说明该模型拟合优度是可以接受的。$F=112.698$,$p=0.000<0.001$,表明该模型中的公众参与意愿与各解释变量线性关系通过显著性检验。其中,只有行为态度对公众参与意愿存在显著正影响($p=0.000<0.01$, $\beta=0.658$),且行为态度能够解释公众参与意愿57.8%的变化。

表4-10　实施期各变量与公众参与意愿的回归分析

因变量	标准化系数	t	显著性	R^2	调整后 R^2	F值
	Beta					
常数		3.463	0.001	0.583	0.578	112.698 (0.000)
行为态度	0.660	10.924	0.000			
主观规范	0.095	1.558	0.120			
知觉行为控制	0.065	1.368	0.173			

通过表4-11的分析结果可知,假设H5-1、H5-2和H5-3通过初步验证。即在政策评估期,行为态度、主观规范和知觉行为控制与公众参与意愿都存在显著相关(在0.01水平下显著),相关关系是正向的,这一结果说明如果公众对于参与的态度越积极、重要他人支持越大、知觉行为控制越强,参与意愿也会越高。

表4-11 政策评估期各变量与公众参与意愿的相关分析

		参与意愿	行为态度	主观规范	知觉行为控制
参与意愿	Pearson 相关性	1	.757**	.604**	.361**
	显著性(双侧)		.000	.000	.000
行为态度	Pearson 相关性	.757**	1	.756**	.432**
	显著性(双侧)	.000		.000	.000
主观规范	Pearson 相关性	.604**	.756**	1	.447**
	显著性(双侧)	.000	.000		.000
知觉行为控制	Pearson 相关性	.361**	.432**	.447**	1
	显著性(双侧)	.000	.000	.000	

注:**代表在0.01水平上显著(双侧检验)

表4-12汇总了在评估期,行为态度、主观规范和知觉行为控制与公众参与意愿回归分析的结果分析结果显示,判定系数调整后$R^2=0.571$,说明该模型拟合优度是可以接受的。$F=1109.671$,$p=0.000<0.001$,表明该模型中的公众参与意愿与各解释变量线性关系通过显著性检验。其中,只有行为态度对公众参与意愿存在显著正影响($p=0.000<0.01$,$\beta=0.693$),且行为态度能够解释公众参与意愿57.1%的变化。

表4-12 评估期各变量与公众参与意愿的回归分析

因变量	标准化系数	t	显著性	R^2	调整后 R^2	F值
	Beta					
常数		3.877	0.000	0.576	0.571	109.671 (0.000)
行为态度	0.693	10.708	0.000			
主观规范	0.065	1.001	0.318			
知觉行为控制	0.033	0.690	0.491			

(六)结论与讨论

1. 邻避情境中公共政策过程的公众参与意愿差异

根据数据结果显示,邻避情境中,政策制定期和实施期相比,公众的参与意愿存在显著差异,但是政策的实施期和评估期相比,公众参与意愿不存在显著差异。邻避情境中,在政策过程的三个阶段,参与意愿的观测变量的平均值分别为3.83、3.95和3.95,表明政策实施期和评估期的公众参与意愿比制定期的要高,说明公众已经不仅仅注意政策形成之前的过程,对于政策的实施和评估更加关注。目前,在邻避情境中,我国的公众参与还多停留在政策制定期,鉴于近年来厦门、彭州等地发生的邻避冲突事件,政府多注重加强制定期的公众参与的宣传与教育工作,而忽视实施期和评估期。然而,政策在实施过程中,具有一定的风险性,一旦发生事故,则会给周边公众的切身利益带来极大的负面影响。对于政策评估,一直以来参与的主体多以官方为主,但是对于公众来说,评估结果也与其切身利益紧密相关。因此,公众在实施期和评估期的参与意愿更高。

综上所述:H1没有通过假设检验,H2通过了假设检验。

2. 邻避情境中公共政策过程的公众参与意愿影响因素

根据数据显示,在邻避情境中,行为态度在制定期、实施期和评估期与公众参与意愿存在显著相关。巧合的是,行为态度对三个阶段的参与意愿都有显著正影响。这说明,在不同的政策时期,行为态度都是影响公众参与意愿的主要因素。行为态度在实施期和评估期对公众参与意愿的影响比制定期要更为显著(β评估期$=0.693>\beta$实施期$=0.660>\beta$制定期$=0.625$)。

而在三个阶段中,主观规范与公众的参与意愿虽然都显著相关,但并没有显著影响公众参与意愿,因此主观规范并不是影响公众参与的关键因素。这与我国的公众参与还处于浅层阶段有关,特别是在邻避情境中,公众参与政策过程很多都处于表面参与,参与局限性很大,公众还没有形成一个良好的参与政策的主观规范。另外,由于政府人员在以往很多邻避事件中处理不当,导致公众在邻避情境中对政府的信任度很低,政府无法发挥“榜样”带动身边公众参与的作用。

此外,知觉行为控制也同主观规范一样,对政策过程的三个阶段的参与意愿都只是显著相关,但并没有正向显著影响。出现这种情况的原因是:公众环保意识和维权意识的提升;由于邻避设施具有负外部性和成本收益不均衡两个特点,无论是在哪个政策阶段都关乎公众的切身利益。因此,无论是否拥有参与条件、拥有参与经验和参与能力,并不会对参与意愿产生很大影响。

综上所述,H3-1、H4-1和H5-1最终通过假设检验,H3-2、H3-3、H4-2、H4-3、H5-2、H5-3位未通过假设检验。

五、政策启示

加强公众参与是减弱风险感知的重要途径,但是从我国的实际情况来看,邻避情境中公共政策的公众参与仍属于表面参与,使得通过公众参与以发挥化解邻避问题作用具有局限性,公众参与意愿不足是公众参与缺失的重要原因。本研究在回顾相关理论的基础上,提出邻避情境中政策过程的公众参与意愿分析模型,设计调查问卷进行实证分析,并在此基础之上,总结邻避情境中政策过程的公众参与意愿和公众参与绩效的影响因素。

(一)从邻避情境中公共政策过程的公众参与意愿差异方面

在邻避情境中,公众参与政策过程意愿较高,但是有一定的差异性,政策实施期和评估期的公众参与意愿比政策制定期的要略高。这一结果与学者广亿仙等人的观点类似,他们认为,随着经济的发展和民主意识的提高,公众明白公共政策的各个环节都会或多或少地影响自身的利益。以往公众参与的多是公共政策的制定环节,政府在管理过程中也比较注重搜集民意制定政策,现今随着民主政治的发展公众已经将目光聚焦到公共政策的执行和公共政策的评估阶段,公众在现实中已经认识到参与到公共政策的执行和评估过程中也同样重要这一点[73][74]。因此,在政策过程中,政府在政策制定阶段除了宣传教育之外,还应当加强建立公众参与的激励机制,促进公众参与的积极性。除此之外,政府应当采取相关措施加强政策实施期和评估期的公众参与建设,满足公众参与意愿。

(二)从邻避情境中公共政策过程的公众参与意愿影响因素方面

1. 行为态度对政策过程公众参与意愿有正向显著影响,这说明了公众的认知和态度对公众参与意愿具有最重大影响,这与计划行为理论相吻合,前文中提到的学者朱正威针对风险评估公众参与意愿和孙晓琳针对核电项目中公众参与意愿的研究也有类似结论。他们也认为,行为态度是影响公众参与意愿的关键因素,加强公众参与文化建设,提高公众对政策过程的认知,使公众逐渐接受和认可公众参与是重中之重。加强公众参与文化建设,这需要政府做好每一个政策阶段公众参与的宣传、引导工作,提高公众对参与政策过程的正面作用的了解,比如明确公众参与对保护自身利益的影响等,提高公众参与素养,从而提高公众参与意愿;再次,政府应当加强和完善公众参与的法律法规,从根本上为公众参与提供保障,如此才能让公众对参与公共政策增加信心,并且减少后顾之忧,有利于营造良好的公众参与氛围[75];最后,政府要表达对于接受公众参与的诚意和友好的态度。对于公众的意见和建议,要及时反馈给公众,提高公众参与的积极性。

2. 主观规范对公众参与意愿虽然有正向相关性,但没有显著正影响,即主观规范不是影响公众参与意愿的主要因素,这说明主观规范对公众参与意愿的影响结果与计划行为理论的研究结果不吻合,也就是说邻避情境中,家人朋友等身边人的支持与否并不会主导公众参与政策过程的意愿。然而,这与孙晓琳的研究结果却有相似之处,孙晓琳在研究核电项目的公众参与意愿中也发现,主观规范对公众参与意愿并没有显著正向影响。这与我国的公众参与还处于浅层阶段有关,特别是在邻避情境中,公众参与政策很多都处于表面参与,参与局限性很大,公众还没有形成一个良好的参与政策的主观规范[76]。另外,由于政府人员在很多以往邻避事件中处理不当,导致公众在邻避情境中对政府的信任度很低,政府无法发挥"榜样"带动身边公众参与的作用。所以,政府在每个政策阶段都需要提高公众参与程度,形成一个良好的主观规范,并且政府领导应当积极改善自身形象,提升在公众中的"榜样"作用。

3. 知觉行为控制同主观规范一样,对公众参与意愿不会产生显著正影响,其对公众参与意愿的影响也没有与计划行为理论的结果相吻合,这点与其他运用计划行为理论研究关于参与意愿的结果不一致,例如学者朱正威等在社会稳定风险评估公众参与意愿影响因素、孙晓琳在核电项目中的公众参与意愿以及聂佳在林农参与森林碳汇交易意愿[76]的研究中,都发现知觉行为控制对公众参与意愿的显著影响,说明计划行为理论中知觉行为控制越强,行为意愿就越强的结论在邻避情境中并不完全适用。然而,本文发现知觉行为控制对公众参与意愿虽然没有显著正影响,但有正向影响,因此,要提高公众参与意愿不能忽视知觉行为控制。故政府应当为公众参与创造良好的条件。首先,通过完善相关信息发布体系,加强信息发布平台建设,强化信息公开,使公众能够及时、快捷、准确地了解相关信息,满足公众对信息的需求;此外,还可以通过为公众提供适当的培训,加强公众参与教育,以提高公众参与知识水平和能力;最后,本研究与学者乔艳洁等的想法一致,认为政府应当通过加强公众参与交流平台的建设,拓宽公众参与渠道,加大公众参与力度[77],如听证会、市长邮箱、市长接待日、座谈会。

(三)在政府治理邻避冲突的政策工具选择方面

邻避冲突频发是我国政府治理面临的现状问题,从治理效果上看,邻避冲突的治理结果多以邻避设施停建、迁址为终,其间造成过多的资源浪费、财政损失,并阻碍城市化发展。在依法治国的现实要求下,政府治理邻避冲突需要更加科学地选择政策工具。对政策工具选择的研究能够为政府实际治理邻避冲突事件提供可操作化的决策依据,缓解政府面临的邻避冲突的治理困境。邻避性群体事件是在城市化快速发展背景下,政府、企业与公众三者之间产生的利益冲突事件。公众想要表达对邻避设施的不满,又苦于没有合适的表达渠道,只能采取聚集社区居民,集体上访或者"散步"的方式。这种政府与公众发生的冲突在一定程度上存在着公共安全隐患,对政府的公共治理提出了新的难题。当下学界对邻避冲突的治理研究还处于初始阶段,还没有提出具有针对性、完整的治理方案。在我国,邻避冲突下政府治理往往找不到合适的途径,有媒体称,在邻避事件的处理过程中,政府往往出现"体制性迟钝"反应。不管公民是理性还是非理性抗争,对于已引发邻避冲突的邻避设施通常采取的处理办法是停建、迁址,以此达到平息民怒,维护社会稳定。

地方政府作为行政权力的直接执行者,是邻避冲突治理中的主导力量。在城市化不断发展的今天,地方政府对城市经济建设注入了更多的精力,追求 GDP 指标也是很多邻避设施得以顺利兴建的潜在原因。地方政府对政策工具的诉求是能够高效地实现上级政府指示与指令。基于公共服务政府的理念,在政府治理中,为民服务始终是不变的主题。由此,在邻避冲突治理过程中,地方政府选择的常规政策工具是冲突武力制止、信息公示、财政补贴等综合服务性工具与国家强制性工具为主。社会团体以专业知识为基础,受社会责任和公平正义感驱使,在特定环境下形成的组织,主要表现形式是非营利性组织(NPO)、非政府组织(NGO)等。我国第三方组织的发展还处于低谷,并未在社会上大规模地形成。但在近几年的社会事件中可以明显看出我国第三方组织正在逐步兴起。邻避冲突中最为常见的参与者便是环保组织,作为社会团体的代表力量发言。社会团体在邻避冲突中期望得到权威的信息并作为专业利益的代表在公共决策中提高影响力。由此,在政府治理邻避冲突中,对社会团体设置的政策工具应该是包括参与设施选址决策与评估、参与设施建设过程监督的政策参与性工具。参与企业作为生产者,是生产者网络的主要组成部分。邻避设施一般情况下是采取政府引进,企业投资的模式,既能促进地方政府财政创收,也能实现企业盈利目的。我国邻避冲突中的参与企业有投资公司和建筑公司,主要参与责任在于投资公司。投资公司没有直接插手设施选址的决策的权力,但是具有配合开展决策程序的义务。投资公司希望投资获得的是政府税收优惠政策以及明确双方收益分配。对邻避设施的投资公司一般采取监督、义务规定、财政补贴等经济补偿性政策工具。邻避冲突事件中,公民与社区是议题网络的代表。当地居民一般由于具体的邻避设施集聚起来,冲突过程中采取多种形式直接或间接参与邻避设施的反对抗议。由于内部结构松散,邻避冲突后期随着冲突的减弱,社会对具体邻避问题的关注度逐渐下降,这个团体的内部凝聚力随之减弱。当地居民是邻避冲突中的主要参与者,在政府治理邻避冲突过程中,政府一般采用公众听证的参与性政策工具、财政补贴的经济补偿性工具。

科学合理的邻避冲突分类是明确政策工具选择的前提。邻避冲突只是对广泛的因邻避设施引起的公民与政府之间的冲突事件的统称,但是,不同的邻避冲突设施类型会引发不同冲突程度和不同冲突类型,政策工具的选择要坚持实事求是的原则。本研究只是在什邡事件的梳理上提供了基本的政策工具选择机制,并未做出详细的邻避冲突分类。只有明确冲突分类之后才能做出详细的政策问题定位,才能为政府治理提供依据。政策工具动态化管理是预防与治理邻避冲突的关键。政策工具只是政府管理的手段,随着时代的变迁,政策环境不断变化,政策网络不断完善和发展,政策工具不是静态的,动态化管理是政府创新的要求。邻避冲突也越来越呈现多样化,政府只有对政策工具箱不断地总结与完善,才能应对多元化发展下的邻避冲突事件。总之,政策工具的选择受到诸多因素的影响,邻避冲突也是我国频发的典型群体型事件,只有在归纳总结邻避冲突特点的基础上,结合我国邻避冲突演变规律和政策可操作性进行政策工具的选择,才是政府治理创新的出路。

注释

[1]丘昌泰,黄锦堂,汤京平,洪鸿智,黄跃雯. 解析邻避情结与政治[M]. 台北:翰芦图书出版有限公司,2007.

[2]汤汇浩. 邻避效应:公益性项目的补偿机制与公民参与[J]. 中国行政管理,2011(7):111—114.

[3]孟卫东,佟林杰."邻避冲突"引发群体性事件的演化机理与应对策略研究[J]. 吉林师范大学学报(人文社会科学版),2013(04):68—69.

[4]张乐,童星."邻避"行动的社会生成机制[J]. 江苏行政学院学报,2013(01):65—69.

[5]叶名森. 环境正义检视邻避性设施选址决策之探讨——以桃园县南区焚化场设置抗争为例[D]. 国立台湾大学硕士学位论文,2002.

[6]陈澄. 邻避现象与解决方法探析[J]. 淮海工学院学报,2009(S1):96—98.

[7]李永展. 邻避设施冲突管理之研究,国立台湾大学建筑与城乡研究学报,1998(9):33—44

[8]张向和. 垃圾处理场的邻避效应及其社会冲突解决机制的研究[D]. 博士学位论文,重庆:重庆大学,2010.

[9]谢晓非,徐联仓. 风险认知研究概况及理论框架[J]. 心理学动态,1995,3(2):17—22.

[10]彭泗清. 灾祸恐惧与恐惧管理:以SARS为例[A],人格与社会心理学论丛[C],北京:北京大学出版社,220—226.

[11]时堪. 我国民众对SARS信息的风险认知及心理行为[J],心理学报,2003,35(4):514—519.

[12]时堪,胡卫鹏. 北京民众在SARS疫情中风险认知与心理行为的比较研究[J],中国临床心理学杂志,2004,12(3):293—298.

[13]谢晓非,李育辉. 风险情景中的机会和威胁认知[J],心理学报,2002,34(3):319—326.

[14]汪铭生,凌文栓. 偏好反转现象及其理论解释[J]. 统计与决策,2004(22): 545—548.

[15]俞可平. 公民参与的几个理论问题[J]. 学习时报,2006(005):1—4.

[16]贾西津. 中国公民参与——案例与模式[M]. 北京:社会科学文献出版社,2008:1—4.

[17]王锡锌. 行政过程中公众参与的制度实践[M]. 北京:中国法制出版社,2008:14.

[18]陈艳珍. 公共政策中公民参与动因分析[J]理论探索:2007(5):128—130.

[19]蔡定剑. 公众参与——风险社会的制度建设[M]. 北京:法律出版社,2009:5.

[20]陈金贵. 公民参与的研究,行政学报,1992(24):95—128.

[21]王春雷. 基于有效管理模型的重大活动公众参与研究——以2010年上海世博会为例,上海:同济大学出版社,2010:38—41.

[22]王筱安. 公共政策过程中的公民参与:价值、影响因素与战略目标,长春市委党校学报,2013(4):66—70.

[23]金太军,周义程. 政策过程中公民有序参与有效性的影响因素——基于系统论视角的考量,学术界,2014:84—92.

[24]黄岩,文锦. 邻避设施与邻避运动[J]. 城市问题,2010(12):96—101.

[25]管在高. 邻避型群体性事件产生的原因及预防对策[J]. 管理学刊,2010(6):58—62.

[26]乔艳洁. 从公共政策角度探析邻避效应[J]. 郑州航空工业管理学院学报,2007(1):93—97.

[27]汤京平. 邻避性环境冲突管理的制度与策略[J]. 政治科学论丛,1999(6):355—382.

[28]熊炎．邻避型群体性事件的实例分析与对策研究——以北京市为例[J]．北京行政学院学报,2011(3):41—43.

[29]侯璐璐刘云刚．公共设施选址的邻避效应与公众参与——番禺垃圾焚烧厂选址事件的案例研究[M]．城乡治理与规划改革——2014 中国城市规划年会论文集(11——规划实施与管理).

[30]O'Hare M. Not on My Block You Don't:Facility Siting and the Strategic Importance of Compensation[J]. Public Policy,1977,24(4):407—458.

[31] Bachrach K, Zautra A J. Coping with a Community Stressor: The Threat of a Hazardous Waste Facility[J]. Journall of Health and Social Behavior, 1985,(2).

[32] Kunreuther H, Fitzgerald K, AARTS D. Siting Noxious Facilities: A Test of the Facility Siting Credo [J]. Risk Analysis, 1992, (3).

[33] C Starr. Social benefit versus technological risk[J]. Science, 1969 , 165 (3899) :1232—1238

[34] B. Fischhof F, Slovic P. How safe is safe enough? A psychometric study of attitudes towards technological risks and benefits[J]. Policy sciences. 1978. 127—152

[35][美]保罗·斯洛维奇. 风险的感知[M]. 北京:北京出版社,2007:导言

[36] M Goszczynska, T Tyszka, P Slovlc. Risk perception in Poland: A comparison with three other countries[J]. Journal of Behavioral Decision Making, 1991 , 4 (3) :179—193

[37] P Slovic. Perceptions of Risk: Paradox and Challenge[M]. Berlin:Springer Netherlands , 1994.

[38] AS Alhakami,P Slovic. A Psychological Study of the Inverse Relationship Between Perceived Risk and Perceived Benefit[J]. Risk Analysis, 1994 , 14 (6) : 1085—1096

[39] Paul Slovic. Perception of risk. Science, 1987,236(4799):280—285.

[40] RE Kasperson, O Renn, P Slovic, et al. The Social Amplification of Risk: A Conceptual Framework[J]. Risk Analysis, 1988, 8(2) :177—187

[41] JH Sorensen, DS Mileti. Decision making uncertainties in emergency warning system organizations [J]. International Journal of Mass Emergencies & Disasters. 1987, 5(1) :33—61

[42] 胡象明,王锋．一个新的社会稳定风险评估分析框架:风险感知的视角[J]. 中国行政管理,2014(04):102—108.

[43] 玛丽·道格拉斯．纯净与危险[M]. 北京:民族出版社,2008:序 12

[44] Douglas M. Risk acceptability according to the social sciences[M]. New York:Russell Sage Foundation,1985:68.

[45] T Plattner. Modelling public risk evaluation of natural hazards: a conceptual approach[J]. Natural Hazards & Earth System Sciences, 2005, 5(3) :357—366.

[46] Aronstein, Sherry . A Ladder of Citizen participation[J]. Journal of American institute of Planners. 1969, 35 (4) :216—224.

[47][美]约翰·克莱顿·托马斯著. 孙柏瑛等译. 公共决策中的公民参与:公共管理者的新技能与新策略[M]. 北京:中国人民大学出版社,2005.

[48] Aimee L. Franklin,and Carol Ebdon,Are we All Touching the Same Camel?: Exploring a Model of Participation in Budgeting[J], ARPA,2005,35 (2) : 168—185.

[49] Irvin R A, Stansbury J. Citizen Participation in Decision Making: Is It Worth the Effect? [J], PAR, 2004, 64 (1) : 55—65.

[50] Kristi M. Branch,and Judith A. Bradbury. Comparison of DOE and Army Advisory Boards: Application of a Conceptual Framework for Evaluating Public Participation in Environmental Risk Decision Making[J], PSJ, 2006, 34(4) : 723—753.

[51] Cheryl Simrell King, Kathryn M. Feltey, and Bridget O'Neil Susel, The Question of Participation: Toward Authentic Public Participation in Public Administration[J],PAR,1998,58 (4) : 317—326.

[52] Jurian Edelenbos,and Erik - Hans Klijn. Managing Stakeholder Involvement in Decision Making: A Comparative Analysis of Six Interactive Processes in the Netherlands[J], J - PART,2006,16 (3) : 417—446.

[53] Marian Barnes,Janet Newman,Andrew Knops and Helen Sullivan. Constituting'The Public' in Public Participation[J], PA, 2003,81 (2) : 379—399

[54] Marlowe J, Portillo S. Citizen Engagement in Local Budgeting: Does Diversity Pay Dividends? [J]. Public Performance & Management Review,2006 , 30 (2) : 179—202

[55] Leroyh,Nadlers. Negotiate way out of siting dilemmas[J]. Forum For Applied Research and Public Policy ,1993(1).

[56] Kuhn RG, Ballard KR. Canadian innovation in siting hazardous waste management facilities[J]. Environmental Management,1998,22(4):533—545.

[57] Sue Cowan. NIMBY syndrome and public consultation policy:The implications of a discourse analysis of local responses to the establishment of a community men-

tal health facility [J] . Health and Social Care in the Community, 2003, 11 (5): 379—386.

[58] F. J. Popper. Siting of LuLus[J]. Planning,1981(47):12—15.

[59] Davisc. Public Involvement in Hazardous Waste Siting Decisions [J] . Polity,1986(2).

[60] Rabe Barry. Beyond NIMBY:Hazardous Waste Siting in Canada and the United States[M]. Washington,D. C:Brookings,1994.

[61] Lidskog R. From conflict to communication? Public participation and critical communication as a solution to siting conflicts in planning for hazardous waste[J] . Planning Practice & Research,1997,12(3):239—249.

[62] Inhaber Herbert. Slaying the NIMBY Dragon[M]. Transaction Publisheres, 1998.

[63] Saha R,Mohai P. Histrorical Context and Hazardous Waste Facility Siting: Understanding Temporal Patterns in Michigan[J]. Social Problems,2005,52(4):618—648.

[64] Patrick Devine - Wright. Public engagement with large - scale renewable energy technologies: Breaking the cycle of NIMBY - ism[J] . Wiley Interdisciplinary Reviews:Climate changes,2011,2(1):19—26.

[65] Ajzen I. The Theory of Planned Behavior[J]. Organizational Behavior and Decision Process,1991 (50) : 179—211.

[66] Charles O. Jones. An Introduction to the Study of Public [J]. Wadsworth, Inc, 1984:35—36.

[67]詹姆斯 · E. 安德森著. 公共决策. 唐亮译[M]. 北京:华夏出版社,1990.

[68]陈振明. 政策科学[M]. 北京:中国人民大学出版社,1998.

[69] Ajzen I, Driver BL. Application of the theory of planned behavior to leisure Choice[J]. Journal of Leisure Research,1992,24(3):207—224.

[70]王静. 计划行为理论[J]. 健康教育与健康促进,2011,6(4):291.

[71]朱正威,李文君,赵欣欣. 社会稳定风险评估公众参与意愿影响因素研究[J]. 西安交通大学学报(社会科学版),2014(2):49—55.

[72]荣泰生. SPSS与研究方法[M]. 大连:东北财经出版社,2012.

[73]广亿仙. 公共政策执行过程中公众参与的困境与对策研究——以“瘦肉精”事件为例[D]. 湛江:广东海洋大学,2012:15.

[74]王丙乾,李瑛. 协商民主视角下政策评估的公众参与[J]. 管理世界,2008(24):190.

[75]蔡定剑. 公众参与及其在中国的发展[J]. 团结,2009(4):32—35.

[76]孙晓琳. 基于计划行为理论的我国核电项目公众参与影响因素研究[D]. 衡阳:南华大学,2012:55.

[77]乔艳洁,曹婷,唐华. 从公共政策角度探析邻避效应[J]. 郑州航空工业管理学院学报(社会科学版),2007(01):93—94+97.

重大自然灾害事件中公众安全感的识别与营造研究*

杨菁　姚媛

近年来,我国自然灾害增多,重大自然灾害给社会稳定和人民生活带来极大威胁。面对重大自然灾害,公众面临的最大心理威胁是公众安全感的丧失。国内外灾害应对经验表明,面对自然灾害,通过科学规划,公众安全感是可以被营造出来的。但为什么一些实际损害较小的事件导致公众狂暴不安,而有致命可能的风险却没有引起人们足够警觉?为什么一些事件中距离事发地较远地区的公众安全感相较事发地更低?为什么同类型的灾害事件在不同国家、不同地区对公众安全感造成的影响却截然不同?这些问题说明公众安全感的形成既有客观条件,又受主观因素的影响。本研究将探索公众安全感到底受哪些因素影响,重大自然灾害事件中如何有效地识别公众安全感的演变状态,并据此提出重大自然灾害事件中公众安全感的营造机制与策略。

一、国内外研究现状

(一)公众安全感的研究现状

公众安全感是危机治理领域的重要议题,国外研究经历了两个阶段:第一,“危机管理”视角下的公众安全感。Simon(1978)“有限理性”理论认为,由于个体在记忆、思维、计算能力等方面的有限性,个体理性只是约束条件下的有限理性。[1] Covello 和 Sandman(1984)为代表的危机研究学者认为,大多数公众都是非理性的,不能让他们参与危机政策制定,并认为公众安全感消减、恐慌情绪等都是

---

* 此文为国家社科基金项目《重大突发事件中公众安全感的影响因素与营造机制研究》(14CZZ017)的阶段性研究成果。

杨菁,电子科技大学公共管理学院,教授,博士。姚媛,电子科技大学公共管理学院硕士研究生。

由于公众的非理性造成的。[2]在此基础上 Douglas, Wildavsky (1982) 等人认为,公众安全感营造应是“由精英向普通公众传递科学和技术信息的过程”,并创立了DAD危机管理模式(decide, announce, defend),即决定—宣布—辩护。[3]第二,引入“风险感知”理论,以“危机沟通”模式审视公众安全感。在1984年美商联合碳化物公司的工业污染事故处理中,信息发布迟缓,引发恐慌,随即学者们展开反思。Covello(1986)发现,权威对风险的认定与公众对风险的感知大相径庭,公众对风险管理权威表现出极大不信任,导致安全感削弱,甚至引发恐慌。[4]为探究其原因,Slovic(1999)提出了10余种公众风险感知的影响因素,[5]Kahneman(2000)进一步提出“前景理论”,发展出易得性、代表性和锚定效应作为公众风险感知偏差及安全感丧失的解释变量。[6]Seeger(2000)吸收了风险感知理论,提出致力于消除权威与公众间认知差异的双向对称“危机沟通”模型,调控公众安全感受。[7]Health(2003)则强调危机沟通中“公共参与”的功能,提出公众应是风险知识建构的主体,认为“公共参与”是以“危机治理”框架重构了危机沟通价值与目标。[8]Renn(2005)进一步发现在公共参与下“信任”是公众安全感营造的一个重要中介条件。[9]Paul Slovic(2012)通过经验研究揭示了“信任”在安全感营造中的具有易毁而难建的“不对称法则”。[10]

我国学者对危机条件下公众安全感的研究起步较晚,但在充分借鉴国外研究成果的基础上取得了重大进展。首先在危机的公众安全感的影响因素研究方面。孙多勇(2005)运用前景理论,从事件本身特征、个体特征和社会因素影响三方面构建了个体灾难恐惧感知的研究模型。[11]李纾等(2009)在汶川地震研究中发现危机应急措施对公众安全感影响显著,越处于地震高风险地区的人,由于应对措施密集,比低风险地区的人安全感更强烈,由此揭示了“心理台风眼”规律。[12]刘玲爽等人(2009)在汶川地震灾民安全感的研究中提出可以从安全需要、归属需要和确定控制感三个方面测量灾民安全感。[13]张岩、魏玖长(2013)运用风险感知理论,揭示了传播通道、个体、群体等因素可能放大危机事件对公众安全感的影响,并据此构建了信息传播的虚拟风险体验对社会心理的影响模型。[14]其次,在公众安全感的干预研究方面。谢晓非(2003)提出“公众理性”概念,认为公众安全感是公众理性的前提,而危机沟通则是公众获得安全感的最重要途径。[15]张岩(2010)提出通过有效的信息供给来增强公众安全感,并构建了以风险态度、风险认知和政府信赖为维度的政府信息供给机制。[14]魏玖长(2011)认为忽略公众主观感知影响的危机传播会对公众安全感造成破坏,应通过对危机传播的内容、编码方式、渠道选择的分类与引导来调控公众安全感。[16]

(二)公众安全感的结构与测量工具研究现状

1. 公众安全感的结构维度研究现状

国外对公众安全感的结构讨论,多在马斯洛"心理安全感"这个单维度基础上。国内对这个问题的研究,多赞同丛中、安莉娟的"人际安全感"和"确定控制感"双维度。刘玲爽等人针对"5·12 汶川地震"的实证研究,提出了安全需要、归属需要、确定控制感三个维度。[17]而其他的研究多是针对特定的背景与研究对象进行的。现总结如表1-1。

表1-1 国内外安全感的结构维度研究一览表

	研究者	研究对象	维度
国外	马斯洛	个体或群体	单维度:心理安全感
国内	刁静	大学生	安定感、归属感、尊重感、适应不良性
	丛中	正常人群和神经症患者	人际安全感、确定控制感
	沈学武孙思玉	正常人群和神经症患者	生存、人际交往、爱与被爱、自我实现与成功
	陈顺森	大学生	能力评估、主观体验、具体情境的风险预感;虚幻情境的风险预感、模糊情境的风险预感
	雷丹	灾后群体	安全需要的满足、归属需要的满足、确定感和控制感
	汪海彬	城市居民	社会稳定、家庭安全、公共安全、社区安全、职业安全、身体安全
	曹中平	初中生	情绪安全感、人际安全感、自我安全感
	刘海燕	大学生	情绪体验、行为意向、生理体验

来源:作者整理

2. 公众安全感的测量工具研究现状

现有对公众安全感高低测量的工具多是调查问卷。马斯洛编制了《安全感——不安全感问卷》(即S—I问卷)。整个问卷共有75个题目,采用三级评分,总分越高,安全感越差。

国内应用最为广泛的安全感测量工具,是丛中和安莉娟编制的《安全感量表》,该表可以测量神经症和正常人群的安全感高低。整个问卷设计了16个题目,采用5级评分法,经检验,信效度良好。[18]刘玲爽等人编制了《地震灾民安全感问卷》,包括10个项目,采用“非常不符合”到“非常符合”的5点计分。得分越高,感受到的安全感越高。此外,针对特定的人群,如大学生、初中生、精神症患者也有相关的改良性量表。

而从公共治安学的角度,也有不少学者提出了公众安全感测量指标体系。仓平等学者从环境治安秩序(居住地治安和居住地以外治安)、居民防范意识方面验证其与公众安全感的关系。实证结果表明,居住地治安和居住地以外治安、警察工作评价与公众安全感呈正相关,表示居民安全防范意识与公众安全感呈负相关。[19]王娟认为,公众安全感评价指标体系应分为四个层次、三个子系统。四个层次包括目标层、准则层、判别层和指数层,总共采用了59个含义明确、测量方便的指标,[20]见表1-2。

表1-2 公众安全感评价指标

一级指标	二级指标	三级指标	四级指标
客观因素	社会治安	违法犯罪	暴力侵害案件数,财产侵犯案件数,重大案件数及其比率等
		灾害事故	交通肇事,意外爆炸,剧毒污染,其它灾害等
		环境秩序	公共秩序,社区环境,社会活动等
		受害损失	个人财产损失,人身损失,精神损失等
		危害程度	社会公共财产损失等
		道德秩序	伦理道德水平,道德约束能力
	执法情况	警力配置	每千人拥有警察数,财政投入比重,警察素质等
		破案质量	破案率,重大案件结案率等
		出警速度	警察接到报案后的反应速度,警察对居民求助的反应
		警民关系	警察可见度,是否认识民警等
主观因素	个体情况	生理因素	性别,年龄,健康状况,神经类型
		心理因素	个体直觉,情绪反应,承受能力,是否敢走夜路等
		个体境遇	文化程度,职业,受害历史,婚姻家庭稳定程度,经济收入
	自卫能力	防卫技能	是否接受防卫技能训练,掌握程度
		防卫意识	担心受到侵害的程度,是否为陌生人开门等
		滋味器械	是否经常携带自卫器械,是否会使用自卫器械

来源:作者整理

学者林荫茂还从主观、客观两方面构建了公众安全感的指标体系图,同时,指出每个指标具有一定层次性和复杂性,[21]如表1-3所示。

表1-3 安全感指标体系结构

一级指标	二级指标	三级指标
主体因素	生理因素	性别,年龄
	心理因素	健康状况、神经类型、个体直觉、情绪反应、承受能力、精神状况
	个人境遇	受害历史,文化程度,职业,地位,经济收入,婚姻状况
	自卫能力	身体素质,防卫技能,防卫意识,自卫器械,执法态度
客体因素	管理控制	罪犯惩处,犯罪预防,警民关系,治安管制
	违法犯罪与灾害侵害	暴力侵害,财产侵犯,人身侵犯,骚扰侵犯,交通肇事,火灾,其它灾害,意外爆炸,剧毒污染,拥挤死伤,异常死伤
	环境秩序	社会活动,社区环境,公共秩序,治安动态

来源:林荫茂

(三)公众风险认知的研究现状

公众安全感是一个主观、总体的概念,与公众的认知息息相关,从本质上说就是一种认知情况。公众认知到风险,安全感必然要受到影响,有所下降,因此,也有必要梳理公众风险认知的研究成果。

1. 对风险认知概念的研究现状

风险认知是用来描述人们对风险的态度和直觉判断的一个概念。美国风险感知专家Slovic认为,人们主要是依赖直觉的风险判断来估计各种有危险的事物,即为风险感知。Wildavsky认为,风险认知"是人们对影响日常生活和工作的各种因素的心理感受和认识,已经超越了个体,是反映价值、表征、历史和意识形态的一种社会和文化建构"。Cutter认为,风险感知是人类了解某特定风险,并对该风险评估的过程。[22]因此风险认知可以说是人们了解某种特定风险的程度判断,并对该风险的产生进行评估与行动的过程。学者刘金平认为,公众风险认知是指公众对客观存在的风险在主观上的知觉、判断和体验。[23]

但是,Slovic在进一步研究的基础上提出了有限理性理论,根据该理论,个体因在记忆、思维、计算能力等方面的有限性,进而导致其在知识储备空间上的有限性,所以个体的理性是在约束条件下的理性,如果我们忽视了影响认知与决策的这些约束条件,就会产生巨大的认知偏差。[24]而是否能够对风险正确感知,保持理性是公众面对风险能否做出正确决策的基础。他对此做了很多风险认知实验，结果发现普通人与专家对事件的风险评价往往是不同的，存在巨大偏差。

对于个体有限理性的约束条件，Kahneman 和 Tversky 提出了重要的前景理论，即个体在进行知觉判断时，存在确定性效应、隔离效应、镜像效应等影响，它们会导致个体在认知决策中出现偏差，而在个体认知过程中，会不自觉地采用三种策略，即易获得策略、代表性策略以及锚定调整策略，大量风险认知实验研究表明个体对风险的认知偏差是普遍存在的。[25]

因此，可以看出风险感知是人们对风险特征和风险严重性的主观判断，并且这种判断和实际的客观风险之间往往存在偏差，容易导致公众不理性。毫无疑问，如果在突发事件中，能最大限度地针对这些认知偏差做有效的纠正，恢复公众理性，对有效处置突发事件是相当重要的。

2. 公众风险认知的影响因素研究现状

通过实验研究，国内外学者已经得出一些影响公众风险认知的因素，它们对公众感知风险高低有着不可忽视的作用，这些影响因素归纳如表 1－4。

表 1－4　风险感知的影响因素综述

学者	风险感知的影响因素
Slovic	主要因素包括风险的巨大程度(死亡的频率、主观的致命估计、灾难的潜在性、死亡的重大性和质化特征)及熟悉程度，此外性别、时间因素与之有关
Otway，Winterfeldt	非自愿性、可控制性、不确定性、恐慌性、风险管理的困难性、影响时间等
Covello，Merkhofer	灾难的潜在性、熟悉性、不确定性、无助感
刘金平	个体因素、期望水平，风险沟通，风险的可控程度，风险的性质，知识结构，成就动机，事件风险度
王婧，齐玲等	客观因素：风险本质特征、风险传播(包括信息的传播渠道、信息的呈现方式)；主观因素：主观认知偏差、动机因素、情感因素、人口统计学特征及知识经验
谢晓非	个体差异、期望水平、通讯的影响、自愿承担风险的程度、风险的性质

来源：作者整理

由于每个学者的观点存在交集，现提炼总结为两个大类：主观因素与客观因素。

(1)客观影响因素研究。

第一,风险事件的特征。如果在一个平静的湖面上投下一块石头,就会看到环形水波一层一层地由中心扩散开来。如果投入湖中的石头质量足够大,其形成的水波就会非常深,波及的范围也会相当广,这就是所谓的公共风险事件的涟漪效应。Slovic 把石头看作是一个风险事件的信号,风险事件本身的性质,比如,其危害的程度、方式、性质等与涟漪水波的深度与广度息息相关。因此,风险事件本身会深刻影响公众的风险感知,比如研究发现,人们对小概率大死亡率事件的风险估计过高,而对大概率小死亡率事件的风险估计过低。对迅即发生、一次性破坏大的风险估计过高,对长期、潜伏性的风险估计过低。

第二,风险信息的传播频次与风险认知。涟漪效应的深度与广度不仅与风险事件本身相关,而且也取决于在涟漪波及的过程中,公众如何获得相关信息以及如何知觉和解释这些信息。前景理论已经清楚地解释了信息传播频次的重要性,比如信息播报次数越多,公众越容易留下深刻印象。

此外,研究表明,在公共危机管理中,风险沟通状况对公众的风险感知以及心理状态等方面均有重要影响。Covello 认为,风险沟通是个体或群体以及机构之间交换信息和看法的相互作用过程。良好的风险沟通应该能有效利用沟通渠道,理性传达信息,满足公众特定的心理需求。Mileti 在其风险沟通理论中将受众的信息源划分为政府当局、新闻媒体、同伴三个部分;将信息的特征划分为信息量、展示速度、风格、清楚程度、说服力、准确度等。这里的同伴可以理解为社会、社会团体,乃至社区。在风险沟通的成效方面,学者们通过研究提出了风险沟通的认知模型、心理噪音模型、负面特性主导模型、信任决定模型等,以确保沟通更有效,尤其对于政府和社会来说,这有助于降低公众的风险感知。

(2)主观影响因素研究

第一,个体差异。学者们的研究都表明,风险认知受年龄、学历、收入、职业等个人因素的影响。钱洁凡等人认为,个体认知体现出不同的特点,其中影响最大的为职业。公众对风险的认知程度,还取决于该风险是否经过广泛教育宣传,后果是否无法挽回、关乎生命,其中教育宣传对公众影响最大。

第二,社会文化因素及群体行为。刘金平等学者认为:“人们对风险的理解除了心理因素以外,其他许多更重要的、政治的和文化的因素在这一过程中扮演着重要角色,影响着人们对风险的方向和强烈程度的认知,比如人们对机构团体的信赖、个体及组织所属的文化类型、所持的价值观等。”在突发性公共事件下,风险感知、心理偏差极有可能引发个体或群体产生不安全感、焦虑等状态,进而做出非理性行为决策,这种安全感缺失的心理和非理性的行为在突发性灾难情境中极易成为引发大规模社会危机的触发器。因此,要调节公众感知,维持公众理性,使公众能客观认识突发公共事件,不轻易被无关因素所干扰,从而对突发公共事件的风险做出相对准确的判断,并能够有效地采取适当行为以应对突发公共事件。

二、重大自然灾害事件中公众安全感影响因素模型

(一)相关概念界定

自然灾害事件是指以自然力量为主因,导致人员伤亡、财产损失的事件。我国是自然灾害频发的国家,根据国务院颁发的《国家综合防灾减灾规划(2011－2015年)》,我国目前面临的主要自然灾害包括洪涝、干旱、台风、冰雹、雷电、高温热浪、沙尘暴、地震、地质灾害、风暴潮、赤潮、森林草原火灾和植物森林病虫害等13种自然灾害。这些自然灾害都具有破坏性、不可预见性、突发性等特点,都会对公众的生命、财产带来损失,防灾减灾任务艰巨。

在对国内外已有的安全感研究成果梳理后发现,安全感是个体心理、乃至生理健康的基础,而公众安全感是群体安全感水平的一个集中体现,是维护一个地区,乃至一个国家公共秩序稳定的重要因素。但已有的公众安全感的研究多从治安犯罪学角度展开,很少从突发事件处置与危机管理的角度入手。我们认为,在重大自然灾害事件中公众的安全感是可以营造的。

本研究所谓的"公众安全感",是指自然灾害事件发生后,公众在一段时间内体验到的确定控制感、归属感及安全需要。这是公众对突发公共危机事件的安全感知。自然灾害事件发生后公众安全感会呈现出何种特点,哪些因素会影响到公众的安全感,政府部门如何更高效、更有针对性地恢复公众安全感是本研究的重点。

(二)重大自然灾害事件中公众安全感的测量模型

在前文对安全感测量维度分析的基础上,结合本文对公众安全感的界定,现将自然灾害事件中公众安全感划分为确定控制感、归属感、安全需要三个维度。

确定控制感,是指在自然灾害事件发生后,公众从主流信息渠道获得了及时、充分和一致的信息,从而对公共危机发生原因、过程和发展趋势形成的确定性认知和确定性体验,同时基于对社会救援系统和自身危机应对能力的评估,而形成的有效应对危机的效能感;归属感,是指在公共危机压力下,公众由于受到社会其他成员的关怀、抚慰而形成的安全、温暖和可依靠的主观体验;安全需要,是公众在重大自然灾害事件发生后,对自己生命、财产是否安全的一种主观判断。这三者是公众安全感的结构变量,在后面将逐一分析各个影响因素分别对确定控制感、归属感及安全需要的影响。

（三）重大自然灾害事件中公众安全感的影响因素模型

公众安全感是一种个体认知，当遇到风险、突发事件时，公众感知到危险，安全感会迅速降低，因此研究公众安全感可以参考风险认知的影响因素。在前文的文献综述中已提及，从美国著名风险认知专家 Slovic 到国内谢晓非等专家，都基本把影响因素归为客观因素和主观因素。其中，客观因素包括事件特征、信息的传播与风险沟通。主观因素包括个体差异及社会文化因素。

Slovic 把风险事件理解成一种信号，公众对风险事件的解释和接受受风险事件本身的性质与传播过程影响，同时，风险事件就如同一块引起涟漪的石头，而水波的广度和深度不仅取决于风险事件本身的性质，包括风险事件导致危害的程度、方式和风险事件性质等，也取决于在涟漪波及的过程中，公众如何获得相关信息以及如何知觉和解释这些信息，后来学者把这命名为公共风险事件的涟漪效应。[26]这说明危机事件、危机信息的传播方式、个体特征是影响公众感知风险的因素。

国内学者孙多勇教授提出影响个体风险感知的概念模型，包括事件因素、政府因素、媒体因素、个体特征因素及从众效应的影响。[27]张岩、魏玖长揭示了传播通道、个体、群体等因素可能放大危机事件对公众安全感的影响，并据此构建了信息传播的虚拟风险体验对社会心理的影响模型。[28]谢晓非教授通过问卷调查，分析了 SARS 事件中公众心理状态，探讨了公众对风险事件的心理反应模式，发现公众首先受危机事件本身的影响，例如，SARS 的危害性、传染方式影响公众的知觉。其次，在危机事件中，风险沟通的方式和渠道，如各种社会关系网络、媒体又会进一步影响公众的认知状态，在风险沟通与风险认知相互作用的过程中，个体特征作为中介变量，进一步影响公众风险的感知，这说明风险事件特征与个体因素会显著影响公众认知而干扰行为。[29]

梳理和归总文献，并结合对近几年我国重大自然灾害事件处置实践的考虑，我们提炼出危机事件因素、政府应对、媒体应对、个体应急状态、群体应急心理行为是影响公众安全感的最为重要的五个因素。因此，提出了自然灾害事件中公众安全感影响因素的概念模型。如图 2－1 所示。

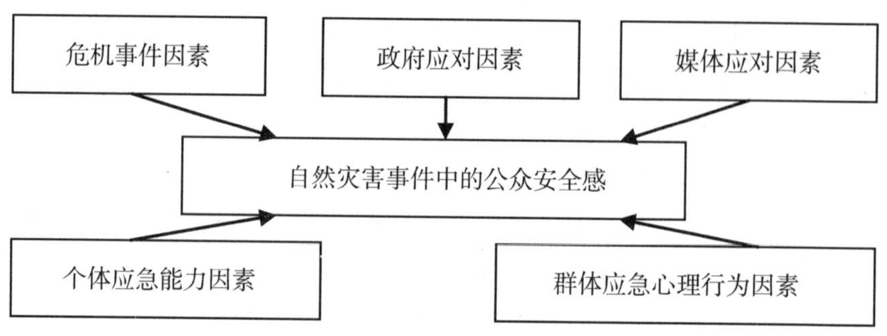

图2-1 自然灾害事件中公众安全感的影响因素概念模型

1. 重大自然灾害事件本身属性对公众安全感的影响

从多起重大自然灾害事件中可以看到,某些自然灾害事件本身的发生概率、带来的损失可能并不大,但它给人们心理上带来的恐惧和所造成的负面影响比事件本身的影响还大,有时甚至会威胁到国家的政权和制度。

Lindemann 最先提出了心理危机理论。Lindemann 通过对 1942 年波士顿 Coconut Grove 大火后灾民强烈的丧亲之痛反应的分析,认为灾难不仅会给人们造成身体的上的伤害,更会在心理上留下后遗症。[30] 1957 年 Tyhurst 首先提出人在和平生活环境下的应激反应,他认为一个过去健康的人对严重应急的反应程度取决于人格、应急事件、社会环境三者之间的相互作用。[31] Caplan 认为,每个人与环境之间基本上都是处于一种动态平衡状态,当一个人面临着生活中巨大灾难时,会因为灾难超出了心理的承受能力而产生高度紧张、焦虑、悲观、失望等一系列心理问题。[32] 因此,本研究认为:

H1:重大自然灾害事件中,危机事件与公众安全感的水平呈负相关。危机事件一旦发生,公众安全感下降。

具体来说,突发事件的性质、裂度、影响范围和致人员伤亡程度会导致公众安全感水平下降。Breslau、Norris 和 Resnick 等人的研究表明,重大自然灾害通常是导致人们心理创伤的一个重要诱因。Slovic 认为风险的死亡率、主观的致命估计、灾难的潜在性、死亡的重大性和质化特征会显著影响。尤其是突发事件的致死率会在很大程度上引起公众恐慌,因为研究表明,公众对危机事件的注意力多集中在其严重的后果上,而不是其发生的概率。因此本研究进一步做出分假设:

H1a:重大自然灾害事件中,危机事件的致死率与公众安全感水平呈负相关。致死率越高,公众安全感下降得越快。

H1b:重大自然灾害事件中,危机事件的裂度与公众安全感水平呈负相关。裂度越高,公众安全感下降得越快。

H1c:重大自然灾害事件中,危机事件的影响范围与公众安全感水平呈负相关。灾难影响的范围越大,公众安全感下降得越快。

2. 重大自然灾害事件中政府应对能力对公众安全感的影响

我国当下的国情、制度决定了政府在灾后应急处置中的主体地位,政府与公众之间的信任、互动关系无疑关系着应急管理的总体效率。

公众对政府的信任主要来源于政治信任,也是公众对政府的一种感情。Tyler 和 Lind 把公众对政治权威的信任归纳为动机以及能力两个维度。[33] Mayer, Davis 和 Schoorman 在总结前人研究的基础上,将权威信任(组织信任)的维度进一步概括为能力、仁爱和诚实三个维度。总体来说,在多领域不同的研究中,政府能力、动机和诚实(或可信度)都是评价政府的三个主要方面,是政治信任包含的重要维度。因此,可以从这三方面来探讨公众与政府的关系。

首先,自然灾害事件发生后,政府启动应急预案,政府的应急能力越高,越快处置事件,使公众尽快恢复正常生活,把灾害带给公众的损失降到最低,越有利于增强公众对政府的政治信任,有利于安全感的恢复。因此,本研究认为:

H2a:自然灾害事件中,政府的应急反应能力与公众安全感呈正相关。政府的应急能力越高,公众的安全感恢复得越快。

其次,在政府的应急处置中,政府的应对态度如何无疑会影响公众的安全感受,政府如果能积极、高效处理公众关注的事情,安抚公众情绪,让公众感受到政府对他们的重视,无疑有利于他们安全感的恢复。因此,本研究认为:

H2b:自然灾害事件中,政府的救援态度与公众安全感呈正相关。政府的救援态度越积极,越有利于公众安全感的恢复。

最后,Renn 进一步发现,公共参与下"信任"是公众安全感营造的一个重要中介条件。[34] Paul Slovic 通过经验研究揭示"信任"在安全感营造中具有易毁而难建的"不对称法则"。认知心理学研究已经表明,公众判断什么是危险的、什么是害怕的,应该有多大程度的害怕都与他们对政府的信任有很大关系。[35] 公众对危机事件的恐惧与他们对政府的信任存在反比关系,危机情况下,如果公众相信政府可以对自己提供帮助,那么恐惧感就会得到缓解,同时也会提升战胜危机的信心。相反,如果公众无法信任政府,就会质疑政府的应急处置能力,公众的无助感和恐惧心理反而会加剧。而政府能力的历史表现和当前行为是公众判断政府是否可以信赖的主要标准。因此,通过多途径来强化政府能力,如加大信息传递力度,减小信息的不对称性,表达政府的决心和责任等,就有助于提高公众对政府的信赖,从而理解并支持政府的相关决策,这无疑有助于政府对突发事件的应对。因此本研究认为：

H2c：自然灾害事件中，公众对政府的信任感与公众安全感呈正相关。公众对政府的信任度越高，安全感越高。

3. 重大自然灾害事件中媒体传播对公众安全感的影响

自然灾害事件发生后，媒体是公众了解事件进展的中介。根据美国著名传播学家梅尔文·德弗勒提出的"媒介依赖论"，在社会发生重大变化但却情况不明的情况下，媒体是公众急于了解事实真相的主要渠道，而且此时公众对媒体的依赖性会明显增强。因而媒体及时的预警和客观公正的报道有利于安定人心，防止事态的进一步恶化。[36]

Tversky 和 Kahneman 提出的前景理论，揭示了公众在做知觉判断时往往靠易得性知觉，受媒体影响很大，媒体大量重复某一信息时，公众不会分辨真假而是直接接受[37]。G. Ray. Funk Houser 对新闻报道与公众对事件重要程度的感知两者之间的关系进行了定量研究，证明了危机事件对公众感知的影响是可以通过记录该危机事件的媒体报道的信息量来衡量的。[38]我国学者魏玖长，通过实证分析，发现媒体对突发危机事件的报道力度会影响公众对突发事件的关注焦点。[39]这说明，在自然灾害事件后，媒体的议程设置作用不容小觑，对于重要信息媒体多频次的播报，更容易引起公众的注意。因此，本研究认为：

H3a：重大自然灾害事件中，媒体对危机事件报道的频次与公众安全感的水平呈正相关。媒体对危机事件进展报道得越多，公众安全感越高。

此外，媒体报道中存在框架效应，即问题不同的描述方式会对人的心理认知产生影响。受框架效应影响，人们会对同样一个问题的不同描述产生不同看法，进而产生完全不同的行为。Siegrist & Cvetkovich 发现，人们会赋予负性信息更大的权重，对负性信息的反应会强于对正性信息的反应，对负性信息会给予更高的信赖程度和重视。特别是危机事件后，公众会更多地关注事件的负面报道，并且容易信以为真。因此，如何选择报道内容，如何对危机事件恰当描述，而又不引起过激的行为反应，存在一定的艺术性，是媒体危机报道的重要技巧。因此，本研究认为：

H3b：重大自然灾害事件中，媒体对危机事件的描述方式与公众安全感的水平呈正相关。媒体对危机事件的报道，用词越积极，公众安全感越高。

通过风险沟通理论可知，媒体是危机事件中政府与公众之间沟通的最主要桥梁。沟通模式已经由单向沟通转变为双向沟通。一方面，媒体要将政府部门提供的风险信息进行解码、编码，再传递给公众，社会公众需要通过大众媒体来了解危机事件的真相。另一方面，媒体需要向政府呈现公众对于危机应对的看法和意见。在这个过程中,媒体有两种身份,一是要提高公众的风险认知能力和信息选择理性,二是媒体是风险沟通中的辟谣机构。这就要求在危机事件的沟通中,媒体要及时、准确播报事件信息,同时,针对公众关注的问题给予尽快的回复。[40]因此,本研究认为:

H3c:重大自然灾害事件中,媒体对危机事件的信息传递方式与公众安全感的水平呈正相关。媒体对危机事件的信息传递越快、越准确,公众安全感越高。

4. 重大自然灾害事件中个体因素对公众安全感的影响

每个人面对自然灾害事件时的反应是千差万别的,这与个体特征有关。具体来说,希斯提出的 FPC 模型认为,个体的能力和熟悉度是构成有效危机反应的核心变量。个体能力越强,对危机的熟悉度越高,应对危机的效果就越好。[41]谢晓非认为,个体对危机事件的知识了解程度、从众行为、意愿程度都会在一定程度上影响个体的心理状态。这说明,个体对危机知识的掌握程度很大程度上跟他面临危机事件时的反应有关。因此,本研究认为:

H4a:重大突自然灾害事件中,个体的危机知识掌握程度、心理素质与公众安全感呈正相关。个体对危机事件知识掌握的越多,公众安全感越高。

此外,黄定华,高志强指出,突发公共事件将形成个体的应激反应,并会产生个体差异,这种差异主要源于个体的认知因素、情绪因素和个体人格特征等。[42]我们可以从人口统计学变量上来归纳这些要素,如个体的性别、年龄、地区、职业、受教育程度等,我们把这些要素归为个体特征。因此本研究认为:

H4b:重大突发自然灾害事件中,个体的特征会对公众安全感产生影响。

5. 重大自然灾害事件中社会因素为对公众安全感的影响

根据已被广泛验证的"羊群行为"理论,个体在危机状态下往往会受到他人行为策略的影响而采取相同的行为策略,也就是说,个体的行为选择是对大众的模仿或者过度依赖舆论,而不是基于自己掌握的信息,往往会产生从众行为。[16]而在历次的突发事件中,这样的例子比比皆是,群体的心理与行为必然会影响到个体的决策与行为。因此,本研究认为:

H5a:重大自然灾害事件中,周围群体的心理状况、行为与公众安全感呈正相关。群体应急心理行为越稳定,公众感受越安全。

自然灾害事件发生后,社会支持对于个体恢复正常生活的作用无疑是重要的。社会支持是个体从其所拥有的社会关系中获得的精神上和物质上的支持,社会关系包括个体的家庭成员、亲友、同事、团体、组织和社区等,这些来自社会关系的支持能有效减轻公众的心理应激反应,缓解精神紧张,提高个体的社会适应能力。[43]Bowlby 通过研究发现,社会支持能够提高人们承受和战胜挫折以及挑战困难的能力。Seeman 认为,社会支持能够有效缓解压力、促进人们尽快从应激状态中恢复。[44]我国学者雷丹、汤永隆对 5 · 12 汶川地震中灾民的心理状况做了调查,结果表明社会支持对安全感的调节作用显著,可以增加灾民安全感。[45]庄红等学者的实证研究也表明,社会支持可以有效缓解灾民的压力。[46]因此,本研究认为:

H5b:重大自然突发事件中,公众所获得的社会支持与公众安全感呈正相关。社会给予公众的情感、物质支持越多,公众感受越安全。

如何有效应对自然灾害事件,减少公众在自然灾害事件中的伤亡,普及危机应对知识、加强应急演练无疑是最直接的办法。在像日本那样地震频发的国家,社会大力宣传地震逃生方法,从学校到社会组织有一套成体系的应急演练预案,大大减小了自然灾害带来的伤亡。因此,本研究认为:

H5c:重大自然突发事件中,社会危机教育与公众安全感呈正相关。社会越重视危机教育,公众感受越安全。

在对文献进行整理的基础上,结合近几年来我国自然灾害事件处置的实践,我们构建了自然灾害事件中公众安全感影响因素的概念模型并认为,事件因素、政府应对因素、媒体应对因素、个体因素及社会因素可以较好地解释自然灾害事件中公众安全感的高低。在每一类因素下,根据已有研究提出了小假设,作为下一步编制问卷的参考。

这五大因素是如何对公众安全感起作用,影响力又有多少,对公众安全感的结构维度影响是怎样,需要我们采用问卷、实证分析的方法对此做一进步研究。

三、研究设计

(一)研究方法的选择

为检验所提出的公众安全感的影响因素概念模型,我们采取搜集数据的量化研究,因为这可以通过因素分析等统计方法观测到变量之间的关系及它和公众安全感之间的关系。

本研究使用的调查问卷主要选取经典心理学量表以及根据深度访谈和文献研究自行设计的量表,采用 SPSS18.0 对搜集到的数据进行信效度分析、探索性因子分析,在前测量表合格的基础上展开正式的问卷调查。对模型假说的检验,主要运用结构方程模型做模型拟合分析、路径因子载荷分析,采用的是 AMOS 软件。结构方程模型可以检查所有因果关系模型且分析出拟合度最优的模型结构及影响力分析。其次,它允许因变量和自变量存在测量误差,这对公众安全感这个心理概念尤其重要,因为这些结构变量的观测变量总是包含着大量的测量误差,而这些误差会导致常规的回归模型参数估计产生误差。因此,本研究采用结构方程模型做验证性因子分析,以检验所建模型以及探究各影响因素对公众安全感维度的影响大小。

(二)量表的选择

量表是获取数据的途径之一,公众安全感是一个主观、无法直接观测的变量,需要借助量表对其做一个数字化描述。此次调查的量表共包括三部分。

第一部分是对常态下安全感的测量。在对量表的选取上,优先考虑已经被广泛验证的经典量表,因此,选择了马斯洛经典的《安全感—不安全感问卷》来测量公众安全感在一个常态下的指数,根据量表设计,每一个被试者都会得到一个分数,得分高低可以判断个体在常态下安全感的情况。

第二部分是对自然灾害事件中安全感的测量。在这一部分,选取了西南大学专门针对地震灾民编写的一个安全感量表。该量表共 10 个题项,采用 5 点计分,从"非常不符合"到"非常符合",包括安全需要的满足、归属需要的满足、确定感和控制感三个维度。问卷内部一致性系数为 0.71,各维度内部一致性系数分别为 0.41、0.80、0.48。

第三部分是对五大影响因素与公众安全感的关系测量。根据前述假设提出的理论基础,在学生访谈、专家修改的基础上编制了影响因素的量表。采用 5 点量表计分,共有 22 个题项,其中前 2 个题对参与调查的对象做了人口统计学上的性别、区域统计。

(三)量表的前测

实行量表前测,可以达到题目净化的目的,保证量表的信度与效度。因此,我们在小范围内对量表进行前测,在前测中只抽取了 50 人的小样本。通过对前测样本的分析,对部分题项做了删减或者修改。如题项"您认为主流媒体对 4・20 雅安地震的新闻报道基调如何?"因子载荷过低,因此可以删除。在前测对题项分析的基础上形成了正式量表。

(四)量表的正式测量

本次问卷调查基于"4・20 雅安地震"这个重大自然灾害事件,对经历过此次地震的人群随机发放调查问卷。为保证结果的信效度,对样本数量有一定的要求,即至少样本数量应为题项的 10 倍,最终共有 22 个题项,选择的样本量为 400 份。

问卷施测过程采取纸笔测试的方式,并当场收回。问卷填写采用无记名方式,以期得到最真实、独立的答案。

本次共发放问卷 400 份,回收 385 份,达到 96.3% 的回收率,其中在剔除不合格问卷后,有效问卷为 368 份,问卷有效率 95.6%。总体上,所收集的样本比较具有代表性,使得问卷质量在一定程度上得到保证。

(五)正式量表的信效度检验

在进一步对数据进行分析前,还需要检查量表的信度以保证量表的科学性。信度是指答案的一致性程度,常用指标有 Cronbach'a 值及折半信度等,我们选择 Cronbach'a。效度则是指答案与我们所设法描述或测量的假想"真值"的一致程度,通常分为内容效度、结构效度和准则效度 3 种,本研究主要考察量表的结构效度,通过 KMO 值来判断。[47]

问卷的第一部分使用马斯洛的经典量表,信度与效度能得到保证。在此,我们只检验问卷的第二部分与第三部分量表的信度与效度。对于 alpha 系数检验结果,根据多数学者的意见,任何测验或量表的信度系数在 0.9 以上,则该量表信度甚佳;在 0.8 以上都是可接受的;在 0.7 以上,需对量表做较大修改但是仍有价值;在 0.7 以下,需弃用。对于 KMO 检验,需大于 0.6 才能满足统计要求。

首先,我们利用 SPSS 软件对第二部分量表的 10 个题项进行信度、效度的统计分析,结果如表 3-1 所示。

表 3-1　应急安全感问卷内部一致性分析结果

可靠性统计量	
Cronbach's Alpha	项数
.829	10

本量表 Aplha 系数为 0.829,证明了采用的问卷具有较好的内部一致性。对于 KMO 值的检验,参见表 3-2。KMO 值为 0.832,大于 0.6,满足统计要求。

表 3-2　应急安全感问卷效度检验

KMO 和 Bartlett 的检验	
取样足够度的 Kaiser-Meyer-Olkin 度量	.832

再对第三部分问卷进行信度检验,结果如表 3-3 所示。结果显示 alpha 系数为 0.82,证明了所设计问卷具有较好的内部一致性,信度达到要求,说明问卷设计是科学合理的。

表 3 – 3 公众安全感影响因素问卷内部一致性分析结果

Crobach' sAlpha	项数
0. 820	19

再对第三部分问卷进行效度检验,结果如表 3 – 4 所示。

表 3 – 4 公众安全感影响因素问卷内部一致性分析结果

KMO 和 Bartlett 的检验	
取样足够度的 Kaiser – Meyer – Olkin 度量	. 822

第三部分问卷的 KMO 值为 0. 822,大于 0. 6,因此可以得出该部分量表具有较好结构效度的论断。

上述检验结果说明本研究量表设计科学严谨,用该量表来进行数据抽样也是可信、可靠的。

四、公众安全感影响因素模型的实证检验

(一)人口统计学变量统计

在本次问卷调查中,分别从性别和居住地两个方面调查了受访者安全感在人口统计学上的特征,探究性别、居住地因素对公众安全感的影响特点。

1. 性别对公众安全感的影响分析

利用 SPSS 软件的 Independent – samples T test,对男性和女性两组样本均数表进行比较,分析性别对于安全感的影响,结果如表 4 – 1 所示。

表 4－1 性别因素 T 检验结果

独立样本检验										
		方差方程的 Levene 检验		均值方程的 t 检验						
		F	Sig.	t	df	Sig.（双侧）	均值差值	标准误差值	差分的 95% 置信区间	
									下限	上限
安全感指数	假设方差相等	3. 345	. 068	. 911	366	. 363	1. 405	1. 542	－1. 628	4. 438
	假设方差不相等			. 984	151. 059	. 327	1. 405	1. 428	－1. 416	4. 226

在第一部分 Levene's 方差齐性检验中，F＝3. 345，p＝0. 068＞0. 05，方差是齐的。在第二部分 T 检验中，t＝0. 091，p＝0. 366＞0. 05，两个样本的平均数差异是不显著的。T 检验结果说明公众安全感受人口性别因素影响不显著。

面对自然灾害事件，男性和女性的安全感都会受到影响，这可能是由于地震这种自然灾害短时性、突发性、破坏性大的特点，公众需要立马对地震事件做出反应，性别在此发挥的作用不大，公众安全感都会受事件因素影响迅速降低。这也说明，在灾后救援中需要对人群统一救助。

2. 居住地对公众安全感的影响分析

调查问卷中把居住地设置为乡村和城市两个选项，为分析生活地对安全感的影响，对调查结果做 Independent－samples T test，结果如表 4－2 所示。

表4-2　区域因素T检验结果

<table>
<tr><th colspan="11">独立样本检验</th></tr>
<tr><td colspan="2" rowspan="3"></td><td colspan="2">方差方程的 Levene 检验</td><td colspan="7">均值方程的 t 检验</td></tr>
<tr><td rowspan="2">F</td><td rowspan="2">Sig.</td><td rowspan="2">t</td><td rowspan="2">df</td><td rowspan="2">Sig.（双侧）</td><td rowspan="2">均值差值</td><td rowspan="2">标准误差值</td><td colspan="2">差分的 95% 置信区间</td></tr>
<tr><td>下限</td><td>上限</td></tr>
<tr><td rowspan="2">安全感指数</td><td>假设方差相等</td><td>1. 291</td><td>. 257</td><td>2. 735</td><td>364</td><td>. 007</td><td>3. 532</td><td>1. 291</td><td>. 992</td><td>6. 071</td></tr>
<tr><td>假设方差不相等</td><td></td><td></td><td>2. 757</td><td>353. 252</td><td>. 006</td><td>3. 532</td><td>1. 281</td><td>1. 012</td><td>6. 051</td></tr>
</table>

区域性的差异可能是由于生活环境的不同引起的。自然灾害事件带来的人员伤亡财产损失也许乡村更严重一些，但来自乡村的人群比城市的人群安全感更高，更能保持冷静。这可能是因为在乡村居住的人们接触大自然更多一些，同时居住较为分散，而城市人群密集，地震发生时，人员疏散困难，加之疏于应急演练，碰到小概率发生的自然灾害事件时，常常举足无措，更容易产生恐慌。因此，在城市地区应加强危机知识的宣传和应急演练，注重灾后心理疏导，而在乡村地区更应在灾后尽快恢复当地居民的正常生活，辅之以心理辅导。

（二）公众安全感影响因素模型的检验

1. 探索性因素分析结果

为了探究所构建的公众安全感影响因素模型的因素聚合程度，我们利用 SPSS 软件对数据样本进行探索性因素分析。V5 至 V23 是问卷中针对公众安全感影响因素设计的题项。通过探索性因素分析结果可以看到，V5、V6、V7 聚合为一类，V8、V9、V10、V11、V12、V13、V14 聚合为第二个因子，V15、V16、V17 聚合为第三个因子，V18、V19、V20、V21、V22、V23 聚合为第四个因子。探索性因素分析结果如图4-3所示。

通过分析相关题项内容，可以把成份 1 总结为政府媒体应对因素，成份 2 总结为社会因素，成份 3 总结为事件因素，成份 4 总结为个体因素。探索性因素分析显示，题项能较好地聚合在四类，负荷因子达到统计要求。

表 4-3 公众安全感影响因素模型探索性因素分析结果

	成份			
	1	2	3	4
V5				
V6				
V7				
V8				
V9				
V10				
V11				
V12				
V13	.756		.832	
V14	.778		.841	
V15	.723		.758	.415
V16	.730			.838
V17	.742			.837
V18	.713	.605		.335
V19	.540	.733		
V20		.704		
V21		.551		
V22		.744		
V23		.536		.306

2. 探索性因素分析结论

根据前面提出的公众安全感影响因素模型,把公众安全感的影响因素划分为事件因素、政府应对因素、媒体应对因素、个体因素以及社会因素五大类。但是探索性因素分析结果表明,因素聚合情况与预先假设存在差异。数据表明影响因素主要聚合在四个方面,而非预设的五个方面,政府应对因素与媒体应对因素出现了重合,也就是说,政府因素对公众安全感水平的高低与媒体因素对公众安全感水平的高低的显著性差异不大。

出现这种结果,可能跟我国国情密切相关。在我国,重大自然灾害事件背景下,主流媒体传播的重要信息在很大程度上体现了政府的意见与决策,政府危机应对举措也往往通过授权媒体来公告于公众,媒体对自然灾害事件播报的内容往往有一定限制。这或许可以解释在突发事件背景下公众心目中政府应对与媒体应对边界模糊,两者共同都被公众视为“权威”与“官方”的代名词,媒体往往代表的是政府的声音。除此两因素外,其他三个影响因素聚合结果良好,这说明划分的因素具有良好的区分性和代表性。

根据探索性因素分析的结果,把公众安全感影响因素的模型做了修正,把政府应对因素和媒体应对因素归为一类，综合起来探讨。如图 4－1 所示。此后探讨公众安全感影响因素模型时，都是基于此模型。

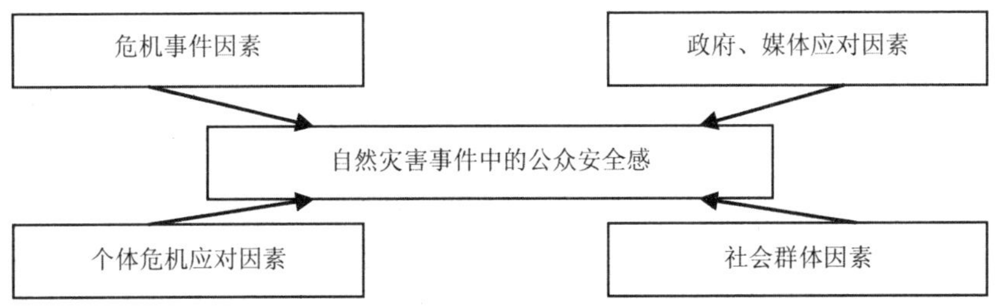

图 4－1　公众安全感影响因素修正模型

3. 结构方程模型检验结果

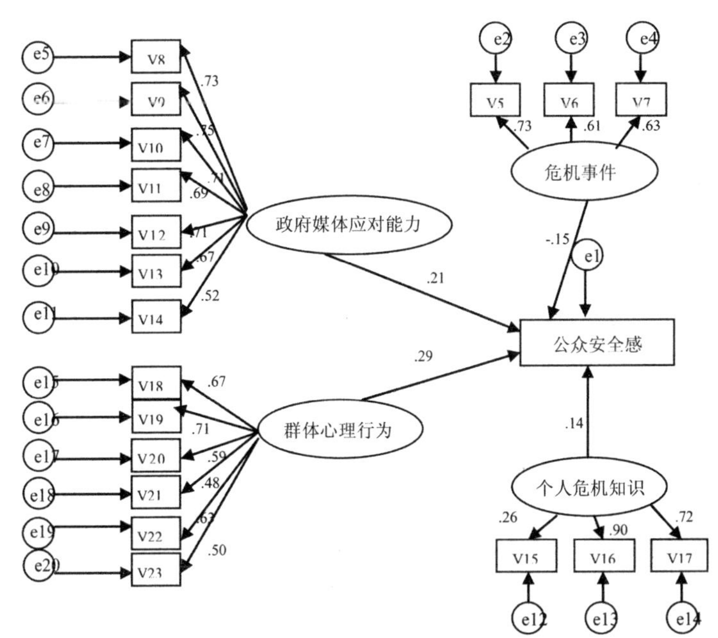

图 4－2　公众安全感影响因素模型

基于探索性因素分析的结果，通过结构方程模型对修正后的公众安全感影响因素模型进行了检验，并采用 Amos 软件进行结构方程模型检验，软件运行结果显示，各指标均达到预期，如图 4－2 所示。

结构方程模型的路径统计结果说明，四个因素对公众安全感影响具有较强解释力，公众安全感影响因素模型成立。

4. 结构方程模型检验结论

通过分析结构方程模型结果的路径因子载荷图可以看到，只有危机事件的影响对公众安全感的影响数值为负值，说明危机事件因素与公众安全感呈负相关关系，其余三个因素均对公众安全感有正向影响，与我们的理论假设一致。这说明，危机事件一旦发生，公众安全感必然遭到破坏。危机事件的性质、裂度、影响范围以及致人员伤亡程度都会在一定程度上给安全感造成或大或小的损耗。因此，迅速处置重大突发事件，把危机事件带来的人员伤亡、财产损失降到最低至关重要。

通过对结构方程模型路径因子数值大小的分析可以看到，社会群体应急心理行为状况对公众安全感的影响最大，其次分别是政府、媒体应对能力和危机事件严重程度，个人危机应急能力的影响相对最小。

这说明，在自然灾害事件爆发后，优先从社会、群体角度给予公众帮助，对公众安全感恢复的帮助最大。一个人所拥有的社会关系网络，如亲戚、邻里、社区、单位乃至社会组织在此时应该最大限度地发挥作用，通过多种方式，利用组织优势，发布重要信息及进行人文关怀。此外，此时应特别注意群体极化、非理性行为的出现，群体行为带来正面影响的同时，也隐含着负面影响的危机。重大突发事件一旦发生，周围人群的心理状况、反应行为对个体安全感的影响最大，人们极易受到他人行为的影响，如果此时，社会群体演化成非理性行为时，会产生巨大的从众效应，导致公众不做判断，只是一味地"随大流"，势必也会给公众安全感带来极大的伤害，此时，也需要政府采取各种积极措施对群体心理行为进行干预，如及时发布官方消息防止谣言滋生，发布官方消息指导人们的行为行动等。同时，在危机事件前，需要加强整个社会总体的全民危机教育，使人们在面对整个危机事件时保持理性、有序。

政府媒体的应对能力主要是指政府要以积极的态度迅速有效地控制重大突发事件的事态，同时建立与公众之间的良好信任关系。公众对政府能力的信任既有利于政府有效处置危机事件，也有利于在突发事件后迅速恢复安全感。媒体及时、真实地传递突发事件的相关信息，遵守新闻报道的原则，告知公众最关心的突发事件实时处置情况，对营造公众安全感的作用不容小觑。

个人的危机知识储备、风险偏好、心理素质差异较大，在面对重大突发事件时的反应也不一。这就需要整个社会加强全民危机教育。如日本对国民的地震教育，使每个人在面对不同等级的地震时，做到有条不紊把地震带来的危险降到最低。

总体而言，这三个影响因素之间又是密切相关的，只有提高个人的危机应对能力，才能使整个群体保持理性、有序，避免谣言滋生甚至做出非理性行为。而提高政府和媒体的突发事件应对能力可以有效引导群体的心理行为,使公众尽快摆脱突发事件带来的恐惧、焦虑、不安情绪,恢复安全感。

(三)公众安全感影响因素对安全感的作用途径

在确定了公众安全感影响因素模型的基础上,每一个因素是如何作用于安全感的,是怎样对安全感起影响作用的,可以通过分析影响因素对安全感结构维度的作用来进一步探究这些问题。

1. 公众安全感结构维度的探索性因素分析检验

如前所述,公众安全感的结构维度可划分为归属感、确定控制感以及安全需要三个维度。我们选用的西南大学编制的地震灾民安全感问卷大致也分为这三个维度,用 SPSS 对此进行探索性因素分析进行检验,结果如表 4-4 所示。

表 4-4 公众安全感结构维度探索性因素分析结果

旋转成份矩阵 a			
	成份		
	1	2	3
V28	.653		
V29	.785		
V30	.780		
V31	.790		
V32	.734		
V33		.742	
V34		.813	
V35		.692	.408
V36			.795
V37	.321		.780

可以看到问卷的 10 个题项较好地聚合在了三类上,系数达到统计要求。通过对题项的分析可知,V28、V29、V30、V31、V32 聚合为第一个维度,V33、V34、V35 聚合为第二个维度,V36、V37 聚合为第三个维度。这与问卷编制的设想是一致的,问卷结构较为明确。按照问卷设计,把第一个维度归纳为归属感,第二个维度归纳为生活安全感,第三个维度归纳为确定控制感。以此三个维度来进一步揭示公众安全感的结构。

2. 公众安全感影响因素对归属感的作用

在探究公众安全感影响因素模型的基础上，再对公众安全感影响因素对归属感的作用途径做进一步的结构方程模型检验，结果如图 4－3 所示。

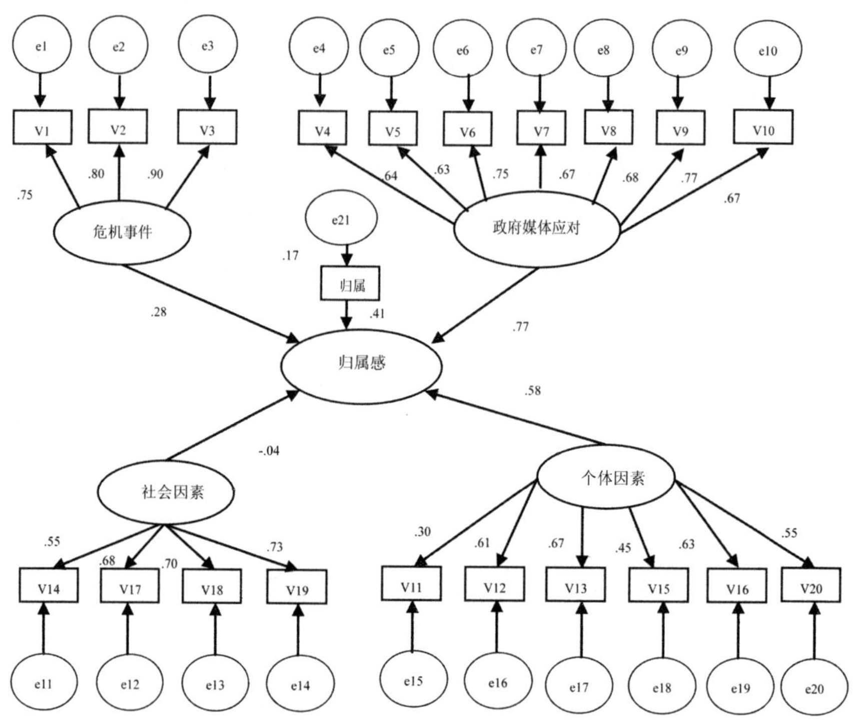

图 4－3 公众安全感影响因素对归属感的作用模型

根据结构方程模型显示的结果，政府、媒体对归属感的作用影响最大，个体因素影响次之，而社会因素对归属感的作用相对最小。这种结果可能跟我国的国情有密切相关。长期以来，我国还是一个以政府为主导的社会，社区、社会组织对公众的影响有限，这跟西方社会的社区、第三方组织、NGO 是非常不同的。在自然灾害事件发生后，政府作为应急救灾的主体，公众听从政府的一切指令，政府建立灾后应急安置点、统一发放应急救灾物资，可以有效团结公众，使公众集中全力救灾，也让公众有一种"组织归属感"。目前在我国，单位、社区给予公众的抚慰是有限的，这也是与现实情况相吻合的，单位、社区也多是听从政府，被动对组织成员进行安抚。但是在未来，在政府统一救灾的同时，应充分利用个体的社会社交网络，让社区、单位给予公众更多的人文关怀，让公众找到属于自己的"组织"，因为社区、单位、各种第三方组织可以把公众群体划分成为一个更小的范围，这也有利于把救灾、恢复公众安全感落实到每一个个体身上。

3. 公众安全感影响因素对生活安全感的作用

在探究公众安全感影响因素模型的基础上，再对公众安全感影响因素对生活安全感的作用途径做进一步结构方程模型检验，结果如图 4 －4 所示。

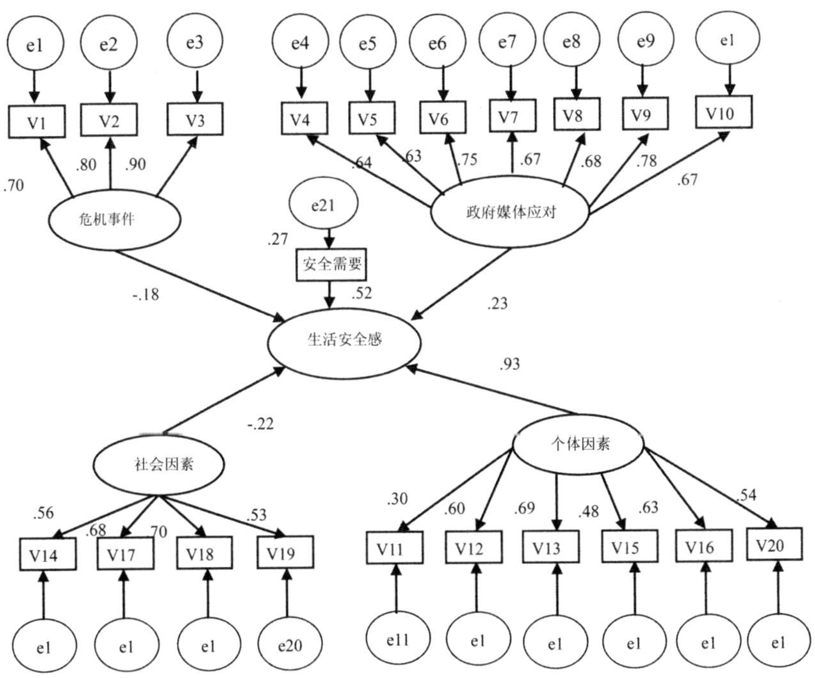

图 4 －4　公众安全感影响因素对生活安全感的作用模型

根据结构方程模型结果可知，个体因素是影响安全需要最主要的因素。个体的人格特征、风险偏好以及个体的危机应急知识都是千差万别的，而生活安全感是一个人对生活安全最基本的体验，每个人对自然灾害事件带来的影响的感知不同，心理素质好的人比心理素质差的人更容易恢复常态。因此，可以通过加强对个体的危机知识教育，提高个体危机应对能力等途径来保证个体在面临自然灾害事件时，能够最大限度保持理性，有效应对突发事件，把伤亡损失降到最低。当个体知道面对灾难时应该采取何种有效的应急避难措施，可以最大限度减小个体人格特质对生活安全感的影响。

4. 公众安全感影响因素对确定控制感的作用

在探究公众安全感影响因素模型的基础上，再对公众安全感影响因素对确定控制感的作用途径做进一步结构方程模型检验，结果如图 4 －5 所示。

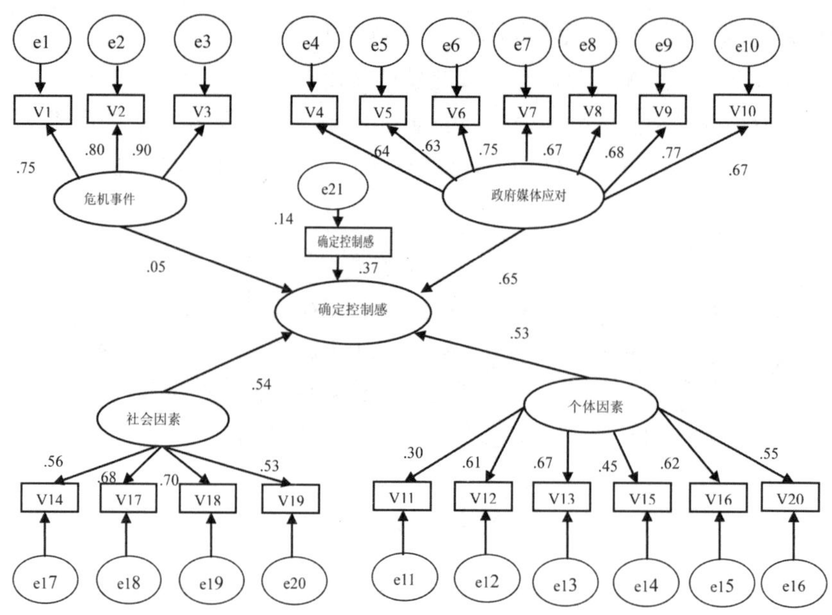

图4－5　公众安全感影响因素对确定控制感的作用模型

根据结构方程模型结果可知,政府、媒体应对是影响公众确定控制感的最主要因素,社会因素影响次之。确定控制感是公众对事件发生的原因、过程形成确定性的认知并且对自身应对危机能力情况的效能感。获得足够多的有效信息是增强公众确定控制感的关键。政府、媒体掌握着自然灾害事件中的一手信息,只有这些真实信息及时、准确传递给公众,才能有效增加公众的确定控制感,让他们知道“发生了什么”“该怎么做”。此时,社会因素的群体影响对确定控制感的作用十分大,周围人群在做什么,他们是怎么做的,极易形成从众效应,因为模仿他人的行为可以增加个体的确定控制感。群体行为是否恰当,是否理性就需要政府、媒体做进一步引导,如对谣言及时辟谣,对公众行为进行引导,以防止群体性事件的发生。

五、重大自然灾害事件中公众安全感营造机制建设

(一)重大自然灾害中公众安全感的营造体系构建

1. 营造理论在公众安全感中的适用性分析

安全感指的是个人基于周围人物、事物发出的特定信号而产生的一种不恐慌、不焦虑的心理状态。对于个人而言,它往往是一种主观感受,但是对于公众而言,安全感指的是一个特定区域所有人的心理感受,它表现的是一个群体的心理

状态，因此，公众是否缺乏安全感不能再用个人的主观感受来评价，而是要客观地通过公众的行为表现来总体衡量。一旦觉察出某一区域内的公众有集体性的非理性行为，则需要结合各种社会资源和社会力量，通过政府引导、媒体倡导、社会团体帮扶，共同解决公众的心理困惑，逐步建立公众与政府、媒体、社会团体之间的良性互动，为公众营造良好的安全感氛围。

首先，公众安全感是针对特定的社会群体，该群体人数较多，结构属性复杂，不能以其中某个人或某类人的行为作为公众安全感是否缺失的标准，也不能为了迎合某个人或某类人而创造安全感，这样做只会加剧各个主体之间的矛盾。政府、媒体、社会团体应该以营造代替创造，只有从宏观层面上为公众提供具有安全感的氛围，才能为公众提供良好的安全感，以此寻找公众缺失安全感的原因。

其次，自然灾害事件具有不可预测性和不确定性，人们在紧急情况下会降低辨别是非的能力，只有政府、媒体以权威的身份告诉公众发生了什么、该怎么做，以平等的身份与公众进行风险交流，用沟通营造公众安全感，而不是用强制性的命令赋予公众安全感，这样才可以予以公众对危机的确定感和控制感。也就是说，突发事件发生后，政府和媒体需要通过合适的途径传播事件的真实情况，与公众平等地对话。

再次，政府对事件的处置，媒体对信息的发布都是面向公众的单一渠道传递，这样会造成公众对风险感知的偏差，甚至对政府、媒体的误解。只有提高公众的参与度，才能增强公众的主人翁意识，只有鼓励公众积极参与到危机处置工作中，才能减少公众的恐慌情绪。给公众营造一种“我们在一起”的氛围，能代替传统的信息传递模式，更好地促进公众参与。

最后，借鉴美国、日本在营造公众心理安全感的成功案例，发现非政府组织、第三团体、民间各界爱心组织都对突发事件的处置工作有很好地推动作用。只有给公众营造出“我们共同面对”的安全感理念，积极组织和吸纳非政府组织、第三团体、民间各界爱心组织的参与，才能实现社会团体与公众零距离接触，真正满足公众所需，了解公众所想，真正意义上地为公众营造归属感和安全需要。

综上所述，公众的安全感需要政府、媒体、个人和社会各界人士共同携手营造，仅有政府、媒体创造，将会导致与公众的风险认知偏差；仅有社会团体参与，容易导致组织无序局面；若是只依靠公众个人力量恢复心理安全感，也许会产生更严重的非理性行为。

2. 重大自然灾害事件中公众安全感营造体系的模型

(1)公众安全感的演变机理

由于自然灾害事件的不可预测,往往对公众造成巨大的冲击,加之其可控性较小,使得公众在短时间内心理安全感失衡。本研究根据恐惧和未知两个维度,基于心理承受力和压力的关系,将公众安全感的演变分为三个阶段:第一阶段:初始平衡。由于公众未受到任何自然灾害事件的冲击,不存在任何恐惧和未知情绪,对生活充满确定控制感、生活安全感和归属感,因此,心理承受力和压力处于相对平衡的状态,承受力等于压力。第二阶段:冲击后失衡。由于遭受自然灾害事件的冲击,公众无法及时获取相关信息,加上对事件本身的害怕,此时公众内心充满未知感和恐惧感,缺失归属感,生活安全感也有所下降,充满不确定性。因此,心理压力剧增,突破承受力,压力大于承受力。第三阶段:平衡恢复。随着事态发展,危机相应减小,政府等部门采取相应措施,使得公众压力减小,同时,公众也不断增强自身能力,加强承受能力,使得承受力和压力恢复初始平衡。

(2)自然灾害事件中公众心理安全感影响模型

根据 Cpalan 的危机四阶段模型和张岩等人的虚拟风险体验的社会心理影响模型,基于公众安全感的演变机理,本研究设计出自然灾害事件中公众心理安全感的影响模型,见图 5 - 1。

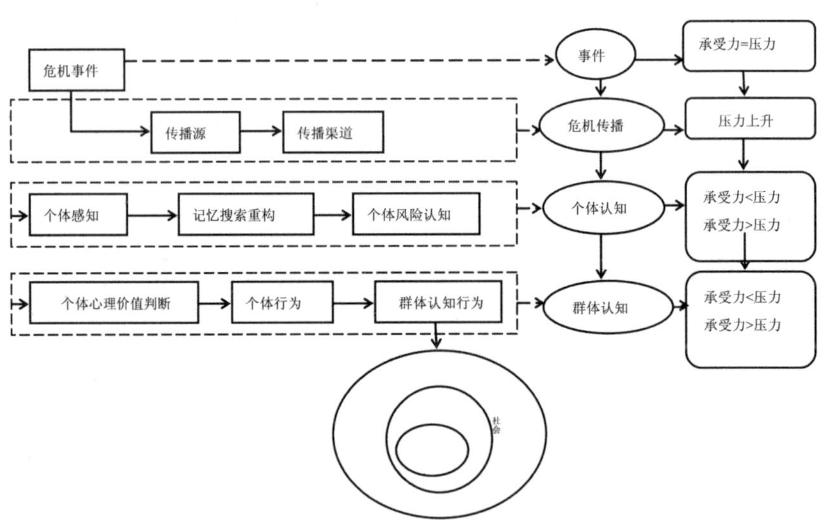

图 5 - 1 自然灾害事件的公众心理安全感影响三阶段

美国克拉克大学提出的"风险的社会放大"分析框架认为,风险机制、风险感知、风险行为等与社会制度、文化、经济结合在一起后会相互作用,从而引导公众对风险的认知衰减或加强,人们在此基础上形成的认知又会形成“次生”或“衍生”行为,导致风险加强,以此往复形成一个循环过程,[48]这个过程将会导致非直接受害者体验虚拟风险。本研究将自然灾害事件中公众心理安全感影响形成分为三个阶段:

第一阶段:危机开始传播,公众安全感开始失衡。由于现代社会传播媒介的多样性和不确定性,各类媒体、政府等正式部门和QQ、微信等非正式平台的传播源经各自的编码后,发送到各个传播渠道中,根据不同的传播渠道,信息会有不同程度的社会放大,公众也会从各种不同的平台和人际关系中获取信息,无论是主动获取或是被动接受,公众都会处于虚拟风险体验中,此时公众心理压力开始增大,出现未知和恐慌情绪,公众安全感开始失衡。

第二阶段:个体认知阶段。个体开始对接收到的信息进行搜索重构后,根据个体的政治、经济、文化背景形成个体风险认知。由于传播过程中的精确度、准确度、及时性的差异,加上个体记忆调用中存在易得性偏差、代表性偏差和框架效应等认知上的差异,导致公众对风险出现自信或恐慌的反应,公众安全感也相应的恢复或者进一步缺失。

第三阶段:群体感知阶段。个体根据感知情况进行价值判断和决策,并充当风险放大站的角色,将信息进一步传递给群体,导致群体的心理认知偏差,并在一定空间内进一步扩散,形成涟漪效应。若不及时处理,有可能导致更高级别的危机出现。此阶段,个体对群体的心理认知偏差,可以是正向推动,也可是负向推动。若是正向推动,则使得群体的承受力上升,压力下降,公众情绪稳定,形成良好的安全感氛围;若是负向推动,则导致公众承受力下降,压力增大,公众情绪更加焦虑和恐慌,公众安全感继续缺失。

3. 公众安全感营造体系的模型构建

(1)公众安全感营造体系模型的构建依据

通过分析公众安全感的演变机理及自然灾害事件后公众安全感的影响模型发现,自然灾害事件后的公众安全感从其初始失衡阶段开始,都会经历个体的感知及群体感知阶段,说明个体及社会团体对公众安全感的影响有着举足轻重的作用,在这期间政府作为权威信息的发布者,对增加政府公信力,稳定民心起着模范带头作用,媒体作为权威信息的传递者,也起着不容小觑的作用。因此,根据公众安全感的三个结构要素:归属感、确定控制感和生活安全感,结合公众安全感的五个影响因素:个体因素、社会因素、媒体因素、政府因素和事件本身,基于风险沟通机制和信任维护及修复机制,在公众安全感的影响模型基础上,本研究衍生出公众安全感营造体系的模型,见图5-2。

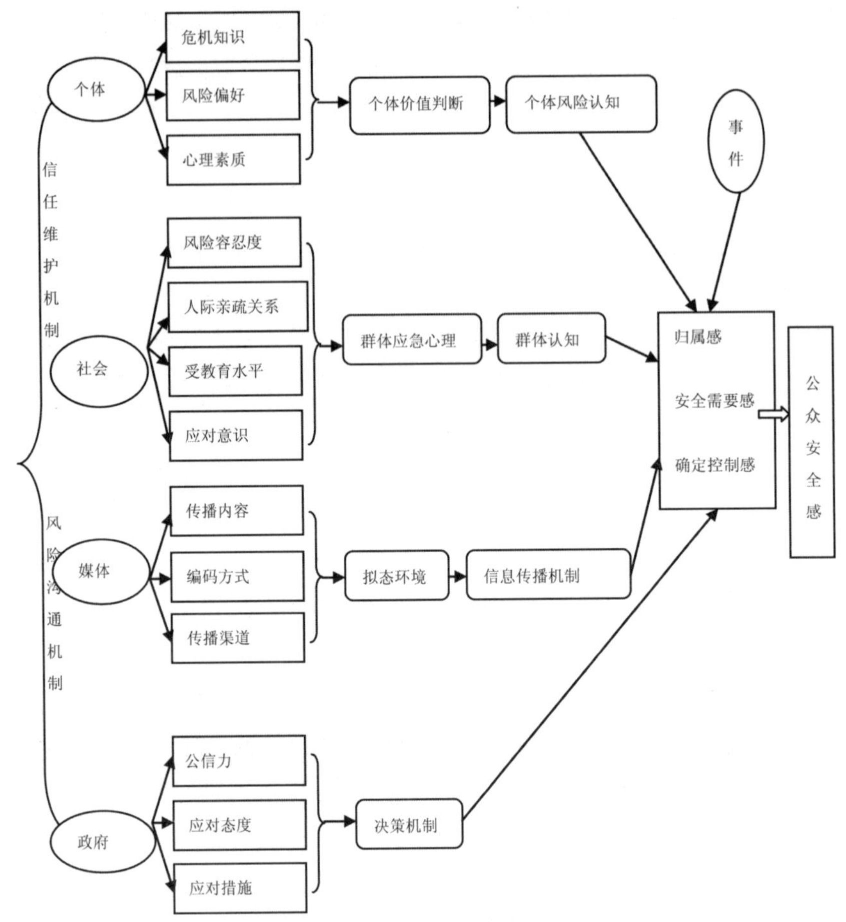

图 5－2　安全感营造体系模型

在此基础上，根据不同阶段公众对安全感的不同需求，构建出相应的子系统，包括影响识别系统、拟态环境构建系统及营造效果评估系统。影响识别系统，可根据自然灾害事件的进展情况及各阶段对政府、媒体、社会团体的需求变化，构建出影响识别系统曲线，并针对不同自然灾害事件类型和不同受众群体营造不同的影响识别系统。拟态环境建构系统，可根据媒体自身对新闻的需求点，在满足公众对安全感的基本需求下营造出能反映事件客观现状的拟态环境，为公众营造良好的安全感提供健康合理的环境。营造效果评估系统，是在自然灾害事件之后，根据公众表现，测评公众对安全感的满意程度，其根据公众是否拥有相应的归属感、安全感和确定感的表现来确定。

(2)公众安全感营造体系模型分析

基于此模型，我们认为公众安全感的营造是基于归属感、确定控制感和生活安全感共同作用的结果，再以信任为基础，合力三种结构要素，共同营造公众安全感。此外，个体因素通过作用个体的价值判断来影响个体风险认知，媒体通过信息传播机制、社会因素通过作用社会群体的应急心理行为来影响群体认知，政府通过决策机制共同作用三种结构要素，从而影响公众安全感。另外，个体和政府、媒体之间也应该建立良好的信任维护和修复机制以及风险沟通机制，促进个体与政府、媒体的交流；政府也应当多加信任社会团体，放权于他们进行危机处置工作，对公众安全感的营造有事半功倍的效果；个体和社会团体之间也应该加强交流合作；媒体和政府之间也应加强信任机制，促进信息传播的及时、透明。

（二）重大自然灾害事件中公众安全感营造体系的各子系统分析

公众安全感营造系统通过对安全感影响因素的归纳、作用途径的分类和主体间信任沟通机制的构建，呈现出自然灾害事件后公众安全感的营造机理。该系统一共包括三个子系统：安全感影响识别系统、拟态环境建构系统和营造效果评估系统。

1. 安全感影响识别系统

判断公众是否具有安全感最直观的方式就是观察公众是否有非理性行为的出现，而导致非理性行为的罪魁祸首就是恐慌情绪。结合公众安全感的演变机理，以时间为横坐标，公众恐慌情绪的变化程度为纵坐标，构建出安全感影响识别系统，如图 5－3。

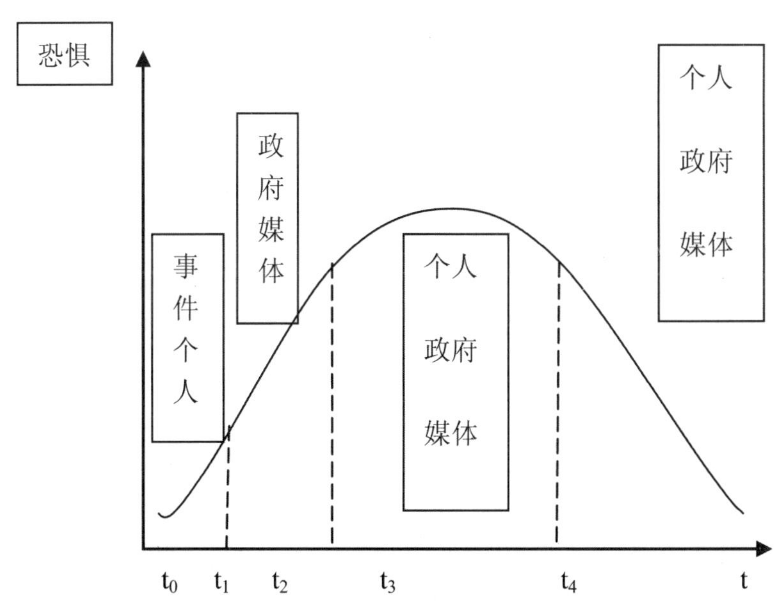

图 5－3　安全感影响识别系统

随着时间的进展，公众的恐惧心理呈现类似于抛物线的趋势，可分为五个部分，分别作用安全感的影响因素：

t_0 为初始平衡阶段。此时没有外界压力，公众也没有恐惧感，承受力和压力处于相对平衡的状态；

t_1 为冲击后个人安全感失衡阶段。此时，受事件的影响，个人内心受到巨大的冲击，恐惧感急剧上升、压力增大，但是由于事发突然，内心无法一时承受，因此，个人承受力小于压力，个人安全感开始缺失。此阶段，最重要的影响因素是事件本身的裂度和影响力以及个人的心理素质；

t_2 为冲击后群体安全感失衡阶段。此时，个体作为"风险的社会放大站"，开始向其他个体传播危机消息。若是个体自身危机知识丰富、心理素质高，则向其他个体传递正能量，不会造成公众的恐慌，安全感恢复；若是个体自身危机知识欠缺、心理素质较低，再加上政府、媒体未能及时采取适当措施，则可能引起公众的恐慌，公众压力上升，压力大于承受力，公众出现非理性行为，公众安全感逐渐失衡。此阶段，影响公众安全感的重要因素是个人的风险偏好、社会的人际亲疏关系、整体受教育水平以及应对水平，媒体的传播方式和政府的应对态度、措施等。本文研究的是个体无法正确面对危机而导致的公众安全感缺失行为；

t_3 是公众安全感的平复阶段。此时，由于政府、媒体采取适当的应对措施和信息传播机制，公众逐渐对事件有了更深层次的了解，社会团体也逐渐加入到救援行动中，公众的承受力开始上升，压力也随着各种救援工作的进行逐渐下降，此时虽然压力仍然大于承受力，但已开始缩小差距。此阶段，影响公众安全感的主要因素是社会亲疏关系、应对意识和政府的公信力以及媒体的信息传播机制；

t_4 是公众安全感的平衡恢复阶段。此时，公众在政府、媒体、社会各界人士的帮助下，对危机知识有了更详细的了解，对政府采取的应对积极响应、对媒体发布的信息有了更高的认同，因此，公众恐慌情绪开始逐步消失，承受力加强，承受力和压力达到新的平衡状态。此阶段，公众安全感的影响因素主要是社会因素、政府和媒体因素。

2. 拟态环境建构系统

"拟态环境"是由美国著名新闻学者李普曼在其著作《舆论学》中根据大众传媒对社会舆论的引导作用而提出的一种由媒体所营造的客观环境，它并非是对客观环境的真实反映，但却对新闻传播、舆论导向起到了重要的引领作用，也时刻影响着公众的生活。[49]

随着现代社会的高速发展，大部分人都没有足够的时间和条件来亲身体验某些特定环境，加之新媒体时代的发展势头强大，人们已经离不开这些媒体平台带来的动态信息体验，随时随地掌握最新资讯。因此，可以使人们身临其境的拟态环境承担着越来越重要的角色，其构建必须遵循真实性、客观性、公益性和引导性的原则。但是，拟态环境只是现实环境的"非镜像"反映，它关注的往往是现实环境中的非常态，某些利益集团为了达到目的，操纵媒体，凭借主观意念随意改造、加工拟态环境。尤其是自然灾害事件发生后，非直接受害群众虽没有亲身感受，但是随着各种碎片化的信息大量涌来，加上事态的裂变化发展，利益团体为赚取新闻噱头，常常构建不真实拟态环境，使得公众在不知不觉中置身于一个危机四伏的环境，同时，由于信息传播方式多样，受众的主体大众化导致公众的心理素养也因人而异，常常会使部分公众产生焦虑不安的情绪，因此，构建良好的拟态环境，不仅对公众的不安情绪起到良好的调节作用，也对我国自然灾害事件应急处置工作提供传播媒介上的支持。因此，可根据拟态环境的传播者和受众特征，以及自然灾害事件的演变机理，构建自然灾害事件的拟态环境，如图5－4。

根据拟态环境的建构系统，可以看出主流媒体作为整体信息的"把关人"，他们从各自的立场出发，对信息进行重构后发布，对整个信息的传播过程起到决定性作用。因此，主流媒体的媒介素养及认知水平是影响信息传播的关键因素，尤其是在自然灾害事件后，公众心理脆弱、情绪焦虑，主流媒体更应该遵守职业道德，及时发布最有用的信息，尽可能降低公众内心的不安全感。传播过程也会受到另一主体——受众的影响，他们对信息的注意力、判断力以及自身的偏好，都有可能影响信息的传播。因此，只有不断提高受众的自身修养、风险承受力，才能提高自身的安全感。此外，拟态环境中的传播者和受众是相互影响、相互作用的，在提高双方自身能力的基础上，不断创建良性互动环节，例如信任机制的建立，才可以创造出良好的拟态环境。

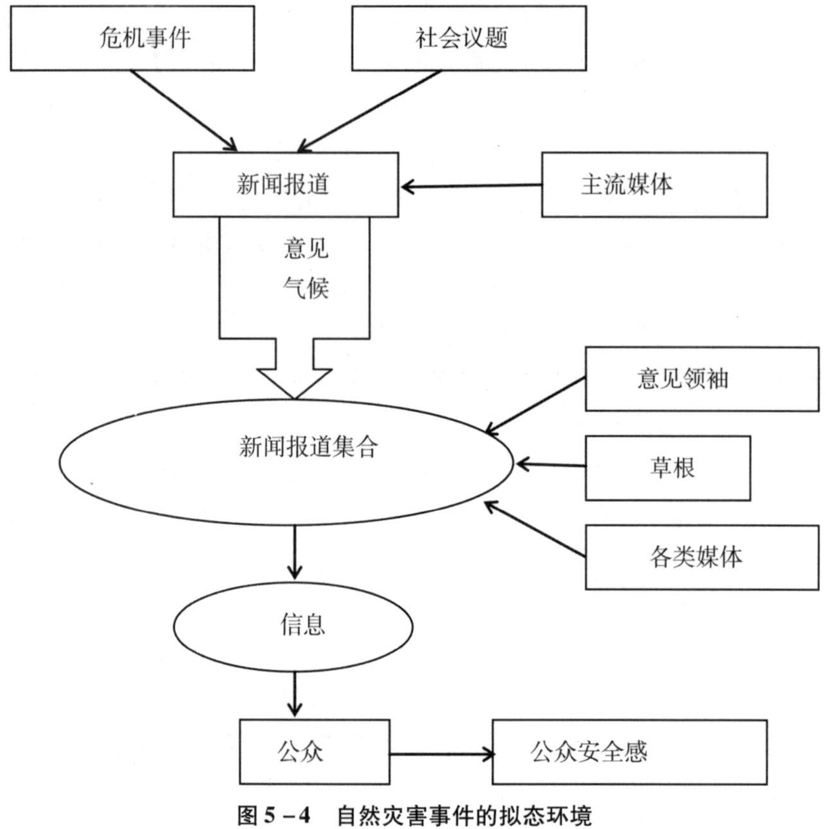

图5－4 自然灾害事件的拟态环境

3. 营造效果评估系统

一套完善的公众安全感营造体系需要在实际应用中呈现可操作性和良好的评估结果,因此,可根据公众安全感的三个结构要素:确定控制感、生活安全感和归属感及其相应的表现形式来评估营造效果,如图5－5。

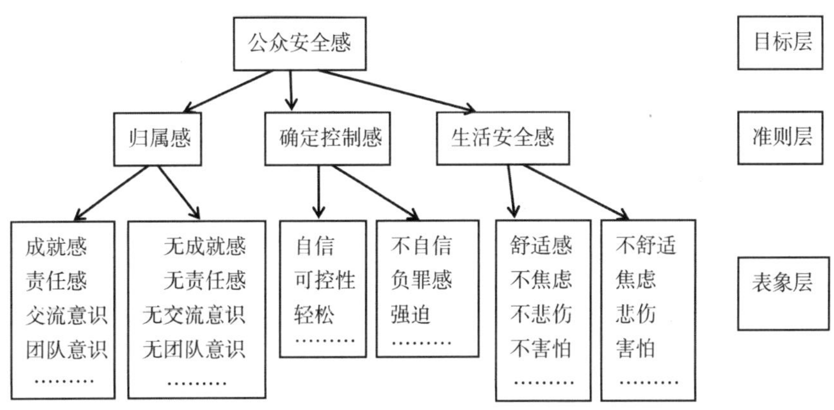

图 5－5　公众安全感评估模型

该评估模型是以公众安全感为目标层，其三个结构维度为准则层，公众的表现形式为表象层来构建的。

（1）评估目标

合理评估自然灾害事件公众安全感的营造体系是否合情、合理，是否对目标人群的安全感营造达到预期效果，以便及时发现公众安全感缺失人群，避免导致更大范围的公众安全感缺失。

（2）评估内容

根据突然事件后公众安全感营造体系的作用目标人群，对他们的行为进行归纳分析，然后根据其主体在确定控制感、生活安全感和归属感三个结构维度上的表现，对其公众安全感的营造效果进行评估。

（3）评估原则

秉承客观性、引导性、公益性、有效性的原则，以公众的内心真实感受为本进行评估。

（4）评估对象

公众安全感营造体系作用的目标人群，尤其是妇孺老弱等承受力较低，或者是生活压力较大者。

（5）评估方法

通过对目标群众进行走访，发放问卷，访谈，集体会议等形式，搜集目标群众当前的安全感指标基数，再根据 SPSS 数据分析、AMOS 结构方程进行实证分析，并结合重点案例展开评估工作。

(6)评估途径

通过观察目标人群的表现,例如自信/不自信,焦虑/不焦虑,有责任感/无责任感等特有行为,寻访他们是否具有确定控制感、归属感和生活安全感,以此判断他们的公众安全感是否良好。

(三)重大自然灾害事件中公众安全感营造体系各子系统主体协同治理分析

根据协同治理理论发现,只有各主体之间协同治理危机事件,才能取得事半功倍的效果,因此,明确公众安全感营造体系中各子系统的主体责任关系,才能提升协同治理效果。

1. 公众安全感营造体系各子系统主体分析

根据公众安全感营造体系可知,营造公众安全感的主体主要是政府应对危机、媒体信息发布、社会组织参与、公众自身应对。在相应的子系统中,安全感影响识别系统主体为政府和公众,政府根据事态发展将危机事件确定为特定种类,从而影响媒体的信息发布以及公众对危机的识别。公众作为危机事件的主要受害者,也会根据自身的风险认知能力对危机事件做出判断,从而影响其行为和情绪。在拟态环境的建构系统中,媒体是主要的发言人,也是此系统的主体,只有媒体根据事态进展,营造合适的拟态环境,才能正确引导舆论走向,疏导公众焦虑情绪。在营造效果的评估系统中,根据表象层的判断标准,主体无疑是公众,只有公众表现出轻松、不恐慌、不焦虑的情绪状态,才可证明营造出良好的公众安全感氛围。

2. 政府之间协同治理分析

自然灾害事件的发生地点是特定的,但是远离事发地点的公众安全感通常比直接受害者的安全感程度低,这是由于风险事件的涟漪效应造成,因此,危机处理工作不仅是当地地方政府的责任,同时也需要各个辖区地方政府的联合行动,促进地方政府之间的协同治理。与此同时,中央政府与地方政府也应当联袂行动,中央政府做好政策发布工作,地方政府做好政策执行工作,共同处置危机事件。在安全感影响识别系统中,政府之间的协同治理工作更加明显,地方政府作为事件的直接受害群体,应当将事态的严重性和影响程度客观地反应给中央政府,中央政府再对此进行危机决策,并将决策意见发布给各个地方政府,确保各地区公众都对事件情况有客观真实的了解。此时,政府之间的协同治理应遵循事发地地方政府——中央政府——各个地方政府模式,做好上传下达工作,确保公众的知情权,遏制公众非理性行为的出现。

3. 政府与媒体之间协同治理分析

政府形象的塑造很大程度上是通过媒体对事件信息报道的可信度决定,而政府和媒体同是公众安全感营造的权威主体，特别是在拟态环境系统中，媒体应正确引导舆论走向，为公众营造良好的舆论氛围，才能增强公众的安全感。因此，媒体应当充分、准确传递信息，不能为了蝇头小利而削弱公众对媒体的信任程度，政府更应该通过媒体发布权威消息，减少贪污腐败行为，搭建合理的信息发布平台，建立完善的信息发布机制，才能将事件及时、真实地发布给公众，减少公众的未知感和不确定感，共同应对危机事件。

4. 政府与公众、社会团体之间协同治理分析

营造评估系统的主体是公众，危机政策发布主体是政府，因此，政府在进行危机处置工作时应有针对性地考虑公众的感受和实际情况，以此增加危机对策的可行性和科学性。公众对政府处理方式也可以通过其自身行为表现判断出，并通过舆论表达机制和监督机制诉说内心需求，使得政府和公众之间可以进行无障碍沟通，携手处理自然灾害事件。

政府与社会团体之间也存在一种微妙的合作关系。社会团体主要是为社会大众服务，帮助政府共同处置危机，政府主要是从宏观层面进行应急管理工作，社会团体可以从微观层面进行引导、疏缓公众情绪任务，因此，两者之间的协同治理工作将更加细致、更加全面的为公众提供个性化服务，帮助公众恢复信心。

5. 公众与社会团体之间协同治理分析

相对于其他应对主体之间的关系，社会团体与公众之间鸿沟较小、沟通更容易，因此，社会团体应当发挥自身优势，携手其他社会团体，共同为公众营造良好的安全感氛围。同时，加强与公众的风险沟通工作，做好政府与公众之间的纽带定位，将政府决策以更亲民的方式传达给公众，并将公众的利益诉求客观地传达给政府，做好动员工作，与公众共同打造良性舆论环境，减少公众的不安全感。

(四)重大自然灾害事件中公众安全感营造体系运行机制需求分析

根据自然灾害事件后各个主体相互作用的途径及影响因素，将公众安全感的形成机理进行归纳发现，不同的主体之间作用途径形成相互交叉的关系。自然灾害事件发生后，首先对个体产生心理上的影响；随后政府对事件的处置工作进行决策；同时政府授予媒体发言权，对事情发展、现状进行概况；请求社会团体的协助，共同救援。与此同时，个体认知也对政府、媒体、社会团体的行动产生影响，更多的是影响群体感知，使公众的安全感随事件的发展而产生变化。借鉴美国、日本等国家的经验，我们发现无论是何种作用途径，都需要相应的运行机制在体系的顺利运行中起到润滑油的作用，例如，在个体与政府、媒体交流过程中，都需要风险沟通机制以确保个体与政府、媒体的平等对话；政府与媒体、个体与政府、媒体、社会团体之间需要信任维护及其修复机制，这样才能确保多主体之间的合作

可以长久。

（五）重大自然灾害事件类型对公众安全感的影响差异

不同类型的自然灾害事件各有特征，即使是不同类型自然灾害事件间也可以相互转化。为了更好识别不同类型的自然灾害事件，防止其向其他事件转化，本研究根据其影响程度设置识别机制。

根据事件造成的危害程度发现，自然灾害造成的人员死亡率较高，波及的范围较广，因此在处置自然灾害时应当以快速、准确的决策和公开、透明的信息为主，使公众尽早获知相关信息，增加公众的信任感。再者，根据公众关心的焦点问题发现，对自然灾害事件的关注度较高，因为公众对赖以生存的环境十分关心，随着环境问题的日益严重，公众的环保意识也逐渐加强，因此对环境的关心程度也不断扩大。

此外，不同类型的自然灾害事件间也可以传递，例如，自然灾害引发传染病，导致社会群众恐慌。虽然事件类型不同，但是可以肯定的是自然灾害事件间的传染都是人为因素造成的，因此政府、媒体、个人应当及时识别各类型自然灾害事件，关注公众心理变化，防止事件的演变。

（六）重大自然灾害事件中公众对风险感知的差异

对于同一类型的自然灾害事件，不同群体的反应也不尽相同，这是因为自身存在的差异，导致个体的风险感知水平不同，从而导致的心理认知偏差有所异议。

第一，对于不同性别的人群。研究发现，女性的风险感知高于男性，但是在实际调查中学者却发现，在自然灾害中性别差异对安全感的影响并无差别，这可能是因为现代社会中，女性地位逐渐提高，独立程度也愈发明显，她们会主动接受新的事物和知识，因此自身承受力也随之提高。第二，对于不同区域的人群，我们发现居住在农村和城市的公众由于知识、文化水平的差异，也会产生不同的风险认知。例如，对于社会安全事件，由于其多发生在城市，因此农村居民的安全感要普遍高于城市居民。此外，在距离事发中心的远近上，近距离人群对事件带来的不安情绪少于远距离人群，这是因为距离越近，获知的消息越充分、准确，可以减少公众的恐慌情绪。

第三，对于不同年龄阶层的人群，也应当采取不同的识别机制。例如，对于年老者，应更关注其归属感的缺失；对于年青者，应关注确定控制的缺失状况；对于年幼者，由于心理世界比较单纯，他们缺失的仅仅是安全需求。

不同的易敏人群有不同的识别机制，只有在自然灾害事件后及时关注公众情绪，根据群众所需及时采取相应的识别机制，才能减少负面情绪的产生。

(七)重大自然灾害事件中措施配置的优化

不同类型的自然灾害事件,公众对安全感的诉求不同,即使是同一件自然灾害事件,不同公众对安全感的诉求点也不尽相同,因此,为了稳定公众情绪,应当优化措施配置,寻求营造公众安全感的最佳途径。

1. 确定控制感、生活安全感、归属感的交互关系

确定控制感、生活安全感和归属感作为公众安全感的结构要素,相辅相成,共同影响公众安全感的营造。学者刘玲爽在对“5·12”地震灾民进行问卷调查后发现灾民对于确定控制感和安全需求明显高于归属感。据此本研究发现:

第一,生活安全感是营造公众安全感的基础,只有满足公众的安全需求,才可以使公众有确定控制感和归属感。因为逃生是公众的本能反应,在自然灾害事件后,公众第一反应就是要逃到安全场所,以求自身的安全,这也是消除恐慌情绪的根本所在。

第二,确定控制感是营造公众安全感的关键。自然灾害事件后,很多公众都会意志消沉,对生活失去希望,此时就需要树立公众的生活目标,协助他们憧憬美好的未来。因此,让公众积极参与到救援工作,可以体现自身价值所在,帮助他们建立确定控制感。

第三,归属感是营造公众安全感的最终目标。营造公众的归属感,给公众“我们在一起”的感觉,可以使群体成员互相交流、倾诉,缓解彼此的焦虑情绪和不安心理,使他们重新恢复对美好生活的向往。

值得一提的是,公众安全感的三个结构要素不是单一作用于目标群体的,而是相互交叉作用于不同个体,见图5-6。良好的归属感也可以增加公众的确定控制感,稳定的确定控制感也可以满足公众的安全需要,而充实的安全需要是营造公众感的必备条件。

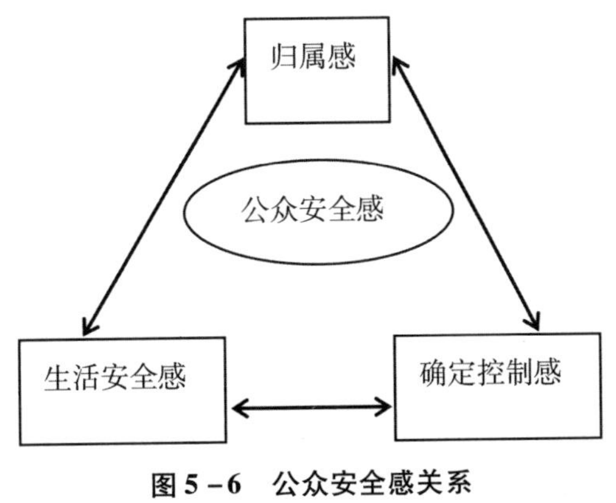

图5-6　公众安全感关系

2. 确定控制感、生活安全感、归属感对公众安全感的不同诉求点

不同事件对确定控制感、生活安全感和归属感的作用点不同，公众对此的诉求点也会有所差异。

第一，同一事件中公众安全感各维度的影响。刘玲爽在研究地震灾害对公众的影响后发现，公众对各维度的满足程度依次为归属感、确定控制感、安全需求，这可能是因为公众在事发后最希望的就是可以找到具有相同遭遇的人，彼此可以相互倾诉、排解心中的恐慌。由于重建工作需要相当长的时期，因此公众对于基本的安全需求暂有所缓。

第二，不同年龄阶层对公众安全感各维度的需求。自然灾害事件后，针对不同年龄阶层的公众调查发现，年龄大的人对归属感的需求大于年青群体，年青群体对于确定控制感的需求大于年长群体。这可能是因为年长者拥有一种对家乡，对故土的思恋之情，他们比年青者更具有思乡情；年青群体正是朝气蓬勃的时期，对社会充满着自信和期望，因此他们对事件的掌控欲望远大于年长者。

第三，不同事件中公众对安全感各维度的需求。自然灾害事件不可预测且不可控，而且多发生在偏远山区或者农村，而我国大部分是农村人口，这就导致公众在遭受自然灾害时，更多的是对归属感的需求；公共卫生事件、事故灾难中，往往是由于个人利益造成的，这就导致公众对确定控制感和生活安全感的需求；社会安全事件中，经常是人为的、突发的事件，因此公众需求更多的是生活安全感和确定控制感。

此外，不同性别、居住地的公众对各维度的需求也不尽相同，因此政府应该因地制宜，根据不同的情况采取不同的措施配置。

3. 不同营造措施的不同配置组合

优化措施配置是营造公众安全感的捷径。根据营造对象的不同，他们的利益诉求也不同，本研究认为可以将各维度不同组合：

第一，根据公众年龄不同，可以对年纪大的公众以营造归属感为首要任务，多向他们传递温暖、感人的画面，营造“我们在一起”的氛围；年纪稍轻的以确定控制感为主，鼓励他们参与救援、重建行动。

第二，根据自然灾害事件类型不同，可以在自然灾害事件中以营造归属感为主，多与受灾公众交流，分担他们的恐慌；在公共卫生事件中，以营造确定控制感为主，追究责任人，增加公众对政府的信任。

第三，根据区域的不同，可以对离事发地较远的公众营造确定控制感，向他们传播最及时有效的信息，使得他们不会产生未知情绪，从而导致焦虑情绪。对离

事发地较近的公众,可以营造生活安全感,让他们不要因为担心事件会不会波及到自身而产生焦虑,向他们普及防灾知识,增加他们的公众安全感。

不同的配置组合对应不同的突发情况和特定人群,只有在自然灾害事件时先搞清楚情况,有针对性地提出措施配置机制,才能真正为公众提供营造安全感的捷径。

(八)重大自然灾害事件中信息沟通机制的完善

自然灾害事件中,如何及时、准确地使政府、公众得到消息?如何确保消息的真实性、客观性?这些亟需解决的问题都说明信息传递是自然灾害事件的重要环节,明确各个主体在信息沟通中的作用,建立良好的信息沟通机制,为公众安全感的营造提高畅通的信息传播渠道。

1. 提高政府在信息沟通中的"领头人"作用

政府是处置自然灾害事件的重要组成部分,也是自然灾害事件处置的"领头人"。自然灾害事件的危害程度直接影响公众心理的安全感,因此,要提高政府处置自然灾害事件的能力,才能加强政府公信力。

第一,政府领导现身说法。政府领导亲临事发现场,通过亲身体验告诉民众事件的最新进展,可以为民众营造出"我们是平等的,我跟你们一样也经历了这件事"的感觉,增强公众的团体归属感。

第二,及时传递负面消息。在自然灾害事件中,政府有时候为了稳定公众情绪,会对一些负面消息做善意的掩饰。虽然政府的出发点是好的,但是由于信息传播途径不同,往往造成由于个体认知差异而形成的风险感知偏差,如若让公众知道这些消息的不真实性,则可能导致公众对政府的信任度降低。

第三,公开、透明的传递最新信息。自然灾害事件发生后,公众在乎的是消息的真实性,任何瞒报、乱报的消息都可能导致政府公信力的降低,只有建立良好的信息公开机制,才能确保公众对事件发展的确定感。

2. 规范媒体在信息沟通中的"发言人"作用

自然灾害事件有很高的新闻价值,媒体为了吸引公众眼球,通常会过分渲染事件,导致公众无法知晓真实情况而内心产生恐惧,甚而导致安全感的匮乏,因此,规范媒体在自然灾害事件信息沟通中的作用显得尤为重要。

第一,建立完善的自然灾害事件信息发布规章制度,遵守职业道德,遏制虚假新闻的出现,从沟通渠道的源头杜绝失实消息。构建新闻发布监管机制,提高新闻的可信度。

第二,自然灾害事件发生后,媒体应该迅速建立规范的、权威的信息交流平台,引导社会舆论走向,建构良好的拟态环境,增加公众安全感的责任意识。

第三，加快权威消息的发布速度，利用实况转播，避免公众因未知而产生恐惧；对海量的信息进行分类处理，摒弃恶意舆论，避免公众因消息量太大而无从选择。

3. 发挥社会群体在信息沟通中“牵线人”的作用

自然灾害事件发生后，政府主要工作是对危机的处置，媒体主要工作重心在信息编码、发布上，因此，与群众联系最紧密的应该是社会群体，此时社会群体应该发挥好中间牵线人的作用，一方面安抚公众情绪，一方面传递信息给公众。

第一，相关非政府组织，如志愿者服务、慈善机构应及时对目标群众进行信息沟通作用，包括对灾害知识的宣传、自救知识的普及等，安抚公众情绪，提高公众的心理承受力。

第二，规范权威机构的发言观点。公众不能直接对事件做出判断，此时就需要权威机构、专家进行观点的传递。但是，专家应换位思考，避免专家观点造成的公众风险感知认知偏差。

4. 提升个人在信息沟通中“知情人”的作用

公众对危机的了解程度是影响公众心理的重要因素。信息量太大，会导致公众内心的选择困难而产生的恐惧；信息量不足，则又会导致公众内心由于未知而产生恐惧。因此，公众个人应该在纷繁复杂的信息世界里发挥“知情人”作用，力求得到的消息精而实用，少而不缺。

第一，提高自身的危机知识。无论是井喷式的信息来源还是匮乏的信息世界，都需要公众自行过滤干扰信息，再加工成需要的消息，这就需要公众提高自身对危机的了解，不至于手足无措、慌乱不堪。

第二，相信政府等权威部门的消息。危机事件后，由于政府处置不当或许会造成对公众的失信行为，但无论如何都应该相信政府的应对能力和应对措施，充分行使个人的知情权，要求政府将尽可能多的信息公开。

第三，相信社会群体的力量。自然灾害事件发生后，公众更愿意接受与之同命相连的群体的帮助，因此，相信周围社会群体的信息，接受他们给予的物资帮助和信息帮助，可以加深公众对危机事件的了解。

第四，相信有信誉的媒体。信誉良好的媒体可以在最大程度上考虑公众的感受，加上公众对其的信任程度，在很大程度上可以满足公众对信息的需求，强化公众的心理安全感。

重大自然灾害事件中公众安全感的识别与营造对策研究正在逐渐成为当今学者们研究的热点，近来我国进入自然灾害事件的频发期，对于公众安全感的研究已经成为政府治理中的关键问题。但是，以前的研究多集中在重大自然灾害事件应急管理的预案、机制、体制和法制上,以及对直接受害者的心理问题研究上,而对事件的非直接受害者的心理状况关心甚少。自然灾害事件发生后,非直接受害者虽然没有亲身亲历,但是随着信息时代的高速发展,许多公众已经被迫地加入到风险的虚拟体验中。在这样的拟态环境中,同样会给公众带来极大心理伤害,导致许多非理性行为的出现。因此,本研究以自然灾害事件后非直接受害者的公众心理安全感为出发点,研究如何采取干预措施以营造良好公众安全感氛围。

为了对重大自然灾害中公众心理进行干预,营造公众安全感,本研究首先需要了解有哪些因素会影响公众安全感。在文献梳理的基础上,本研究把影响因素分别归纳为事件因素、政府应对因素、媒体应对因素、个体因素以及社会因素;将安全感细分为确定感、控制感和归属感三个维度,提出了公众安全感的影响因素概念模型。为检验模型,采取搜集数据的量化研究,通过因素分析等统计方法观测变量之间的关系及它跟公众安全感之间的关系,根据探索性因素分析结果显示,影响因素主要聚合在四个方面,而非预设的五个方面,政府应对因素与媒体应对因素出现了重合,也就是说,政府因素对公众安全感水平的高低与媒体因素对公众安全感水平的高低的显著性差异不大。根据结构方程模型显示的结果,社会群体应急心理行为状况对公众安全感的影响最大,其次分别是政府、媒体应对能力和危机事件严重程度,个人危机应急能力的影响相对最小。同时,本研究也探究了公众安全感的营造模型及其影响识别、拟态环境和营造效果评估三个子系统的构建,并在此基础上提出四类营造安全感的有效机制:影响识别机制、措施配置机制、信息沟通机制和信任维护机制。最后,根据公众安全感的三个结构维度确定控制感、生活安全感和归属感,提出了有针对性的政府危机心理干预措施。

本研究对自然灾害事件中影响公众安全感的营造系统和机制做了分析,但是在自然灾害事件的不同阶段,公众安全感是否会有时间节点上的演变规律?自然灾害作为突发事件的一种事件类型,不同类型的突发事件类型的公众安全感营造机制是否相同?同一自然灾害事件,对各个结构维度又有什么不同的需求?各自的营造机制节点有什么区别?这需要进一步研究。

注释

[1]Simon H A. On How to Decide What to Do[J]. The Bell Journal of Economic,1978:494—507.

[2]Covello V T,Merkhofer M W. Risk Assessment Methods[M]. New York: Plenum Press. 1982.

[3]Douglas M, Wildavsky A. A Risk and Culture [M]. Berkeley: Universiyt of Caliofornia Press,1984

[4]Covello V T, Winterfelft D, Slovic P. Communication Scientific Information About Health and Environmental Risks Problems and Opportunities from Social and Behavioral Perspective, in Covello Moghissj & Uppulurj Uncertainties in Risk Assesment and Risk Management [C],New York:Plenum Press, 1986

[5]Slovic,Fischhoff & Lichtenstein. Rating the risks [J],Environment, 1999, April, 14—20,36—39.

[6]Kahneman D,Tversky A. Choices, Values, and Frames [M] . Cambridge: Cambridge University Press,2000.

[7]Seeger M, Sellnow T, & Uimer R. Public Relalions and Crisis Communication:Organization and Chaos. In R. R. Heath(Ed.)[M]. Oxford:Handbook of public relations. 2000.

[8]Health L, Nathan K. Public Relation's Role in Risk Communication Information[J]. Rhetoric; and Power Public; Re-lations Quarter, 2003,68 (3):15.

[9]Renn T W,Levine D. Credibility and Trust in Risk Communic;ation [M]. The Netherlands:Kluwer Academic; Publishers,2010.

[10]Slovic P. Informing and Educating the Public About Risk[J]. Risk Analysis, 2012, 6 (4) :403—415.

[11]孙多勇．突发性社会公共危机事件下个体与群体行为决策研究[J]．国防科学技术大学学报,2005.

[12]李纾,刘欢,白新文．汶川“5·12”地震中的“心理台风眼”效应[J]．科技导报,2009,27(3):87—89.

[13]刘玲爽,汤永隆,张静秋,邓丽俐,雷丹,刘红梅．5·12 地震灾民安全感与 PTSD 的关系[J]．心理科学进展,2009(3):547—550.

[14]张岩,魏玖长,戚巍．突发事件社会心理影响模式与治理机制研究[J]．中国应急管理,2011(6) :34—38.

[15]谢晓非,郑蕊．风险沟通与公众理性[J]．心理科学进展,2003,11(4):375—381.

[16]张岩,魏玖长．风险态度、风险认知和政府信赖——基于前景理论的突发状态下政府信息供给机制分析框架[J]．华中科技大学学报(社会科学版),2011,25(1):53—59.

[17]刘玲爽,汤永隆,张静秋,邓丽俐,雷丹,刘红梅．5·12 地震灾民安全感

与 PTSD 的关系[J]. 心理科学进展,2009,03:547—550.

[18]丛中,安莉娟. 安全感量表的初步编制及信度、效度检验[J]. 中国心理卫生杂志,2004,02:97—99.

[19]仓平,严文斌,袁珏. 公众安全感影响因素模型的构建与研究[J]. 南京财经大学学报,2011,03:36—42.

[20]王娟. 公众安全感指标体系的构建与评价方法研究——以社会治安秩序为视角[J]. 政法学刊,2009,05:104—107.

[21]林荫茂. 公众安全感及指标体系的建构[J]. 社会科学,2007,07:61—68.

[22]Cutter S L. Living with Risk: the Geography of Technological Hazards[M]. London: Edward Arnold,1993.

[23]刘金平,周广亚,黄宏强. 风险认知的结构,因素及其研究方法[J]. 心理科学, 2006, 02: 370—372.

[24]谢晓非,谢冬梅,郑蕊,张利沙. SARS 危机中公众理性特征初探[J]. 管理评论,2003,04:6—12、63.

[25]张岩,魏玖长. 风险态度、风险认知和政府信赖——基于前景理论的突发状态下政府信息供给机制分析框架[J]. 华中科技大学学报(社会科学版),2011,01:53—59、90.

[26]Slovic, Fischhoff, Lichtenstein. Rating the risks[J], Environment, 1999, April, 14—20, 36—39.

[27]孙多勇. 突发性社会公共危机事件下个体与群体行为决策研究[D]. 长沙:国防科学技术大学,2005.

[28]张岩,魏玖长,戚巍. 突发事件状态下公众信息获取的渠道偏好研究[J]. 情报科学,2012,04:574—578.

[29]谢晓非,郑蕊,谢冬梅,王惠. SARS 中的心理恐慌现象分析[J]. 北京大学学报(自然科学版),2005,04:628—639.

[30]Lindemann E. Symptomatology and Management of Acute Grief [J]. American Journal of Psychiatry, 1944(101):141—148.

[31]Tyhurst JS. The Role of Transition States - including Disasters in Mental Illness[J]. Sy - mposium on Preventive and Social Psychiatr,1957(2):149—169.

[32]Caplan M D, Edward A Mason, David M Kaplan. Four Studies of crisis in Parents of Prematures[J]. Community Mental Health Journal,1965,1(2):149—161.

[33]Tyler Tom R, Lind E Allan. A Relational Model of Authority in Groups[J]

. Advances in experimental social psychology, 1992(25):115—191.

[34]Ortwin Renn , William J. Burns , Jeanne X. Kasperson . The Social Amplification of Risk: Theoretical Foundations and Empirical Applications [J]. Journal of Social Issues, 1992(4):137 – 160.

[35]孙玉红,王永,周卫民,王文彬. 直面危机——世界经典案例剖析[M],北京:中信出版社,2004:37.

[36]鲍尔 – 洛基奇,郑朱泳,王斌. 从“媒介系统依赖”到“传播机体”——“媒介系统依赖论”发展回顾及新概念[J]. 国际新闻界,2004(2):9—12.

[37]A Tversky, D Kahneman. The Framing of Decisions and the Psychology of Choice[J]. Science, 1981,211(4481): 453—458.

[38]Covello,V. T. ,Slovic P. and von Winterfeldt,D. Risk Communication: A Review of Literature. Risk Abstracts. 1986. 3 (4) : 172.

[39]任轶群,魏玖长. 公共危机事件公众关注度的影响因素分析[J]. 统计与决策,2010(1):67—70.

[40]林爱珺,吴转转. 风险沟通研究述评[J]. 现代传播(中国传媒大学学报),2011,03:36—41.

[41]罗伯特·希斯. 危机管理[M]. 北京:中信出版社,2004:68—79.

[42]黄定华,高志强. 突发公共事件的心理学分析[J]. 湖南城市学院学报,2006(4): 78—80.

[43]刘晓,黄希庭. 社会支持及其对心理健康的作用机制[J]. 心理研究,2010,01:3—8、15.

[44]Seeman T E . Social Ties and Health:The Benefits of Social Integratio n [J]. Annals of Epidemiology , 1996, 6(5):442—451.

[45]雷丹,赵玉芳,汤永隆,邓丽俐,刘玲爽,李哲. 四川灾区震后一个月PTSR、社会支持、安全感状况及相互关系[J]. 西南大学学报(自然科学版),2009,08:163—167.

[46]庄红,谈学灵,黄敏.5·12地震灾民的压力与社会支持的相关性分析[J]. 现代预防医学,2010,05:876—877、880.

[47]Floyd J 著,蒋逸民等译. 调查问卷的设计与评估[M]. 重庆:重庆大学出版社,2010:2.

[48]Roger E. Kasperson,Ortwin Renn,Paul Slovic, et al. The Social Amplification of Risk: A Conceptual Framework . Risk Analysis, 1988, 8(2): 177—187.

[49]曹劲松. 论拟态环境的主体建构[J]. 南京社会科学,2009(2).

大数据时代地方政府公共危机信息的传播与管理研究*

杨　军　李雪婷

当前,我国已进入风险社会,各类社会安全事件和自然灾害事件频发,不仅给广大民众的生命财产造成巨大威胁和损失,也对政府部门的公共危机管理能力带来严峻的挑战。特别是大数据时代的来临,使公共危机管理的环境和条件发生显著变化,一方面可以运用大数据技术对公共危机进行更为精准的预测与预警、应急处置,另一方面公共危机信息更加透明、传播更加广泛和快捷,使传播与管理的难度加大,因此,我国公共危机管理的机遇与挑战并存。

一、大数据时代对公共危机管理的影响

在席卷全球的大数据浪潮中,政府部门作为最大的数据占有者,在进行公共事务的科学与高效治理中,只有具备大数据思维,在领导观念、政府文化、政府结构以及政府工作流程上实现从内而外的蜕变,将大数据的技术与观念及思维方式运用到经济、社会发展的方方面面,才能最大限度地实现政府的有效治理。大数据,不仅是一种技术,也是一种思想和管理模式,它将深刻而广泛地影响公共危机管理。在大数据时代,只有深入认识大数据、科学把握大数据,才能有效治理公共危机。

(一)大数据时代与地方政府公共危机管理思维的变革

1. 大数据及其特征

随着计算机技术的迅猛发展并全面融入社会组织及百姓生活,与人类生活息

---

* 此文为四川省哲学社会科学“十二五”规划课题《基于大数据背景的地方政府公共危机信息传播与管理研究》(SC15E017)结题成果的部分内容。

杨军,电子科技大学公共管理学院,副教授,博士。李雪婷,电子科技大学公共管理学院新闻传播学专业研究生。

息相关的各类数据正在呈现出爆发式的增长。据统计,人类存储信息量的增长速度是世界经济增长速度的5倍,而计算机数据处理能力增长速度则是世界经济增长速度的10倍。人类社会已经进入数据大爆炸的时代,2013年被国外媒体称为"大数据元年"[1]。维克托·迈尔-舍恩伯格(Viktor Mayer-Schönberger)在其著作《大数据时代》中曾用Volume(容量大)、Velocity(速度快)、Variety(多样性)、Value(价值大)来形容大数据的特点[2],这四个词实际上也概括了大数据时代的特点——海量的数据规模、数据信息的快速更新、数据丰富而全面、数据信息成为宝贵的社会资源。对数据的挖掘、掌握与应用程度成为评价当今社会发展水平的指标,大数据已成为影响社会发展变化的新动力。

国务院办公厅发布的《关于运用大数据加强对市场主体服务和监管的若干意见》(国办发〔2015〕51号),指出了加强大数据运用于国家治理、社会运行的重大意义。要求充分运用大数据的先进理念、技术和资源,提高政府服务的有效性。对政府社会治理来说,大数据等现代信息技术已成为提升政府治理能力的重要支撑;对社会经济发展而言,大数据产业已成为新的经济增长点;与此同时,大数据也全面进入了大众生活的各个方面,极大地影响和改变着大众传统的生活模式。

2. 公共危机的种类及其特点

《中华人民共和国突发事件应对法》(以下简称《突发事件应对法》)把突发事件分为自然灾害、事故灾难、公共卫生事件和社会安全事件四类。地震、洪涝、干旱、台风等属于自然灾害类突发事件,重大交通事故、爆炸事故等属于事故灾难类突发事件,流行病、食物中毒等属于公共卫生类突发事件,集体骚乱、重大事故等属于社会安全类突发事件。这些突发事件因其损害严重、影响范围广,对社会秩序、公共安全等构成严重威胁,又被称为"公共危机事件"。

公共危机事件具有以下共同特征:①突发性。即事件的发生是突如其来的,常常在人们的意料之外,令人措手不及。其爆发的突然性、破坏的严重性使其所产生的社会影响可能是难以估计的。②破坏性。《突发事件应对法》按照社会危害程度、影响范围等因素,将突发事件的等级分为四级:特别重大、重大、较大和一般。不论哪种等级和性质的公共危机事件,一旦发生都不可避免地给国家、组织和个人造成经济上的巨大损失,给个人带来精神上的严重损害,对社会的稳定以及和谐安宁构成威胁。③紧迫性。突然发生的公共危机事件其破坏性巨大,处理危机的时间非常紧急,要求政府管理者在极短时间内根据掌握的信息对事件做出判断,制定出应对危机的措施,力争将公共危机事件造成的危害和损失降到最低。④持续性。从微观而言,公共危机事件一旦爆发,不论是事件本身的发展过程还是事件的处理过程都不会戛然而止,而是会持续一段时间。就宏观而论,在人类社会的历史发展进程中,公共危机事件一直伴随着人类文明的进步,从来就没有停止并会永远与社会发展相伴生。

我国自2000年以来发生了若干起重大公共危机事件,重大自然灾害如2008年"汶川特大地震"、2012年"北京特大暴雨"、2013年"芦山地震"、2017年"九寨沟地震",社会重大安全事件如2014年"昆明火车站爆恐事件",事故灾难如2011年"温州动车事故"、2014年"上海外滩踩踏事件"、2015年"天津港特别重大危化品爆炸事故"、2016年"湖南旅游大巴燃烧事件",等等。上述事件充分说明,近年来我国各类公共危机事件仍处于高发期,这些事件的发生影响到事发区域乃至整个国家社会生活的方方面面,给国家安宁、社会稳定及人民的生命财产造成巨大影响和损失。总体上看,这些公共危机事件以其爆发的突然性、严重的破坏性,造成了重大人员伤亡、社会财富的巨大损失以及社会秩序的巨大震荡,给政府公共管理带来严峻挑战。

公共危机事件发生后,政府对其进行判断、制定应对策略都需要相关信息的支持,公共危机信息的传播状况将直接关乎政府公共危机应对的成败。随着传播技术的发展和传播环境的改变,危机信息传播的速度可快到以秒计算,传播的范围可瞬间从事发地传到世界任何一个角落。面对新的复杂传播环境,高度重视危机信息的传播与管理已成为公共危机管理的重要任务。在大数据时代,当突发事件发生后,政府应借助大数据技术更有效地掌握和传播公共危机信息,力争在最短时间内判断事件性质、做出快速回应,以控制事态的发展。

3. 大数据时代对公共危机管理的要求

大数据时代是新媒体时代的继续和延伸,大数据技术是基于新媒体技术而产生的更强大的技术手段。在我国传统媒体时代、传统的官僚体制中,应对公共危机事件往往是领导权威至上,领导意志起着决定性作用。公共危机信息传播很难做到及时、准确、有效、透明,"捂盖子"成为公共危机信息处理的常态。随着新媒体时代的到来以及社会变革的深入发展,一方面各类社会信息传播的渠道越来越多,信息的获取也更加快速和便利;另一方面,民众的参与意识日渐增强,对公共危机信息的知晓心理需求与日俱增。各种公共危机事件复杂化与多样化的特点日益突出,依靠传统的公共危机的处置方式已不能适应新的时代需求。

随着社会网络化、信息化的高度发展,以及移动终端APP应用普及程度的提高,信息的传播方式也日新月异。过去,传统媒体的重要职责是传达党和政府的信息,传统媒体掌握着绝对的话语权,主导社会舆论的发展,因此社会舆论场是只有官方声音的一元舆论场。在信息传播过程中,由于信息的不对称,政府和媒体比较容易控制公共危机的信息源,可为政府应对公共危机,控制和引导舆论争取主动权。而自媒体的出现为人们提供了获取和传播信息的多元化渠道,由传统媒体主导社会舆论发展的时代已经结束。公共危机事件在产生与发展过程中,其信息传播借由微信、微博等各种自媒体,以及论坛、即时通讯平台等可以瞬时散播到各个角落。事件伴生的舆论场形成与演化日趋复杂,舆论场早已由过去的“一元”扩展为“多元”,各个舆论场多边互动综合影响危机事件的演变与发展。

大数据时代对公共危机的信息管理,一方面,当政府面对海量的数据及多元的信息传输渠道时,无法再运用传统的方法管理,更难以在事件的信息源头对信息筛选和控制。另一方面,政府和民众可能同时获得信息,政府不再是公共危机信息的优先获得者,也就无法有效封锁信息并控制其传播,政府传统的治理方式已难以应对大数据时代信息传播的挑战。政府只有转变管理思维,给予多元舆论主体包括网络媒体、意见领袖、普通网民充分的话语表达空间,让传统媒体的权威发声和新媒体的“裂变式”信息传递的双重优势得以施展,才能满足民众日益增强的表达需求与信息需求。

互联网的出现改变了人类的文明生态,重构了人类信息传播与沟通的方式,而大数据时代的到来意味着信息的获取与处理方式将发生重大变化,它必将引发政府思维模式的变革。政府既要在宏观层面汲取大数据的营养,改善管治思维,也要在微观层面获得技术的进步,实现管理的创新[3]。政府要顺应大数据发展的时代潮流,将大数据运用于公共管理的各个方面,包括公共危机的管理中。掌握和运用大数据技术开展公共危机治理是新时期政府领导干部的重要能力,政府领导干部只有具备大数据思维,形成应用“大数据”的意识和习惯,才能跟上时代的步伐。

(二)预见性的管理成为公共危机管理的重要特性

“在大数据的新背景下,数据、科学以及技术的合力,会使得人类变得比预期中更容易预测得多”[4]。社会的复杂性导致公共管理事务的繁杂,在新的时代背景下,必须借助依托大数据等信息技术而产生的先进的管理方法,依靠海量数据的搜集和精准分析实现“数据驱动的社会管理”,增强决策的科学性。

预测是大数据的核心,它通过对海量数据的分析计算来发现事物的运行规律,并据此预测可能发生的事情。对于地方政府管理而言,用大数据进行预测和控制是大数据的首要价值所在。政府预见性管理既体现在政府的日常管理中,也体现在政府对公共危机事件的管理中。政府在日常管理中,不论何时,制定决策总是追求超前性和预见性。大数据技术可广泛运用于政府部门的决策分析,如公共政策、舆情监控、反恐活动等领域。大数据技术强大的数据抓取不仅限于政府部门的基础性数据,也包括微博微信等社交新媒体中的数据。通过对数据的挖掘和分析,地方政府管理者可以从大数据中预测社会需求,预判治理问题,优化治理手段和模式。同时,利用大数据分析技术还能帮助地方政府对大数据进行建模、分析和研究,从中捕捉一些苗头性、倾向性问题,为政策决策提供重要参考。

对公共危机的预见性管理即危机预警。危机预警一直是公共危机管理的重要环节,大数据为危机预警提供了技术保障。随着信息技术的发展,人们收集和处理信息能力的不断提高,在数据获取上已突破传统抽样调查方式的局限,获得的海量数据是全量数据,即全数据模式,样本即总体。公共危机管理要实现预见性管理,可以运用大数据的技术手段建立相应的数据库,再通过对数据的整合与分析,掌握可能引发公共危机的信息,即挖掘出可能性事件,发现其苗头、关注其发展、把握其态势,做到对可能性事件发展的趋势进行准确地分析和预测,从而对公共危机更好地进行事前控制,最大程度减少其爆发的可能性。

(三)公共危机管理向精细化、专业化发展

当前我国社会处于经济快速发展期,各种矛盾突显,各种危及社会和公众的公共危机事件频现。大数据时代公共危机管理需要通过以数据为驱动更好实现社会的有效治理。大数据能有效地抓取和汇集社会、政治、经济、文化、军事等领域的各种数据,为公共危机管理提供重要数据基础和决策支撑。精细化管理作为一种管理理念,源出于发达国家的企业管理理念,是一种科学化的管理理念。现代管理学认为,科学化管理有三个层次:第一个层次是规范化,第二层次是精细化,第三个层次是个性化。精细化管理强调的“注重细节、立足专业、科学量化”。大数据所具有数据的海量性和完整性、数据的多样性和内在关联性、数据的实时性和数据的高价值性,这些特点与精细化的管理理念是契合的。

大数据具有的全面、精准、定量的分析功能,无疑给公共危机的精细化管理提供了有力的技术支持。政府进行公共危机的预警管理时,运用大数据手段和技术从海量数据中挖掘出所需要的、有价值的信息,通过数据分析推衍并发现事物的运行规律,并据此预测可能发生的事情,其专业性是显而易见的。国外的大数据技术应用已有很多成功案例,比如,美国堪萨斯州的路易斯维尔市政府,为了弄清楚该地区居民饱受哮喘困扰的原因,与 IBM 等机构合作,共同推出了“路易斯维尔哮喘数据创新计划”。通过对 500 名哮喘病患者的观察记录采集相关数据,将采集的数据和其他数据源如空气质量、交通状况、污染情况等数据结合起来,研究其相关性并研究热点发病地区,从而促使城市管理者可以更好地进行城市规划以及公众健康保护[5]。这种智慧医疗和大数据的结合对于未来医疗技术的发展具有重大推动作用,有助于提高医疗效果,同时也有利于政府的公共管理。这个事例给政府公共危机管理的启示在于:对于一些容易引发事故的事件,应着重各种数据的相关性分析,对所搜集数据进行深度挖掘,以相关历史数据为参考,分析可能出现的风险事件,从而为预防事故发生、强化应急管理提供决策支撑。大数据为实现“注重细节、立足专业、科学量化”的精细化、专业化的公共危机管理提供了强大的技术支持。

(四)公共危机信息传播更注重全面、透明

纵观危机传播的历史,公众对危机信息的需求以及政府对危机信息的传播大致经历了三个阶段。第一阶段,在传统媒体时代,政府掌控着突发事件的全部信息,具有绝对的舆论控制权。公众的知情权被压制,被动地接受来自政府的信息。陈旧落后的管理理念使得政府在发布信息时,只选择其中他们认为“安全”的部分告知公众,因此,公共危机信息对公众而言始终是“云山雾罩”,信息公开、透明、全面根本无从谈起。第二阶段,随着互联网的兴起和发展,信息传播的渠道和方式已经有了很大改变。政府虽然是各种信息的最大占有者,但人们已经拥有了除政府之外的其他信息获取渠道。网络论坛、即时通讯平台等成为人们获取和传播信息的重要渠道。这时,人们对社会管理的参与意识逐步增强,也越来越注重维护自己信息的知情权。要求政府及时、准确、全面公开信息的呼声日益高涨。在民众的呼声和压力下,政府在信息公开方面做了很大努力,虽然不能完全满足大众的要求,但较之过去已有长足的进步。第三个阶段,进入大数据时代后,自媒体不断产生并在信息传播与沟通中发挥着越来越重要的作用。与前大数据时代不同,自媒体时代公众获得信息的渠道越来越多,信息内容也更加丰富。一旦有突发事件产生,网络自媒体往往会先于政府发声,如果政府行动不及时,则可能会错失权威的信息发布地位而丧失舆论引导的主动权,甚至会给处理突发事件制造障碍。

大数据时代的政府必须是透明的。首先,在日常管理中,政府要对各种信息数据通过精准分析掌握公众的信息需求并有针对性地公开信息,满足公众对社会治理的知情权,通过提高政府公信力建立良好的政民关系。其次,在公共危机管理中,政府要通过及时、公开、有效的信息传播与沟通,与公众形成良性互动,将更有助于争取公众的信任、获取公众的支持而消除危机。尽管不同性质的公共危机的发生方式与处理手段有差异,但所有公共危机管理都包含事前预警、事中响应、事后恢复重建等阶段。不同阶段应对措施不同,而全面透明地传播公共危机信息是每个阶段共同要求。

第一,在公共危机管理中,要做好预见性管理,制定危机预警方案,为危机发生后提供快速有效的解决措施。大数据时代“一切皆可量化”,政府也可把与突发事件有关的信息由定性向定量转变,在统一的数据门户开放网站向社会公众提供。这类数据具有预警的作用,让公众在公共危机爆发前,通过获取信息而对可能发生的危机保持警惕；同时，不论处于危机的哪一个阶段，政府保持与公众的良好的信息沟通与交流，是政府能妥善处理危机的先决条件。

第二，公共危机发生后，对于公众而言，"事情真相"是他们迫切需要的信息。政府及时公开事件的相关信息，既能满足公众的"知晓心理"需求，也能为快速地化解危机铺平道路。大数据时代要让数据"说话"。政府要利用自己所掌握的危机事件的各种信息，借助可视化技术制作成图表，将事情的前因后果通俗生动地、全面真实地呈现给公众，帮助他们全面了解事情的来龙去脉，从而消除对事件的错误看法和偏激情绪，建立正确分析问题的思维方式。

第三，公共危机结束后，公众关心的是灾难之后人们的生活、当地社会秩序如何恢复正常、政府恢复重建的计划等等。政府的信息传播应针对公众的信息需求，将政府在灾后重建工作的信息、灾区人们得到妥善安置的信息、与灾情有关的信息持续进行发布，以巩固灾区人民恢复重建的信心，稳定广大民众的情绪，使大家能在政府的统一领导指挥下，齐心协力尽快度过难关、重建家园。

大数据不仅仅是一场技术革命，更意味着一场社会变革，本质上是"一场管理革命"。大数据是实现政府管理现代化的一种技术路径，它将助力政府实现公共管理创新，也将给政府职能转变和机构改革带来新的气象。政府管理要突破旧的习惯和思维方式，利用大数据技术实现信息和数据共享，消除信息孤岛，提高公共管理效率。

公共危机信息的传播与管理是政府公共管理的重要内容。在各类公共危机频发的背景下，公共危机所产生的"蝴蝶效应"给社会带来的危害日益凸显，大数据为公共危机信息的传播与管理提供了新的思维方式和工作方式。大数据时代，各种论坛、即时通讯工具、微博、微信等成为数据传输的主要平台，任何突发事件的信息，几乎都能借助大数据分析追踪到信息源头。同理，公共危机的信息管理也可以利用网络媒体如论坛、搜索引擎等和自媒体如微博、微信等，收集信息，分析舆情，捕捉危机苗头。

二、公共危机信息传播与管理的现状

信息成为反映大数据时代特点的关键词，对信息的挖掘、掌握与应用程度成为评价当今政府危机信息传播与管理能力的重要指标。要制定出符合大数据时代特点的地方政府危机信息传播与管理的改进办法与措施，就需要了解目前我国地方政府危机信息传播与管理的现状与存在的问题。下文将结合目前国内地方政府公共危机信息传播与管理的实际情况与相关案例对这一问题进行分析。

（一）公共危机信息管理的历史与进步

在2003年“非典”事件发生之时及以前很长一段时间，不少地方政府对于危机信息常常采取严格管控的做法。当时的管理理念认为，公众对危机信息知道得越少越便于管理。因此，一旦有危机事件发生，与事件有关的很多信息通常是秘而不宣。对于地方政府而言，认为危机信息的发布会引发社会恐慌甚至造成混乱，或者有损政府形象，于是封锁消息以求社会稳定；对于自己工作失误导致的危机信息更是讳莫如深，担心公布事件真相会引起公众的质疑，会给危机处理增加困难。这种现象在2003年“非典”事件之前非常普遍。“非典”事件应对处置的失误给政府敲响了警钟，这次危机事件充分说明，危机事件之于社会公众“宜疏不宜堵”。事实证明，危机信息越是隐瞒，越引人猜疑，危机信息不在第一时间发布，只会给谣言以广泛传播的时间和空间，反而不利于及时有效地处理危机。

与“非典”事件的危机处理形成鲜明对比的是2008年四川汶川特大地震的应对。2008年5月12日，汶川县发生了8.0级特大地震。地震发生后仅仅十几分钟，中央电视台、新华社等权威媒体就播发了地震的消息。其信息发布速度之快、抢险工作效率之高，前所未有。正是因为在危机应对之初，从中央到地方各级政府就很好地履行了政府信息公开的职责，使整个危机的应对有了一个良好的开端，故能在之后的危机处置中通过有效的灾情信息沟通，向全世界展示了我国政府抢险救灾的每一个细节，既消除了公众对于此次灾难事件的恐慌，也获得了国际社会的理解与支持。

鉴于在“非典”事件中出现“重大传染病疫情信息报告网络不健全、政府及有关部门难以及时准确地掌握疫情”的问题，国家以立法的形式对于政府信息公开包括危机信息公开提出明确要求。虽然相关立法还不够健全和完善，但我国在危机信息公开方面的进步是显而易见的。

（二）我国政府公共危机信息管理的法制化进程[6]

2007年8月30日第十届全国人大常委会第29次会议通过了《中华人民共和国突发事件应对法》，自2007年11月1日起施行。其中第53条、第54条明确规定：履行集中领导职责或组织处理突发问题的政府机构，需要依据有关规定统一、准确、及时地对公众披露有关突发事件发展情况与应急处置措施的信息。任何单位与个人禁止编造、传播针对突发事件事态发展以及应急处置问题的不实信息。从国家层面对危机事件信息发布提出了明确要求。

2007年1月17日，国务院第165次常务会议通过《中华人民共和国政府信息公开条例》，自2008年5月1日起施行。该条例明确界定“政府信息”，指出政府信息“是指行政机关在履行职责过程中制作或者获取的，以一定形式记录、保存的信息”，强调要“对拟公开的政府信息进行保密审查”，第六条要求政府行政部门及时准确地披露有关信息、以更好地澄清误解，避免有可能造成影响社会稳定、危害社会秩序的不实信息或不完整信息的提出了明确要求，第八条还指出行政机关公开的政府信息，不得危及国家和社会安全。同时，对信息公开的原则、范围、方式和程序均做出具体规定。2017 年政府信息公开条例首次修订，6 月 6 日《中华人民共和国政府信息公开条例（修订草案征求意见稿）》在中国政府法制信息网全文公布。征求意见稿进一步将“以公开为常态、不公开为例外”作为政府信息公开原则，要求政府信息除法律、行政法规另有规定外都应当公开，还具体规范了不予公开的政府信息范围：一是会危及国家安全、公共安全、经济安全和社会稳定的信息，二是涉及行政机关内部事务的信息，三是行政机关在行政决策过程中形成的信息，后两类信息公开后可能会影响公正决策或者行政行为的正常进行，故不予公开。

2010 年 12 月 29 日，国务院第 138 次常务会议通过的《国务院关于废止和修改部分行政法规的决定》，对 2003 年 5 月 7 日国务院第 7 次常务会议通过并公布的《突发公共卫生事件应急条例》进行了修正，于 2011 年 1 月 8 日公布并实施。该《条例》修正和发布动因正是基于 2003 年的“非典”事件信息公开中出现的问题。针对突发公共卫生事件的信息发布，国务院明确规定所有单位与个人都不得对突发事件进行隐瞒、谎报、推迟报道或利用他人进行信息隐瞒、谎报、推迟报道。由政府主导构建针对突发事件的信息发布制度，国务院卫生行政主管部门负责向社会公众提供有关突发公共卫生事件的信息。必要时，可通过授权地方人民政府的卫生行政主管部门对社会公众直接发布本区域内发生的突发事件的信息。信息发布需要及时、准确、全面。

（三）大数据在政府公共危机信息管理中的应用

为适应信息技术的快速发展，我国许多地方政府已开始运用大数据技术助推政府决策，开展社会治理。尤其在社会安全管理领域，地方政府及其相关部门通过对各种信息渠道，包括从短信、微博、微信和搜索引擎等收集热点事件，挖掘舆情，发现潜在的问题。比如广东省建立的综治信访维稳平台，是以县区、镇街、村居三级为基础分别建立的，当社会矛盾发生、公共安全隐患出现时，通过将大数据、网格化与平台相结合，对于所在区域小到解决矛盾纠纷，大到防止违法犯罪以及发现和排除安全隐患，综治信访维稳平台充分发挥了社会安全治理的防控作用，在保证社会安全指数得到提升的同时也极大提高了人民群众安全感[7]。

江苏省建立的“大数据指挥服务中心”是在原来省市县三级公安指挥中心的基础上更名而成，更名后的指挥中心不再只单纯接警、派警，而真正体现了“大数据”的特点，集数据、情报、指挥于一体，并在原来工作任务的基础上实现预测预警，以风险防控为主要目标[8]。

贵州省贵阳市在国内率先建成“块数据指挥中心”，贵阳市公安局以此打破了公安信息化建设过程中的数据壁垒，实现了公安部门数据资源、政府行政部门信息数据、公共服务机构信息数据、网络综合信息数据的集成管理与利用。“块数据指挥中心”使警方可以在接到报警后最快时间确定报警人位置，对出警部门下达命令。与此同时，警方还通过视频监控“天网”，对犯罪嫌疑人的轨迹进行实时搜索。“块数据指挥中心”建成并运行之后，从 2016 年开始，贵阳市刑事发案连续下降至 6.38%[9]。

贵州省政府在应用大数据技术进行社会治理和危机信息管理时，不仅将大数据技术运用在危机信息的收集与处理层面，而且还在运用大数据进行危机预警发布方面迈出了一大步。贵州省是我国西部的经济贫困地区，但是地方政府在大数据理念上却丝毫不输经济发达地区。正如贵州省委书记陈敏尔所说，“大数据就是贵州弯道取直、后发赶超的大战略、大引擎和大机遇”。在这种管理理念的指导下，贵州省正在步入大数据时代领跑者的行列。贵州东方世纪科技股份有限公司研发的洪灾预警系统，在洪涝灾害的预测方面，大大优于传统预测方法。传统方法也通过数据分析做出预测，但使用的是监测得到的地表数据。这种方式最大的问题在于从预警到灾害发生，只有 20 分钟的预警时间，群众短时间内难以安全撤离。东方科技洪灾预警系统则能将洪涝灾害预测期从 20 分钟延长至 72 小时，做到提前发布信息，最大程度降低损失。这项技术在实践中已成功地使用在黔南州兴仁县打鱼凼水库洪灾预警中。在洪灾发生前两小时——当日凌晨 2 时 30 分，水库可能发生大洪水的信息就出现在预警系统上，系统一发出预警，当地政府立即组织现场所有人员全部转移，到凌晨 4 时 30 分洪水席卷而来。准确及时的预测，使此次洪灾没有造成人员伤亡，也减少了洪灾造成的财产损失[10]。

由此可见，面对大数据时代海量信息的产生与传播，许多地方政府正是通过建设各种数据平台不断完善和加强对数据的综合应用。可以预见，地方政府未来的危机信息管理理念和管理方式在大数据技术的助力下将不断创新完善，并促使政府治理能力得到提升和加强。

三、地方政府公共危机信息传播与管理存在的问题

（一）缺乏独立而常设的危机管理机构

近年来，危机事件层出不穷，各地方政府为了应对各种危机事件，在建立应急机制、法规和预案等方面都积极探索和尝试。一系列突发事件如 2015 年 6 月 1 日

发生的“东方之星”客轮翻沉事故、8 月 12 日发生的天津港危化品爆炸事件等都推动了政府不断加强公共危机预警体系建设，但综合来看，这种预警体系仍然是中央政府各部门负责本系统领域内的公共危机事件的预警和处理，地方政府负责本行政区域内的潜在公共危机的预警和处理，并向上级汇报。在该模式下的公共危机预警和处理工作则在平时由应急管理办公室负责，危机发生后成立临时工作机构负责应对。而公共危机本身的特殊性和复杂性非这种处理模式所能解决。独立且常设的公共危机管理机构始终没有建立起来，这就为公共危机的应对带来很多隐患。现有的公共危机临时管理机构存在诸多不足，表现在：

1. 公共危机临时管理机构成立的滞后性

公共危机具有突发性特征，这种突发性主要是指其具有极大的偶然性和随机性，难以预估其产生的社会影响和震撼程度[11]。政府在公共危机事件发生前，难以确定的是：公共危机事件会否爆发，会在什么时间、地点爆发，事件的波及范围和危害程度有多大，等等。由于这些问题难以预知，因而我国政府往往是在危机产生之后，根据该危机的破坏性、波及度来决定拟投入的人力物力，同时临时成立一个危机管理机构，协调已有各部门的工作。这个临时危机管理机构虽然能在一定程度上提高管理工作的针对性、减少不对称投入，但这都必须基于政府对已发生危机事件的准确把握。事实上，由于危机事件的全部显露和爆发需要经过一段时间，而这样的管理机构往往是在时间紧、任务重的情况下仓促成立的。当政府由于危机的突然发生而面临来自各方面的巨大压力时，对于事件本身的判断和定性容易出现偏差，采取的措施不能有效解决危机问题，导致隐患频现，临时管理机构的工作就容易陷入亡羊补牢、再亡羊再补牢的恶性循环中。

另一方面，危机临时管理机构缺乏与民众对话的时间和空间。哈贝马斯把公共领域定义为“一种用于交流讯息和观点的网络”[12]，将公共领域视为市民社会与国家公共权力的缓冲地带，处于公共领域中的人们通过理性的辩论的方式来进行民意与政权的博弈，这有利于彰显现代性与民主政治[13]。政府应该更好地利用公共领域与民众进行观点意见的沟通和交流，使决策建立在民意的基础上，尤其在公共危机事件发生后，尊重民意有利于事件快速、妥善的处理。而由于缺乏常设危机管理机构，地方政府在进出台一系列办法和措施时往往是由临时管理机构自上而下逐级推进，强制性突出。在这种情况下，地方政府强力推进、民众被动配合的落后模式会挤占政治公共领域的存在空间。而在政策的传达过程中，民众需要一定的发声机会，这既有利于民众更好地理解政府相关举措，也有利于政府根据实际情况对所推行的解决办法做出适时调整。政治公共领域的存在还有利于公民意识和群体认同的觉醒，临时机构则对此产生不利影响。

公共危机的临时管理机构的普遍存在,意味着我国公共危机管理体制还有缺陷,其结果导致公共危机准备工作难以到位。此外,大数据环境下,数据深度挖掘更利于政府部门掌握舆论走向、关注舆论焦点,及时发现社会风险。但是由于缺乏独立而常设的危机传播与管理机构,也使大数据的优势和作用难以有效发挥。

2. 独立而常设的危机管理机构缺失考验各部门的协调配合

政府公共管理包括计划、组织、指挥、协调和控制五个要素,协调是其中非常重要的因素之一。在政府的日常管理工作中,行政协调是一项重要的工作内容,所谓行政协调是指行政机关为了实现行政工作目标,通过调节各项行政管理活动,使各机关之间以及机关工作人员之间在工作中分工合作,协调配合,共同一致地完成各项任务[14]。而在突发事件的应急管理中,由于地方政府缺乏独立、常设的公共危机管理机构,政府各部门便成为处理危机事件的执行部门,各部门间的功能互补、协调运作以及资源的合理配置就显得尤为重要。协调工作成为地方政府公共危机管理的一项重要职能。

在我国,公共危机管理体系建设被提上议事日程的同时,从各部门各司其职的单一公共危机管理体系向综合管理体系转型成为建设的一个重点。但在综合性公共危机管理体系建成之前,组织间合作与跨部门协调问题仍较为突出,政府各部门在处理危机的协调上,往往力不从心。比如,杭州市在2014年构建了以一个办公室、五个中心为组织构架的政府应急管理机制,形成了以主管部门、协管部门、保障部门、救援抢险组织、应急专家组织和杭州各区、县(市)应急管理部门共同参与的杭州市应急联动机制,同时明确了不同工作的负责人。但因缺少各部门信息互通共享的综合应急指挥平台,各部门之间并没有实现真正意义的互联互通,仍只是通过电话、EMAIL和政府内部网络实施沟通,并未形成实质性的综合系统应急指挥平台,政府部门之间数据资源尚未实现共享,不同部门在应急指挥系统的标准也不统一,再因缺少高效有力的危机管理机构统一指挥,危机发生后仍难实现对危机快速有效的应对。

(二)公共危机信息缺乏真正的透明

信息是宝贵的社会资源,充分的信息交互与沟通有助于加强社会的联系与协作,为社会公众提供真实可靠的信息是政府和媒体的责任,尤其在公共危机状态下,及时公布真实可靠有价值的信息是政府提高公信力的重要途径。在日常管理中,地方政府在信息公开方面做了大量努力,但在公共危机管理中,一些地方政府则对危机信息的透明化的认识不到位,出现封锁、瞒报、谎报、迟报危机信息的现象。

1. 政府部门有意封锁使危机信息透明度低

在我国,危机信息的传递方式主要有两种,一种是在政府内部,采取自下而上的逐级传递模式,另一种是政府公开发布信息告知民众。这两种危机信息传播方式均存在"信息不对称"现象。在公共危机事件伊始,地方政府如采取"秘而不宣"的策略,延缓对上级的情况汇报,甚至漏报、错报,导致上级政府难以准确掌握危机事件信息,而无法根据实际情况制定切实有效的危机传播与管理策略。

从权力角度来说,公民拥有知情权。我国著名法学家应松年教授指出,"公民知情权即行政法意义上的了解权。了解权作为新的政治权利概念,意指公民了解政府的情况,这是现代民主政治不可缺少的权力。为了实现这一权力,政府活动应该公开化"[15]。知情权不仅存在于日常政治生活中,在公共危机事件发生后,公民对于事件真相、危机处置决策以及与公民利益密切相关的事项,都有知悉的权利。由于地方政府对事件的伤害性和影响力判断不足,出于维护社会稳定、避免造成社会恐慌的考虑,往往会对部分公共危机信息暂时封锁,使公众无法从公开渠道获得危机事件的信息。更有甚者,一些政府官员出于自身利益的考虑,无视公众知情权,试图通过信息管控而隐瞒事实真相。在网络、通信等技术十分发达的今天反而会欲盖弥彰,极易造成谣言的滋生和蔓延,造成政府信任危机,不利于危机的有效处置。

2. 政府部门反应滞后造成信息不透明

危机信息缺乏透明度,一方面是由于一些地方政府的刻意隐瞒,另一方面是由于在危机发生初期,地方政府未能意识到危机事件性质的严重程度,对危机信息的扩散以及舆论的发酵缺乏警醒,反应迟钝,没能及时发布信息和回应公众的质疑。政府的反应滞后虽不是有意封锁信息,但其后果也很严重,可能使一个小小的危机事件演化成一场特大的公共危机事件,特别是在大数据时代,这种风险将日益加大。

在连云港"反核废料事件"中当地政府即表现出反应滞后。2016 年 8 月 6 日深夜,上万名连云港市民走上街头,举行示威游行,此次事件的导火索是中核集团微信公众号 7 月 27 日曾经推送的一条普通新闻:7 月 26 日,国防科工局副局长王毅韧在中核集团副总杨长利的陪同下赴连云港调研中法合作核循环项目拟选厂址。中国核电信息网配发编者按发布了此消息,推测核循环项目将落户连云港。此信息在传播过程中失真,原"中法合作核循环项目"在自媒体推送中变成了"核废料后处理大厂"。耸人听闻的事件关键词在自媒体传播的助力下使事件迅速发酵,并通过社交媒体继续扩散。事实上,中国和法国的核循环项目双方已进行了多年的谈判,但由于合同金额高,涉及的技术复杂,时至当时仍未能达成一致。因此,该项目最终落户并未确定。直到 8 月 7 日下午,连云港市政府才召开新闻发布会,强调该项目目前只是处于预调查和选址阶段,并未形成最终结果。并承诺做好相关信息公开工作,依法公开宣传,督促市民不要相信和散布谣言。8 月 10 日凌晨,迫于群众抗议的压力,连云港市政府宣布,暂停中法合作的核循环项目选址前期工作。

这是地方政府应对公共危机的一个失败案例。首先,连云港市政府对这一合作项目在决策前没有公开相关信息,也缺乏与公众的有效沟通。核项目一般都是高投资项目,其回报率也相当可观,对地方经济的发展有积极的影响。但是,政府的任何一项决策都只有获得公众的理解和支持才能顺利实施。对于可能的公众反对意见,地方政府往往采取低调的方式来简化披露过程。而在互联网传播环境中,"低调"往往适得其反,知情权被"剥夺"会激起公众强烈的不满。其次,基于个人社会网络强关系的自媒体平台信息传播速度快、扩散广、影响大。此次连云港的核循环项目遭到抗议,就肇始自媒体报道。当不实信息在自媒体上快速传播时,当地政府没能意识到信息时代舆论的威力和可能发生的危机,在谣言大行其道时官方及传统媒体却处于"失语"状态,导致政府在此事件演变中失去了话语权。这些都表现出当地政府薄弱的危机意识,缺乏对危机信息的敏感性而反应滞后,错失了控制危机的最佳时机。对比来看,"9・11"事件发生后,美国总统布什在第一时间做出快速准确的反应,他就恐怖袭击事件发表讲话,声明美国政府对此次事件的谴责和立场,称该事件是"恐怖主义对美国的公然袭击",明确表态要追查并严惩肇事凶手。9 月 12 号,布什总统发表恐怖袭击事件的第四次电视讲话,表示恐怖袭击是一次"战争行为"。他的这一系列讲话和行动,对于稳定民心、控制局势起到了关键性作用,为危机的解决奠定了良好基础。

(三)政府部门不善于媒体运作

在公共危机信息传播中,传统媒体的舆论引导易于把控。新媒体的出现则倒逼政府部门改革传统的危机传播与管理方式。由于新媒体信源的多样化,使危机信息冗余繁杂,地方政府在处理危机事件时就必须了解新媒体、善用媒体。但是一些地方政府对传统媒体的运用尚不能得心应手,面对日新月异的新媒体则更显得力不从心。

1. 对传媒的不当管制影响舆论的引导

对于公共危机信息的传播,先发制人往往更容易获得舆论的主动权;落人之后则只能处于被动。如果传统媒体、公开渠道没有及时发布权威信息,则会谣言四起,再借力网络信息的"裂变式"传播,其传播影响力及效果将远远超出政府预料。比如在 2015 年天津港危化品爆炸事故中,由于相关政府部门发声不及时,互联网信息将天津这座“没有新闻的城市”推向舆论的风口浪尖,自媒体信息快速、大量的传播,使政府失去了舆论引导的优先权。反观“9·11”事件中,美国政府与媒体通力合作,总统布什在危机爆发后一小时即发表电视讲话,3 小时后再次发表讲话,当晚回到白宫,第三次发表电视讲话,如此,政府通过媒体传达出积极应对的态度与策略,从而形成全国上下一心共同应对危机的局面。

在对公共危机信息传播的把关过程中,政府充当了重要的角色,主要体现在对危机信息报道的选择上,政府在很大程度上影响着主流媒体应该报道什么、避免报道什么,这有利于引导社会舆论向正面方向转变,保持社会秩序安定。不过对于公共危机信息如何报道,有时政府和媒体可能出现分歧,媒体本着新闻传播原则选择的有报道价值的信息,可能是政府部门正在处理当中、为避免引发过度舆论争端而认为不应予以报道的信息。这种信息被暂时屏蔽,可能造成一些重大的危机信息没被报道而出现媒体“失语”现象或延误最佳报道时机。而当经过筛选的信息经由官方主流媒体报道,与非主流媒体的言论出现在舆论场上时,往往容易产生矛盾从而损伤政府的公信力,不利于政府对公共危机信息的传播管理。

在如今复杂的传播环境中,我国的新闻把关制度存在不足,信息不对称容易使得公众舆论越发多样,增加了政府和媒体协调舆论引导的难度。

2. 对新媒体把关的弱化导致网络谣言产生

在以传统媒体为主导的信息传播机制里面,信息流通的主导权往往被管理部门所控制,从而制约了信息流通的范围与广度。而新媒体的出现,不仅打破了传统体制中存在的政府对信息的垄断格局,而且催生了兼具影响力和号召力的“新意见领袖”,“新意见领袖”的概念由“意见领袖”而来,是传播学四大奠基人之一的拉扎斯菲尔德提出来的。意见领袖是指在人际传播网络中经常为他人提供信息,并对他人施加影响的“活跃分子”,他们既是信息传播过程中的中介和桥梁,也是舆论形成的引导者。信息经由他们从政府或别的信息源扩散给社会大众,形成信息传播中两级传播的格局。他们对事件的观点和态度直接影响他人对事件的判断和认识,影响舆论的走向。在新媒体中,这些“新意见领袖”活跃在微博、论坛、贴吧……在他们背后是庞大的粉丝群。庞大的粉丝群使“新意见领袖”能在发声时一呼百应,他们的言谈往往会在网络上不断发酵,产生极大的影响力。

新媒体传播的即时性使公共危机事件发生时,知情人士可以通过手机、电脑将相关信息在第一时间发在新媒体上,并且能及时追踪呈现最新动态,这样的发布速度冲击了政府危机信息发布来源的唯一性。新媒体传播模糊了传播者和接受者的角色分界线,受众在接收信息和发布信息中不断转换角色,当公众的舆论影响达到一定程度时,就会倒逼政府的决策。此外,网络低门槛、交互性、匿名性等特点，为公众提供了一个开放而自由的讨论空间。每一次公共危机事件发生后，相关信息就会很快席卷新媒体，上演一场又一场舆论的狂欢。网民只要通过简单的复制、粘贴、转发等等，就可以在短时间内快捷传播信息。由于网民基数大，这样的重复操作推动了信息的裂变式传播。每个网民都有“发声”的机会，借助新媒体，人人皆是传播者。同时，由于政府对新媒体的作用认识不足，对新媒体把关的弱化，使新媒体开放的舆论空间给了流言甚至谣言肆意“流窜”的机会，过度的流言和谣言的传播极易扩大事件的负面影响，这种情况极易造成政府“被失语”，从而难以对网络舆论产生有效的引导。

3. 未能发挥新媒体的优势进行危机信息传播的管理

公共危机发生过程中呈现出的舆情特点与新媒体的特殊性密切相关。互联网的公开性与公共性造成危机信息在网络途径的传播难以受到控制，传播范围会随着关注人群的扩大而呈现几何级数增长，极大地拓宽了危机信息的扩散范围。在新媒体信息场中，散播着与危机事件相关的一切人与事。新媒体将信息的传播赋权给所有网民，使信息来源急剧扩大。在这样的传播系统中，突然出现的公共危机信息得益于网络传播而高速扩散，网络中的信息接受者能够按照其个人意愿就信息进行加工传播并追踪爆料，使公共危机的产生背景、发展过程等迅速被予以近乎全景式的呈现，网民参与信息的发布与讨论，极大地增强了该事件的关注度。

与此同时，新媒体的高强度传播和信息的及时更新使越来越多的网民迅速聚集到公共危机事件上来。微博短、平、快既提升了信息的传播速度，也通过传播形成信息流通网。与此同时，互联网社区因在人群聚集的性质上主要以拥有共同爱好作为人群聚集动因、以人群的共同关注点或共同的态度倾向为基础，网络群体的集聚也以共同关注、讨论的事件为基础，这使得新媒体更利于对公共危机信息的聚集和讨论。因此，新媒体提供的舆论空间打破了信息传播的瓶颈而提高了其传播扩散的广度与范围。这表明，在某些情况下，新媒体传播的信息更有可能汇聚大量信息分享传播的二级传播源和更大的关注群。

(四)利益本位思想导致信息失真

公共危机发生后，一些地方政府由于观念落后、危机意识不强以及“遮丑”心理，往往会对信息进行封锁或有选择传播，从而导致信息失真。

1. 片面发布危机信息造成隐性失实

在新闻中，真实是新闻的生命，而失实就是跟事实不符，脱离和违背了客观事实而未能反映事实真相。显性失实指显而易见的新闻失实现象。而另一种情况是，在新闻报道中所发布的都是事实，但没有提供关键信息呈现事件全貌，这就有可能造成隐性失实。政府在公共危机信息传播中,也存在隐性失实的情况。由于公共危机的处理需要部门之间的分工合作、协调配合,各部门因各负其责只了解自己责任所在的工作部分,缺乏对危机整体情况的把握,使发布的危机信息由于着重点的不同而造成所披露的信息有失全面、具体。此外,一些政府领导由于一直以来存在的官本位思想及地方利益保护思想,会选择少报或假报危机信息。政府信息于公众而言是高可信度信源,处于危机环境中的公众,对于政府公布的信息都视作权威信息加以接收。而不论是显性还是隐性失实信息不仅会混淆受众视听,影响危机处理工作的开展,还会降低政府的公信力,严重影响政府的公众形象。

2. 对公共危机信息的盲目“截流”催生谣言

美国学者奥尔伯特(Allport,G. W.)与波斯特曼(Postman,L.)在其著作《流言的心理学》中指出,谣言属于跟真实情况具有相关性的不实信息,目的在于让受众相信,通常以口口相传的形式在社会个体当中传播,同时不具备可信度的信息成立证据。他们于1947年提出决定谣言的公式:

谣言 =(事件的)重要性 ×(事件的)模糊性

奥尔伯特与波斯特曼在以上公式里提出了谣言的出现跟事件的重要性有关,同时也跟事件的模糊性存在正比关系,如果事件十分重要同时比较模糊,谣言出现并发生影响的几率就大。反之,如果事件重要性较小,而且事实清晰,谣言也就不会产生。谣言的终止在于及时就事实的真相告知公众,这就是所谓的“谣言止于真相”。政府出于维护社会稳定和控制舆论不良走向的需要,往往会将危机信息当作“丑闻”,在公共危机发生后,首先考虑的是如何进行消息“截流”甚至封锁而不是如何告诉公众真相。政府部门对危机信息采取“截流”的做法,是对公众知情权的伤害,对政府公信力的弱化。权威信息发布不及时便给谣言以传播的机会,当谣言肆意扩散后,政府为了进行澄清、辟谣还需付出更大的代价。无数事实证明,有效的危机处理都是建立在信息公开、与公众进行及时充分的沟通基础上的。

(五)专业化分工过细导致信息壁垒

公共危机的应对涉及面广,在我国目前还没有独立的危机管理机构,对危机的传播与管理主要依靠各部门之间的协调与合作。危机中的部门协调工作主要属于政府部门之间的横向协同问题,需要各部门对于危机的预防、处置以及事后处理工作打破程序限制与功能职责范围的约束,整合人力、物力、信息等各种资源,协作推动化解危机。我国的行政管理体系在上世纪80年代开始先后经历了多次大的改革,宏观上政府不同部门之间在权责划分上已经较为成熟合理,但一些基层政府在部门与部门之间的协调配合上依然存在许多困境，尤其在发生公共危机的非常时期，临时组成的工作机构往往将不同工作任务分配到各个部门，导致各部门相互配合上出现脱节，信息因沟通不畅而形成壁垒。

1."自扫门前雪"，互不干涉

在公共危机传播与管理中，在临时领导机构的统一领导下，横向来看，各部门各司其职，分别处理各自领域内的问题，看似十分合理，也似乎是唯一的选择，但是危机事件并不是单一的，它具有现实的复杂性、整体性，过细的专业化分工容易形成各部门划定管理内容和区域，而"自扫门前雪"。这不仅造成危机处理过程中各部门工作难以有效协调，更严重的是各部门信息难以交互。各部门或由于长期负责不同领域工作缺少协作经验，或出于各自的利益独占危机信息资源，再加上信息共享平台的缺位，相互之间缺乏沟通，信息流通不畅，就不能共享有益经验与资源，导致各部门对突发情况应对不力，难以形成化解危机的合力。

2. 纵向权责分工过度造成信息孤岛

"信息孤岛"本指相互之间在功能上不关联互助、信息不共享互换以及信息与业务流程和应用相互脱节的计算机应用系统。在公共危机发生之后，我国惯常做法是成立临时的危机领导机构来指挥各部门工作，各部门的权责安排是由临时领导机构分配确定的。在这样的工作模式下，临时领导机构是一个"信息岛"，其他各部门也是一个个"信息岛"，它们都是相对独立的信息系统。

临时领导机构是指挥危机传播与管理工作的核心，不同部门的权力与责任为领导机构权力责任分配的依据。通过纵向的组织形式设置容易造成不同部门组成的临时领导机构在工作上责权划分过于死板，而各部门之间横向的对话缺失，不与其他部门"互联"，从而形成"信息孤岛"，阻碍各部门的工作协调，导致各部门在信息处理上出现各种问题。作为危机事件"总指挥"的临时领导机构对于公共危机信息的了解主要来源于一线执行部门的汇报。2003 年发布的《突发公共卫生事件应急条例》就规定了这种自下而上的信息汇报模式。这种信息传递模式有其存在的合理性，但其不足是无法避免下级漏报、少报、瞒报的情况出现。尤其因公共危机是社会失序、管理失衡、经济文化系统失稳的不良表现，因此，下级部门极有可能不愿意向上级如实汇报危机信息。

信息孤岛的存在会带来诸多弊端。首先，它导致信息更新同步性差，影响了危机信息不确定性的消除，使信息管理力度不足、使用效率受到影响，甚至导致危机领导小组的决策缺乏及时性和针对性；其次，政府不同部门之间沟通不畅，会造成政府在危机处理时出现物流、资金流跟信息流之间的脱节，容易导致无效劳动、资源浪费的产生；最后，单独的信息系统难以有效为政府不同部门提供丰富多样的综合性信息资源，很多信息数据因其“碎片化”而无法成为有价值的资源，政府部门也无法依靠片面、割裂的信息有效及时地处理公共危机。

（六）运用大数据处理危机的意识和能力不足

要运用大数据进行社会治理、危机管理，领导者必须要有大数据意识，才能将大数据的应用创新放在重要位置，依“数据”行政。虽然已有一些地方政府能顺应时代进步，积极变革管理观念和改进管理方式，开始利用大数据技术进行社会治理。但从总体上看，地方政府特别是基层领导干部对大数据的技术特征和发展应用的认识不够，导致运用大数据进行社会治理的意识明显不足。同时，地方政府面临数据碎片、数据割据和数据孤岛等技术管理难题，又受制于观念、法律、体制和利益的约束，政府数据的开放程度还非常有限，成为政府推进大数据应用的主要障碍。大数据人才不足，也是制约政府大数据运用的重要因素。

四、大数据时代公共危机信息传播与管理工作内容

不论大数据时代出现与否，信息始终是公共危机管理中最重要的资源之一。围绕公共危机信息的传播贯穿于事件应对的全过程。全面掌握信息能帮助政府在第一时间控制事态的发展，有效的信息传播能帮助政府在社会各方的支持下尽早化解和消除危机，同时公共危机信息的处理能力也是政府治理能力的重要体现。

大数据时代人们获取信息更多地依赖于“数据”。“数据”与“信息”最大的区别在于它是原始记录，没有任何处理或解释，具有不确定性。所谓数据是反映客观事物属性的记录，是信息的具体体现。数据处理完毕后，变成信息；信息需要数字化转换成数据进行存储和传输[16]。数据 = 信息 + 数据冗余。人们对数据的需求最根本的是从数据中获得对未来的洞察能力。就政府公共危机管理而言，管理的对象是“信息”，政府通过各种渠道所发布的一般是经过加工与解读的、具有明确意义的信息，这些信息的源头则是“数据”。

（一）公共危机信息的收集、处理与发布

公共危机信息的管理工作包括信息的收集、处理与发布等几个环节。大数据时代公共危机信息管理工作与过去相比，不论是信息获取的渠道、信息收集发布的范围还是处理与发布的方式已经有了很大变化。尽管不同类型的公共危机信息收集与发布渠道会有所不同，但总体而言是具有共性的。

1. 多渠道数据采集与数据存储——收集危机信息

（1）大数据时代要有大数据思维，政府要“以数据说话，依数据行政”。对待“数据”要转变观念，在“小”数据时代，由于技术条件所限，无法获得和分析大量

数据,只能借助各种抽样方法,以最少的数据,获得最多的信息。这种统计计算方法有其科学性,但同时也存在着缺陷。大数据时代,当收集、存储和分析数据的技术及设备日益完善,人们所获得的已是海量的数据,即全数据模式,样本即总体。对海量数据进行分析的原则是不问因果重视相关。大数据应用的核心是预测,预测所需要的是对事物相关性进行分析,从而把握现在预测未来。遵循这种大数据思维,在公共危的管理中应不再像过去仅仅是关注导致事件发生的各因素之间的因果关系,更重要的是关注哪些相关因素是导致公共危机的可能性条件。重视相关性是大数据思维的重要特征,通过将收集到的各个方面的数据进行整理分析,挖掘出各种数据所隐含的真实价值即在社会现象背后的本质关系,从而分析出社会发展可能的趋势。以这种思维方式对待信息管理工作,对公共危机便可以更好地做到事前控制,事后解决。

(2)公共危机信息收集的类型。大数据时代所面临的是海量的信息数据,其种类和来源多种多样,包括结构化数据、非结构化数据、半结构化数据。公共危机信息收集需要利用大数据技术对信息数据进行分类、聚类、信息去重、数据转换、建立索引等数据处理工作,便于下一步数据挖掘、舆情分析和研判[17]。公共危机信息还可按性质分为日常信息数据和应急数据,下面主要讨论这两类数据的收集工作。

首先是日常的数据收集。公共危机的发生虽然有其突然性和不可预知性,但通常会出现一些苗头或端倪。政府部门建立新型的应急管理体系后,只要重视日常数据的收集、存储与分析,通过日常工作中的数据收集与信息监测,就能随时掌握本地区的社会及舆情动态,并及时汇总梳理呈报给相关部门和领导,这将有助于公共危机的研判和预警。根据掌握的数据预测到可能发生的危机时,及时采取措施尽量减少其发生的可能,或把握时机将其消灭在萌芽状态;一旦事件爆发,则可以利用已有数据的分析结果,迅速启动应急响应,更好更快地处理危机。

当前,自媒体已成为人们表达观点、宣泄情绪的重要平台,但个体所发出的声音极易被网络信息的汪洋大海所淹没,尤其是来自弱势群体的声音往往被忽略。可正是那些被忽视和淹没的声音,通常包含着大量来自社会底层人群的诉求信息,这些诉求信息中可能已透露出公共危机事件的端倪。如2013年发生在厦门的公交车爆炸起火事故,犯罪嫌疑人陈水总因悲观厌世而泄愤纵火致多人死伤。而事发前陈水总在腾讯微博上发了多条信息,记述他3个月来的上访经历,流露出他对社会的怨恨和对抗情绪。如果其微博信息能够被有关部门及时发现和关注,从中发现问题,并针对其个人情况进行劝解和开导,“厦门公交车纵火案”的悲剧可能得以避免。因此,在大数据时代,政府应与各种媒体特别是自媒体实行联动，多种渠道收集各种信息，借助信息技术挖掘分析各种数据的相关性，从中发现问题并尽早解决问题。

其次是应急数据收集，即在公共危机事件爆发后，对事件相关的各种信息的收集。大数据时代，信息技术日新月异，各种传统媒体、新媒体等传播形式多种多样，信息的表现方式也各不相同，文本、图像、视频、语音等无一不在传递信息、表达情绪。因此，在公共危机发生后，政府部门应通过所建立的网络信息平台收集信息，监测记录各个社交平台包括微博、博客、QQ 空间、论坛、网站等以及其他网络媒体信息，从中发现需要进行管理的重点。利用大数据技术监测网络平台舆情发展的重点，通过关键词识别等技术手段，自动记录和分析事件，并快速生成分析报告，帮助政府了解在线舆情[18]。数据的记录与分析能帮助政府部门了解信息传播状况，发现信息传播中出现的噪音即失实信息或谣言，使政府能及时地、有针对性地调整信息发布的内容及方式，消除不实信息或谣言对事件处理的影响。

2. 可视化的数据呈现与分析——处理危机信息

大数据时代可收集到的是海量的信息数据，这些数据常常是庞大、繁冗复杂，无规律可循的。因此，对大量数据需要通过分类、整理、去重去冗等一系列数据处理工作，为进一步的数据挖掘、舆情分析和研判做好准备。这是公共危机信息管理工作的第二步——信息处理。大数据时代的信息处理依靠大数据技术能够实现数据可视化。数据可视化是指用图表或借助图形化手段，清晰、快速有效地传达与沟通信息，帮助人们快速、轻松地领会数据的意义，理解和分析数据。当人的大脑接收到信息时，在视觉信息与文本信息中会优先选择视觉信息，亦即数据可视化是能更容易地被接受的信息表现方式。数据可视化起源于 1960 年的计算机图形学，是利用计算机创建图形图表，通过可视化提取数据，可以显示各种数据属性和变量。随着技术的发展，可视化呈现数据可以广泛使用图形、图像处理、计算机视觉以及用户界面等多种方式，通过表达、建模以及对立体、表面、属性以及动画的显示，对数据加以可视化解释。因此，数据呈现与数据分析均可使用可视化方法[19]。

如果用文本形式提供这样的数据，2014 年 Twitter 上最受关注的新闻有 1 亿 8450 万条推文。从文本中你获得的只是抽象的数字而已。但是用可视化的方式表现出来，就是用直观和美丽的方式传达信息。通过可视化的方式进行表现，你得到的是如艺术品般的关于数字的具体细节。再比如，纽约市犯罪地图，通过一定的形状、颜色和几何图形的结合，将数据呈现出来。

大数据时代要让数据“发声”。在公共危机信息管理中，对所收集的大量相关数据，采用可视化方法对数据进行分析，即能将事情的前因后果形象、具体、全面地呈现给公众，让公众真实了解事情的来龙去脉。同时，利用可视化技术做表、制图，可以提高信息分析的准确性，并通过信息之间的相关性预测趋势、判断有无发生危机的可能，帮助有关部门以此为依据进行危机预警，并有针对性地制定出危机管理预案。因此，地方政府如能充分利用大数据的可视化数据表达和分析方法，对所掌握的信息进行数据分析和信息传递，则将使危机信息得到迅速有效的处理。

在公共管理方面，一些发达国家较早将数据可视化应用于实践，并取得突破性进展，从而为及时高效处理公共危机提供了保障。澳大利亚政府通过发展大数据，提高公共服务的质量和效率，增加服务类型，为公共服务提供了更好的政策指导。比如，澳大利亚农业部采用在线数据工具，包括监测预警工具，气候影响分析模型，降水和牧草生长展望模型，有效地提高了数据挖掘分析和利用能力；他们与国内外顶级研究机构和研究者共同开发世界领先的计算和仿真系统。同时，在交通发展中，通过 GPS 设备和智能手机应用程序收集大数据，利用前沿技术绘制和分析大数据，揭示交通流量趋势和流量模式，帮助交通部门更好地规划预测新路线，以减少拥堵[20]。澳大利亚政府实施大数据战略进行公共服务改革取得了明显成效，使澳大利亚在该领域跻身全球领先水平。

大数据时代，网络的普及和快速发展为方便人们更加高效便捷获取信息提供了保证。借助网络进行信息传播，能帮助人们把图像、文字、不同的语言及视频进行有机结合，并根据需要选择平台进行信息发布，极大程度地颠覆了人们传统的信息发布和接收方式。

3. 全面真实提供数据——发布危机信息

在公共危机管理过程中，信息披露不仅可以提高政府的公信力，稳定民心，而且可以利用社会监督的力量来提高政府的执政能力。更重要的是，数据公开可以调动社会力量参与到公共危机管理中，实现公共危机管理的多元主体协同参与。长期以来，受观念以及技术落后的制约，在政府与公众及与其他社会组织之间形成了“信息孤岛”，虽然有政策法规规定，但数据开放程度整体滞后，使地方政府信息管理能力与公众的信息诉求不对称。政府各部门之间缺乏信息共享意识，缺少健全的共享机制，导致应对公共危机事件时各部门间联动能力差。

向公众发布公共危机的相关信息既是政府信息公开的基本要求，也是有效治理危机、满足公众对公共危机处理的知晓心理的基本要求。国务院 2007 年发布的《中华人民共和国政府信息公开条例》(以下简称《条例》)是我国政府信息公开步入制度化的标志。《条例》对“政府信息”作出了明确界定，并指出政府信息公开是遵循公正、公平、便民的原则将政府信息及时、准确地公开发布。作为最重要的信息资源,政府信息占全社会信息的80%。公众通过政府发布的信息了解政府行为,同时也可监督政府行为。大数据时代政府主动积极推进信息公开,本身也是"大数据"思维的体现。2015年国务院发布的《促进大数据发展行动纲要》明确提出要"形成国家政府数据统一开放平台"。中央政府已表达出对政府数据开放的高度重视,而大数据技术也将为政府信息的公开、透明提供前所未有的机遇。

传播学者马歇尔·麦克卢汉认为,任何一次新技术的诞生和应用都极大地改变了现有媒介的传播格局,甚至是人们的传播方式。互联网的出现、传播技术的发展,给信息传播方式带来了深刻的变革,舆论生态环境也发生了重大变化。正如有学者分析的:"传播主体多元化、传播方式复合化、传播过程复杂化、传播速度快捷化、传播内容海量化的趋势日益明显"[21],公众要求参与社会公共事务的愿望与日俱增,对于自己的意见和利益诉求也善于借助各种自媒体平台进行表达。这就意味着,传播技术的发展唤醒了公众的民主意识,这种变化将直接影响政府的公共管理包括公共危机事件的应对。地方政府在应对公共危机事件时对信息发布渠道的利用,既要发挥传统主流媒体的作用,也要重视网络新媒体平台的力量;既通过官方媒体发声,也借助各种自媒体发布信息。即将传统媒体、新媒体、官方主流媒体以及民间媒体和自媒体进行综合利用,实现多种媒体的协同传播,以形成有利于公共危机事件应对的媒介环境。

与传统媒体时代相比,网络媒体时代的信息生态环境面临许多新的问题。在公共危机事件发生后,互联网上大量相关信息的产生可能包含许多相冲突甚至误导性的数据内容,如果没有政府部门及时发声传播真实信息,那么舆论的主导权极有可能被小道消息和谣言占据。要避免舆论主导权的丢失,地方政府应通过大数据技术的分析、过滤,及时识别信息的真实性和明确性,向公众发布的信息、提供的数据必须全面、真实。2010年美国西弗吉尼亚州发生矿难,导致29人死亡。在认定谁是主要责任承担者时,正是通过所保留的一千多条监管记录信息,经由大数据技术的分析过滤,为事故责任判定提供了重要证据,也保证了向公众发布信息的真实性和准确性[22]。公共危机事件真实信息的及时发布,能保证在事件发生后公众能够在最短时间获得来自政府部门的权威信息,这既有利于传递事实真相,也有利于打击谣言,净化公共危机的舆论环境。

(二)公共危机管理各阶段的信息工作

如前所述,公共危机事件主要包括:自然灾害事件、事故灾难事件、公共卫生事件和社会安全事件等。无论何种公共危机事件都会给社会正常的生产与生活秩序以及人们的生命财产安全带来严重威胁。公共危机的爆发虽然有其突然性和不可预知性,但一般而言,事情的发生都会有一个从量变到质变的积累过程。

美国危机管理专家斯蒂文·芬克1986年在他的著作《危机管理:对付突发事件的计划》中提出企业危机的生命周期理论,揭示了企业危机的四个周期,即潜伏期、爆发期、蔓延期、恢复期。斯蒂文·芬克的危机周期理论同样可应用于公共危机管理。四阶段中爆发期和蔓延期概括的是危机的发生、发展,可视为同一个阶段,因此,公共危机管理周期可分为三个阶段——潜伏期即危机预警阶段、爆发期即危机处理阶段、恢复期即危机善后阶段。公共危机管理中的信息工作所要讨论的是在这三个不同阶段中的信息工作重点,如图所示:

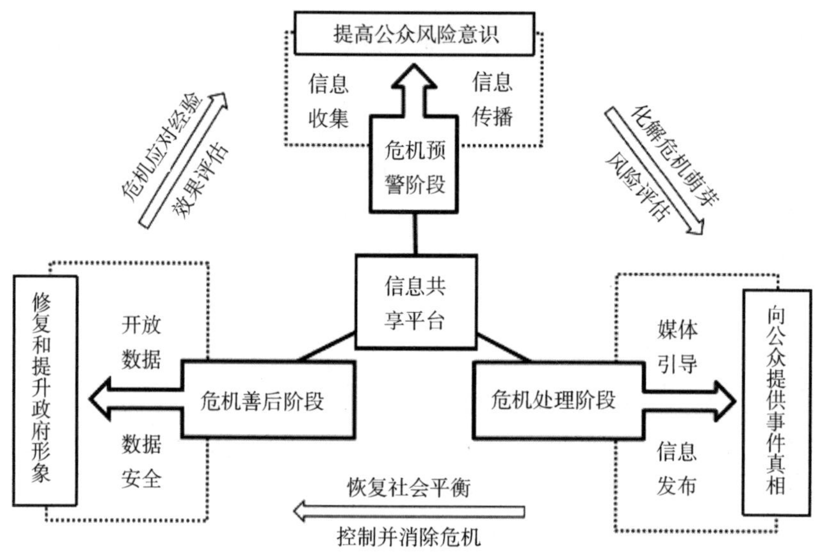

公共危机管理各阶段信息工作重点图

1. 公共危机预警阶段的信息工作:重在提高公众的风险意识

大数据技术对公共危机事件各数据之间的相关性进行分析可以尽早识别异常情况,预测未来。一旦发现或感知到危机的征兆信息时,要进行预警,以使政府在事件的萌芽期能化解或消除危机。一是政府的信息收集与分析,二是对公众的信息传播。

在我国,中国科学院2009年就建立了群体性事件数据库,该数据库建立在GIS平台之上,通过对大量群体性事件数据进行整理,能够从看似孤立的群体性事件中,挖掘和寻找到其内部规律性,为群体性事件治理提供重要参考。为了预测全国各地潜在的犯罪问题和犯罪发展趋势,澳大利亚犯罪委员会开发了大数据犯罪预测系统,用数据驱动执法,通过扫描数据,利用数据挖掘发现新出现的犯罪威胁的信号,预测其全国各地可能出现的犯罪问题和趋势。国内外政府对大数据技术的成功运用充分说明借助大数据技术可进行危机事件的预测。既然大数据的核心是“预测”,那么,大数据时代政府公共危机管理的预警机制就在于通过数据与数据之间的相关关系识别出有用的关联物,即通过两个数据值之间的数理关系来分析一个现象,而不是通过揭示其内部的运作机制来说明因果关系。

无数事实证明,人类在大自然面前非常渺小。我们无法阻止自然灾害的发生,但依靠大数据技术我们能分析出什么情况下这种事情可能发生。比如,对于可能发生的公共卫生事件,大数据技术的介入可以帮助公共卫生部门快速地检测出新的传染病和疫情,从而对重大流行疾病等进行预测并作出及时响应。因此,政府对突发事件的防范通过大量数据分析,即可发现问题的苗头并做出预警。对曾经发生过的事件进行分析、总结其规律,也能预防并预测事件的再次发生。现代政府公共危机管理正逐步从“被动应对危机”转向“主动防范危机”,从“救火型”管理转向“防火型”管理,这种转变是建立现代化公共危机管理体系的基础。

在公共危机预警阶段,信息管理工作主要体现在两方面。一是常态化的信息收集与传播。既利用多种媒体平台收集信息,也通过这些平台传播信息。在进行信息传播时应着重传播危机的相关知识及信息,对公众做好应急宣传教育,还可以配合进行应急演练,不断提高公众的危机防范意识,提高其应急能力。二是通过大数据分析发现有危机事件的征兆或事件的苗头时,则应通过提供准确、及时的信息数据,客观理性地进行风险评估并告知公众,同时防止谣言和不实信息的传播。2017 年夏末秋初,成都市气象台多次发布成都及周边地区暴雨预警,于是在微信上出现了疯狂转发的信息,信息内容是预报当日和次日有特大暴雨,声称还有可能出现“1998 年一样的大洪水”,要大家做好生活用水储备。对此,成都市防汛办通过网络媒体第一时间辟谣,声明此消息系编造的谣言,希望大家不要误传误报。成都市防汛办及时澄清谣言的举措避免了恐慌情绪的蔓延。而一旦发现危机征兆,对于可能发生的危机应立即启动预警机制做到未雨绸缪、防患于未然。总之,这一阶段的公共危机信息管理工作的重点是通过危机信息传播加强和提高公众的危机意识,做到“居安思危”,做好防范危机的准备。

2. 公共危机处置阶段的信息工作:公开信息,引导舆论

(1)“对于公众危机,首先应该是信息公开。”

公共危机一旦发生,在互联网上与公共危机有关的信息短时间内就会最大化传播,并成为知晓者的信息聚焦点。政府对公共危机信息的公布与披露是否适时、适当,在很大程度上成为能否成功化解公共危机的一个关键要素。

当公共危机发生后,政府在化解危机的过程中,除了采取及时有效的措施应对公共危机给社会及公众带来的生命和财产安全问题之外,一个重要工作是将公

共危机的各种信息及时、真实、准确地传递给公众。传播学科的集大成者和创始人、美国学者施拉姆指出:“对于公众危机,首先应该是信息公开”[23]。信息越是通透,不确定性越小,公众情绪越容易被安抚,反之,信息不准确或信道阻塞,极易引发公众的心理恐慌,甚至出现社会骚乱等现象。公共危机信息的传播强调官方与民间的沟通,地方政府要掌握舆论引导的主导权,就必须以开放的姿态处理事件,依靠事实的真相说服民众。在互联网时代,信息呈现形式的多元化、信息内容的碎片化成为各种信息的主要特点,公共危机信息同样如此。地方政府进行公共危机信息公开时要警惕“塔西佗陷阱”,避免因失信于公众而导致地方政府的信任危机。在通讯技术高度发达的今天,企图封锁公共危机信息已不可能,及时公开信息才是唯一正确选择。地方政府公共危机信息发布仍然应遵循英国危机管理专家迈克尔·里杰斯特在《危机管理》中提出的3T原则,即:Tell it own tale;Tell it fast;Tell it all,即以我为主提供情况、尽快提供情况、提供全部情况。

(2)发挥主流媒体的舆论引导作用

地方政府传播危机信息首先要发挥主流媒体的舆论引导作用,完善新闻发布制度和拓展扩充发布渠道。大数据时代,传播工具与传播渠道日益增多,各种网络媒体和自媒体如微博、微信等的崛起给政府信息传播工作带来新要求,社交媒体的出现形成了传播主体的多元化,也导致信息传播权的分散。地方政府在传播危机信息时,不论是危机事件的情况通报、政府积极组织抢险救灾的信息发布,还是澄清谣言、安抚大众情绪等各类与危机事件相关的信息,都率先在主流媒体进行发布,以充分发挥主流媒体的主导作用,占领舆论引导的制高点。

地方政府还必须高度重视和发挥社交媒体在信息传播中的作用。新媒体的迅速崛起与广泛应用,给地方政府公共危机管理与信息传播方式带来巨大挑战。公共危机管理的核心之一是信息的交流和共享,有效的危机应对以科学的行动方针为前提,一切都基于政府良好的危机信息处理能力以及根据信息制定决策的能力。而在危机信息的传播过程中,作为信息接收者的公众已经能够利用社交媒体来生成、传播和分享危机信息,并以信息传递为政府应对危机提供强大动力。

由于智能手机的普及和社交媒体的广泛使用,现实中一旦有危机事件发生,身处事件现场的人们会立刻用文字、图片以及视频等形式将现场情况通过手机进行信息发布。他们在发布信息时或由于受情绪化因素的影响,或出于某种目的,使其看问题的角度、对事件的认识、发表的言论都会出现明显的倾向性,导致发布的信息不全面甚至完全失实,从而引发网络非理性舆论的蔓延,使政府在危机应对中处于被动的不利局面。为了避免这种不利局面的出现,政府一方面要发挥主流媒体的引导作用,另一方面要善于利用官方微博、微信等自媒体与公众进行沟通。2015年"天津港爆炸事故"发生后,天津市政府利用社交媒体开展危机应对取得了很好效果。事故发生后,中央和地方政府都积极采取措施开展救灾抢险工作,并对受灾群众进行妥善安置安抚。同时,天津市政府积极通过多种渠道与市民进行对话。在整个事件的处理过程中,天津市政府多次通过网络与市民进行沟通交流。社交媒体、官方微博成为政府发布信息、与市民交流的重要平台。8月12日事故发生,到8月15日,天津市的四个地方官微原创发布占了所有最受关注官微发布的68%,所发布信息以情况通报和救灾宣传为主,分别占比26%和18%,其次是谣言治理、情绪安抚和信息分享。网民对官微发布的内容进行了大量转发和评论[24]。通过政府权威性信息的发布,对市民情绪起到了很好的安抚作用,多数市民从恐惧愤怒逐渐转向理性反思事故本身。

3. 公共危机善后阶段的信息工作:信息开放与信息安全工作并重

在公共危机进入善后恢复阶段后,地方政府需要对公共危机的处置做出科学、公正、全面的评估,包括对危机预警系统、危机应对计划、危机信息传播以及危机决策等各方面的评价。同时开展问责工作,并继续将相关信息及时向公众进行发布。这一阶段政府可通过继续引导舆论,发现和把握机会,以化危机为转机。因此,修复和提升政府形象是本阶段的主要目标。地方政府形象修复和提升既要看政府如何"做"(即采取的各种应急措施),也要听政府怎样"说"(即危机事件信息的公开情况)。评估公共危机需要对相关信息和数据进行分析、挖掘,总结经验,反思问题和不足,以有助于完善未来的危机管理工作。

这一阶段信息工作的主要内容包括:对于前期应该公开而未能公开的数据向公众开放,通过信息传播,表明政府对恢复社会秩序的信心和决心,消除突发事件信息对公众的负面影响,重塑公众对政府的信心。利用所掌握的突发公共事件舆论走势,继续引导舆论向有利方面转化,有针对性地回应民众的利益诉求,缓和民众的情绪,以树立信用政府的良好公众形象。

公共危机给社会造成重大的物质损失,给利益相关公众造成巨大心理创伤。因此,在公共危机的善后恢复期,还要关注危机后的社会心理危机状况,构建危机后精神心理救助机制,注重向公众传播有助于他们恢复心理健康、恢复正常生活的信息,积极引导公众进行心理调适。对公共危机信息的传播机制进行反思和评估,认真总结应对公共危机中信息管理工作的经验与不足,进一步完善危机公共危机信息的传播机制,保证在未来应对公共危机时信息发布更科学、更合理。

大数据时代地方政府的公共危机信息管理工作既要有信息开放意识,也要加强信息安全保密意识。云计算、物联网及大数据等技术的发展,在促进社会进步、经济发展的同时也影响着政府的社会治理。地方政府在对公共危机信息进行管理时，一方面要坚持信息公开，保障公众的知情权，另一方面也必须保证信息和数据的安全，防止机密信息的泄露。目前，在全球范围内已经发生多起数据泄露事件，包括：2016 年雅虎用户的账户信息泄密事件，用户被泄露的信息内容包括姓名、邮件地址、电话号码、生日、密码等，甚至还包括加密或未加密的安全问题及答案。类似的还有谷歌、微软的用户邮箱信息被泄露并流入市场出售。这些数据泄露事件警示地方政府要加强对信息安全的监督管理，建立和完善数据的使用和管理制度，确保数据的管理有效可控，避免政府机密信息出现泄露风险。

注释

[1]徐继华，冯启娜，陈贞汝．智慧政府大数据治国时代的来临[M]．北京：中信出版社．2014：12.

[2]迈尔·舍恩伯格，库克耶著．盛杨燕，周涛译．大数据时代[M]．杭州：浙江人民出版社，2013：17—18.

[3]赵伟．大数据在中国[M]．杭州：江苏文艺出版社，2014：244.

[4]艾伯特·拉斯洛·巴拉巴西著．马慧译．爆发：大数据时代预见未来的新思维[M]．北京：中国人民大学出版社，2012：5.

[5]国内外大数据经典案例研究[EB/OL]. http://blog. sina. com.

[6]本小节所引用的法规文件均出自中国政府网 http://www. gov. cn.

[7]运用大数据云计算破解社会治理难题[EB/OL]. http://shaanxi. mca. gov. cn/article/llyj/201608/20160800970154. shtml.

[8]大数据时代，"互联网+警务"升级社会治理模式．民主与法制时报，2017-01-04.

[9]贵阳运用大数据破解社会治理难题成效初显[EB/OL]. http://www. chinanews. com/it/2016/12-21/8100891. shtml.

[10]大数据和水利结合 72 小时预知洪灾[EB/OL]. http://www. weather. com. cn/slpd/2017/04/2689973. shtml.

[11]麻宝斌，王郅强．政府危机管理理论与对策研究[M]．长春：吉林大学出版社，2008：128.

[12]哈贝马斯．公共领域的结构转型[M]．曹卫东，等，译．上海：学林出版社，1999：56.

[13]彭立群．哈贝马斯公共领域理论探析[J]．安徽大学学报，2008(5).

[14]张国庆．行政管理学概论[M]．北京：北京大学出版社，2000：315.

[15]应松年．行政法新论[M]．北京：中国法制出版社，1999：512.

[16]高震宇．浅议信息化侦查的策略思维[J]．辽宁警察学院学报,2016(9).

[17]张宁熙．大数据在突发公共事件网络舆情信息工作中的应用[J]．现代情报,2015(6).

[18]邓求成．大数据与网络危机治理[J]．改革与开放,2016(8).

[19]董立人．“互联网+”助推国家治理体系和治理能力现代化[J]．中共四川省委党校学报,2016(12).

[20]澳大利亚政府大数据6大应用[EB/OL]. http://bigdata. china.

[21]任景华．关于突发事件应对中新媒体舆论引导的思考[J]．湖北社会科学,2012(9).

[22]美国西弗吉尼亚矿难的启示[EB/OL]. http://www. chinanews. com/gj/gj-hsdgc/news/2010/04-07/2210481. shtml.

[23]施拉姆著．陈亮等译．传播学概论[M]．北京:新华出版社,1984:276.

[24]刘淑华,潘丽婷,魏以宁．地方政府危机治理政策传播与信息交互行为研究,公共行政评论,2017,(10).

社会共治视阈下四川省食品安全风险交流法治化研究*

王　怡

食品安全风险交流是多元主体参与沟通交流的过程。成功的食品安全风险交流能够加强各目标群体对风险的认识，改变目标群体对待风险的行为和态度，以降低风险带来的影响，实现风险决策过程中的理解与合作。由于我国起步较晚，长期以来对食品安全风险交流停留在信息发布、宣传教育的“单向告知”层面。随着食品安全监管体制改革的深化和立法的推进，如何通过法治手段构筑政府、市场、社会共治的食品安全风险交流机制，引导公众对风险的合理知觉，促进风险决策过程中的理解与合作，对维护社会稳定与提升政府公信力等方面具有积极作用。

一、社会共治与食品安全风险交流的基本理论

国际上对食品安全风险多元主体共治概念的提出始于20世纪后期。由于西方发达国家政府职能扩张、机构庞大、效率下降，在环境保护、食品安全等问题上力不从心。我国自1993年以来，中国食品安全监管体制一直处于调整之中。直到2008年原卫生部办公厅发布的《卫生部办公厅关于做好2009年卫生新闻宣传工作的通知》中才首次出现了“风险沟通”一词。2013年食品安全监管体制改革虽为监管权整合的一大进步，但以内部整合为导向的改革和以职能为基础的资源配置方式阻碍了部门协同，加剧了利益竞争。在市场失灵的双重困扰下，非政府组织等第三方力量成为应对社会风险的第三种选择。

* 本文为四川省社会科学规划项目《社会共治视阈下四川省食品安全风险交流法治化研究》（SC15C010）的研究成果。

王怡，电子科技大学公共管理学院，讲师，博士。

(一)主要概念界定

1. 食品与食品安全

(1)食品概念的界定

在进行食品安全相关研究之前,首先需要理解“何为食品?”各个国家或地区在界定食品概念时,由于所参照事物和界定方式的不同,对食品的释义也有所区别。国际食品法典委员会(CAC)对食品的界定,包含了供人类饮用或食用的物质,但将药品、化妆品和烟草排除在外。欧盟议会与理事会制定的《一般食品法律》(第178-2002-EC号条例)对食品范围的界定相对更广,认为能够被人类吸收的即为食品。美国甚至将动物的需求也纳入对食品的界定,指人或动物食用或饮用的物品,以及用作以上物品构成的材料。日本《食品安全基本法》将食品界定为除《药事法》规定的药品、准药品以外的所有饮用、食用物品。我国在2009年出台的《食品安全法》中将药品中既可以作为食品又可以作为药品的物品(即保健品)划入食品范围之内,明确排除了以治疗为目的药品[1]。2015年新修订的《食品安全法》沿用了这一概念,对该类产品进一步加以规范。总体而言,各国对食品的界定在形态上包括了固体和液体,成品和半成品,但一般不包括以治疗为目的的药品。对农产品与食品间的关系也未作严格区分,多将农产品包含于食品之中[2]。

(2)食品安全的内涵

公众对食品安全认识的形成和发展受到社会生活条件的影响。在生产、发展水平不高时期,公众对食品的要求即满足基本生活需求的数量,食品安全的内涵主要体现在国家提供的食品在数量能否满足公众的需求上。而当社会发展使得公众生活水平不断提高,对食品安全也提出了更高的要求。除食品自身质量必须合格外,食品的获得方式也要注重环境保护与资源的可持续利用。联合国粮农组织(FAO)在1974年最早吸纳了这些内容丰富的食品安全内涵。世界卫生组织(WHO)在题为《食品安全在卫生和发展中的作用》的文件中也对食品安全作出了界定,内容更多体现的是对食品安全的保障,强调食品安全是在食品生产、加工、存储、分配和制作等与食品有关的过程中能够确保食品有益于健康并且适合人消费的种种必要条件和措施[3]。目前,国际上对食品安全并无统一标准,主要由国际标准化组织(ISO)、联合国粮农组织和世界卫生组织下属的食品法典委员会(CAC)等国际标准组织制定,各国参照执行。鉴于世界各国对食品数量的安全问题已基本得到解决,供给量问题已不是主要矛盾。而针对食品“质”的安全,主要是指食品对人类健康的危害,主要来自包括微生物、化学性有害因素和新技术带来的对人类健康形成的潜在威胁。食品安全问题已成为继住房保障和环境治理之后,我国民生关注的重点问题。

我国新修订的《食品安全法》第150条在食品质量安全的基础上,对食品安全作出界定,认为只有对人体健康不会造成任何明显的或者潜在的危害的无毒、无害的,有营养的食品才是安全的食品。由此可见,食品安全是一个需要多角度审视的概念。从食品生产过程角度讲,它不仅指某一生产环节的安全,还指整个过程乃至结果的安全。从安全控制的角度讲,既要把握已经显示出来的安全问题,也要防范未来可能会产生的安全问题。

2. 食品安全风险

食品安全风险是一种特殊的风险类型,兼具客观性与建构性的双重属性。这种风险不可避免地存在于公众的日常生活中,是由食品中的一种危害而引起的,将对人体健康或环境产生不良效果的可能性和严重性。这种危害可能是食物中或者是食品添加剂中的生物性或化学性的危害。可以说食品安全风险是客观存在于食品安全领域的,但是这种客观存在会受到社会文化及公众态度的影响。因此,在经济和技术存在差异的各国会面临着不同的食品安全风险。食品安全风险的客观存在性同时也决定食品安全风险不是一种狭义的存在,而是一种广泛存在于生产的加工、流通、消费、餐饮等环节的风险。如表1-1,表1-2所示。

表1-1 2015年食品安全事件在主要环节的分布与占比

环节	关键词	2015年		2014年	015年较2014年升/降(%)
		频数(起)	占比(%)	占比(%)	
原料环节	种植	926	2.92	3.09	↓0.17
	养殖	1283	4.05	3.92	↑0.13
加工环节	生产	10864	34.28	34.22	↑0.05
	加工	5632	17.77	18.02	↓0.25
	包装	4798	15.14	15.57	↓0.43
流通环节	仓储	273	0.86	0.70	↑0.16
	运输	1313	4.14	4.07	↑0.07
销售	批发	2183	6.89	7.00	↓0.11
	零售	1015	3.20	3.42	↓0.22
	餐饮	3406	10.75	9.98	↑0.77
食品安全事件总量		26231			

注:因同一食品安全事件可以发生在多个环节,故频数总和大于食品安全事件发生数量。

表 1-2　食品安全风险评价指标体系

一级指标	二级指标
生产加工环节风险	兽药残留
	蔬菜农药残留
	水产品质量不合格
	生猪含有瘦肉精
流通环节安全风险	食品质量国家抽查
	饮用水卫生监测
	流通环节食品抽检
消费/餐饮环节安全风险	食物中毒人数
	中毒后死亡人数
	中毒事件数

3. 食品安全风险交流

风险交流概念始于20世纪70年代,早期的风险交流多是单向的信息传播或宣传。直到1989年美国国家科学研究委员会在《改善风险交流》一书中首次确立了风险交流"民主对话"的互动性质,风险交流才开始逐步转为双向的信息沟通[4]。到20世纪90年代,随着科技的进步,社会的发展,食品安全风险交流等一些新的交叉学科应运而生。越来越多的学者开始关注公众参与和社会决策的民主,"信任"成为食品安全风险交流的核心议题。2006年FAO/WHO提出了由风险管理、风险评估和风险交流组成的食品安全风险分析框架。将风险交流定义为:"风险管理者、风险评估者、消费者、企业、媒体等利益相关方就食品安全风险相互交换信息和意见的过程"[5]。食品安全风险交流强调在科学客观、公开透明、及时有效、多方参与原则的基础上,通过长期互动建立消费者对食品安全的信任[6]。我国由于起步较晚,对食品安全的风险交流仍停留在信息发布、宣传教育的"单向传播"层面,未将利益相关方的认知特点和信息反馈考虑在内。这导致媒体将误导性信息和负面信息放大,消费者与专家之间的"信任危机"加剧。2015年新修的《食品安全法》提出"社会共治"原则,标志着我国食品安全从管制型模式开始让位于治理型法治秩序[7]。食品安全风险交流的多元主体共治已然成为实现国家治理体系和治理能力现代化的必然要求[8]。

（二）社会共治视阈下食品安全风险交流的理论基础

1. 食品安全风险交流的法理依据

（1）信息公开

信息公开是政府行政管理领域中一项重要的制度，是相关行政主体为了实现行政管理的目标，依据法律的规定主动或者依申请向特定个人或者组织公开除法律规定不能对外公布的信息的制度。按照这一理解，食品安全信息公开，就是相关行政主体为了实现食品安全风险交流的目的，依法将与食品安全有关的信息向特定的个人或组织公布。而食品安全风险防控中的信息公开制度，侧重于强调过程，是对食品生产、经营、销售环节进行风险防控的过程中的食品安全信息公开。

信息公开制度成为现代社会中公众参与国家和社会事务管理以及监督行政主体合法、正当地行使行政职权的基本前提。这一制度背后是以人民主权原则、知情权理论以及行政公开原则为支撑。人民民主专政的国家性质与人民主权原则等宪法基本原则决定了人民享有管理国家的权力，有权对政府进行的食品安全风险防控进行监督控制，而政府的义务是向公众提供可以公开的食品安全信息以保障人民权力的行使。《中华人民共和国宪法》中虽然没有明确规定知情权，但是其中有关人民主权、国家管理体制、监督体制、工作体制等规定的条文中都包含有知情权的内容，即公民、法人或其他组织依法享有的要求国家机关公开某些信息并在法律不禁止的范围内不受妨害地获得国家机关公开的信息的自由和权利[9]。食品安全风险防控的主管部门掌握了大量的食品安全信息，公众实现知情权必须依靠食品安全信息公开制度。通过由此产生的畅通的信息渠道，获取所需信息，从而减少损失，保护自身合法权益，而且也能够在一定程度上降低食品安全事故的发生[10]。

（2）公众参与

现代意义上的公众参与都从参与式民主理论与公众治理理论中得到启示。目前关于公众参与的三种界定，都不同程度参考了直接民主参与和主体的多元性。一种是对公众参与作出宽泛的理解，仅强调公众的影响，即公众试图影响公共政策和公众生活。另一种界定中带有政治的目的，对公众参与作广义与狭义之分，广义是指围绕政治选举展开活动，狭义的公众参与是指在政府公众政策的制定和贯彻落实过程中，应当有除政府以外的社会公众加入其中并产生影响。这两种更多参考了参与式民主理论中的直接民主参与。第三种界定考虑的是主体的多元性，认为作为社会层面的单位、组织和个人都可以作为主体在权利义务范围内进行社会活动。从中可以看到，公众参与的概念主要围绕以下内容来理解。第一，公众参与的主体必须是普通的社会公众。第二，参与的范围只能是涉及公共领域的事务。第三,公众参与的目的是解决公共问题实现公共利益,具有很强的公共性。第四,公众参与注重公众的理性,强调在解决食品安全问题的过程中,公众与政府、专家等其他多元主体协同合作时要保持理性。公众作为食品安全风险的最低位受害者,一旦食品安全风险产生,他们往往最先受到波及。公众参与食品安全公共决策,增强其话语权[11],有利于对风险决策进行批判和反思,形成更为科学合理的决策,解决食品安全问题。

由于我国在不断加大整治决心以优化监管体系、重塑食品安全法治秩序时,怠于发挥公众监督的法律效能,造成公众与监管者利益一致但难以实现共同治理的窘境,优化法律制度的建构作用势在必然。“事实上,如果跳出单纯强调政府责任的传统思维模式,把更多的关注投向社会,就会发现政府管理与社会观念之间本可达成一致,并非无法调和,专家与普通公众之间也不存在无法逾越的鸿沟。”[12]监管者面对庞大的食品市场和巨大的利益链条,能力缺陷和伦理风险并存,公权行使的极限状态也难以覆盖整个食品生命周期,加之经营者档案制度缺乏使规制经营者缺乏信息基础[13],基层执法能力建设水平难以应对违法经营城乡转移的挑战,自助性、被动性执法积重难返。“一个成功的立法过程,要求立法的结果以不同的方式造福于不同的利益相关者”[14],公众健康是食品安全保障体系的本源性利益,监管体系是“利他主义”价值准则引导下形成的工具性制度成果。而从现代社会的食品安全法律技术层面上看,公众既可作为与经营者法律关系的直接主体,也可仅作为监管者与经营者间监管关系受益人,还可二者兼而有之。究竟采何种态度取决于公众、监管者组成的安全保障共同体力量与违法经营者破坏力的对比关系。但不论采取何种做法,必须保持公众和监管者利益在现实层面与制度层面的一致性。

(3)言论自由

言论自由是公民参与国家管理的有效形式,也是宪法赋予公民的基本权利之一。宪法中规定的言论自由是指公民作为基本权利的主体,通过言论的方式表达自己对政治、经济、社会、文化等方面的理解和看法[15]。其中,食品安全风险交流是公民对食品安全信息的获取,以及将已获取的信息传送出去,从而表达个人或团体对某一食品安全问题的观点。言论自由的表现方式呈多样化,依照法律规定,可利用广播、电视等媒介,口头或书面表达。因此,言论自由是实现食品安全风险交流的重要途径。

在食品安全风险交流中,要发挥公众的主体作用,充分保障信息交流,实现信息对称,须从安全优位原则和平等原则两方面入手以保障言论自由。安全优位原则强调在食品安全风险交流过程中对于安全信息传递要优位与其他信息传递,以实现食品风险信息的及时公布,降低食品安全事故的发生概率。平等原则具体到食品安全风险交流中,是指由于处于弱势地位的公众信息的能力和表达意见的机会与国家机关及企业存在较大差异,在风险交流过程中要以平等原则保障公民的言论自由。

2. 社会共治理论基础

食品安全的多元主体共治就是以政府为主导,社会、市场共同治理食品安全。多元共治系统是一个开放性的社会治理系统,通过法治、协商和自治等理念来引导这个系统的有效运行。

(1)治理主体多元化

多元治理的核心是参与主体的多元化。多元是在原本以政府为一元主体的基础上加入来自市场和社会的主体。这两方面的主体能够加入到社会治理中,与其本身情况的改变紧密相关。政府职能的转变,使社会个体集结的热情被激发,社会组织迎来了新的发展高潮和更广阔的发展空间[16]。公民参与意识得到增强,要求参与社会治理的积极性不断高涨,各市场主体在日趋完善的市场经济体制下也逐渐活跃起来。各方主体情况的改变为多元主体参与治理提供了可能性。多元治理还包含了多元主体怎样进行治理的内容,这些主体应该是相互配合、相互合作来进行治理,包括了中央政府与地方政府、地方政府之间,以及政府、市场与社会间的协商合作[17]。这意味着政府与公众及社会组织三方保持在一种水平平衡的状态,通过相互博弈、平等协商等方式维持结构运作。政府在其中更多扮演组织协调者的角色,引导公众及社会组织参与治理,而公众及社会组织不仅能与政府充分互动,还能监督政府的行为,优化决策以提高其公正性。

(2)治理协同性

协同治理理论产生于公共管理领域,是对治理理论的进一步发展。协同治理的理论架构主要包含协同效应、伺服原理和自组织原理三方面。协同效应即因协同作用而出现的结果或影响,成为建构有序系统结构的内在动力。伺服原理规定了系统质变临界点上的简化规则,掌控着系统演化的全局。自组织原理是以自生性与内在性促使内部系统按照一定规则完成组织结构。该理论强调政府、公众、社会组织等多元主体的协商、合作。同时重视系统的协同性、秩序形成的自组织性[18]。具体体现为公共部门内部、公司部门之间基于协商共识而生成制度来维护其互动的有序性和对地方诉求的关注,以求达到政府与社会的相对均衡[19]。由于我国食品安全风险交流领域公共部门内部、公私部门及公共部门与社会组织、公众之间对权力的竞争和利益的争夺多于互动与合作,从根本上尚未脱离分段监管的治理模式。协同治理所强调的治理权威来源及治理主体的多元性、社会秩序的稳定性和自组织的调和性对培育社会组织,健全多元参与机制,创新我国食品安全风险交流模式有着积极作用。

(三)食品安全风险交流中多元主体共治的运行逻辑

食品安全风险交流中多元主体共治是对以往政府单一主导的事后治理模式的改变。但它也并非是多元主体分别治理的简单力量相加,本质上它是政府与非政府的组织与个人通过各司其职协调配合实现食品安全领域的利益最大化[20]。因此,食品安全社会共治必须在多元主体的功能同时发挥下才能实现社会共治的内在需求。

第一,政府在食品安全治理中的介入程度在不同的阶段有不同的表现,具体来说政府在食品安全共治中的基本功能包括:一方面政府需要构建市场与社会秩序的制度环境。政府有责任建立合理有效的惩罚机制与监管机制,在监管企业的生产过程的同时对企业的违法行为进行惩治。而在这套机制中最为关键的就是确定政府监管和惩罚的程度,使之在有效促进企业自愿实施相关质量保障系统的同时,保障企业的生产积极性及自主决策的灵活性。另一方面政府需要构建紧密灵活的治理结构。而提高治理结构的紧密型与灵活性的关键就在于主体之间的信任机制。主体之间诚信的缺失将会严重影响其进一步的合作,因此建立合理完善的信息交流制度与法律规范应当作为社会治理机制的重要内容。最后政府需要构建与企业、社会的友好合作伙伴关系。政府若想实现与企业、社会的友好伙伴关系不仅需要建立信任机制,同时也需要政府内部部门之间权责分明,互相监督,以防止政府部门之间互相扯皮推诿,降低政府在社会中的信任度,同时政府要积极改善自身的治理能力,提高其社会治理的公平性与有效性。

第二,企业因其自身的特性决定了企业功能发挥的被动性与局限性。企业的最终目的是获取经济收益,食品企业会评估其内部(资源)激励与外部(声誉、处罚)激励的成本和收益,根据预算额度的限制和市场结构决定是否遵守法律法规以及社会监管。为了促使多元主体共治模式的有效运行[21],企业应加强自我管理机制、建立契约机制。企业的自我管理意味着风险的分析与管控。契约机制的建立旨在实现下游企业提高监测系统的精度,保障购入食品的质量安全,并在出现食品质量安全后通过契约机制获得上游企业的赔偿。

第三,注重信息公开。食品企业可以通过标识认证、可追溯系统等工具来向公众传递安全信息,解决食品安全信息不对称的问题。向公众传递安全信息的最主要方式即标识认证。

第四,通过公众参与发挥在食品安全机制中的作用。社会公民是食品消费者与购买者,是政府与企业信息传播的接收者,也是最佳监管者。但目前公众参与制度还不够完善，食品安全科技知识相对不足限制了公众参与食品安全治理的实际水平。因此，政府需要构建合理有效的公众参与平台，信息交流平台以及食品安全系统的透明度和可追溯性来最大程度地弥补提高公众的食品安全风险交流的素养。

（四）社会共治视阈下食品安全风险交流法治化之必要性

1. 是消费者权利保障的重要手段

现代政府和法治的突出特点是对权利的保障。人的生命与健康是人生存与发展的基本点，从中演化出的人的健康权与生存权是人权的重要组成部分，它们的实现与否、实现程度是评价一国政府治理水平的方向标。食品作为维系人类生存和发展的最基本要素，其安全性至关重要。当今社会法治化程度不断加深，对食品安全风险交流也显得日趋重要，也面临了更多的挑战与机遇。急需通过法治化道路完成对其的进一步升华，方可更好地保障人的生存权与健康权，保护人权。可以说，积极促进社会共治视阈下食品安全风险交流是法治文明的重要表现。

2. 是维护社会秩序的必要途径

秩序可以为人的生存权和发展权提供保障，维护社会秩序稳定是社会得以演进的前提和条件，秩序价值作为法的基本价值，为法的其他价值创造了基础，保障着其他价值的实现，促进人类社会和谐稳定发展。食品安全风险防控法治化服务于社会制度。是为维护食品市场秩序而存在的，有助于社会稳定的，是保障公众基本生活的前提。一旦出现食品安全问题，会引起公众焦虑担心的情绪，造成严重的心理负担。而如今频繁发生的食品安全事故，几乎将公众对食品安全的信任消磨殆尽，极大地影响了公众对政府和社会的预期，阻碍了社会实现和谐稳定的发展。

3. 是法治建设的内在要求

当前我国正处于法治化的建设中，法治建设就是要在宪法和法律的框架下共同管理国家事务。强调依法治国和民主参与。随着 20 世纪以来工业化、现代化和城市化不断推进，在带来利益的同时问题也在逐步凸显，最突出地表现在与人类生活息息相关的食品安全领域。将食品安全风险交流纳入法律治理轨道中，同时需要公众参与其中，从而改善降低风险带来的影响。而另一方面法治建设本身也需要秩序，关系国计民生和涉及人民生存发展的食品安全风险防控因其对维护食品安全秩序具有作用，成为现代政府法治之路的重要一环。

二、地方政府食品安全风险交流法治化进程——以四川省为例

为了能够更好地解决食品安全领域的突出问题，我国开始持续推动食品安全

领域的体制改革,实行了由农业部、国家食药监总局和国家卫计生委员会的"三位一体"食品安全监管的模式,并通过不断完善食品安全立法来推动我国食品安全风险交流的法治化。

(一)我国食品安全风险交流的制度变迁

我国食品安全风险交流制度历经2009年《食品安全法》颁布前、2009年《食品安全法》实施期间和2015年新修订的《食品安全法》的颁布与实施三个阶段,现已初步成型。

1. 第一阶段:2009年《食品安全法》颁布前

在专门针对食品安全的法律出台之前,我国对食品安全的监管主要依据国务院颁布的法规进行,在2009年《食品安全法》最终颁布前,食品安全法制建设经历了从《食品卫生管理试行条例》到《食品卫生法(试行)》再到《食品卫生法》的探索阶段。而在这一阶段,随着经济社会的发展,我国食品安全治理机构进行了调整、重组,其职能也进行了相应改革。

在该阶段,我国仅仅在环境评价方面存在着公众参与的立法体制,如1996年《关于加强国际金融组织贷款建设项目环境影响评价管理工作的通知》第7条,以及"关于修改《水污染防治法》的决定"、《环境噪声污染防治法》、《建设项目环境保护管理条例》都对公众参与有了相关内容的规定。但此阶段实质上并不存在真正意义的"风险交流",仅仅是政府作为管理者,向公众单向地发布信息,引导食品安全工作的发展。公众作为弱势的一方,只能被动接受政府发布的信息。而传统媒体由于其自身局限性,很难在实践中为公众与政府搭建沟通的桥梁。因此,公众参与的途径少之又少,缺乏专门的参与平台。

2. 第二阶段:2009年《食品安全法》实施期间

继2008年"三聚氰胺"毒奶粉事件爆发后,"地沟油"[22]"瘦肉精"[23]等问题纷至沓来,频发的食品安全恶性事件中,对风险交流的认识还局限于查清问题,发布调查结果[24]。法律依据不足成为食品安全风险交流最大的障碍。

2009年初,中央2009年1号文件即《关于2009年促进农业稳定发展农民持续增收的若干意见》明确指出应抓紧出台食品安全法。同年6月1日,中国首部《食品安全法》通过并实施。次月,国务院第557号令发布了《食品安全法实施条例》。《食品安全法》第8条规定:"国家鼓励社会团体、基层群众性自治组织开展食品安全法律、法规以及食品安全标准和知识的普及工作,倡导健康的饮食方式,增强消费者食品安全意识和自我保护能力。"加大了食品安全的知识宣传与教育力度,确保了公众食品安全风险认知的提升。第10条规定:"任何组织或者个人有权举报食品生产经营中违反本法的行为,有权向有关部门了解食品安全信息,对食品安全监督管理工作提出意见和建议”。将食品安全风险交流的利益相关方扩大到社会公众。在该阶段,中国食品安全风险交流进入制度萌芽期,虽然食品安全风险治理仍处于政府主导的单一行政监管模式,但食品安全风险交流理念开始被认识、指导实践。监管部门依据《食品安全法》制定了食品安全事故信息报告制度,开通了食品安全风险网站,积极培养风险交流专业人员。国家卫计委于2014年颁布的《食品安全风险交流工作技术指南》(国卫办食品发〔2014〕12号)初步明确了食品安全风险交流的定义,将主体确定为“各利益相关方”。强调信息发布的及时、公开、透明应成为常态。但以上制度规范仅将风险交流定位于单向的、行政中心主义的食品安全信息公开,缺少具体、细致的规引[25]。且长期以来,中国食品安全监管部门在风险治理中更习惯于食品安全事件的危机应对[26]。

3. 第三阶段:2015年新修订的《食品安全法》颁布实施后

《食品安全法(修订草案送审稿)》在吸纳社会各界建议的基础上,历经一年多的努力,最终通过中华人民共和国第十二届全国人民代表大会常务委员会第十四次会议的审议,形成了《中华人民共和国食品安全法》,该法于2015年10月1日起施行,因此被称为2015年新修订的《食品安全法》。

第一,新修订的《食品安全法》对风险交流主体的定位。食品安全风险交流涉及政府、专家、消费者、媒体、企业等多方主体。政府作为风险管理者,担负着引导公众参与风险交流的职责。新法第10条强调政府不仅需要自身行动起来还要调动社会组织参与,通过宣传教育工作的开展,传递有效的食品安全科学知识。在公众参与层面,第12条规定公众有权对食品安全信息及食品安全监管工作提出建议。但从政府的角度讲,是要求政府要向公众提供风险交流渠道,确保公众获取信息和建议权得以实现。此外,政府引导公众参与风险交流还体现在政府主动将有关信息予以公开,保证公众能够及时获取到可靠的信息,树立正确的食品安全风险认识。新修订的《食品安全法》第31条、第118条分别对食品安全标准和食品安全信息加以规定。在食品企业层面,新修订的《食品安全法》就食品安全标准、食品添加剂、食品包装说明、食品召回制度等方面实行企业负责制。针对企业食品安全生产责任的承担以及对违法行为的处罚,新修订的《食品安全法》第123条至135条都加大了力度,以此来强化对企业食品生产经营的约束,增强企业的责任意识。对社会组织,新修订的《食品安全法》第116条第2款更多是站在消费者的一面,通过有关权利的行使来对政府工作进行监督,扮演的是监督者的角色[27]。媒体和专家更多是政府工作的辅助者,一方面,政府管理者在面临复杂专业的风险信息时,专家应当提供专业帮助,媒体应当将经过政府管理者判断后的信息传达给公众。另一方面,专家和媒体仅仅提供必要帮助,而不能取代政府管理者的决策随意散布风险信息。如新修订的《食品安全法》第 10 条第 2 款规范了媒体报道食品安全的行为,规定新闻媒体须对食品安全违法行为进行舆论监督。专家对政府工作的辅助在新法第 17 条规定的食品安全风险评估制度中,由专家组成的委员会直接评估。专家对政府工作的辅助体现在提供技术上的支持和帮助。

第二,新修订的《食品安全法》对促进公众参与的规定。食品安全风险交流是各参与主体之间就风险信息进行沟通的过程,实现这一过程,必须重视其中的两个关键的环节。一是公众参与,二是风险信息发布。就公众参与而言,新修订的《食品安全法》第 3 条在食品安全工作方针中提出社会共治理念,而社会共治强调的就是强化多元主体的责任意识,共同参与食品安全监管。针对食品安全风险交流的公众参与,第 23 条作为新修订的《食品安全法》中唯一一条直接规定风险交流的条款,涉及了风险交流的主体和内容。参与食品安全风险交流的主体具有广泛性,风险信息的沟通有了专家、媒体、行业协会、社会组织的参与,不再是政府规制下的单向信息发布[28]。

第三,新修订的《食品安全法》对风险信息发布的限制。就风险信息发布而言,该法专门对食品安全信息公布做出规定。该法第 118 条明确提出,建立食品安全信息平台,未经授权不得发布相关信息,并依据职权将统一公布食品安全信息的主体调整为国务院食品药品监督管理部门。而第 120 条是对编造、散布虚假食品安全信息做出惩罚性规定。由此可以看出,我国在规制食品安全风险信息发布面前目前采取的办法是收紧信息发布主体,从而遏制虚假信息给社会造成的恐慌[29]。除了该条对食品安全信息做了专门条款规定,在其他涉及食品安全信息公布的条款中也涉及相关具体详细的规定。如第 22 条涉及食品安全风险警示制度,要求国务院食品药品监督管理部门统一公布食品安全风险警示信息。第 31 条规定了食品安全标准公布制度。第 100 条包含了进出口食品安全信息公布的规定。第 105 条规定了食品安全事故处理制度,对食品安全事故发生后做好对食品安全事故及处理情况的发布做出规定。

(二)食品安全风险交流对地方政府的挑战

长期以来,我国涉及食品安全的风险交流是一种危机应对,地方政府往往是在食品安全事故发生后才采取应对措施进行管理。总体上,反映出地方政府在日常监管过程中忽视风险交流的重要性。随着新修订的《食品安全法》颁布,我国食品安全风险交流法治化取得了相应进展。但相较于发达国家,我国食品安全风险交流仍处于起步阶段,地方政府面临多元主体间利益的冲突、决策层面的民主性缺失、实施层面缺乏技术支持等挑战。

1. 多元主体间利益的冲突

食品安全风险交流的制约因素之一是多元主体间利益的冲突。食品安全风险交流是一个多方主体参与沟通交流的过程,即各持不同意见和见解的主体通过磋商达到一个平衡状态。食品安全风险交流就包含多元主体间利益差异,只是这种差异可以在一定范围内融合。但实际上很难掌握这样的平衡,利益间冲突广泛存在,使得共识很难形成。在风险评估阶段,各个领域的专家根据食品安全风险监测信息、科学数据以及其他有关信息形成结论,而不同领域的专家身处环境不同利益立足点就不同,考虑问题的角度自然是有差异,对同样问题在专家之间会存在分歧,且难以放弃各自的观点接受对方,这就很难形成最终的科学评估结论。在信息公布阶段,组织利益的冲突会导致食品安全信息的冲突,对于同一个食品安全风险事件,不同组织处于不同的立场考虑会做出不同解读。不同组织这种竞争性"风险信息"会使得公众困惑不解、无所适从,进一步加强了公众对食品安全事实不确定的恐慌,降低了组织的公信力。

2. 决策层面的民主性缺失

食品安全风险交流机制的形成首先应当满足多元化需求,在传统的自上而下的监管模式影响下,信息是通过发布者单向传递给接受者,信息接受者被动服从,难以实现真正的沟通交流。受传统监管模式影响,我国食品安全监管的主体仍然较为单一。虽然新修订的《食品安全法》第 23 条规定的食品安全风险交流主体是将食品安全领域的相关专家和社会组织以及食品安全生产经营者纳入其中,但这项规定却把广大的消费者个体拒之门外,这是民主性缺失表现。更深一层次是,仅仅依靠这条并不能改变我国食品安全领域一元监管的实质。受单一主体监管体制影响最大的是在食品安全信息方面。首先,对信息的传递,地方政府相关部门公布信息的目的,并非是为了实现沟通交流,而只是被理解为单纯的信息发布,希望在食品安全事故发生后起到风险警示的作用。这与食品安全风险交流的核心是背离的,在风险交流活动中,受众应当成为风险交流的核心关键,且风险交流机构应当根据受众的反馈信息不断调整所传播的风险交流知识以此有效地应对突发的食品安全事件。其次,对信息的掌握,目前在我国,政府在食品安全监管的政策制定以及信息掌握方面都居于主导地位,这使得居于弱势地位的非政府组织、专家及其公众在与政府进行食品安全交流时缺乏有效的渠道来表达自己的诉求,或者即使是部分专家学者提出了有关食品安全的科学性意见也会被居于优势地位的部分地方政府以各种理由搁置,这在很大程度上阻碍了食品安全风险交流活动。

3. 公众角色的不周延

学界和实务界对食品安全保障中公众参与的方式和程序等问题的探讨较多[30]，似乎“公众”与生俱来就是积极的安全保障性力量，而不可能是破坏性、消极性的。但由于每个人都同时是多重社会关系的主体，多种利益关系的相互消减会使法律对公众的功能陷入失败的境地，可以说现行食品安全立法对将公众作为与监管者、经营者对立面存在不恰当之处。

第一，作为潜在消费者群体的公众被简化为实在消费者。现行机制中公众对经营者最为有力的监督武器莫过于惩罚性赔偿，但唯有在具体消费合同关系建立后才是法律上适格“消费者”，才能获得向经营者主张惩罚性赔偿的法定资格。公众如果处于未消费状态，即便发现了在生产、待销售阶段的安全风险，也无法直接启动这一责任机制而规制违法经营行为。可见，监督经营者的机制在主体角色上未覆盖热心公共事业、监督能力强的公众群体，规制未进入的消费环节的安全风险才是公众监督至为关切的方面。由于此时公众不具备对经营者发起直接法律行动的主体地位，只能通过启动监管程序和媒体曝光来间接应对，“尽管法治建设离不开立法、执法与司法机关的民主立法、严格执法和公正司法，但他们只是法治的执行主体而非本源性主体”[31]，现行机制对公众的法治自觉和自信大为不利，能力不强的公众无视监督地位而对参与食品安全治理持排斥心理，而监督能力较强的群体则可能采用“知假买假”等手段，以破坏市场经济赖以生存的契约精神来换取打击违法经营效果。

第二，公众监督缺乏强制约束力。现行机制规定监管者作为公众监督的义务主体地位法律性较弱，“食品安全法律规范虽然也会规定公众有权对行政机关制定的食品安全标准进行评论，行政机关有义务向公众公告食品安全标准，但对于公众的评论，行政机关是否接受，对于不接受的行政机关是否需要说明理由等关键问题，法律规范则没有规定，因而属于行政机关裁量权范围，公众的评论对行政机关没有强制约束力”[32]。这忽视了相对性公众存在及其作用充分发挥的问题，只有“借助无数消费者的‘用脚投票’深入作用于企业利益结构的核心部分，因而能够有效阻吓企业放弃潜在的不法行为”[33]，如果将公众定位于监管辅助人的角色，政府接受公众监督的义务未予法律化、责任化，则不能实现将相对性公众与经营者的人格分离，甚至会起到反向的作用。只有重视存在于违法行为内部的公众力量并科学设定其主体角色，才能打破食品同行企业间、企业内部职工的集体沉默[34]。

第三，忽视公众监督主体角色转化与抛弃的可能性。现行机制在设计公众整体性角色时忽视了公众个体在面临制度激励出现偏差情形下可能在制止违法与成为经营者间面临的抉择,也就是说在主体可能性上失望的公众是经营者的后备队。现行机制提供的公众监督途径的宽度和效力,易于使公众采取依靠自己或小团体来保障自用食品安全的自力救济方式,而怠于与监管者结盟,如将自食和出卖的农产品分别种植、区别对待,部分机构采取的"特供"手段。当感知监管者与公众形成的总体威慑力小于违法经济利益时,则可能转而扮演食品经营者而抛弃监督主体的角色,在利益诱导下从事或帮助食品违法行为。公众监督机制对角色的影响,使得在建构制度时须考虑公众是否被推到了经营者阵营中,必须在制度层面重视对公众角色的可转换问题。

4. 实施层面缺乏技术支持

食品安全风险交流机制形成的制约因素之三为缺乏交流技巧,食品安全风险交流的特性要求公众审慎对待交流对象的特征,要以掌握准确信息为前提,把握准交流时机,否则会造成交流的失灵。实践中交流失灵典型地表现在媒体与公众之间的交流。目前,我国新闻媒体的从业人员素质普遍偏低,缺乏对食品安全风险交流以及公众理性的认识[35]。媒体报道与公众的认知无法实现吻合,反而使得公众对媒体的报道产生怀疑。政府与公众之间的交流方式技巧的选择更要引起政府的足够重视,交流更加注重的是彼此共享信息的过程而非结果。一味追求结果的交流,反而会得不偿失。政府内部组织机构之间的沟通强调的是通过信息通报制度实现,而食品安全风险交流不是单纯的信息的告知,需要相互间的交流互动[36]。而这种情况在目前政府缺乏食品安全风险交流工作目标定位,不讲求风险交流技巧的状态下无法实现。

(三)四川省食品安全风险交流法治化成效

在2013年国家食品安全监管体制改革启动后,对地方食品安全监管体制提出了新一轮要求。为减少监管环节、保证上下协调联动,地方政府须整合监管职能和机构、整合监管队伍和技术资源、加强监管能力建设、健全基层管理体系。近年来,四川省对食品安全监管体制进行了一系列的改革,管理机制日趋完善、监管能力逐步提升、综合整治不断加强,初步形成了横向到边、纵向到底的网格化食品监管格局。下面以绵阳市为例作一介绍,如表2-1所示。

表2-1 绵阳市食品监管机构改革情况

	时间	绵阳市食品监管机构改革情况
第一阶段 (2004年以前)		食品安全监管职能主要由卫生部门负责。

续表

	时间	绵阳市食品监管机构改革情况
第二阶段（2004－2008年）	2004年	四川省绵阳食品药品监督管理局组建，负责综合协调、组织协调和组织查处重大食品安全事故。
第三阶段（2008－2011年）	2008年	卫生部门负责承担食品安全综合协调、组织查处食品安全重大责任事故的责任，绵阳市食安办也随之划入绵阳市卫生局，负责绵阳市的食品安全监管综合协调工作。
	2010年	根据国务院办公厅《关于调整省级以下食品药品监督管理体制有关问题的通知》，四川省绵阳市食品药品监督管理局由省垂直管理划转为地方管理，变更为绵阳市食品药品监督管理局。
第四阶段（2011年至今）	2011年	绵阳市卫生局将食品卫生许可，监管餐饮业、食堂等消费环节食品安全的职能划转至绵阳市食品药品监督管理局。
	2013年	根据《四川省人民政府关于改善市（州）、县（市、区）食品药品监督管理体制的实施意见》（川府发[2013]39号），绵阳市政府办出台《绵阳市食品药品监督管理局主要职责内设机构和人员编制规定》，将原工商、质监、卫生、商务等相关部门的食品安全监管职能划转整合至市食品药品监督管理局。
	2015年	绵阳市各县市区，除梓潼县独立设置食药监局外，其余的8个县市区均将食品药品监督管理局、工商行政管理局和质量技术监督局的职能和人员“三合一”整合设置为食品药品和工商质监局。

在食品安全交流层面，四川省构建了风险监测和风险评估机制、完善了食品安全市场准入机制、严格了食品召回机制，建立了社会共治平台，有效促进了省内食品安全风险交流法治化进展。

1. 构建了风险监测和风险评估机制

食品安全风险监测制度是政府实施食品安全监督管理的重要手段，政府在食品安全监管过程中依靠食品安全风险监测提供的数据，可以全面了解到食品污染的状况和趋势，及时发现食品中存在的安全隐患，同时也是重要的食品安全风险防控手段。新修订的《食品安全法》从食品安全风险监测对象、计划、方案、结果以及风险监测工作的开展等方面对食品安全风险监测制度作了详细规定。从内容增加了对制定、实施食品安全风险监测计划的部门的规定,对制定、调整地方食品安全风险监测方案的部门的规定,以及公布食品安全风险监测结果的规定。从而完善了食品安全风险信息的核实交流机制和食品安全风险监测计划的调整机制。该法对食品安全风险评估制度的规定,通过评估对象、评估主体、评估的事由、评估结果通报、评估结果利用、信息公开与交流等建立起完善的制度规范体系。食品安全风险评估简单地说,就是对食品中可能存在的对人体健康造成危害的因素作出科学的认识评价。食品安全风险评估是一个对食品安全建立科学认识的过程,风险评估结果更是制定或者修订食品安全标准或对食品安全实施监管的主要依据,这样一方面能保证上述行为的科学性,另一方面是风险评估的价值体现[37]。新修订的《食品安全法》在原来的食品安全风险评估制度的基础上还增加公布食品安全风险评估的结果,将潜在的健康风险及时告知公众,有利于帮助公众树立科学的认识,真正发挥着防范食品安全隐患的作用。

在此基础上,四川省的做法是:第一,技术支撑保障能力逐步增强。食品的检验检测作为食品质量安全评价的重要的技术支撑,对保证食品质量安全,提高食品产业整体水平起着重要的保障作用。各食品安全监管职能部门监管资源不一,要加强监管资源的统筹利用,做好资源互补,合理安排部署,科学开展食品抽验监测工作,不断提高了抽验监测质量和规范化管理水平,及时发现食品安全风险隐患,按规定程序核查处置不合格产品和问题产品。强化抽验结果运用力度,坚持定期召开食品药品安全风险研判会,就抽验过程中发现的较高风险隐患的食品药品进行综合研判。向社会发布食品安全消费等风险提示和建议,提升社会食品安全治理水平,食品市场秩序日趋规范。第二,舆情监测处置程序日趋规范。确定专人全天候负责舆情监测和风险分析工作,及时推送舆情信息,定时开展食品安全舆情分析,舆情通报并及时作出建议。根据舆情现状和发展趋势,适时修订舆情处理程序,确保工作原则、工作职责、监测预警、事件和舆情信息处理程序、信息报告与发布、应急处置程序等方面明确、规范。第三,事故应急处置能力持续增强。建立责任明晰的应急处置队伍,明确了应急车辆,配备必要的通讯工具,改善基层监管条件,建立和完善了应急处置规章制度,定期组织开展应急实战演练,强化突发事件靠前指挥,落实基层监管部门和稽查执法单位现场处置的工作责任,做到积极协调,妥善处置。建立食品药品安全突发事件应急处置队伍和应急专家队伍,定期深入重点医疗机构调研、指导,提高医疗机构对食物中毒等突发事件应急救援、医疗抢救的责任意识和工作水平。

2. 完善了食品安全市场准入机制

实行市场准入是预防原则在食品安全风险防控中的具体运用。预防原则要求相关主管部门预先积极采取措施,把握控制可能会产生风险的诱因,从而降低风险发生的概率。一套完整的食品产业链条包含生产、加工、流通、消费等环节,市场准入就是在食品到达市场之前对其加以控制。新修订的《食品安全法》不仅针对食品本身设定了市场准入标准,对食品生产经营也设定相关标准进行控制。就食品本身的控制,是对食品属性,食品添加剂使用,食品包装等作出限制,食品需经过批准方可进入市场。对食品生产经营的控制,贯穿于整个食品生产经营过程中,包括对场所、设备设施、人员、工艺流程贮存、运输和装卸食品等都提出要求。尤其是对食品生产经营者的控制,不仅审查主体资格标准,更要对其作出的生产经营活动进行约束,并在后续生产经营过程中接受相关部门监督。

3. 严格了食品召回机制

召回制度是指在已经发现食品不符合食品安全标准后,防止对消费者危害的进一步扩大,而对已进入市场领域的产品予以召回的制度。2009 年颁布的《食品安全法》以法律形式规定召回制度,标志召回制度的正式诞生。2015 年新修订的《食品安全法》将召回制度严格化。明确对不符合安全标准的食品的召回是食品生产者的责任,此外在召回不合格产品同时,还辅之相关措施,例如,通知相关经营者和消费者,将召回情况通报相关部门,并将召回产品进行销毁等。县级以上人民政府食品药品监督管理部门有权对食品生产企业的召回情况进行监督。市场准入制度是在食品安全监管中采取积极主动措施预防,而召回制度是在风险已经出现但还未发展成食品安全事件时采取措施补救。两者相互衔接、合力出击,方能增强食品安全风险防控之能力。

4. 建立了食品安全共治平台

如绵阳市在建设食品安全风险交流共治平台的过程中,一方面,组建了绵阳市食品安全专家委员会,作为协调食品安全监管各方主体之间进行合作和交流的平台。委员会主要负责组织开展食品安全数据的监测和综合分析,为绵阳市食品安全监管提供决策咨询、科普宣教、应急处置和风险评估,及时与消费者进行食品安全信息交流,预防食品安全事故的发生。为保证分析评估的专业科学,设立了"绵阳市食品安全专家管理库",在成员的组成上秉承多专业、跨部门的原则,既有卫计委、农业局、食品药品监督管理局等对食品安全监管负有主要责任的政府部门,也有食品科研机构、检验检测机构、大专院校等行业专业机构,积极构建第三方评估机制。并制定了《绵阳市食品安全专家库使用管理办法》《绵阳市食品药品安全风险分析评估管理办法》等管理制度,确保委员会运行畅通,充分发挥专家的专业优势。另一方面，为着力优化食品监管资源的利用，提升监管效能，进行了一系列的监管资源整合。第一，对全市检验检测资源进行整合，合理分配利用各检验检测机构的检验检测资源，充分发挥其技术支撑作用，第二，推进基层监管力量的整合建设，加强基层监管能力建设，将食品安全监管触角延伸至每一条街道、每一个村社，切实打通监管服务最后一公里。第三，加强监管部门间沟通协商，整合监管执法力量形成监管执法合力，充分发挥各部门的业务优势和信息优势，掌握舆论主导，引导公众理性认知消费，维护健康的市场秩序。

都江堰市为加强技术创新，于 2016 年启用了食用农产品合格证综合管理平台，通过食品生产经营者打印农产品合格证并在云端存储合格证全部信息，记录农业投入品购买到种植、生长、采摘、销售等一系列农事活动及经营活动，实现全程可追溯，倒逼食品生产经营者主动落实生产经营主体责任并引导公众主动参与到食品安全治理工作中，以有效解决当前农产品生产经营主体数量庞大，主体责任意识薄弱，基层监管力量薄弱，食用农产品生产经营不规范等“老大难”问题，对促进农业产业健康发展、确保食品安全有着重要的意义。

5. 形成了公众监督机制

公众监督监管者的法律关系也体现于整体、个别两个层面。监管者对公众整体上的义务规定：“任何组织或者个人有权举报食品生产经营中违反本法的行为，有权向有关部门了解食品安全信息，对食品安全监督管理工作提出意见和建议”，公众通过监管者行使的监督权包括：举报权、知情权、批评建议权。三项法定权利对应着实践中的违法经营、监管不作为两类行为，既包括举报违法经营行为、获知监管者对企业的查处信息、对查处活动提出批评建议，也包括举报不作为的监管人员、获知对其处理的信息，并对此提出批评建议。其中，知情权的保障相对充分，我国法律规定：“食品安全监督管理部门应当依照食品安全法和本条例的规定公布食品安全信息，为公众咨询、投诉、举报提供方便；任何组织和个人有权向有关部门了解食品安全信息”，监管机构还颁布了专门的食品安全信息公开规章，形成了食品标识、营养标签中信息的强制性标注要求。这些规则似乎使公众具备在信息充分条件下以举报、批评建议为手段规制安全风险的法律能力，其实不然，它只是对整体公众与监管者间监督关系应然状态的理想图景，监管者对个体公众根据上述规则行动的制度反应将公众从理想带回到现实中。公众举报、批评建议行为能否转化为监管者对违法经营、公务人员不作为的规制行动，关键是看引导监管者行为的是“可为”还是“必为”的法定模式，也就是其对个别性公众安全保障诉求的行政裁量自由范围，这要结合食品安全、国家机构组织两方面规则分析。如“举报、批评、建议”，履行接受个别性公众的行权行为的义务方，监管者不履行法律责任至为重要，否则“监督权——被监督义务——法律责任”的规则逻辑就会缺省“国家强制力”这一关键因子。剖析监管者“不履行本法规定的职责”责任条款的范围，既然未规定监管者对公众监督行为的法定的反应方式和程序，法定责任适用前提所言之“违反规定”显然针对不同监管机构各自分工内容而言，怠于接受、接受后不处理的情形在逻辑上难以归入监管责任之列。于此，公众监督行为仅为监管者打击违法经营者、处罚不作为公务人员形成外部压力，从监管者与经营者、监管机构与其工作人员两对法律关系角度观之，公众监督都是具备道德性、社会性外部影响的“事实”，而不具备直接的法律效力。即便监管机构中个别工作人员认为公众监督行为内容应予接受，而上级认为不接受时，依法仅能“提出改正或者撤销的意见”，少数人意见的“作为性接受”对抗“不作为性漠视”存在较大的政治风险，行政决策机制难于将监管者在食品安全法中承担的宣示性、弱法性受监督义务予以实在化。

三、四川省推进食品安全风险交流法治化存在的困境及成因

食品安全作为重要的民生事务，一直受到四川省各级政府的高度重视。推进食品安全风险交流共治，已成为提升食品安全治理水平，改善食品市场秩序，保障群众饮食安全的一个重要手段。但在推进食品安全风险交流法治化进程中，仍存在社会共治机制的不成熟、政府信息公开的局限、双向沟通机制的缺乏和公众参与机制的不完善等困境。

（一）四川省食品安全风险交流法治化困境

1. 社会共治机制尚不成熟

我国在传统的政府治理上一直秉承管制型“大政府”模式，在食品安全监管上也深受这种模式影响，具体表现为“重权利、轻服务、抓管理、松落实”。随着有限政府、责任政府、法治政府、有效政府和服务型政府等新兴理念的提出，我国开始着力转变政府职能，提高公共资源利用效能，提升公共服务质量。在建设服务型政府思想的指导下，也进行了一定程度的资源整合，但仍然存在着整合不科学、不到位的情况，导致思想舆论复杂，人员矛盾加剧，监管资源运作成本反而不断增大，食品安全治理资源依然处于一个高度分化的状态。特别是在资源配置运用上，食品安全监管在理念发展和方式方法上依然有所不足。

在执法理念上，部分监管执法人员仍然对计划经济时代的命令控制式食品安全行政监管手段抱有极大的热忱，拘泥于用行政手段谋事干事，习惯凭传统经验分析问题和处理问题，缺乏创新思维、市场意识和战略眼光，不能有效调动市场主体的积极参与。

在技术支撑和人员业务素质上,特别是在基层监管中普遍存在食品检验检测设备缺乏的情况,加之监管体制改革后的专业技术人员流失,食品监管对于很多监管执法人员而言都是新业务,监管执法过程中很多时候都是知其然不知其所以然,主要依靠外观形状观察辨别的手段进行监管,相关知识和技能匮乏,缺乏坚实的技术支撑,明显制约着食品安全的监管执法。

在交流方法上,部分政府职能部门抱着不求有功、但求无过的思想下保持原有的行政方式不变,以避免改变监管方式过程中须付出相应的人力、物力和财力且可能面临着失败的风险,缺乏食品安全监管创新的动力,而食品安全监管又面临着任务繁重、人员不足的尴尬。如何有效整合监管资源,解决监管资源碎片化,服务管理职能分散,大市场观念缺乏等问题,已成为食品安全监管服务适应市场必须迈过的“门槛”。

2. 政府信息公开的局限

第一,食品安全信息公开范围狭窄。政府判断其获取的信息是否属于应当向社会公开的食品安全信息所参考的对象仅仅是《食品安全法》第 118 条规定的三类,而这三类信息比较具有概括性和抽象性的规定,而法律也没有一个明确的归入标准,因此在实践中除了能够很明显判断出种类的信息,政府部门很难将所获取的其他有关食品安全方面的信息归为应当向社会公布的食品安全信息。例如《食品召回管理规定》第 25 条没有规定质监部门是否应公开与食品召回有关的信息[38]。与食品召回有关的信息就属于未确定是否应当公开的信息。“瘦肉精”抽检合格率是衡量我国农产品安全风险的重要指标,但农业部却将其忽视。由此表明,法律规定的信息公开范围有局限性,许多涉及食品安全的重要信息还未明确纳入公开的范围。这对公众的知情权和参与权造成一定的影响,不利于其食品安全风险防控。

第二,食品安全信息公开流于形式。单从数量上看,四川省各级政府部门对信息公开是用功至深的,对一些突发性信息和影响面比较广的信息,政府主要通过召开新闻发布会向公众传达,对于日常的信息,政府会选择通过政府网站、政府公报的方式进行公布,而对于一些汇总性的信息,政府则将其归入政府档案、图书馆以供公众查阅。不得不说政府信息公开渠道的数量是足够的,但是在质量上却存在很大问题,从实际调查的数据显示,公众获取有关食品安全信息的渠道,主要是来自新闻媒体和政府监管部门官方网站,如图 3 - 1 所示。

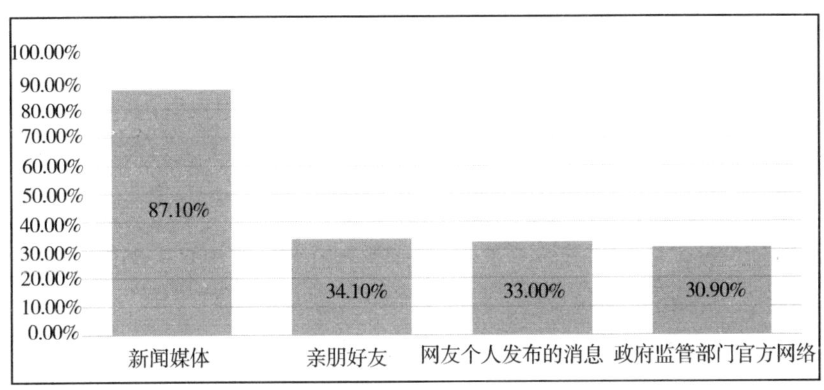

图 3-1　四川省受访者获取食品安全信息的渠道

政府在官网上的信息公开较为笼统，也没能及时更新。一些政府食品安全监管机构食品安全信息栏目建设不够规范，表现在政府机构未提供信息公开依据，信息公开目录和依申请公开栏目链接无效；相关的新闻发布制度还未常态化等。政府工作与公众的需求是处于一种脱轨状态，不利于公众获取有效信息。

第三，食品安全信息通报机制欠缺。多元共治下政府部门与部门之间的沟通合作也是一项重要内容，但是受到多头监管和分段监管的食品安全监管体制的影响，各级政府之间的食品安全信息呈现分散化格局，平台之间各自为政，相互之间并无信息交流与归口管理，究其根源是缺乏食品安全信息通报机制。

3. 双向沟通机制的缺乏

双向沟通机制的建立是实现食品安全风险交流的关键之所在，但我国目前在风险信息的双向沟通方面还处于刚刚起步的阶段。完整的食品安全风险交流需要确保相关主体拥有反馈信息的机会，需要政府能够提供进行食品安全风险信息交流的平台，例如召开学术研讨会、风险规制恳谈会、经验交流会等各种由相关主体直接参与的会议。

在实践中，一方面，目前政府微博政务也属于食品安全风险交流平台，但其存在着地区发展不平衡，政府机关与公众沟通技巧参差不齐等等原因，这使得微博政务并未在其本应该发挥的范围内实现最大程度地利用；另一方面，政府机关与公众在食品安全风险领域内交流方式过于单一，除微博以外其他交流沟通方式如问卷调查，电话沟通，实时意见交流平台，讲座等方式虽有所涉及，但并未形成体系。更多把风险交流理解为公共教育，把公众当成是接受教育的“学生”。食品安全的风险交流停留在单向的信息发布层面，未考虑利益相关方认知的特点和信息的沟通交流。

4. 公众参与机制尚不完善

第一,公众参与政府决策的意识淡薄。当前形势下,公众虽然对食品安全给予很高的关注,这种关注并没有上升到以主体的姿态参与到政府决策中来。基于实证分析发现,四川省 A 区多数被调查公众对本地区的行政机关决策时,是否听取公众的意见问题表示不清楚,85 份有效问卷中高达 51.5% 的受访者表示行政机关决策是否听取公众意见不清楚,而表示不听取意见的占有 4.1% 。由此可见,公众对自身的定位存在问题,参与政府决策的意识并不强烈。

第二,公众参与的渠道过于单一。公众参与政府决策常见的渠道是一种面对面的直接参与,例如调查会、听证会、座谈会等。虽然便于政府与公众面对面交流,但其是否开通往往取决于政府的决定,同时也是公众最不愿意选择的途径。从这个角度上讲,虽然为公众提供了参与政府决策的渠道,但是相对于他们的需求和意愿来说是单一的。公众参与渠道不完善,参与政府政务的积极性不高等问题,对建设社会共治下的食品安全风险交流的机制的阻碍是致命的,将在很大程度上与小作坊生产下食品安全事件频发的问题有所羁绊。

第三,社会组织在参与食品安全风险防控中发展不够充分,食品行业中的社会组织主要是指食品行业协会组织。《食品安全法》第七条以法律形式明确了食品行业协会的职责,但支撑这些职责的强制力却由于先天和后天因素而明显不足。对行业自身状况来说,存在组织结构松散问题,进而影响行业监督的广度。此外,行业先天继受权利模糊不清,导致后天力量薄弱。我国对食品行业协会制度的政治性安排,导致其自主性缺失。由于这些影响因素,社会组织很难以独立的主体身份加入到食品安全风险防控中。

(二)四川省食品安全风险交流法治化困境之成因分析

1. 食品安全风险交流主体缺乏广泛性

食品安全风险交流效果的关键因素在于食品安全信息对受众的传播影响力,而扩大信息传播影响力取决于有意图的传播者对受众的反馈信息的重视程度,这就意味着在风险交流活动中,受众应当成为风险交流的核心,且风险交流机构应当根据受众的反馈信息不断调整所传播的风险交流知识以此有效地应对突发食品安全事件。综上所述,食品安全风险交流应当遵循时效性、针对性以及科学性原则。

当前,我国法律规定的食品安全风险交流的主体,不仅包括了代表政府一方的有关食品安全的监管部门,还包括了市场层面的食品安全生产经营者和社会层面上的社会组织(食品检验机构,食品行业协会、消费者协会以及新闻媒体等)。由此看出,食品安全风险交流的主体涉及多个层面。但是这些来自不同层面的主体之间地位并不是平等的,起着主导作用的仍然是有关食品安全的监管部门,而实际上,其他非政府主体虽然参与其中,只能是被动接受政府监管部门的指导和安排。食品安全风险交流须在开展风险交流时及时有效地听取多方面的意见,实现主体之间的沟通交流由形式对话走向实质交流。目前政府部门在食品安全监管的政策制定以及信息掌握方面都居于主导地位,这使得居于弱势地位的非政府组织、专家等在与政府进行食品安全交流时,或者没有有效的渠道来表达自己的诉求,或者即使部分专家学者提出了有关食品安全的科学性意见也会被居于优势地位的政府部门以各种各样的理由搁置,这在很大程度上阻碍了食品安全风险交流机制的运行。

2. 食品安全风险交流缺乏时效性

风险交流的开展需要符合两个条件:首先需要风险的出现,其次需要在食品安全风险管理部门、风险评估机构及专家认为有必要的时候开展风险交流活动。即我国食品安全风险评估专家委员会及技术机构无自主独立地位,这将极大程度地阻碍食品安全风险交流活动:第一,公众难以对食品安全风险交流机构产生信任感。第二,有违食品安全风险交流的时效性原则。所谓时效性原则是指在食品安全事件爆发时,政府应当以最快的速度和最有效的方法向公众传播有关风险的科学知识,以尽快遏制负面信息的传播,避免风险扩大化。但是由于信息的不对称性,负面信息在信息传播中往往居于有利地位,再加上普通公众往往对食品安全的相关知识知之甚少从而偏听偏信,这就要求不仅要在食品安全事件爆发时开展风险交流活动,更要依据公众反馈信息不断调整信息传播方式方法提高公众的食品安全风险素养,增强食品安全风险交流机构的可信度、权威性。

3. 政府对食品安全行业监督与信息储备不足

“互联网+”下的政府信息公开机制,首先需要政府本身具有充足的食品安全信息储备。政府对食品安全行业信息储备不足有以下原因:

第一,在食品安全行业中,由于企业缺乏社会责任而刻意隐瞒以及与食品安全信息接触最为广泛的群体往往出于个人的利益不愿意公开或不敢公开,这在很大程度上造成了某一种食品安全危险在行业中普遍获知但是普通公众以及政府机关往往很难获取:如在瘦肉精事件中,双汇公司对员工接受记者采访的行为严厉惩处。因此政府机关在某种程度上确实难以对食品安全问题予以及时有效的发现与收集。

第二,政府各机关之间的信息交流缺失。一直以来政府机构的信息获取都未能在各个地方政府之间,各个政府机关之间甚至各个政府部门之间相互流动。这使得数据的采集,信息的处理与组织受限于特定目的与客观条件,往往各自为战。

而若真正解决这一问题需要在互联网以及大数据的支撑下实现政府信息的互相流动与分析。

第三,一些政府部门目前所使用的是相对保守的检验设备。政府机关检验力度轻、范围小也是造成政府食品安全信息储备不足的主要原因,如政府机关对一些被授予免检的食品安全的生产者、经营者检查力度较小,但在多次爆发的食品安全事件中,这些免检企业反而成为部分违法重灾区:如2008年三鹿奶粉引发的三聚氰胺事件,2011年双汇集团曝光的瘦肉精事件,等等。这些公司均获得了免检标识,却在免检的保护伞下实行违法行为。而政府检验力度较低的原因正是由于我国的人工检验存在诸如效率低下,不够精细准确且无法快速便捷的记录检验结果等弊病造成的。

4. 公众监督行为客体的法律化程度较低

"目前的中国社会不仅是'风险广布',而且还具有很强的'风险导向',风险社会总是与危机、事故、损害相联系,经常遭遇紧急事态,使得'例外'反转成'日常'[39]。制度设计势必要结合风险存续规律,而不能简单的以提高赔偿标准、增加强制保险等责任方式[40]来取代对风险的预防。公众的食品安全预防行为就须上升为食品安全法律关系的客体,但我国现行机制在建构公众与经营者、监管者间的法律关系时均未遵循这一要求,成为公众开展监督行为的限制因素。

第一,公众对风险的预防性监督行为未成为其与经营者法律关系的客体。隐患食品进入流通环节时,引入化学性、物理性、生物性致害因素的行为要件在事实上已完成,经营者违反了在食品安全法上应承担的义务,包括消极义务(如不得在食品中引入非法添加物、有毒有害物等致害因素)和积极义务(如通过预包装、科学储存和运输等防范自然性致害因素入侵)。此时谁享有法律上要求其纠正行为模式的资格,即决定了他能否以事实风险为客体与经营者产生法律关系。我国的法律制度主要将这一资格赋予了监管者,体现在食品安全法对各部门的职责分工条款中,公众的资格仅在程序法上做了抽象的规定。只有在风险对人身、财产权益造成损害后,它才能成为特定化的公众与经营者间法律关系的客体,虽然在风险转化前后经营者行为的客观特征并无不同,但不同阶段的规制效果所形成的社会效应迥然有异。这种模式对那些食品安全状况良好的国家是适合的,但对我国而言几乎是致命的。

第二,公众对风险的预防性监督行为也未完全成为其与监管者法律关系的客体。"风险法制会对作为与不作为的责任特别敏感。正由于决策风险较大,有关职能部门似乎越来越倾向于不作为,责任承包制进一步加强了逃避责任、转嫁责任的动机。为了防止制裁机制失灵,需要对作为与不作为的后果作出明确的细则规定,把由职权决定的事项转化为可以由当事人一方直接行使的权利"[41],由于监管者对公众监督的回应性缺乏法律强制力,由公众监督触发的监管行动与当前违法经营的规模、社会危害不相对称,"举报权""批评建议权"显然未达到作为法律权利的强度。

第三,公众监督行为依据的外部依赖性过重。食品规模经济使服务于公共健康实质要求的标准有被监管利益衡量标准取代之虞,公众意志融入法定标准的制度藩篱积重难返。监管者对食品安全形势的整体判断及个案性结论,是以国家理性的面目出现的,为了保持其本源上的公允性是要求忠实于公众人身、财产利益的,但在有限行政资源规制规模化食品市场情势下,监管者更为重视安全标准的简便易行、程序透明等对行政业绩考核具有直接贡献的因素,而对满足公众实际效用特别是个性化需求则容易忽略。这样一来,行政利益主导的法定标准会排斥与其抵触的公众标准,标准体系各部分的内容来源会陷入封闭性而失于开放性,其所应代表社会共识的内在特征受到侵蚀。非监管意志的标准——公众常识及私人标准就很难获得法律效力,不过它们成为标准体系的主体是不现实的,但其对官定标准违反社会常识的挑剔、对其不合理之处的修正、对其空白点的填补的资格是必要的,法定标准对公众监督标准的开放性并将公众监督标准置于其审查之下是必要的。而我国现行法律机制并未达成这样的效果,不论是绝对性公众的安全常识对标准体系的评价,还是相对性公众性标准对其形成的社会压力,都没有获得与法定标准互动的法律地位,公众监督食品经营者、监管者所秉持的认知标准被行政利益"边缘化"。而共同行为准则——食品安全标准的形成应是社会合作治理关系上凝聚共识的过程,但专家群体对国家权威的智识支持引发的专业信息偏在效应,造成监管者过于倚重官定标准而轻视公众常识、私人标准。专家在标准体系建设中发挥智识支持作用是较为通行的作法,在安全体系中立足点对话语权结构甚为关键,一旦他们与行政利益结合而形具去平民化的特征,其在利益谱系中的技术中立地位就丧失殆尽。这在我国现行制度中比较突出,专家群体对监管者具有组织地位从属性、行为方式受支配性等特征。并且,专家组织的治理结构存在内在向度、外在向度的制度安排局限[42],以专家之口表述的安全标准获得公众认同的程度较低,专家主义趋向与平民主义追求的矛盾较为突出。相应地,公众所奉行的安全常识、私人标准也难以获得专家群体的认同,甚至在专家间本身就存在论点冲突的格局下更难获得一致性评价,以专家主流观点为基础赋予技术规范以法律效力的立法者(包括行政立法者)更乐于在有组织的专家群体的不同意见中实现中和、达成平衡,而无意于去关注分散于社会各个角落的公众自有标准并给予其法定地位。

5. 信息平台建设水平较为落后

“互联网 +”背景下的政府信息公开需要公众在食品安全交流的过程中有效获取显性化的食品安全信息。一方面政府需要利用好手机 APP 以及官方网站等新兴媒介,向社会提供有关食品安全的基础性、公共性的企业信用记录查询服务。另一方面增强对数据的应用和分析,加强风险监测过程中对数据的搜集,增强利用风险监测信息进行风险评估的能力,并在此基础上加强对食品安全标准的把控,提升科学监管水平和监管效能。即将信息建设贯穿于食品安全信息从收集到分析到获取的全过程中[43]。此外,增强数据的跨部门关联比对分析等加工服务。利用大数据技术,及时向公众发布消息。目前我国的信息建设水平较为落后,部分地区甚至不能实现信息的互联网共享,因此加快力度进行信息建设是建立我国“互联网 +”下的政府信息公开机制的必经之路。

四、食品安全风险交流社会共治的域外经验借鉴

食品安全风险交流模式可分为:“知识赤字模式”与“民主审议模式”。这两类模式大体上还可以被具体分为三类。一类是完全接纳知识赤字模式,以美国为代表。一类是接纳了民主审议模式,以欧洲国家为代表。还有一类是融合知识赤字模式和民主审议模式的理论,这类国家以日本为典型代表。探讨域外食品安全风险防控法治化经验对于构建与完善我国食品安全风险防控体系,探索其法治化途径等,具有重要意义。

(一)美国食品安全风险交流:知识赤字模式

1. 美国食品安全风险交流机构

美国的食品安全监管采取集权与分权相结合的协同监管模式,联邦政府、州政府和地方政府在各自独立的基础上进行协同式的食品安全监管,即州政府和地方政府按照中央制定的法律框架,有权根据其被赋予的职权在各自相应的管辖区域内针对联邦权限设置存在的漏洞与空白,补充制定相应的地方性法规与标准,联邦、州与地方各级相互协作,共同配合进行食品安全监管。

美国的食品安全风险防控主要是在卫生与公共事业部(DHHS)的食品和药品监督管理局(FDA)、农业部(USDA)的食品安全监察局(FSIS)、环境保护局(EPA)、商务部的国家海洋渔业局(NMFS)的主导下进行,另外还配以 8 个联邦部门给予技术支持。由此形成较为庞大而复杂的食品安全监管体系[44]。美国食品安全风险防控机构根据食品种类来设定的,每一个监管机构负责对一种类型的食品进行全面监管,其范围囊括种植、养殖、生产、加工、销售、进出口等各个环节,各机构之间分工明确,形成了良好的协同合作关系,并且避免了各机构职责混淆与

监管真空。

2. 美国食品安全风险交流法律制度

美国是号称世界上控制最严格、产品最安全的国家之一,特别重视食品安全。其食品安全立法经过一个循序渐进的过程,已形成一套从农场到餐桌的全程防控法律制度。美国关于食品安全立法是从1890年《联邦肉类检验法》开始的,经过从某种到某类,从检验到监管的丰富完善,第一部关于食品供应与监督管理的联邦法案于1906出台,这只是食品安全监管的开端,而真正使食品安全监管步入法治化道路的是1938年出台的《联邦食品、药品和化妆品法》。1949年美国食品药品监督管理局首次出版产业指导即食品中化学毒性评估规程,食品安全风险评估工作正式开始;1952年食品药品监督管理局消费者顾问被授权可在各自领域与消费者直接沟通交流,开启专岗风险交流工作。2009年、2011年,美国相继颁布两部法律,分别是《食品安全加强法》(Food Safety Enhancement Act of 2009, FSEA)与《食品安全现代化法》(FDA Food Safety Modernization Act, FSMA)。这两部法案的颁布是美国食品安全风险防控立法的又一次创新与进步,《食品安全现代化法》将风险预防理论上升到法律层面,强化了食品药品监督管理局的立法权与监管权,使美国食品安全风险防控传统的终端监管转向以食品安全风险预防为重点。

3. 美国食品安全风险交流运行机制

美国食品安全风险交流运行总体上贯彻了公众科学与理性的思想。这种思想是在知识赤字模式所强调的专家重要性的基础上结合民主而形成。从美国沙门菌污染花生酱事件发生后,美国食药局和美国疾控中心采取积极的应对措施,通过各种渠道将相关信息向公众通告,此外还建立多种沟通渠道,以便将信息广泛、可靠地传递给广大消费者[45]。这是美国食品安全监管部门帮助公众树立科学理解风险的表现。公众在获取信息的能力与精力上总是有限的,通过相关部门将自身掌握的可靠信息传递给公众可以弥补缺陷。但是公众获取的信息将受制于食品安全监督管理部门掌握信息的科学性与及时性。美国的风险分析网络是美国食品安全规制的基础。它通过对风险进行识别、评估、控制以及就风险进行沟通等环节来实现对风险形成科学完整的认识。风险识别是食品安全风险分析网络的第一个环节,主要是根据搜集到的数据进行分析,了解相关潜在的风险以及对已经显现的风险的特征,进一步分析出风险影响的范围、时间、目标人群以及程度。对风险进行评估的依据主要依赖于风险识别中对风险的认识,联邦食品管理机构通过分析风险的发生概率以及受损程度,结合其他相关要素,对急性风险(如病原菌水平评估)的短期发作以及慢性风险(如化学成分累计风险评估)的长期发生带来的影响作出评估。风险控制是风险分析框架中的一个核心环节。主要是以预防作为指导思想,建立食品成分控制系统以及食品上市前的审批制度,可以对风险有个提前的预防。对农产品实行质量认证体系和标准等级制度以及对相关生产企业实行生产、安全卫生和环保上的认证,都有利于从源头上实现对风险的掌控控。此外建立起从联邦到各州再到各行业、农场的安全监测网络,实现"从农场到餐桌"的全城管控,形成严密的食品质量安全网络体系,提高食品安全风险的应对能力。风险沟通主要是风险信息传播和风险信息的交流。风险信息传播是相关风险信息的掌握者通过有效的方式和形式将信息传递给公众,从而消除市场上信息不对称带来的危害。风险信息交流是相关主体就风险信息进行对话和互动,由此风险信息可以形成从公众到风险管理者的路径,提高风险分析的明确性以及风险管理的有效性。

(二)欧盟食品安全风险交流:民主审议模式

1. 欧盟食品安全风险交流主体

2002 年 1 月,欧盟根据《一般食品法律》(第 178 - 2002 - EC 号条例)建立了欧洲食品安全局(EFSA),其主要负责对风险进行评估后得出科学的结论,并向公众提供包含风险评估结果等在内的有关食品安全的信息。这项规定进一步明确了 EFSA 同时兼有风险评估机构与风险交流主体的地位,建立了以风险评估机构主导风险交流的模式[46]。而这种模式也要求欧洲食品安全局只有具有完全独立的地位才能最大程度的保证公众在食品安全事件爆发时能够对该机构产生信任。因此该条例又进一步规定,在行政上,欧洲食品安全局是欧盟的直属部门,独立与欧洲的其他机构,并规定欧洲食品安全局应当根据公共利益而不是其他利益来发布信息,执行职务。

欧盟食品安全局包括咨询论坛、管理委员会、科学委员会和专门小组。这些机构设立的主要目的是对食品安全事件的有关情况提出科学的意见或建议,除此之外,这些机构还可以通过各种方式直接或间接地向公众传播食品安全有关信息,以最大程度的保证食品安全信息的公开与透明。

其中咨询论坛是欧洲食品安全局中负责风险交流的机构。2003 年资讯论坛成立了有关专家小组,该专家小组囊括了欧盟各成员国有关社会学领域、心理学领域、文化学领域的顶级专家,从而为风险交流的有关过程提供详细具体的规划以及指导意见。2005 年欧洲食品安全局内部同样成立了专家小组,为食品安全的风险交流过程提供相关的指导和建议[47]。

2. 欧盟食品安全风险交流制度建设

欧盟食品安全法律体系是在 1997 年发布的"食品法律绿皮书"的基础上经过不断努力搭建起来的,随着 2000 年"食品安全白皮书"的加入,欧洲形成了一个新的食品安全体系框架。为了应对疯牛病、口蹄疫等疾病在欧盟成员国蔓延的严峻形势,2002年初欧盟委员会正式成立欧洲食品安全局(EFSA),主要负责欧盟和成员国两个层面的风险交流。通过与消费者就食品安全问题开展直接的交流沟通,以及成员国相关合作网络的建设,该机构在欧盟内部大力推进协同治理。欧盟食品安全风险交流比较重视公众的直接参与风险交流这一方面,与以协商民主为基础的民主审议模式大体相符。民主审议模式虽然也强调专家的重要性,但是并不是将技术专家置于风险科学知识普及的主导地位,风险科学知识普及的过程并不是将普通外行公众排除在外,而是纳入其中,由多方主体商谈论辩等方式作出科学决策。只是欧盟在将这种理论纳入到自身的食品安全风险交流体系中时还加入了社会组织作为风险管理者与公众之间进行交流的桥梁。例如,在婴儿食品包装材料析出氨基脲事件中,政府利用媒体这个中介实现交流。欧盟食品安全局将潜在风险及其不确定性的真实情况信息交流平台向社会作出及时通报,媒体可以通过平台获取到全面真实的安全信息,对欧盟食品安全局公布的信息没有作夸大和歪曲的处理,依照原样进行报道,与欧盟食品安全局站在了同一位置,从而为政府与公众的沟通交流疏通障碍。

3. 欧盟食品安全风险交流运行机制

EFSA认为目标受众的风险认知能力将极大程度地影响风险交流的信息接收程度。根据心理学的有关知识,风险认知程度主要基于社会与文化,并受多重因素影响,其中包括:性别、年龄、财产状况、受教育程度等等。因此,EFSA在2005年启动了消费者对食品供应链中风险认知的研究计划,对普通公众进行了大量的风险认知调查,为其后有效的风险交流打下了良好的基础。不仅如此,EFSA每三年还会对主要的目标受众进行风险认知的再评估,以便能对目标受众的风险认知情况长期跟进。

在风险交流中最根本、最末端、最广泛的目标受众是普通公众,但这也是欧洲食品安全局最难接触与到达的目标群体,因此,EFSA在进行食品安全交流中往往会利用不同的行业组织、政府机构以及大众媒体来使食品安全的有关信息直接或者间接的到达普通公众[48]。在与这些行业组织、政府机构、社会媒体进行交流的过程中,一方面可以利用这些媒介所各自拥有的不同受众,使具有不同风险认知状况的受众能够接收到与其风险认知水平相匹配的食品安全的有关信息,另一方面这些团体作为信息的提供者,可以为风险评估提供相关的信息。

同时欧洲食品安全局为了增强食品安全风险交流中的“互动性”,确保食品安全有关信息能够真正帮助公众指导在食品安全领域科学合理地做出决策,EFSA在2005年搭建起利益相关者的咨询平台,通过这个平台及时接收利益相关者回馈的信息,并对重要的科学问题开展听证会,实现面对面的信息交流,确保食品安全信息能促使公众作出科学合理选择。

(三)日本食品安全风险交流:综合运用模式

1. 日本食品安全风险交流组织机构

2003 年日本颁布《食品安全基本法》确立了"消费至上""科学的风险评估"以及"从农场到餐桌的全程监控"等一系列先进的发展理念,逐步建立了科学的以风险评估、风险交流为基础的科学的风险监管体系,并建立了隶属于内阁委员会,以食品安全监管中的风险评估、风险交流以及应急事件处理为主要职责的食品安全委员会。

食品安全委员会具有较强的独立性。首先,在机构设置上,食品安全委员会直接隶属于内阁管理,不受其他任何政府机构的支配或干预;其次,在人员设置上,该委员会是由七名来自民间的专家组成,与此同时,为了防止权力的腐败,该委员会下设专门的调查委员会,该委员会的 200 名组成人员同样是来自民间的专家,每届任期三年,负责调查食品安全中的专项事件的调查[49]。从而保障食品安全委员会的独立性。食品安全委员会作为中立的第三方机构,不代表任何人的利益,对食品安全的风险进行评估和在风险交流为相关受众以及政府机关提供食品安全信息。

在食品安全委员会内部还设立了独立的食品安全监督员体系,由 470 多名经过必要培训的监督员组成,主要负责深入群众,收集信息。尤其对食品中存在的风险隐患,消费者关注的食品安全信息以及公众反馈的信息予以重点关注[50],并将收集到的信息传达给食品安全委员会,从而帮助相关部门对食品安全做出正确的决策。

2. 日本食品安全风险交流的运行机制

近年来,日本虽然也爆出过食品安全事件,但是日本仍然被公认为世界上食品最安全的国家之一,这离不开日本多年来在食品安全监管体制改革上所作的努力。一项突出的努力成果是日本将多元主体协同治理的理念融入到风险交流中。

第一,作为多元主体之一的政府的参与,2003 年颁布的《食品安全基本法》规定由厚生劳动省、农林水产省和消费者厅负责风险管理。食品安全委员会下设的风险交流专门调查会主要负责协调风险管理机关之间的信息互换[51]。此外,政府也正视与公众之间的交流,2003 年对《食品卫生法》进行修订,对食品安全风险评估机构和风险管理机关与公众的沟通机制作出进一步强调。

第二,作为多元主体中的公众的参与,体现在对公众进行安全风险素养的培育。只有食品安全素养得到提升,才能实现食品安全风险交流从"教育"到"对话”,从“对话”到“信任”的转变,提高公众的参与性与有效性。

第三,作为多元主体中的企业的参与,主要是通过食品交流工程(FCP),FCP的参与主体包括食品企业、政府部门、食品行业的第三方合作与服务机构、消费者团体。通过食品交流工程,将实现食品企业与政府部门、消费者、第三方合作服务机构以及其自身内部的交流。

(1)双向沟通机制

由于公众的收入、学历、性别、年龄和教育背景导致了个体的风险认知存在差异,容易与专家的观点产生冲突。日本通过设立信息双向沟通机制建立了意见交换会、利益相关方信息交流会、官方网站、咨询专线等信息沟通平台。并以派遣食品安全监督员的形式来促进风险管理机关、风险评估机构与公众之间的沟通。

意见交换会主要由食品安全委员会联合农林水产省、厚生劳动省等风险管理机关承办。通过问卷调查的方式广泛收集意见,对公众关心的食品安全问题进行说明和现场讨论。作为与公众的直接对话平台,意见交换会有助于迅速、准确地将风险评估和风险管理的相关信息以便于公众理解的方式发布。同时也帮助政府了解社会不同层面,不同群体的公众分别关注的食品安全问题,以调整风险评估和风险管理策略。利益相关方信息交流会是食品安全委员会与地方政府针对企业、消费者、媒体等举行的。会议可不定期召开,旨在促进委员会与消费者团体的意见交换,强化消费者团体与政府机关的合作。

在官方网站的建设上,食品安全风险评估机构和风险管理机关对收集的食品安全信息及时更新。阅览者可通过检索即时了解现在发生了哪些食品安全问题,公众关心度较高的是哪些领域,目前采取了哪些应对措施。消费者厅的官方网站还对难于理解的专业术语、食品安全标准等予以详细说明[52]。食品安全委员会为引导公众对食品安全风险的合理感知,对不涉密的会议记录、资料予以公开,定期发行与食品安全相关的出版物和 DVD。并设有“食品安全专线”,由专门的咨询人员对通过电话、FAX、电子邮箱等形式对公众提出的问题予以解答,将其中典型的问题以 Q&A 的形式登载在官网上。

食品安全监督员是食品安全委员会在全国范围内招聘的具有相关专业知识的人员。作为食品安全委员会和各地消费者的联络员,监督员每年会在各县召开食品安全监督员大会,直接从消费者层面获取意见,与之交换风险信息,并将统计结果制作成报告提交给食品安全委员会。

(2)风险素养培育机制

鉴于食品安全风险信息的形式呈现出很强的技术性,日本将对公众的风险素养培育作为促进风险交流的重要环节。一方面,依据《食育基本法》推出了“食育推进基本计划”。该计划涉及社会各个层面的食品安全风险素养培育。在学校教育层面，通过对食品相关知识的学习，鼓励食品相关企业派遣专家到中小学去开设讲座，将食品生产、流通的相关知识融入到课堂教学中，从小培养对风险信息的判断力。在利益相关方层面，强调以“科学的视角看待食品的安全性”[53]。通过公开食品安全风险评估依据、评估范围、风险管理的实施状况等方式促进食品安全利益相关方科学地识别风险。另一方面，由于媒体对风险信息的认知和信息传播方法直接影响到公众对危害程度的判断，特别是在福岛核污染事件中显露出的较为严重的“风评被害”[54]问题，食品安全委员等除了对媒体进行专业的危机应对训练外，还针对公众关心度较高食品安全问题，通过交谈会、学习会等方式召集记者进行专业知识培训。以此提高媒体的风险素养以及科学的信息收集、传播方法。

(3)国际合作机制

日本很早就意识到作为食品进口大国，风险交流领域的国际合作至关重要。特别是当国外发生食品安全事故时，在第一时间掌握发生地点、发生的具体时间、危害程度、当地的应对措施、WHO及各国的应对方案等相关信息可有效缓解国内消费者的恐惧心理[55]。为了让国内消费者和企业能够充分了解国际上对重大食品安全事件的争议焦点，以及各国食品安全监管措施的实施效果等内容，日本通过建立国际研究者网络，促进各国在风险交流方法、行动预测方法、风险认知等领域的共同研究。同时，食品安全委员会通过招募国外食品安全风险分析机关的风险交流专业人员组织研讨会。与国际食品法典委员会等国际食品关联机构、国外食品安全监管机关紧密合作，相互交换包括风险评估、监管措施在内的食品安全信息。并对可能发展至国际范围的食品安全问题进行跟踪调查，将收集到的信息登载到国内食品安全监管机关的官网上，以此为议题召开说明会或意见交换会。

3. 域外食品安全风险交流机制之效果评估——以日本核泄漏事故中的风险交流为例

日本食品安全风险交流机制通过风险管理机关、风险评估机构、地方政府、行业协会之间的协同合作和信息共享，提高了风险信息发布的一致性；通过大众媒体在风险交流中的有效运用，拓宽了信息收集渠道，促进了公众对风险交流的参与；通过食品安全风险素养的培育，降低了媒体在风险交流中的负面影响，避免了消费者面对食品安全事件时的过度反应。但该机制在2011年东日本大地震的核泄漏事故中面临了重大挑战。

(1)核泄漏事故带来的挑战

2011年3月11日，东日本大地震导致东京电力福岛核电站发生核泄漏事故。

日本国民对震区及附近区域生产加工食品的安全性产生了极大的担忧，与日本有食品贸易往来的各国和地区也相继停止了对福岛及周边五县生产加工食品的进口[56]。在核泄漏事故中，日本食品安全风险交流机制面临的挑战主要来自以下几方面：

第一，风险评估的开展缺乏标准依据。风险评估是风险治理的基础，也是风险交流中的关键环节。风险评估的结果是双向交流机制中的主要信息组成，是危机预警的科学依据[57]。而日本当时尚无针对食品中放射物质浓度的统一标准，难以对食品中放射性物质的浓度开展安全评估。

第二，公众的风险认知存在盲区。由于食品的核污染从外观、气味上无法确认，且所涉及的放射性物质浓度含量等专业知识在公众的风险素养培育中鲜有提及。风险管理机关在发布信息时，一方面公众对食品核污染标准中使用的专业术语不熟悉，导致其无法科学判断对健康的危害程度；另一方面，震后各大媒体对核辐射食品本身是否存在风险的报道存在很大差异，加剧了消费者对风险信息理解的难度。

第三，国际合作开展的局限。自1986年切尔诺贝利核泄漏事故以来，国际上鲜有发生如此重大的核污染事故，缺乏应对核污染食品风险交流的经验。日常风险交流中收集的信息难以提供决策参考。

(2)核泄漏事故中的食品安全风险交流

日本常规的食品安全风险交流主要以官方网站为平台公布风险评估的流程、结果；以意见交换会等形式说明风险评估的目的、方法和要点；设置专属发言人统一、定期召开记者会；通过互联网、发行手册等手段，将风险的基本防御方法、国家的实施对策等进行宣传。但在核污染背景下的食品安全风险交流无论是在风险交流方案的协商、制定上，还是在风险信息的双向沟通上都有别于常规的风险交流。

首先，在确定食品中放射物质含量浓度标准方面，为了及时提供抽样检查的依据，2011年3月17日，《食品卫生法》设定了食品中放射性物质的暂定限制浓度标准。之后，食品安全委员会2011年全年针对食品中放射性物质浓度进行了安全评估，指出"1kg食品中含有放射物质浓度在100mSv以内难以对人体健康产生影响"。在此基础上，经药事·食品卫生审议会和放射线审议会讨论后，于2012年4月开始实施食品中放射性物质的正式限制浓度标准。即普通食品1kg中的限制量为100Bq，牛奶及婴幼儿食品为50Bq，食用水为10Bq[58]。为便于理解，厚生劳动省在官网上详细说明了该标准设定的科学依据，涉及的食品范围，以及与之前暂定标准存在差异的原因。

其次，在公众对核污染的风险认知方面，通过对食品卫生监督员的问卷调查结果分析得出,急需普及的风险知识有:放射性物质的风险概念;受辐射食品不可能存在零风险;食品中放射性物质的安全含量等。为此,2011 年 4 月下旬在福岛和枥椇分别召开了住民说明会和包括放射线医学和小儿医学专家在内的专家讨论会。此后仅 2011 年,风险管理机关和地方政府在全国就召开了 45 次风险交流的相关会议,2012 年达到 175 次[59]。其中包含了针对媒体的说明会,针对专家的讨论会,针对利益相关方的学习会等。并派遣工作人员参加消费者团体主办的说明会、专家演讲会等协助地方政府开展风险交流工作。消费者厅于同年 5 月 30 日出版发行了 10 万部《食品和放射性 Q&A》宣传册,并将相关内容登载在官网上。农林水产省在食品安全委员会、厚生劳动省和消费者厅的协助下将食品与放射性物质的相关知识制作成宣传海报粘贴在食品销售场所的醒目位置。

最后,由于受媒体信息的误导,大多数消费者对福岛及周边五县的生产加工的所有食品都采取拒绝态度,震区受"风评被害"严重。为了让公众能够全面了解从食品生产到流通过程中对放射性物质浓度的检测手段和应对措施,厚生劳动省联合农林水产省在官网上公布了对全国食品中放射性物质的检查频度、检查品种、检查流程和检查结果,对危险性较高的如蔬菜、野生禽类、乳制品和牛肉等食品的检查手段进行细化分析。对检测浓度普遍较高的区域实行流通禁止,个别品种采取摄取限制。

(3)日本食品安全风险交流机制的实施困境

日本食品安全风险交流机制强调有效、正确地传递风险信息,重视从多渠道收集意见。2012 年针对禽流感的有效防控,2013 年 BSE 对策调整的平稳过渡都得益于此。但在核泄漏事故中,日本食品安全风险交流机制呈现出风险交流手段陈旧、风险交流方案滞后、专家和公众的风险认知存在较大差异等问题。食品安全风险交流实施中的困境主要表现在以下几方面:

第一,随着互联网的快速发展,从前由政府、专家通过大众媒体向消费者提供信息的传统模式被打破。来自不同渠道的各种信息鱼龙混杂。缺少专业知识的消费者难以对危害程度进行科学判断,而政府和专家信息发布的滞后导致消费者更愿意相信来自互联网的信息。增加了正确信息传递的难度。

第二,紧急情况下的风险交流有别于其常规性风险交流。常规性风险交流在日常风险信息的双向沟通、公众风险素养培育和国际合作中具有较长时间的信息储备。但紧急情况下需要在短时间内制定出风险交流方案,同时需要与更多的机构进行商讨,确保信息的一致性。核泄漏事故中的风险交流又难于从日常的风险交流中获取充足的信息和经验,对风险交流方案的制定形成了一定障碍。

第三,在核泄漏事故后召开的说明会和意见交换会上,专家更多的是强调风险评估结果的正确性，缺少对同一风险的多种评价，容易使消费者产生不信任感。紧急情况下如何平衡“客观风险”与“专家治理”，将是日本食品安全风险交流面临的新课题。

4. 域外食品安全风险交流机制之经验总结

（1）强调多元主体协同治理

如美国实行多元参与的网络型食品安全风险交流体系，欧盟也构建了多层次、多维度、网络化的组织体系，日本重视多元主体在食品安全风险交流中的作用。作为同样实行多部门监管、多元主体参与食品安全风险防控的国家，我国食品安全的监管主体与其他参与主体存在分工不明确、权责混淆、互相推诿的问题。要解决这些问题，就要对我国自身状况有个清楚的认识，在此基础上借鉴学习域外国家先进经验。

食品安全问题是重大的公共安全问题，更是一个社会问题。我国食品安全风险防控强调的政府单项权威是很难抵挡食品安全问题对社会带来冲击的。在复杂的食品安全问题面前，单纯依靠政府的力量显得十分单一。因此需要多方主体参与到食品安全治理中来，而且相互之间要有效分工、配合。具体表现为政府与社会组织、政府与公民、政府部门之间的相互交流与协作。为实现这一目标，还需要相应的机制加以引导。首先，多元主体之间要建立起相互信任的关系。在信任的基础上才能实现更深层次交流。其次，多元主体之间是一种平衡的结构，任何一方都可以代表自身在食品安全风险认定、食品安全标准的制定、相关政策实施等方面提出自己的看法和主张。这样的机制才能够确保在我国真正实现多元治理的目标。

（2）促进对食品安全风险信息的共享与协调

在当前食品安全形势下，构建食品安全分析网络越来越受到重视。例如美国的风险分析网络是美国食品安全规制的基础。日本也将世界粮农组织（FAO）制定的风险分析系统引入其食品安全管理中。每一个食品安全风险分析的环节都离不开风险信息的搜集与交流，并且各个环节之间也需要信息共享才能更好衔接。食品安全风险管理需要根据食品安全风险评估所传递的信息来进行风险预防和应对，而食品安全风险交流本质上就是信息在各个主体之间传递和共享的过程。只有做到信息共享与协调，才能及时发现问题，及时采取应对措施。

（3）重视双向沟通机制

当前国际上所公认的风险交流多是以双向互动沟通为主，主要是因为相关受众的信息反馈不仅有利于增强信息管理机构的权威性与可信度，还能帮助政府在食品安全方面做出正确的行之有效的决策，同时能进一步提高公众对食品安全的风险认知。但是双向沟通机制的弊病就在于可能无法将所有的利益相关者都纳入互动交流的平台,这需要我国在建立双向沟通机制时拓宽信息沟通交流的渠道,最大限度地将食品安全信息的受众群体纳入到食品安全风险双向沟通交流的轨道中来。

(4)完善的风险素养培育机制

由于专家学者与普通公众存在较大的风险认知差异,公众往往对所接受的食品安全信息不相信或者不理解,因此提高公众的风险认知水平也是实现食品安全风险交流有效性的重要保障。但与此同时,由于风险认知是以社会及文化制度为基础,以个人受教育程度、性别、年龄以及财产状况等为影响因素所综合实现的个人认知倾向。因此在进行风险素养培育时,可以依据不同的标准对具有不同风险认知的相关受众进行不同程度的风险素养培育,以真正切实提高公众的风险认知素养及水平。

五、社会共治视阈下四川省食品安全风险交流法治化路径设计

(一)明确食品安全风险交流的原则与主体定位

1. 厘清社会共治格局中食品安全风险交流的内涵与原则

食品风险交流不仅是科学信息的沟通,更是社会价值的反映。我国对食品安全风险交流社会共治的探索,其目的不应是要求公众像风险评估专家和风险管理者一样看待问题,而是增进各方对彼此观点的了解与理解,缓解公众的负面情绪,引导公众对风险的合理认知,促进公众对政府部门的信任。

在原则的确立上,食品安全风险交流应遵循维护和建立信任原则、及时充分原则、公开透明原则、基于科学原则和共同参与原则。在食品安全风险交流过程中,不仅要重视工作结果的公开透明,还需使工作过程、决策机制等都要透明。不仅风险交流内容要科学,讲求准确及时,交流方法和技巧也要科学,以提高交流的效率[60]。同时要提供给公众表达意见的畅通渠道,使得各方主体都要参与到交流活动中来,做好相关组织协调工作[61]。在实践中尽量使交流主体和内容符合公众关注焦点,并且采取符合公众认知模式和规律方式回应公众关切。

第一,根据要维护和建立信任的基本原则,须认识到,无论是政府还是公众,均是一切风险交流工作的基石,相关风险交流技巧的运用都要围绕信任的建立和维护,相关风险信息发布尽可能科学权威,获取公众的信任。第二,根据及时充分的基本原则,重视规避负面因素对公众造成的影响,一旦发现谣言、不真实信息要尽快予以澄清,尽早给出正面的回应。而在平时,风险交流机构就应当向公众提供充分的信息,避免公众因为信息匮乏在风险事件面前失去理性判断。第三,依

据公开透明的基本原则,在食品安全风险交流过程中,不仅要重视工作结果的公开透明,更指工作过程、决策机制等都要透明。第四,比照基于科学的基本原则,在食品安全风险交流中,不仅内容要科学,讲求准确及时,交流方法和技巧也要科学,提高交流的效率[62]。第五,根据基于受众需求的基本原则,在实践中尽量使交流的主体和内容符合公众关注焦点,并且采取符合公众认知模式和规律的方式回应公众关切。最后,根据利益相关方共同参与的基本原则,对于风险交流机构来说,要提供给公众一个表达意见的畅通渠道,使得各方主体都要参与到交流活动中来,并做好相关组织协调工作[63]。

2. 明确多元主体共治格局中食品安全风险交流主体的定位

实现多元共治格局下的食品安全风险交流,最关键的因素就是要实现参与主体各归其位,切实履行各自的职责。在资本的逐利性以及食品生产经营者道德素质参差不齐,食品安全领域的"市场失灵"客观存在的背景下,作为公共权力的执掌者、公共资源的分配者、公共利益的维护者,政府必须承担起食品安全治理的主导者角色。企业是食品安全的第一责任者,企业与食品安全存在者最紧密的关系,有可能成为不安全食品的生产者,也最有可能是食品安全的捍卫者。广大的公众是食品的最终消费者,食品健康与否影响着公众的生命健康,是食品安全的直接受益者,这并不等于消费者就应当将自身置于食品安全管理之外,公众对于食品安全治理的积极参与、理性参与,在一定程度上直接决定食品安全治理的实效。社会组织与其他主体相比,存在"专业性、灵活性、纽带性优势",其参与食品安全治理当中为多元共治主体设计不可或缺的重要一环。目前,很多发达国家主导风险交流工作的政府部门都是风险评估机构,这一机构具有及时掌握科学的风险信息的优势,在风险交流中能够利用其优势有效地传达准确信息。我国所设立的食品安全风险评估中心并不像日本等发达国家那样拥有很强的独立性,属于由理事会监督管理的公共卫生事业单位。由于缺乏独立性,内部出现的利益冲突无法及时得以调节,权力的分配也存在不合理现象,这样的机构很难像其他国家的评估机构那样将公众的价值诉求置于首位,也就很难主导风险交流工作的开展。为此,我国可以尝试着借鉴日本的做法,从专家中挑选组成风险交流机构的成员,并对这些人员作出任职等方面的限制,从而确保其在履行职责过程中保持中立。

(二)完善食品安全风险交流实施机制

社会共治理念帮助公众从思想认识上完善食品安全风险交流的架构,而思想的蓝图要落实到实践,应该通过细化新修订的《食品安全法》中风险交流的实施细则、促进"互联网+"与政府信息公开的融合、健全举报奖励制度和团体诉讼制度,以弥补我国现行有关食品安全法律制度中存在的实施缺陷。

1. 细化新修订的《食品安全法》中风险交流的实施细则

对新修订的《食品安全法》来说，一则具体完善的实施细则可以弥补目前新法在食品安全风险交流规定的欠缺。该法中关于食品安全风险交流的规定仅以一条概括，对于建立完善的食品安全风险交流机制远不够，但目前不可能再对颁布仅近一年的新法又进行修改，因此可以通过相关实施细则对新法中有关食品安全风险交流概括性的规定加以细化。第一，完善信息发布制度，确保相关主体发布的信息相互衔接。而不是仅仅规定政府信息发布的分级规范，在社会实践中还存在媒体报道的相关信息、以及专家作出的科学解释等都有待规范。第二，强调风险交流中的双向沟通。构建风险交流平台，并且保证公众参与风险交流的权益在法律上有一个明确的落实。第三，落实公开透明的工作机制。不仅完善政府风险评估结果的公开，还要进一步落实政府风险交流过程的公开和风险决策的公开。

2. 促进“互联网 + ”与政府信息公开的融合

第一，政府部门应当利用互联网搭建信息沟通平台。政府部门通过设置专门的手机查询沟通软件，开通微信公众号、政务微博等方式，增强政府部门、专家与普通公众之间的互动交流。消费者通过以上多种方式查询食品安全信息、及时有效反馈信息获得专家疑难解答[64]。食品安全监管部门对平台进行维护，安排专门人员负责平台的管理，对消费者投诉的情况，予以尽快的核实，能够在线解决的，应该及时给消费者回馈处理信息，在线不能解决的，可以在线下作调解。以此方式最大程度地保护公众的知情权、参与权与监督权。

第二，有关政府部门应当建立食品安全企业信息披露制度。首先，应当将披露的内容加以明确规定，并将披露的内容进行扩大。例如，应当从以突发性食品污染事件及人畜共患病事件等的事后处理通报信息为主要内容扩大到有关食品安全预警信息的披露。在食品召回制度中明确规定由政府相关部门对召回产品信息进行披露。其次，严格规范披露程序，建立严格的信息披露豁免制度。涉及国家秘密、商业机密、个人隐私等的信息属于法定豁免信息，有关政府部门可以通过立法规定尤其是对商业秘密进行法律解释。

第三，重视第三方组织对企业的监督。食品行业自己组织的协会、消费者为维护自身权利建立的消费者协会，以及对食品进行认证检验的机构都可以在日常活动中对企业进行监督，向政府反映企业具体操作情况，为政府提供企业实际信息，完善政府披露的内容。此外，我国还应设立利益相关方信息沟通平台与专家咨询平台[65]。于立法决策前定期举办政府与利益相关代表方的意见交换会，政府在立法、决策时要考虑行业协会、企业、消费者、社会组织等利益相关主体的意见。同时，对政府与专家而言在涉及专门的食品安全的政府决策中必须通过定期举行专家咨询会，采用专家决策咨询、技术咨询、决策评估等方法和手段，保证决策科学性。

3. 健全举报奖励制度和团体诉讼制度

对举报奖励制度和团体诉讼制度的完善须畅通渠道，实行举报受理多部门联手；具体的制度要予以落实，明确实施奖励的条件、具体的奖励方法等；奖励资金的来源要予以确保，设立食品安全专项奖励基金是一种有效的操作方法；举报人的权利要保障，为保护举报人信息不被他人知晓，因此要对秘密举报制度作一步的完善。对于打击报复举报人的行为要予以严惩，受理部门应当落实对举报人的奖励制度，鼓励社会公众积极参与举报[66]。对举报属实，为查处食品安全违法案件提供线索证据的，应予以奖励。通过这几个方面来完善举报奖励制度。建立一个可以由一人或者数人代表其他具有共同利害关系的人提起诉讼的团体诉讼制度，可以起到将分散的力量汇聚起来的作用，从而增加消费者表达诉求的意愿。通过了解诉讼情况，也是一种获取信息的渠道。

（三）完善食品安全风险交流配套措施

1. 建立食品安全风险素养培育机制

公众的知识水平（对食品安全的了解程度）会影响食品安全风险交流的效果，因此，风险素养培育机制的建立是进行食品安全风险交流的基础和前提。在知识培养上，四川省相关工作人员需要进行更多的科普宣传，借助食品安全周及各类食品安全突发事件的契机，通过本部门网站、部门微博、信息公开栏、电子屏幕等方式，借助报纸、广播、电视、网络、手机等媒体发布食品安全科普信息。这是政府从自身的角度所应作出的努力，而建立一个完整的风险素养培育机制，需要社会各方面共同努力，改善各种进行食品安全知识科普的途径。媒体的报道对公众了解食品安全知识存在很大的影响，因此在媒体层面，要重视提升媒体在食品安全方面的专业素养。媒体在食品安全方面的素养体现在媒体应对危机的能力和对食品安全知识的了解。提升媒体应对危机的能力需要通过对媒体进行专项训练实现，对相关知识的把握，可以通过交谈会、学习会等方式召集记者进行专业知识培训。

民间公益组织和科普网站在科普宣传上也发挥着不可忽视的作用。风险管理者们应该鼓励和支持其他组织的科普宣传。同时借鉴民间的优秀经验也有利于食品安全的工作人员提升自身的科普技能。

2. 大力扶持培育民间交流平台

民间交流平台是联系公众与政府之间，公众与专家之间的交流渠道对促进食品安全风险交流有着积极意义。近年来，我国开始重视并已经建立一些民间交流平台。但仅停留在形式上的倡导，政府并没有给予太多实质性支持，在影响力和覆盖面上并没有占优势。因此政府部门需要尽快出台扶持性政策,大力扶持培育第三方民间交流平台。

为此,在登记管理层面,政府部门应当改革民间组织登记认证准入制度。一方面降低民间组织的登记准入门槛并承认其独立的法人地位,对所登记的民间组织的基本信息备案注册。另一方面,政府机关应当建立登记认证制度。即对不同性质的民间组织实行不同的等级认证,并适用不同的监管制度。例如,第三方民间交流平台大多是公益组织,对于该类公益性质的民间组织应当实现严格的公益认证,政府机关对于认定为公益法人的民间组织,一方面要给予财政上的补贴,另一方面要实现严格的监管。

在组织运行方面,政府部门要加强行业自律与社会监督。政府部门应减少对民间组织政治干预,对民间组织定期系统年检制度的同时保证第三方民间交流平台的独立性与自主性。同时建立民间组织评估机制和民间组织投诉机制。设置民间组织信息公开平台。鼓励设置第三方民间评估机构,对民间组织的日常管理、财政支出及民间活动进行监管。对于群众对民间组织的举报应积极受理,促进民间组织高效有机运行。

3. 建立食品安全信息二维码追溯机制

食品安全风险防控的对象是各类产品及其形成过程,食品可追溯机制可以强化对食品各个环节控制的衔接,实现对产品从原料来源、生产、加工、运输到消费整体把控。在“互联网 +”的基础上建立食品产业全环节、全链条、全覆盖的信息可追溯平台[67],这一倡导为我国完善食品安全追溯机制提供了方向上的指引。建立食品安全信息二维码追溯机制很好地将科技与传统的食品安全追溯机制结合在一起。利用二维码的快速扫描读取信息的功能,这种方式可以很迅速地实现信息的搜集,对食品从产地到餐桌进行全面的了解,而且在此过程中投入的成本也很低,是一种提升监管效率比较可行的方式。在相关食品安全事故发生时,相关部门能够快速锁定风险的来源,及时采取措施应对。

建立食品安全信息二维码追溯机制需要以相关条件的齐备作为支撑的。首先,具备相关技术条件,对条码的识别、对大量数据进行分析、数据库的建立都是依赖技术才能进行的。其次,需要来自相关主体的支持,只有获得消费者和企业的认可,二维码追溯机制才有存在的根基。一方面,政府要严格控制被追溯对象的质量安全标准,使得二维码追溯机制取得真正的实效。另一方面,政府要加强二维码追溯体系的宣传,使得相关公众有足够的认识。最后,要有相应的责任追究机制来保障执行。除了要对未尽到食品信息溯源义务的食品生产经营者进行责任的追究外,在责任承担的方式上也应当加以完善,不履行食品信息溯源义务的食品生产经营者,应当视情况承担行政责任和形式责任,由此对消费者造成损害的还应当承担惩罚性赔偿责任[68]。

4. 完善公众参与机制

(1)构成完整的公益与众益保护法律关系体

食品安全法上的法益可分为风险利益与私人利益,前者是防止健康利益受损可能性而具有的,主体开放、效果共益特征为其打上了“公共利益”的烙印;后者是受害人在食品侵权后享有救济的利益,虽是指向特定的个体,但由于危害效应的弥散性造成受害者甚众,受保护的私人利益呈现人多势众情形,是众多消费者相互间独立地享有的受保护利益,是众人之利益或简称为“众益”。“‘对……侵害众多消费者合法权益’这种‘损害社会公共利益的行为’,而‘向人民法院提起’的‘诉讼’只能是众益诉讼,其本质是私益诉讼”[69],在此认识上完善现行公众社会监督机制,至为重要的是在构造法律关系时对与风险对应的公益、与损害对应的众益全覆盖、强保护。

第一,在公众与经营者间建立基础性监督法律关系,使之与政府监管关系平行。这将破除监管者对规制风险经营行为的垄断,与惩罚性赔偿等结合使用,形成不论致害因素处于风险抑或实然状态,公众都有与之对应的食品安全法律关系加以规制,法律关系的类型上实现对整个食品价值链上安全风险的完全调整。这将使公众的法律地位从受害者到对可能致害的风险具有法定规制的资格,具备综合利用自力救济与国家强制力来抑制经营私利膨胀、补强监管能力不足的能力。公众监督权要从消费环节延展到食品生命全周期,行为客体须包括生产、待售环节的风险及其造成的损害。公众的监督权要实在化为对隐患食品的法律行动能力,将公众反对隐患食品的热情转化为抑制经营者违法经营的行为资格,从风险阶段利益的“事实相关人”转变为法权直接享有人。

第二,构建公众监督监管者的保障性监督关系以服务公众利益的优位性。公众个体在参与食品安全治理上具有能力不足、行动孤立的局限,多有依靠监管资源之处,但应通过规范监管者接受监督义务而在法律关系上形成公众参与监管的“自权性”,摒除“它权式”监督的被动性窘境。保障公众能以自己的名义、依赖已有监督权对其加以规制,减少公众由于维权受阻而走向保障力量的对立面,反而通过助益违法经营来获取一己之利。不管公众是以利己抑或利他为监督动机,公众监督权上还应设计对防范安全风险适当的行动激励,保障公众在权衡助益违法经营获得的私利与投入到食品安全保障中得失时,不仅只在道义上站在有利于社会的一边,在经济回报的设计上也要诱导它向有利一方靠近,正回报与负风险的结合能最大程度的激活公众维权的积极性,减少公众与违法经营中联姻的可能性。同时,通过开辟保障性监督关系,确保公众参与行政执法信息提供、隐患食品举报等监管职能时,具备要求“参与者”回报的制度空间。这能改变将公众仅作为监管辅助人的局面,如出现监管者对诸如明显违法经营行为、重大安全风险等的监管不力时,为公众追究监管者行政责任留下法律关系的可能性。

第三,以类型完整的法律关系建构形成为公众提供完整的致害行为责任追究手段,包括诉讼、行政程序参与、社会救济、自力救济等多元行为模式。在这样的关系谱系中,既为个体性公众创造监督监管者、经营者的法定关系载体,善用绝对性公众中具备专业力群体的监督组织能力而更为便利地维护众益(如允许法律从业人员进行小额诉讼召集等),同时激活相对性公众的参与性,在举报激励、证据规则等方面营造有利于其以非公开方式助益安全治理行动。

(2)塑造公众监督经营者的多元化法定渠道

第一,建立食品安全领域的民事公益诉讼是基础性、原则性的公众监督工具。受安全风险释放影响的公众范围、后果可能是预想或推算的结果,造成确定特定风险所关联的公众范围较为困难,但它是公众以组织化的形态独立行使监督权的必然要求,而个体性公众由于能力和资源缺乏而难于适用。于此,公益诉讼关系的建构问题成为核心,即诉讼主体、标的与诉权分别应当怎样确定?我国民事诉讼法第 55 条为其奠定了基础,但有两点尚需细化,即是要明确该条中“损害”与“有关组织”的确切含义,这恰是食品安全法的缺陷所在。“纵观我国《民事诉讼法》的修订历程,在涉及公共利益保护问题上,立法者既没有认同‘行政权力强化可以解决公益保护’的论断,也没有采纳美国式的‘通过私人执法可以实现公益保护’的假设,而是采取了中庸的、平衡的立法策略,并采取了‘法律规定的机关和有关组织’的笼统措辞”[70],因而需要在食品安全法“法律责任”部分增加引证条文,诉讼标的上将风险经营行为的本身认定为食品领域的一种损害,与共同危险行为的立法原理相同,而改变要求对个体性损害的追求。诉讼主体上形成较为开放的范围,应包括且不限于永久性组织和临时性组织,这能通过制度资源配置来训练公民意识,但在责任认定程序上保持谨慎。

第二,建立便于公众实现组织化的公共服务机制,完善公益与众益诉讼召集制度,发挥公众中的专业人员、社会公益热心人士等的积极性。一是广泛地开发与利用如网络社区等实名注册网络平台,便于公众就特定食品风险源针对特定的经营者组建临时性维权组合体,以便对风险经营行为者发起诉讼;二是要允许社会威望高、资源动员能力强的个人,特别是律师事务所、有食品从业经验人员等特殊公众群体,以公益之目召集公益诉求、征集已受损害的小额损害的模式,实现实体监督权利与诉讼资源的结合。此类行动的社会示范效应强,且能让特殊公众群体从冒充消费者“知假买假”，回归到公众的本体角色上，使“知假”后就直接行动而无须再以“买假”为幌子寻找合法的主体身份，既浪费社会资源又破坏契约精神。三是鼓励、引导公众成立消费者团体或保障公众健康安全的其他公益组织，在章程与抑制风险行为目标一致的情形下，凡合法登记的组织应认定为适格公益诉讼发起者。

第三，丰富经营者承担公益诉讼败诉后的责任承担方式，特别是形成经济性责任下的诉讼收益合理分配机制。应当比照现行立法中的行政责任力度适用，包括经济性补偿、经营资格限制与剥夺、公开道歉、对社会利益给予替代性弥补措施等。特别地，经济性补偿归属问题比较敏感，应在偿付公益诉讼的成本后归属于参与诉讼的公众，在食品安全形势较为严峻的条件下既能激励公众积极主动地参与到风险防控体系中，又能维护参与其中的个人和团体的经费开支，保持其继续打击风险行为的能力。应当看到，通过发起公益诉讼获得收益的现象是与风险经营行为在时空、规模上是同步的，它也会随着食品安全形势的好转而逐步消失，故不必为有人利用法律营利而烦恼。

(3)拓展政府被监督义务实在化的法定路径

政府被监督义务实在化是要克服现行机制下公众对监管者的地位劣势，改变公众辅助监管的制度资源配置格局，形成公私合作的食品安全治理模式。针对现行立法上公权地位高、公众地位弱的局面，二者的合作既要营造共同话语体系，又要实现二者相互参与的双向性功能发挥机制，并且在最高利益上要体现监管者对健康利益的服从性，安全标准普适化和改造监管权运用方式至为关键。

第一，要推行食品安全标准的普适化过程，还原技术性标准规则的社会性本然面目。针对政府所制定的各种食品安全标准，由于许多技术指标具有高度的专业性以及高科技术依赖性，所以除了在制定过程中充分吸纳公众意见外，还要就国家强制性安全标准制作能为广大公众普遍理解的简本，包括对标准指标本身的解释，部分核心指标的说明并配备相应的科普知识说明，如何阅读产品说明书、标签标识等产品本身说明性文件中的标准含义，在有条件的情况下制定能为大众化方式使用的简易性鉴定方法，作为特定安全标准文件的简化副本一并公布，也可以认可公众特别是专业性机构或人士发现的相关方法，通过官方方式进行公布。通过各种方式加强安全标准对全社会的普遍适用的能力，而不将其作为监管者“御用”的技术性工具。

第二，在监管程序吸纳公众参与的同时，监管者也要根据公众的投诉和举报甚至实现举报法治化[71]，调动公共资源参与到社会监督程序。公众监督中往往出现个人能力有限又无法实现组织化来发起公益诉讼，或者惮于受到报复而不愿公开行使监督权的情形,如其本身就是经营者的员工或其他知情人员,其对违法经营行为的情况非常了解但是不宜公开地对经营者发起法律行动,则应当建立规范的有奖举报制度。既要制定标准化的投诉举报分类制度,通过电子政务系统向公众广泛地征集日常监督中发现的违法信息,形成法定回复程序,对不予采纳的要说明理由及依据。一旦其所提供的线索得以证实,实际上就是公众将自身对违法行为的信息、证据和责任启动权转至监管者,则应要么给予定额的奖励,要么按照对违法经营中经济处罚的一定比例给予举报人相应的奖励。

第三,适时建立食品安全行政公益诉讼制度。针对已经出现的重大食品安全事故、公众投诉举报后认为监管者应当处置但其未启动相应的监管程序的情况,对监管机构及其工作人员未依法启动监管机制造成公众的损害,应当在行政处分之外责令其赔偿公众的物质、精神损害。要打破现行立法中对监管者责任专由上级或权力系统内部启动的做法,扩展仅给予行政处分和刑罚的责任形式,对按照常理监管者应当发现的风险而未发现,或者发现后消极应对或采取的措施明显与风险程度不吻合,以及公众向其提供了较为充分的信息和依据而其未积极作为时,如果造成公众损害、致使安全风险扩散,以及造成其他对公众健康造成实际损害或者威胁的,应有适格的主体对监管者发起行政公益诉讼,原告主体资格与责任形式可参照民事公益诉讼的思路构建。

第四,还须加强对公众参与的素养培育。公众参与的素养包含对参与本身的认识和对相关食品安全问题的认识。公众对于参与到食品安全治理当中的认识,包括对自身的定位、权利意识等。而对这类素养的改变起着重要作用的是外部环境,通过政府对公众参与的支持,法律赋予公众权利来引导公众改变自身的认识和看法。公众对相关食品安全问题的认识,应当视为公众知识储备的一部分。通过新闻媒体、网络平台、知识讲座、定期发布信息以及食品安全宣传周等活动,对有关食品安全的知识进行讲解、组织对《食品安全法》及《消费者权益保护法》等相关法律法规的学习,使得公众具备一定的食品安全认知能力,提高食品消费的警觉性,能够运用所掌握的知识来维护自身权益。同时,丰富公众参与的形式。一是公众参与形式的多样化,使得公众不仅能够通过间接的形式,还可以通过直接参与立法、执法的形式加入到食品安全治理中来。二是拓宽公众参与的渠道,信息时代公众生活方式发生巨大的改变,选择公众经常聚集的电子邮箱、QQ、微信和微博作为公众参与的平台,将会是提高公众参与度的一项明智之举。

综上所述,成功的食品安全风险交流能够加强各目标群体对风险的认识,改变目标群体对待风险的行为和态度,以降低风险带来的影响,实现风险决策过程中的理解与合作。社会共治领域下的食品安全风险交流,是在全方位考虑相关参与主体的特征与利益的基础上进行的交流,其目的是要增进各方之间的了解与信任,尤其是广大公众对政府的信任。新修订的《食品安全法》颁布,四川省的食品安全风险交流也迎来了一个新阶段,鉴于我国仍处于从"单一监管"向"社会共治"的转型阶段,新法颁布尚不足两年,相关实施的效果还未得以体现。因此,在进一步深化四川省食品安全监管体制机制改革的工作方面,须加深对相关食品安全风险理论的理解,在结合我国实际的基础上借鉴国外先进模式中优势之处来完善自身。

一方面应注重传统食品安全"硬法"和"软法"的结合,通过制度、规范和机制运行来保障公众对食品安全的知情权、参与权和监督权。另一方面,应借助"互联网+"时代新形态的传播方式,推动公众参与的食品安全信息显性化供给,实现安全、有序、良性互动的风险信息交流。此外,还须加大风险交流相关基础研究的投入,加快学科建设,注重消费者风险识别能力的提升和对媒体从业者风险交流技能的培训,促进风险交流的有效性。

注释

[1]邓萍. 食品安全政府监管主体探究[J]. 学术交流,2016(8):115—119.

[2]冯朝睿. 我国食品安全监管体制的多维度解析研究——基于整体性治理视角[J]. 管理世界,2016(4):174—175.

[3]Food and Agriculture Organization of the United Nations. Food Safety Risk Analysis: A Guide for National Food Safety Authorities[R]. FAO,2006:50.

[4] National Research Council. Improving Risk Communication[M]. National Academy Press,1989:133.

[5] Food and Agriculture Organization of the United Nations. Food Safety Risk Analysis: A Guide for National Food Safety Authorities[R]. FAO,2006:50.

[6]刘飞. 风险交流与食品安全软治理[J]. 学术交流,2014(11):60—65.

[7]肖峰,王怡. 我国食品安全公众监督机制的检讨与完善[J]. 华南农业大学学报(社会科学版),2015(2):93—102.

[8]王可山,李秉龙. 食品安全问题及其规制探讨[J]. 现代经济探讨,2007(4):44—47.

[9]吕丹丹,刘晓莉. 我国食品安全政府协同治理的制度研究[J]. 理论与改革,2016(6):119—123.

[10]陈金玲. 我国流通领域食品经营者的食品安全法律规制研究[J]. 宏观经济研究,2017(2):30—38.

[11]胡颖廉. 食品安全理念与实践演进的中国策略[J]. 改革,2016(5):

25—40.

[12]邓纲,王琦. 论我国政府主导型的食品安全管理模式的完善[C]. 经济法论坛(第10卷),北京:群众出版社,2013.

[13]吴元元. 食品安全信用档案制度之建构——从信息经济学的角度切入[J]. 法商研究,2013,(4).

[14]Michael R. Taylor. Lead or React A Game Plan for Modernizing the Food Safety System in the United States[J]. Food and Drug Law Journal,2004(59).

[15] 倪永品. 食品安全,政策工具和政策分析[J]. 浙江社会科学,2017(2):66—74.

[16] 张明华,温晋锋,刘增金. 行业自律,社会监管与纵向协作——基于社会共治视角的食品安全行为研究[J]. 产业经济研究,2017(1):89—99.

[17] 张明华. 食品安全风险交流:食缘关系良性运行的机制保障[J]. 学术论坛,2016,38(2):75—79.

[18] 张潮,王晓莉. 从政府管理到社会治理:食品安全监管的政府职能转变与实践逻辑[J]. 科学社会主义,2016(2):96—101

[19] 杨小敏. 食品安全社会共治原则的学理建构[J]. 法学,2016(8):117—125.

[20] 吴元元. 食品安全共治中的信任断裂与制度因应[J]. 现代法学,2016,38(4):60—72.

[21] 陈彦丽. 食品安全治理利益机制研究[J]. 哈尔滨商业大学学报(社会科学版),2016(1):28—36.

[22] 地沟油是指从废弃食物或残渣中提炼出的油,广义的地沟油还包括地沟油、万年油等废弃食用油。近年中国餐饮行业回收已使用过的废弃油并进行重新加工处理,将回收油当食用油,引起舆论关注。当中包括街边摊档和高级餐馆,用于制造各式食物。而“地沟油”含有微生物、铅、苯比等物质,尤其苯比长期暴露恐有致癌风险。

[23] 在中国,通常所说的“瘦肉精”则是指克伦特罗。它曾经作为药物用于治疗支气管哮喘,后由于其副作用太大而遭禁用。2011年3月,河南省孟州市等地养猪场采用违禁动物药品“瘦肉精”饲养生猪,有毒猪肉流入济源双汇食品有限公司。事件经相关媒体曝光后,引发广泛关注。

[24]See Peng Liu, Liang Ma. Food scandals, Media Exposure, and Citizens' Safety Concerns: A Multilevel Analysis Across Chinese Cities. Food Policy, 2016, 63. p102—111.

[25]沈岿．风险交流的软法构建[J]．清华法学,2015,9(06):45—61.

[26]See Wei Fu. Research of Food Safety Supervision System in China[J]. Applied Mechanics and Materials,2014,3468(644).

[27]《中华人民共和国食品安全法(主席令第九号)》第116条第2款:有关社会组织有对食品安全执法人员在执法过程中有违反法律、法规规定的行为以及不规范执法行为检举和投诉的权利。

[28] 徐信贵．食品安全风险警示的制度属性与法治要素[J]．西南民族大学学报(人文社会科学版),2016,37(6): 84—88.

[29] 涂永前．食品安全社会共治法治化:一个框架性系统研究[J]．江海学刊,2016 (6): 143—151.

[30] 隋洪明．食品安全非监管保障措施的引入与规制[J]．法学论坛,2012(2).

[31]汪习根．论法治中国的科学含义[J]．中国法学,2014(2).

[32]戚建刚．我国食品安全风险规制模式之转型[J]．法学研究,2011(1).

[33] 吴元元．信息基础、声誉机制与执法优化——食品安全治理的新视野[J]．中国社会科学,2012(6).

[34] 戚建刚．向权力说真相:食品安全风险规制中的信息工具之运用[J]．江淮论坛,2011(5).

[35]雷宇．声誉机制的信任基础:危机与重建[J]．管理评论,2016,28(8): 225—237.

[36]戚建刚．风险规制过程的合法性之证成——以公众和专家的风险知识运用为视角[J]．法商研究,2009(5):49—59.

[37]李菁笛．食品安全治理的应然逻辑与路径——基于新《食品安全法》的分析[J]．新疆社会科学,2016(6): 93—98.

[38] 周敏．法治国家背景下食品安全风险治理中公众参与问题研究[J]．中国社会科学院研究生院学报,2016 (3): 83—87.

[39] 季卫东．风险社会与法学范式的转换[J]．交大法学,2011(2).

[40]涂永前,徐静．论我国食品安全规制的路径选择[J]．法学评论,2012(3).

[41]季卫东．从风险社会的角度重新审视法学研究和制度设计[J]．宪法与行政法治评论,2011(5).

[42]戚建刚．食品安全风险评估组织之重构[J]．清华法学,2014(3).

[43]谢康,肖静华,赖金天等．食品安全“监管困局”,信号扭曲与制度安排

[J]. 管理科学学报,2017,20(2):1—17.

[44]T Nakuja, M Akhand, JE Hobbs, WA Kerr, Evolving US Food Safety Regulations and International Competitors: Implementation Dynamics, Eu Project Report; Esprit Project 2315, Twb I, 2015.

[45] M Clayton, A qualitative investigation of the Role of Food Workers in US Food Safety, Ratio Juris, 2015, 20 (3) :402—423.

[46] BVD Meulen, Is Current EU Food Safety Law Geared Up For Fighting Food Fraud? Journal Für Verbraucherschutz Und Lebensmittelsicherheit, 2015, 10 (1) : 19—23.

[47] M Weimer, E Vos, The Role of the EU in Transnational Regulation of Food Safety: Extending Experimentalist Governance? Social Science Electronic Publishing, 2015.

[48] JD Mcevoy, Emerging Food Safety Issues: An EU Perspective, Drug Testing & Analysis, 2016, 8 (5 -6) :511.

[49] [日]厚生労働省. 食品の安全確保に向けた取組. [EB/OL]. (2013 - 3 - 1) [2016 - 7 - 2]. http://www. mhlw. go. jp/topics/bukyoku/iyaku/syoku - anzen/dl/pamph01. pdf.

[50] [日]新山陽子. 食品安全のためのリスクの概念とリスク低減の枠組み:リスクアナリシスと行政・科学の役割[J]. 農業経済研究. 2012(9): 62—79.

[51] [日]北野大. 安全・安心とリスクコミュニケーション[J]. 食品衛生学雑誌. 2012(12):412—415.

[52] [日]食品安全委員会企画等専門調査会. 食品の安全に関するリスクコミュニケーションのあり方について[53] [EB/OL]. (2015 -5 -28)[2015 -7 -16]http://www. fsc. go. jp/osirase/pc2_ri.../riskomiarikata. pdf

[53][日]厚生労働省医薬食品局食品安全部. 食品中の放射性物質の対策と現状について, [EB/OL]. (2013 - 10 - 25) [2016 - 8 - 3] http://www. mhlw. go. jp/shinsai_jouhou/dl/20131025 -1. pdf

[54] 风评被害:由于不存在的原因或结果导致的经济损失,是2011年东日本大地震后开始流行起来的一个词。当时由于媒体无根据的揣测和长时间的大量报道,导致人们认为产自灾区的农产品受到核污染而对其敬而远之,从而对灾区经济形成雪上加霜般的打击。

[55][日]元吉忠寛. リスク教育と防災教育[J]. 教育心理学年報,2013

(52):153—161.

[56][日]厚生労働省医薬食品局食品安全部. 食品中の放射性物質の対策と現状について,[EB/OL].(2013 - 10 - 25)[2015 - 8 - 3] http://www. mhlw. go. jp/shinsai_jouhou/dl/20131025 - 1. pdf.

[57] 沈岿. 风险评估的行政法治问题——以食品安全监管领域为例[J]. 浙江学刊,2011(3):16—27.

[58][日]半杭真一,食品中の放射性物質に関する科学情報と消費者意識[J]. 福島県農業総合センター,2014(2):130—133.

[59][日]消費者庁. 食品と放射性物質に関するリスクコミュニケーション[EB/OL].(2015 -4 -14)[2014 -7 -18]. http://www. kokusen. go. jp/wko/pdf.

[60]徐信贵. 政府公共警告的法律问题研究,北京:法律出版社,2014 年,第 89 页.

[61]沈岿. 风险评估的行政法治问题——以食品安全监管领域为例[J]. 浙江学刊,2011(3).

[62]徐信贵. 政府公共警告的法律问题研究[M]. 法律出版社,2014:89.

[63]沈岿. 风险评估的行政法治问题——以食品安全监管领域为例[J]. 浙江学刊,2011(3):16—27.

[64]程玉桂. 有机食品可追溯与网络消费信任研究[J]. 江西社会科学,2016(4):29.

[65]廖杉杉. 农产品安全生产中政府监管机制的优化与创新研究[J]. 管理现代化,2016,36(3):40—42.

[66]汪普庆. 基于"连坐制"的食品安全治理研究[J]. 理论月刊,2016(3):93—97.

[67]郑建明,王上,徐忠. 可追溯水产品消费者支付意愿的实证分析及其政策启示——基于北上广的调查[J]. 农村经济,2016(2):77—82.

[68]戴勇,唐书传,殷正元. 食品供应链可追溯系统实施的激励机制设计[J]. 华东师范大学学报(哲学社会科学版),2016(2):126—135.

[69]徐祥民. 我国环境公益诉讼制度建设的崎岖道路[C]. 中国环境法学评论(第 10 卷),北京:人民出版社,2014.

[70]宋宗宇,郭金虎. 扩展与限制:我国环境民事公益诉讼原告资格之确立[J]. 法学评论,2013(6).

[71]王彬辉. 新《环境保护法》"公众参与"条款有效实施的路径选择——以加拿大经验为借鉴[J]. 法商研究,2014(4).

信息化背景下的环境信访制度完善研究*

冯　露　张　帆

工业技术革命以来,社会经济迅速发展,与此同时,人类社会与环境的对立也日益加剧。环境纠纷数量逐年增长,因环境问题引发的群体性事件以年均29%的速度递增。[1]2015年我国各级环保部门受理的环境信访量接近200万件,比2005年增长了近3倍,在整个社会纠纷中的构成中占有相当比重。当代信息技术不断发展,并在环境信访领域得以应用,由此催生了网络环境信访。作为一类新型环境信访方式,在立法上,《环境信访办法》以及新《环境保护法》都没有涉及网络环境信访有关内容,且在实践中出现了许多新问题,其解决对策尚在研究过程中。在信息化这一大背景下,如何完善环境信访制度并合理利用网络环境信访的渠道保护公民环境权益是一个值得探究的新问题。

一、环境信访制度概述

信访,作为我国一种独有而常见的诉求表达方式,有着特殊的价值和意义。环境信访即是有关环境问题的来信来访,是信访制度的重要组成部分。与传统信访相比,它们有着相类似亦有差异的类型、特征和理论基础。环境信访自出现以来不断演进,在信息化背景下又呈现出诸多新特征。本章将对环境信访的基本内容进行梳理,探析环境信访制度的历史演进,明确环境信访制度的理论基础,为后文提供理论支撑。

---

* 此文为四川省社科规划项目《信息化背景下的环境信访制度完善研究》(SC15E018)的结题成果。

冯露,电子科技大学公共管理学院,副教授,博士;张帆,电子科技大学公共管理学院,副教授,博士。

(一)核心概念的界定

1. 信访

信访作为我国特有的纠纷解决方式,在社会生活中的作用不容忽视。信访有广义和狭义之分,广义的信访一般是指民众向各级党委、政府、人大、公检法机关、人民政协、人民团体、新闻媒体等机构以各种方式反映情况,提出意见、建议、要求和申诉、控告或检举的活动。[2]广义主要体现在信访主体和范围之广,此处的"民众"也应该作广义理解,既包括自然人信访人,也包括集体信访人。狭义的信访(有时也称为"上访"),即来信来访,是指行政主体通过处理信访人来信来访的活动了解意见或建议,以及解决民间纠纷的活动。《信访条例》中"信访"概念对信访主体和信访范围都作了一定程度的限定,是通过立法形式规定下来的典型的狭义的信访概念,也是我们常提及的信访概念。学界还有"大信访"和"小信访"之分,不过此种分类与广义和狭义的信访之分并无二异。

从狭义的信访概念中不难发现,信访活动中的信访主体有二:一是信访人,主要指公民、法人或其他组织;二是信访工作机构,往往是各级政府、县级以上政府工作部门所设立用以专门处理信访工作的机构。信访不仅是信访人的诉求表达,也可看作一种利益表达方式:从信访是除法律以外的又一种解决问题的办法的角度上看,可视为一种直接的利益表达形式;但由于信访机构接收信访事项之后并不直接对其进行处理,而是根据实际情况转交给有关机关处理,从这个角度上讲,信访也可以视为一种间接的利益表达方式。

2. 环境信访

环境信访,对其进行广义解释,指的是有关环境问题的信访。《环境信访办法》(以下简称《办法》)中对环境信访概念作出了明确规定:主要指信访人采用书信、走访、电话等方式,向各级环境保护行政主管部门(以下简称"环保部门")反映环境保护情况,提出建议、意见或投诉请求,依法由环保部门处理的活动。与普通信访不同的是,环境信访将信访工作机构限定为了"各级环保部门",信访主体范围更窄,在其他方面并无实质性差异。《办法》规定的环境信访内容有三:一是检举、揭发环境违法行为和侵害民众合法环境权益的行为;二是对环境保护工作提出意见、建议和要求;三是对环保部门及其所属单位工作人员提出批评、建议和要求。其中第二、三项内容是环境权利主体对环保部门环境工作的监督,属于公民监督权的行使,不在本文的研究范围之内。

之所以要设立环境信访制度,一方面是要通过该制度加强公众对环保部门工作的监督,增强环境工作民主性;另一方面也是公民作为环境污染受害者与环境污染者之间纠纷的重要解决途径,是一种重要的非讼环境纠纷解决形式。从本质上讲,环境信访是一种行政性纠纷解决机制,属于行政救济,即国家行政机关或准行政机关所设或附设的非诉讼纠纷解决程序,也可以理解为行政性权利救济(权利主体通过行政机关解决纠纷、维护权利)。本文中的环境信访制度便是指由环保部门根据污染受害者的信访请求,解决受害者和污染者之间因为环境污染引起的民事纠纷所采取的各种方式、制度的总和或体系。

(二)环境信访的类型和特征

1. 环境信访的类型

根据不同的标准,可将环境信访分为不同的类型。原环境保护部在《关于改革信访工作制度依照法定途径分类处理信访问题的意见》中,将环境信访分为以下四类:一是环保业务类。主要包括违反环保"三同时"制度,申请调解环境污染损害纠纷,要求公开政府信息等事项。二是复议诉讼类。则是由环境纠纷引起的民事、行政争议,或已经进入诉讼、行政复议程序等事项引发的环境信访。三是信访类。指民众对各级环保部门及其工作人员的职务行为反映情况,提出建议、意见的事项。四是非环保部门职能类。则涵盖民众从"大环保"概念出发,为市容环境卫生、生态环境保护、节水节能节地、淘汰落后产能等工作提供违法线索、提出请求或者意见建议,对资源综合利用、发展新能源和"环保"型产品提出建议等事项。这种分类意在落实党的十八届三中、四中全会提出的信访法治化要求,通过信访工作制度改革,将信访纳入法治化轨道,保障民众正当诉求得到法律的保护。此外,学界也对环境信访进行了分类,如因相邻关系产生和非因相邻关系产生的环境信访;纯粹与非纯粹环境信访;诉求与真实动机完全一致型、部分一致型和不一致型环境信访等。[3]在上述分类的基础上,我们根据研究需要,进一步将环境信访分为以下几类:

一是以环境信访的不同方式,将环境信访分为网络、来电、来访和来信四类环境信访。此种分类所涉概念较为简单,此处不作过多解释。互联网普及之前,环境信访的形式主要有来电、来信和来访三种。随着信息技术的不断发展,互联网在全国普及,特别是"互联网+"的概念提出之后,网络已成为人们日常工作生活中必不可少的工具。网络环境信访便在此背景下形成,常见的有设置网站信箱,专设邮箱地址以方便人民群众通过网络的形式进行环境信访。以四川省为例,四川省环境保护厅官方网站下设置了"信息公开""网上办事""互动交流"等板块,在"互动交流"下设有"我要投诉"的线上投诉通道,实现了网络环境信访;此外,四川省环保厅还在"处室业务"下设"信访督察"专栏,公开环保部门对环境信访的调查处理情况如下图所示。

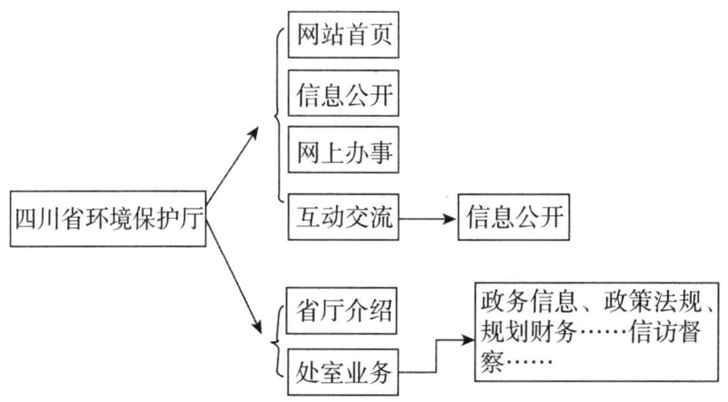

四川省环境保护厅网站模块示意图

二是根据环境信访人的不同,将环境信访分为自然人、法人(单位)和其他组织环境信访。之所以进行此种分类,是因为根据信访人的不同构成,可以明确环保部门乃至环境信访制度运行的方向:当信访人大多是环境污染的自然人受害者时,环保部门的主要工作职责就是解决被诉人的污染行为是否给信访人造成了损害且造成了多大损害;法人信访人与自然人信访人相比起来,抗风险和抗压能力更强,但所受的损害也可能更大;了解其他组织尤其是环境公益组织的环境信访,可与环境公益诉讼对接,有利于实现环境权益保护和保护环境之目的。

三是根据环境信访所涉污染类型的不同,可分为水污染、大气污染、噪声污染和其他污染引起的环境信访。从各级环保部门所受理的环境信访中不难发现,这些环境信访的起因集中在水、大气、噪声等方面的污染,不论是一般性的污染还是更为严重的污染事故,都在此范围之内。这种分类的意义在于,地方环保部门可以根据当地环境信访所反映出来的各领域环境保护的实际情况调整环境保护方向和力度,中央环保部门则可以根据各个地方环保部门有关环境信访的数据因时因地制宜,制定出合理高效的环境保护政策以解决环境污染问题,实现环境保护。

四是以环境信访所涉环保内容不同为标准,可分为社会生活类,生产破坏类和生态破坏类环境信访。社会生活类环境信访是指普通工商业活动对居民生活产生影响从而引发的环境信访。生产破坏类环境信访则是指工业生产中产生各类污染影响周边居民正常生活甚至身体健康而引发的环境信访。此二者都包含了因工业产生污染导致环境信访,但二者却存在本质上的区别:污染程度和信访人诉求不同。相比之下,工业生产活动所产生的污染更为严重,对周边居民的影响要大得多,故而信访人所提诉求也会存在一定的差距,如要求停止侵害或要求补偿、赔偿。生态破坏类环境信访则常见于水纠纷或其他纠纷,主要是指因生态破坏而引发的环境信访。这类信访可能不会经常发生,但一旦发生,其后果可能相当严重,这是由生态破坏的性质所决定的。

2. 环境信访的特征

经过调查研究,环境信访的特征可表现为两个层次:一是引发环境信访纠纷特征,主要表现为环境信访所涉环境纠纷具有原因复杂性、主客体不确定性、社会性等特点;二是环境信访自身的独有特征:

一是信访人基本为受害者,且多为自然人受害者。信访人的构成能够反映出环境污染的权利损害指向,环境信访人大多是环境污染的受害者,即通常由认为自己权利受到侵害的一方当事人(受害者)主动寻求救济从而启动信访程序。非污染受害者进行环境信访往往具有公益性,通常由环保公益组织提出,此类信访人在实践中所占比重较小。进一步分析信访人的构成发现,环境信访的受害者基本是自然人,法人(单位)很少。不过这并不意味着单位受害者和污染者之间不曾发生过环境纠纷,而很有可能是通过其他途径解决了纠纷,如双方当事人自行协商和解。

二是信访人诉求以防止型居多。信访人的诉求往往和信访人因环境污染所遭受的损害程度、受教育程度等有关:一般来说,信访人所受损害程度越高,所提诉求就会越高;信访人的受教育程度越高,所提诉求就更具体。实践中,许多信访人在进行环境信访时没有提出具体的请求,只是笼统地说明污染严重影响正常生活,要求解决污染问题,且很多都是要求防治污染,索取补偿或赔偿的较少,这很有可能缘于信访人的环境权利意识薄弱。这种状况是由我国的社会经济结构和文化环境所决定的,人们在相当程度上把自然环境当作与已甚远的公共物,在权利受到损害时,既没有意识到自己是环境权利的主体,更不知道或敢于对污染实施者提出控告,以维护自己的权利。[4]一方面,他们认为只要没有对自己人身和财产造成明显损害,制止污染即可,无须赔偿;另一方面则是受到客观上严格的求偿条件和程序所限,许多人在信访部门了解到赔偿程序之后觉得太过麻烦,且最终能拿到赔偿款的概率较低,而选择放弃求偿的权利。

三是环境信访渠道多样化。前文环境信访分类中已经提及,环境信访渠道众多。需要说明的是,随着通信技术的不断发展,来信方式趋近绝迹,来访方式的比例也逐年降低,信访人逐渐倾向于选择来电环境信访,只有遇到严重损害其健康权或财产权的纠纷或多次电话投诉未得到解决时才会选择上门投诉。随着“互联网+”时代的来临,其方便、快捷、灵活、权威等特点使得网络环境信访变得备受青睐,越来越多的人(特别是新一代青年人)更愿意选择这种线上方式寻求环保部门的帮助,毕竟“12369”热线只能在工作时间才能被接通,而这又常与人们对时间的分配相矛盾。不过整体看来环境信访渠道多样，为环境信访人提供了便利。随着信息化程度不断提高，网络环境信访的具体方式也越来越多样化，现在不仅可以在环境网站上直接投诉，或者通过发电子邮件的方式进行环境信访，甚至可以通过微信进行环境信访。一些环保部门的官方微信公众号（简称官微）已开启了“环境信访”的功能，如山西省孝义市环保局官微、广东省惠州大亚湾经济技术开发区环境保护局官微等，其“功能介绍”中都包含了“环境信访”的字样，并以不同形式的功能模块，为公民环境信访提供了便利。

（三）环境信访的历史演进

从信访的发展历史来看，1951 年政务院颁布《关于处理人民来信和接见人民工作的决定》，被视为我国信访制度的开端。1971 年《红旗》杂志发表《必须重视人民来信来访》，信访一词正式进入公众视野。1995 年国务院颁布《中华人民共和国信访条例》，标志着我国信访制度初步建立。2005 年国务院修订并颁布了新《信访条例》，信访制度逐步革新并不断完善。环境信访作为信访的重要组成部分，发端相较于信访要晚得多，我国环境信访制度是在改革开放之后才逐渐形成的，其发展历史大致可分为以下三个阶段。

第一个阶段是萌芽与探索阶段（1979 年—1997 年）。改革开放加速了我国社会经济的发展，短时间内要求经济腾飞势必会以牺牲环境为代价，环境问题日益凸显，环境信访便由此产生。事实上，由于人们对经济增长的执着追求，在此阶段初期，人与环境并未表现出极大的矛盾。而随着工业的快速发展，污染愈发严重，环境纠纷与日俱增。当时的三大诉讼，特别是行政诉讼尚处于建立阶段，诉状投递无门，人们便开始利用信访的途径寻求权利救济。在这一阶段，信访制度尚不完善，环境信访刚进入民众视野。直到 1990 年 12 月，国家环保局通过并颁布了第一个专门规范环境信访的部门规章《环境保护信访管理办法》（以下简称《管理办法》），《管理办法》明确了各级环保部门在环境信访工作中的职责，一定程度上规范了环境信访工作。不足的是有关环境信访的规定相当抽象，如第十二条规定“承办人员对受理的环境保护信访案件必须认真进行调查，对主要事实、情节进行核实。严格依照法律规定和有关政策进行处理”，只是原则性地规定了信访工作人员（承办人员）的义务，缺少对信访事项处理流程和对信访人权利义务的规定，且将“政策”作为处理环境信访事项的依据，存在不妥。于是原国家环境保护总局在 1997 年 4 月重新通过并颁布了《环境信访办法》（以下简称《办法》），《管理办法》即行废止。相比之下，《办法》（1997）规定了环境信访的基本原则和信访人的权利义务，明确了环保部门受理信访事项的范围和程序。

第二个阶段是发展阶段（1997 年—2006 年）。这个阶段的划分主要基于《办法》的两次修订。这一时期,不科学的发展方式使人民对美好环境的需求与严重的环境问题之间的矛盾进一步加剧,环境信访不论是数量还是复杂程度上都与之前不可同日而语。学界对信访的研究如雨后春笋,强大的理论支撑与新《信访条例》的出台使得信访制度不断成熟,可供环境信访借鉴的内容增多。同时,经济发展所带来的环境污染在这个时期进一步爆发,使得发展和完善环境信访制度相当迫切。1997 年所出台的《办法》已不能满足环境信访的需求,实践的需要催生了新的《办法》。《办法》(2006)完善了环境信访工作的原则(从政策导向转向法治导向),并进一步规范了环境信访的处理程序,为完善环境信访制度带来了生机。

第三个阶段是规制与完善阶段(2006 年—2017 年)。之所以将其称为"规制与完善阶段",是因为《办法》的上位法《环境保护法》作为一部"有牙齿"的法律进一步规范了环境保护的相关内容。人们可以通过环境诉讼实现环境权益的救济,"环境信访"只能是诉讼以外的补充手段。至今为止,再无专门规定"环境信访"的规范性法律文件出台,国家统计局数据显示,法律、法规、规章名称中含有"环境信访"仅有 2006 年的《环境信访办法》。在信访制度趋于完善的大环境下,环境信访在实践中得以正常运行,不过这个阶段也不尽完美,部分问题有待完善,如此阶段出现了网络环境信访的新形式,但中央到地方以及地方各地有关网络环境信访的做法差异较大,已有的环境信访立法无法对网络环境信访进行全方位规制,是否以及如何将其纳入环境信访制度范围值得思考。再如信息化背景下环境信访制度未来的走向问题,也是本文主要讨论的内容。

(四)环境信访的理论基础

1. 社会冲突理论

最早提出社会冲突理论的学者是马克思。马克思的冲突理论关注阶级冲突,强调阶级冲突(往往由经济造成)是社会发展的动力,是不可规避的历史规律。后韦伯在此基础上又提出了自己的冲突理论,齐美尔也对社会冲突思想作了阐释。经过不断发展,当代西方社会冲突理论主要有科塞的冲突功能主义与"安全阀"理论、达伦多夫的"辩证冲突论"、柯林斯的"冲突根源论"以及李普塞特的"冲突一致论"。其中比较具代表性的是科塞的冲突功能主义与"安全阀"理论。科塞认为冲突包含三方面的含义:一是不涉及冲突双方关系的基础,不涉及冲突核心价值的对抗;二是指社会系统内不同部分(如社会集团、社区、政党)之间的对抗;三是指制度化了的对抗,也即社会系统可容忍、可加以利用的对抗。冲突是社会的固有特征,群体之间可以通过调整社会秩序来缓解冲突,在冲突与缓解的互动中寻求发展,使社会保持一种动态平衡与和谐,这便是社会安全阀机制。[5]环境信访制度正是社会安全阀的具体表现形式之一,因为环境信访能起到化解纠纷、宣泄愤泄的作用,它将猛烈的敌对情绪排出社会,避免因这种"冲突蒸汽"引发社会爆炸。环境信访过程中,环境信访机构根据不同环境信访的情况,将各方利益主体聚集起来,促使利益冲突各方交流,了解争点和各方利益诉求。在这个过程中,信访人能感觉到权利可被救济且有关方面正在努力,环境信访机构的作为使得信访人的敌对情绪得到缓解。不仅如此,通过环境信访,若最后能够成功解决环境污染问题,矛盾和冲突将得以消除,这便起到了真正意义上的"社会安全阀"作用。

2. 纠纷解决理论

纠纷是在相对社会主体之间发生的可以列入法律框架之内的那些表面化的不协调状态。环境纠纷则是污染者与受害者之间因污染者排放污染物而产生并外化的冲突形式。纠纷自人类社会产生以来就存在,社会转型和经济发展,又导致纠纷多发和社会关系对抗激烈。纠纷的存在是必然,但若是纠纷长期存在得不到解决会制约生产力的发展,也不利于构建和谐社会从而阻碍人类文明的进步,故而人类长期以来都致力于探寻多样化的纠纷解决方式。理论上纠纷解决方式可分为诉讼内和诉讼外纠纷解决两类。诉讼内纠纷解决机制借助司法机关的权威化解纠纷,属于国家司法权的运用。诉讼外纠纷解决又被称为非诉纠纷解决,是对诉讼以外的其他解决纠纷方式、程序、制度的总称。学界有时也称为替代纠纷解决方式(简称 ADR)、多元纠纷解决方式等。主要包括和解、调解、行政裁决、仲裁等形式。替代性纠纷解决方式主要包含以下几个要素:一是替代法院审判,二是当事人自主选择具体方式,三是其目的在于促成当事人和解和妥协以解决纠纷。[6]信访作为我国特有的纠纷解决方式,属于替代性纠纷解决方式之一。前文将环境信访定义为一种行政性纠纷解决方式,也属于该范畴。环境信访通过环保部门为信访人提出咨询意见,利用自身的行政职权处理环境纠纷,为身为受害者的信访人提供权利救济。此外,其作为环境纠纷替代性解决方式的价值不仅在于纠纷的解决,也在于由此带来的附属产物,增加公共政策(法律、规划、公共行政等)制度的效率、生产力和当局的管理能力。[7]因此,后文对环境信访程序、方式、策略等的研究将运用纠纷解决的有关理论。

3. 社会管理理论

社会管理是一个复合概念,不同学者对其有不同定义。其常指政府对社会领域事务的管理与为社会提供服务。社会管理有四项基本职能:社会控制、社会保障、社会服务和社会协调。20 世纪前期,随着经济危机的爆发,西方政府从"守夜人"的角色逐渐过渡为社会管理者,社会管理理论也随之巨变。西方有很多有关社会管理的理论,如福利国家理论、第三条道路理论、公民社会理论,政策网络理论等等。而在我国,虽未形成社会管理理论,但几千年的华夏文明也蕴藏着独到的社会管理经验。信访制度是一项具有中国特色的社会管理方式,环保部门可以通过环境信访解决污染受害者与污染者之间的纠纷,对社会进行控制,对社会关系进行协调,从而在环境保护领域达到社会管理的目的。相比于仲裁和诉讼等方式,环境信访的程序较为宽松,专业性要求更低,能方便信访人实现权利救济,对实现和谐社会的目标也有助益。

概言之,环境信访制度源于信访,是由环境信访人通过特定的信访途径,向环保部门提出建议、意见或投诉请求,并由环保部门处理的活动。其发展历程不长,但于我国环境纠纷的解决有着重要作用。根据不同标准,环境信访可分为不同种类,其中电话、网络等信息化环境信访渠道在现代社会中的作用越来越突出。究其本质,环境信访属于一种行政性纠纷解决机制,社会冲突理论、纠纷解决理论和社会管理理论是其最主要的理论基础。上述内容还局限于文本分析,要深入了解环境信访制度的运作,还需要作进一步作实证分析。

二、环境信访制度运行的现状

(一)环境信访的一般流程

环境信访作为一类特殊的信访,不完全适用信访有关程序。环境信访的流程主要还是依据《办法》所作出的具体规定。环境信访的流程分为一般环境信访事项流程和重大、紧急环境信访事项流程,二者之间的差异不大,故而通常也未刻意区分。如图 2-1 所示,环境信访的流程主要包括:登记、受理、交办(转交)、办结和回复等环节,也包括听证、复查和复核等因特定情况而出现的环节。

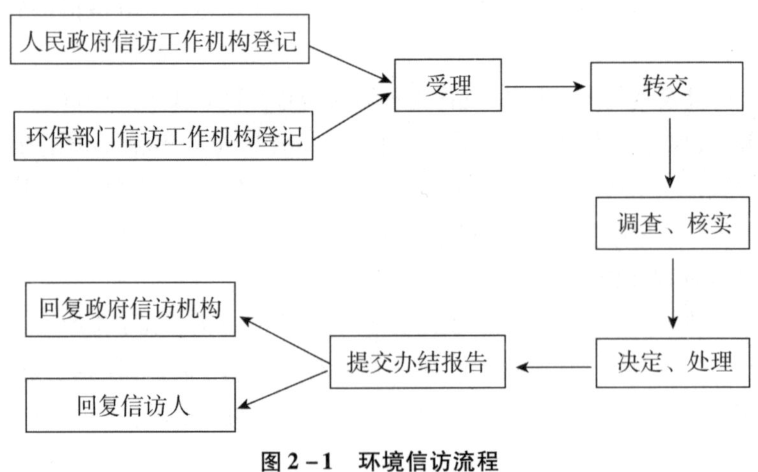

图 2-1 环境信访流程

首先是登记与受理。信访人向环保部门提出环境信访事项(有时也向政府信访机构提出),以寻求环境权利救济。实践中,环境信访工作机构常以"信访办公室"或"信访处"等形式存在。以四川省成都市为例,环保局下属专门设置"环境应急与信访处"负责群众来信来访事项办理工作。对信访人通过各种渠道提交的环境信访事项,环境信访机构首先进行登记,对于符合《办法》规定环境信访条件的,予以受理;不符合条件的,则作出不予受理的决定。环境信访机构的工作人员要详细记录信访人的名称、地址和联系方式,以便后期开展调查核实工作和处理后及时回复。在网络环境信访(投诉)中,为方便与信访人沟通联系,促成问题的解决,信访人需要完成基本信息填写之后才能进行投诉。当信访人提出可能造成社会影响的重大、紧急环境信访事项时,信访工作人员还应当及时向本级环保部门负责人报告,本级环保部门应立即报告本级人民政府和上一级环保部门。《办法》规定,紧急情况下还可直接报告环保部(原国家环保总局)或国家信访局。

其次是转交、调查与核实。环境信访机构在受理信访事项之后,需及时转送、交办有关内设机构、单位或下一级环保部门处理。环境信访机构只是环保部门的环境信访对外窗口,其职能是接收公众环境信访,具体处理环境信访事项的仍是其他相关职能机构。相关机构或部门(往往是环境监察部门)在收到环境信访事项之后,需要进行调查核实,实践中体现为现场调查,即"出现场"。为保证公正性,现场调查至少需要两名以上环境监察人员同去,"出现场"的时间往往和信访事项的危险性及紧急性程度有关,重大事项必须尽快赶至现场,尤其是突发性环境事件,对现场调查的开始时间要求极为严苛,晚去证据可能面临灭失危险。调查核实过程中,若遇到重大、复杂、疑难的环境信访事项可以举行听证。关于听证程序,在《办法》中使用了"可以"而非"应当",即使属于听证范围内的环境信访事项,听证程序也可能不会启动。《办法》没有对听证程序加以具体规定,可比照《行政处罚法》中规定的听证程序进行。

再次是决定、处理和提交办结报告。对于一般环境信访事项来说,通过现场调查与监测后环境监察人员将进行相应的处理,能当场解决的就当场解决,如娱乐、生活噪声污染;不能当场解决的事项,例如生态破坏或工业生产活动中的污染则需要一定整改时限。《办法》规定环境信访事项应当自受理之日起 60 日内办结,情况复杂的,可延长不超过 30 日。

最后是回复信访人(或政府信访机构)。《办法》仅用数语要求环境信访机构在处理环境信访事项之后要回复信访人,而缺少对回复形式和时限的规定,实践中部分环境信访机构出台了具体要求来限定回复信访人的时间和形式,如"对有真实姓名的,必须回复;对要求有书面回复的,必须在 5 日内办结,不能办结的,经分管领导批准后方能延期"。通行做法是现场调查处理后即当场或电话告知信访人;若信访人是网络信访,便以网上信息公开的形式公示回复。若信访人在收到回复后不服,可向同级人民政府或上一级环保部门申请复查,对复查意见再不服的,还可以申请最后的救济——复核。实践中,环境信访机构一般是在处理完成环境信访事项而非环境纠纷得到解决后回复信访人,同时部分事项的彻底解决又需要一段时间,信访人常以为信访机构没有处理信访事项而再次信访,从而造成了重复信访。如四川省某市环保局在发布的一份公开回复中,只说明了市支队执法人员针对存在的违法行为提出相关要求,并将根据市环境监测中心站出具的监测报告,再作进一步调查处理。此种回复没有给出具体的处理结果,进一步调查处理何时落实也不清楚,容易造成重复信访。

(二)环境信访的处理方式

上文描述了环境信访的一般流程,考虑到环境信访缺乏像诉讼和仲裁那样严密的程序规制,探讨该制度的运行和特征只能通过分析对环境信访的事项具体处理方式进行。实践中环境信访的处理方式有主要两种:一是行政执法,二是行政调解。有学者认为,在现实的环境纠纷处理实践中,各环保部门基本采取的是行政调解方式。[8]但调研中发现,行政调解作为环境信访的处理方式极其少见,行政执法方式才是环境信访机构处理环境信访最重要的一种手段。

1. 行政执法

行政执法作为一种环境信访的处理方式包括四种具体形式:责令改正、停止违法行为,限期整改,限期搬迁和责令停产、停业。行政执法方式涵盖了行政处罚和行政命令。其中,责令改正、停止违法行为、限期整改和限期搬迁属于环境行政命令的形式;责令停产、停业则属于环境行政处罚范畴。

表 2-1　2016 年(7—11 月)环境保护部已办结举报情况统计表

处理类别	数量	百分比(%)
不需要处理	83	21.17
停止违法行为、责令改正(处罚)	186	47.45
限期整改	45	11.48
责令停产、停业	24	6.12
搬迁	11	3.06
拆除(取缔)	31	7.91
其他	12	3.06
合计	392	—

表 2－2　2014—2017 年成都市环保局环境信访公开处理情况统计表

处理类别	数量	百分比(%)
不需要处理	12	27.91
停止违法行为、责令改正(处罚)	18	41.86
限期整改	11	25.58
责令停产、停业	1	2.33
搬迁	0	0
其他	1	2.33
合计	43	—

从表 2－1 和表 2－2 中不难发现,在环保部所公布的已办结举报情况中,拆除(取缔)占比不大,而成都市则无该项数据。因无具体调研数据支撑,可能是由于环保部所处理的往往是重大环境信访事项,在处理结果上,表现为更为强硬的拆除(取缔)。实践中,除上述行政执法方式处理环境信访事项以外,还有罚款和拘留等方式。之所以不作具体介绍,是因为新《环境保护法》出台之前,单纯的罚款不能直接制止污染进而解决纠纷,罚款往往是伴随着其他行政处罚方式而存在,统计数据时一般直接将其归入该种行政执法方式之中。新《环境保护法》出台之后,虽然罚款对污染者的威慑力度增强,但并未改变罚款不单独作为行政执法方式存在的习惯,故未作具体统计。对符合条件的企事业单位和其他生产经营者进行行政拘留,是新《环境保护法》一大亮点,但自新法生效以来,环保部门所公开的环境信访回复中尚未出现有行政拘留的处罚方式,实践中运用也极少,所以未作统计。事实上,有信访诉求并不一定意味着有环境违法行为,在成都市环保局的 43 个回复中,还有 12 个是属于不需要进行处理的,可见环境信访人权利保护意识强的同时,许多企事业单位是在国家规定的标准范围内合法运行的。

在环境信访中,责令改正、停止违法行为是一种常见的处理方式。从全国的数据来看,2016 年 7 月至 11 月环保部所公布的已办结举报情况中,责令改正、停止违法行为所占比例为 47.45%(见表 2－1);从地方数据来看,2014 年至 2017 年四川省成都市环保局所公布的对环境信访的 43 个回复中,责令改正、停止违法行为就高达 18 个,所占比例为 41.86%(见表 2－2),此两组数据差距较小,可推测责令改正、停止违法行为是实践中处理环境信访事项的常用方式,这也与我们早期调研结果一致。调研中还发现,责令改正、停止违法行为的决定常以口头形式作出,而以《责令停止违法行为决定书》形式出现的很少。如在李某某反映“××

县×镇×村一家具厂废气扰民”情况的回复中，提到“双流县环保局执法人员现场要求该厂停止违法排污行为，未取得相关证照且配套环保设施未经验收前，不得擅自生产。并函告属地政府按三无企业相关要求予以取缔”，而没有提及制作书面形式的《责令停止违法行为决定书》，事后有无书面决定书下达不得而知。相比其他行政执法方式，责令改正、停止违法行为的信访处理方式方便快捷，形式灵活；且在具有行政威慑力的同时，又不会过于严苛，不容易引起当事人（特别是决定相对人）的异议转而提起行政复议或者行政诉讼。不过，也正是因为强制力不够，在制止污染和彻底解决纠纷方面，责令改正、停止违法行为的方式很有可能不如其他方式有力度。

限期整改是对污染危害严重，群众反映强烈的污染区域采取的限定整改时间、整改内容及整改效果的强制性行政措施。从全国的数据来看，2016 年 7 月至 11 月环保部所公布的已办结举报情况中，限期整改所占比例为 11. 48%（见表 2 -1）；地方上，2014 年至 2017 年四川省成都市环保局所公布的环境信访回复中，限期整改占 25. 58%（见表 2 -2），在环境信访的处理方式中仅次于责令改正、停止违法行为（“不需要处理”的除外）。限期整改一般要求下达整改通知书，相较于责令改正、停止违法行为，程序相对复杂，这也是限期整改较少运用的主要原因。研究中发现，限期整改常要求被诉人（一般为污染者）停止违法行为，提出整改期限和具体整改要求，强制力度较大，且多集中于严重影响公民合法权益的噪声和水污染所引起的环境信访。由于限期整改具有较为严格的适用条件和繁琐的程序，因此在环境信访工作中，环保部门通常还是更愿意采用责令改正、停止违法行为的方式。

限期搬迁不仅需要一级政府作出决定，程序相对复杂，且要求污染者选择新地址，由此给污染者的生产经营带来不便，这在大中企业作为污染者的情况下表现得尤为突出。从作出限期搬迁的决定到污染者正式搬迁通常需要较长的时间，信访事项得到彻底解决往往也需要较长的时间，时间和金钱成本高昂，实践中适用也比较慎重。环保部所公布的已办结举报情况中，限期搬迁所占比例也仅为 3. 06%（见表 2 -1）；而在成都市环保局所公布的环境信访处理回复中，没有限期搬迁的处理决定（见表 2 -2），可推测限期搬迁在环境信访的方式中所占比例很低，这也与我们的早期调研结果一致。

责令停产、停业在环保部所公布的已办结举报情况中占比例为 6. 12%（见表 2 -1），在成都市则约占所有行政执法方式的 2. 33%（见表 2 -2）。与前述行政命令不同，责令停产、停业是一种典型的行政处罚。其法律依据是《环境保护法》第六十条规定，企事业单位和其他生产经营者超过污染物排放标准或者超过重点污染物排放总量控制指标排放污染物的，县级以上人民政府环保部门可以责令其采取限制生产、停产整治等措施;情节严重的,报经有批准权的人民政府批准,责令停业、关闭。与其他行政执法方式相比,责令停产、停业对污染者权利义务的影响明显,是一种相当严厉的行政处罚方式,实践中适用也比较谨慎。

2. 行政调解

行政调解,是指行政机关或其所设立的纠纷解决机构人员对当事人之间的纠纷所进行的调解活动。环境信访中的行政调解是专门性和常设性的,由一般的行政官员担任,与日常行政管理活动结合在一起随机处理,带有较高指导性、评价性和权威性。[9]实践中往往称之为"协调"。行政调解并不常用,但也并非不用。一般而言,调解只有在信访人和污染者双方都提出请求时,具体负责处理环境信访事项的环境监察人员(根据环境信访的一般流程,环境信访机构人员不负责具体处理环境信访所涉及的环境违法行为和环境纠纷)才会开启行政调解程序,在棘手、难以解决的环境信访中进行调解的稍多。棘手、难以解决的环境信访在实践中表现为:一是仪器监测证实"污染者"并未超标排污的环境信访;二是具备明显违法性且已有行政命令或行政处罚决定的环境信访。

关于环境信访的行政调解程序,原国家环保总局颁布的《环境监理工作程序(试行)》(已失效)第 11 条第 3 款曾作了简单规定:召开当事人参加的协调会;制作会议纪要;制发《环境污染纠纷处理意见书》;书写处理结果报告并上报。但新《环境监察办法》并没有涉及环境信访中的行政调解程序的规定。各地环保部门会按照原有《环境监理工作程序(试行)》的规定,或者内部规定进行调解。调解程序一般以口头形式直接宣布调解的结果,而不会提供书面协议,当然如果信访人要求,也可以出具调解书。根据全国人大常委会法工委的解释,调解主要是针对赔偿责任和赔偿金额的调解。实践中,环境监察人员往往会对此有所顾虑:一旦介入信访人和污染者之间的经济赔偿或补偿,其在当事人心目中的公正地位将难以维持。这与设置行政调解制度的初衷背道而驰。

3. 影响环境信访处理方式运用的因素

针对一般环境信访,环境信访工作人员主要采取行政执法的方式(包括责令改正、停止违法行为,限期整改,限期搬迁和责任停产、停业等)处理环境信访事项,而很少采用行政调解。有学者认为是行政调解定位不明,并非强制性行政程序,且往往是信访部门监管调解工作,造成部分案件不能深入调解,草草结案。[10]从我们的研究看来,上述论断过于简单化。经过考察,影响各种环境信访处理方式的可能性因素主要包括以下几点。

一是环境信访事项的性质。行政执法方式是行政机关对行政相对人作出的行政处理决定,民行不可混,行政执法方式不应该作为行政机关解决民事纠纷的替代方式。如果环境信访事项是纯粹的民事性质即引发环境信访的排污行为完全符合国家标准,则只能以行政调解的方式解决。换言之,只有在环境信访所涉环境行为具有行政违法性时,环保部门才可能动用以行政权为后盾的行政命令和行政处罚。实践中,只有极少量环境信访中的污染问题经过严格的仪器监测,因此许多排污行为违法性往往含混不清,这为行政执法解决方式的大量适用奠定基础。

二是信访人诉求。当信访人的诉求模糊时,行政执法的解决方式便足以应对,且其对分清责任、制止污染更为有力。当然,事实上信访人要求有具体赔偿数额的环境信访寥寥无几,这也能解释环保部门能够较多运用行政执法解决方式的现象。

三是工作量。行政执法与行政调解相比,行政执法简单方便,有很强的执行力;而行政调解则涉及各方利益的妥协,调解双方可能久拖不决或重复信访。环保部门并非专门为解决环境信访而存在,环保部门的其他法定职责本就使得压力巨大,对于环境信访,当然是越快解决越好;且行政执法的方式具有强制执行力,执行效果好,有利于环境信访的实质性处理,防止重复信访。

四是工作重心。如果环保部门定位于纠纷的实质性解决,环境信访工作人员会更多考虑到环境信访事项处理的程序、方式等多种因素对环境信访处理效果的影响,那么将更重视行政调解的作用;若定位于环境行政工作,环境信访就会沦为行政执法的"附庸",可想而知,环境信访工作人员必将倾向于直接以行政执法的方式附带解决环境信访。实践中,环保部门也更多定位于"环境执法",很少运用行政调解的方式解决环境信访事项也不难理解。

(三)环境信访的处理策略

前文对环境信访的流程和具体方式进行了探讨,那么,环保部门应对环境信访的策略又是如何的呢?有报道指出,当下环境群体性纠纷的解决正陷入"不闹不解决,小闹小解决,大闹大解决"循环。[11]下面以S县的一起较大的环境群体性信访——A公司污染纠纷为样本,就S县环保局以及县政府的处理策略展开分析。

A公司污染纠纷简介:A股份有限公司创建于20世纪80年代初,主要从事冶金备品配件定点生产,是西部地区轧辊行业商品轧辊规模最大、实力最强的企业之一,现有员工400余人,总资产3亿元。以2006年为例,当年公司产值达1.16亿元,销售收入过亿,利税1000多万元,入库税收800多万元。A公司原厂址位于S县中心城镇D镇长治路,周边是人口密集的居民区和D镇小学,特别是×××小区与A公司仅有一墙之隔。只要A公司进行压辊生产加工,烟囱排放的含硫烟气和加热炉产生的烟尘就会污染到周边居民和师生的生活学习环境。作为受害者代表的×××小区住户——近1800户××州离退休干部于2002年入住新建成的×××小区就开始忍受污染,约在2003年年初开始向S县环保局投诉。

对A公司污染纠纷中受害者代表、xxx小区住户B的访谈摘录:

问:在整个上访过程中,除了你们小区住户还有其他人参加吗?

B:当然有周围小区住户参加,还有D镇小学的老师和学生家长,但只有我们闹得最凶。

问:为什么只有你们闹得最凶?

B:因为我们是外来人员,我们好多都是县团级以上的老干部、老革命,又不是拿退休工资生活,我们不怕……我们小区约2000户基本上参加了联名上书,而隔壁D镇小学的很多老师本来说好要参加,结果被上头警告,大多数人最后就没敢在联名信上签名。

……

问:你觉得这起纠纷为什么这么长时间才得到解决?

B:政府只注重经济不重视环境保护……S县里面经济发展得很好,算是C市的一个门面,现在都经常有各地领导来视察,别的县、市来学习经验。但我们天天住在这里,忍受污染,确实太难受了。

对A公司污染纠纷中受害者代表、xxx小区业主委员会主任P的访谈摘录:

问:在整个信访过程中,你们有没有受到外部压力?

P:其实现在回想起来当时的环境还算是宽松,尽管在这个过程中我们还是遭到了一些阻挠…….

对全程参与A公司污染纠纷处理的环保局副局长W的访谈摘录:

问:A公司污染纠纷的处理经过了从整改、限期治理到搬迁的变化,是出于什么考虑?

W:这个事情,虽然从头到尾是我们出面和xxx小区住户、A公司交涉,但说实在话我们(环保局)做不了主。整改和限期治理决定是我们下达的,但拿主意的不是我们。搬迁就更不用说了,按照法律规定本就应该由上一级政府作出决定。

问:拿主意的是谁?

W:县政府。A公司是我们县的缴税大户,利益牵扯较多,它污染问题的解决不是我们环保局说了算。

本案中S县政府运用的控制手段比较克制,主要是警告参与联名上书的受害者,没有动用暴力手段避免了直接冲突。在受害者群体采用越级信访等更加激进的手段进行维权后,县政府发现他们逐步丧失了对环境信访维权的控制权,多方权衡之下转为妥协,决定将A公司搬迁。

正如环保局副局长W所透露的,鉴于A公司在S县税收创收和提供就业方面的重要性,本案的处理主要由S县政府主导。S县作为S省唯一一个连续数年入选全国百强县的“标兵”,“压制”受害者的利益表达契合了经济奋进的大背景和地方政府的经济发展目标,故地方政府希望以最小的成本平息受害者的不满,实现各方平衡,同时保证A公司对S县的经济贡献。“压制”不成功后,“稳定”就如高悬于地方官员头上的“达摩克斯之剑”,S县政府很快将“稳定压倒一切”作为处理此事的指导思想,作出搬迁污染者的决定。要知道,若群访中信访人所采取的手段过于激进而引发维稳危机,则可能会因小失大,得不偿失。

从该案可发现,环境信访处理方式与策略背后,存在环境纠纷利害相关者之间复杂的利益关系:污染者与信访人作为环境纠纷当事人存在直接的利益冲突,环保部门力图保持其作为纠纷解决者的中立却不得不受制于地方政府,政府理应保护信访人的环境权益,但出于地方经济发展的考虑又对污染者的态度暧昧不清。而环境信访方式与策略的变化,正是污染者、信访人、环保部门与政府等利害相关者之间利益博弈的结果。

(四)环境信访的效果

我们主要从以下两个方面对我国环境信访制度的运作效果加以简单评价:一方面,如表2-3所示,在全国环境信访的宏观层面上看,2011年,环境信访总量首次突破百万件,办结量亦随之达到百万;2013年以来,随着电话、网络信访渠道的普及,通过电话和网络等方式进行的环境信访案件总量也超过了百万,而以传统来信来访方式的环境信访量随之递减。但不难发现,环境信访量增大的同时,办结量也逐步上升,全国环境信访案件办结率稳定在98%以上,电话网络环境信访办结率则稳定在97%以上。高办结率虽然不排除因部门绩效原因使得最终数据含有“水分”的可能性,但仍在一定程度上反映了全国各级环保部门认真履职,将环境信访工作落到了实处。也证明了各个地区环保部门所推行的提高环境信访工作水平的相关措施确实发挥了成效,环境信访达到了解决环境纠纷的目的。遗憾的是,该数据仅显示全国各级环保部门的环境信访总量逐年上升,全国重复信访率却未体现出来。若信访人通过环境信访的方式及时有效地解决了他与污染者之间的环境纠纷,便可达定纷止争的效果;但实践中环境纠纷久拖不决可能造成信访人因同一事项重复信访,重复信访率很大程度上可以反映出纠纷解决的情况。故而重复信访率是衡量纠纷解决情况的重要指标。故环境信访是否能真正解决环境污染者与环境污染受害者之间的纠纷还有待进一步考证。

表 2-3 2011—2015 年全国各级环保部门环境信访受理及办结情况统计表

年份	信访数量(件)	信访办结量(件)	办结率(%)	电话网络信访量(件)	电话网络信访办结量(件)	电话网络信访办结率(%)
2011	1107836	1086195	98.08	852700	834588	97.88
2012	1052973	1048119	99.54	892348	888836	99.61
2013	1262110	1250190	99.06	1112172	1098555	98.78
2014	1675892	1644168	98.11	1511872	1491731	98.67
2015	1816177	1772259	97.58	1646705	1611007	97.83

数据来源:《全国环境统计年报》(2011—2015)和《全国环境统计公报》(2011—2015)

另一方面,在各地环境信访的微观层面上,环境信访于环境纠纷的解决存在积极作用。如北京市 2016 年环境信访与投诉举报同比减少七个百分点,上海闵行 2016 年环境信访投诉量也下降了七成。信访量的下降,可推测公众通过环境信访在一定程度上实现了维护自身合法环境权益的目的。值得注意的是,虽然部分地方的环境信访量在下降,但并未改变全国环境信访问题上升的趋势,各地方环境信访工作还有待加强。

总体看来,环境信访与普通信访工作流程不同,主要包括:登记、受理、交办(转交)、办结和回复等。环境信访的处理方式主要有行政执法和行政调解两种,其中环境信访中行政执法方式的运用广泛,且程序较为固定;而行政调解的适用范围相对较窄,程序也无法律明确规定。影响环境信访处理方式运用的因素较多,如环境信访事项的性质、信访人诉求、工作量和工作重心等。环境信访在一定程度上化解了环境纠纷,但在实践中仍存在着许多问题值得进一步探讨。

三、信息化背景下环境信访制度运行的问题

环境信访在我国已有近半个世纪的历史,其运行过程中表现出来不少问题。目前而言,环境信访中存在最大的问题在于追求效率最大化的同时,对通过环境信访解决环境纠纷的效果即阻止污染有所忽视;更为严重的是,程序理性相当薄弱,以致纠纷的利益冲突在很大程度上无法通过程序法制化化解,政府公信力受到质疑。造成这些缺陷的原因是多样的,既有立法滞后、机构设置不合理等制度性问题;也有环境信访机构工作人员惯常作风、职责定位等主观因素。需要反思的主要有以下几个方面的问题。

（一）环境信访理念陈旧

环保部门应对环境信访的出发点主要有二：经济发展和社会稳定。如何在保持社会各方力量平衡的同时谋求经济发展是大多数政府部门最先考虑的，环保部门也一样。民众进行环境信访，要求污染者停止侵害，消除妨害或是进而要求赔偿，亦或通过投诉的方式将一些企业的污染问题公之于众，这无疑会对地方经济发展构成威胁，但若是置之不理，又可能造成环境群体性突发事件，影响社会安全与稳定。考虑完经济发展和社会稳定，才会想到公民的环境权益，很明显，这种做法在法律上违背了“人权保障”的基本理念。

污染者的排污行为对一定范围内的居民正常生活造成影响，有些严重的污染行为更是对民众的生命健康权构成威胁，于是环境信访人便将希望寄托在环境信访上，希望通过“来信来访”的形式倒逼政府（也可能直接针对环保部门）作为以保障他们的环境权益。中国裁判文书网所录入的有关环境污染民事案件仅六千余件，其中要求损害赔偿的仅四百余件，由此可见民众对提起环境污染民事诉讼的态度。这可能缘于民众不管是人力、物力、财力上都无法与污染者抗衡而处于弱势地位，不愿提起诉讼；亦或是司法成本高于环境信访，民众无力承担。

（二）环境信访立法缺失

环境信访理念的陈旧，很大程度上影响着环境信访立法的进程。《办法》是直接规制环境信访的规范性法律文件，作为一个部门规章，虽符合环境保护法律体系“行政规章为主，国家法律为辅”的整体态势，但其法律位阶与现实需求严重不符。再加上《办法》的内容不尽完善，无法满足实践中环境信访对立法的要求，如在网络环境信访方式运用广泛的情况下，《办法》中却没有与之相关的实体或程序性规定。此外，作为《办法》上位法的《环境保护法》《海洋环境保护法》《水污染防治法》等对环境信访制度的规定都很零散、简单。以《环境保护法》为例，1989 年《环境保护法》仅有第四十一条提到了“赔偿责任的赔偿金额的纠纷，可以根据当事人的请求，由环境保护行政主管部门或者其他依照法律规定行政环境监督管理权的部门处理”。2014 年修订的《环境保护法》删去了旧法的第四十一条，但并未对环保部门处理环境信访事项作出任何新的规定。立法的缺失（包括实体立法和程序立法）使得由环境信访机构处理环境信访事项带有很大的随意性和不确定性，这对环境纠纷的实质性解决相当不利，因为“一种具有预先规定的、无论正式或非正式的纠纷解决程序的制度，比没有规定纠纷处理制度更有可能产生一种使纠纷易于处理的方式”。[14]

（三）环境信访机制不健全

1. 环境信访机构不独立

环保部门设立独立的信访工作机构，其目的是为了更好地完成环境信访工作。实践中,一般由负责具体处理环境污染的环境监察机构处理环境信访事项,但环境监察机构主要职责是环境行政执法,只附带承担处理环境信访事项的责任,这样可以使机构尽可能精简,提高行政效率。环境监察机构作为环境信访事项的处理机构,其弊端显而易见:一方面对组织的领导阶层而言,处理环境信访事项可能会成为行政机构的负担,阻碍其他任务的执行并造成下属不合,故环境监察人员多采用快捷但程序公正性不够的行政执法解决方式。另一方面从当事人的角度来看,冲突由独立的机构解决显得更令人满意,因为独立机构对决定的公正拥有更大的保障。具体负责处理环境信访事项的机构不独立会带来消极影响,机构不重视环境信访的实质性解决,利益冲突仍然存在,更甚者可能导致矛盾关系进一步恶化从而影响社会稳定。

2. 环境信访处理方式单一,程序封闭

对环境信访事项的处理,通常都采用行政命令或行政处罚等行政执法手段,行政调解所占比例小。虽然行政执法符合部分受害者对权利诉求的要求,但有时也难免违背当事人意愿。因为信访人和污染者大多属于地理上的相邻关系,信访人一般不希望邻里关系彻底破裂,简单粗暴的行政执法对维系或恢复双方友好关系有消极影响。此外,现行环境信访事项处理过于简化且不公开,信访人无法参加到其与污染者之间的纠纷解决中去(这也是环境执法方式的弊端之一)。相较于诉讼机制,程序的简约可以节约成本且更高效,但信访事项处理过程中的程序公正是对当事人接受结果、自觉遵守结果影响最大的要因。[15]将当事人相互隔离会使各方当事人误读对方,违背了程序法治原则。程序正义是"看得见的正义",并促使产生公平的结果即实体正义,简单粗暴的行政执法程序本身就缺乏公正性。

3. 环保部门监测义务不确定

污染监测结果是据以作出环境信访处理决定的基本依据。环境信访作为一种行政性纠纷解决方式,对证据的要求尽管不如诉讼、仲裁等程序严格,但作为分清是非、确定责任的主要依据,监测仍然是环境信访程序中不可或缺的一环。根据《污染源监测管理办法》第十五条的规定,各级环境保护局所属环境监测机构可接受环境污染纠纷当事人委托进行监测,并应该及时向环境保护局报告。实践中,环境监察机构指令其所属监测站对环境纠纷进行监测的数量并不多,环境监察人员未经监测作出污染是否存在以及对污染程度的认定导致环境信访久拖不决是引发越级信访、重复信访的重要诱因。

4. 环境信访处理结果效力不明确

在实践中,通过行政调解达成的解决结果是一个民事协议,经双方签字同意后具有法律约束力。通过行政命令或处罚决定作出的结果效力却含混不清。《行政诉讼法》(2015)将"具体行政行为"更改为"行政行为",行政诉讼中,法院主要对行政行为的合法性进行审查。显然，作为环境信访处理过程中的具体行政命令和行政处罚，在行政诉讼上是可诉的。不过行政诉讼中，法院只审查行政行为的合法性，除非行政行为明显不当，否则法院会尊重行政机关的自由裁量权。即是说，即使通过行政诉讼，也只是明确环保部门行为的合法性，对污染者和受害者之间环境纠纷的解决并无太大助益。若以对方当事人为被告向法院提起民事诉讼，这样一来，环保部门在诉讼中又将处于何种地位也是不明确的。影响环境信访处理结果效力的因素众多，环境信访处理结果的效力不明确，进而影响了当事人对环境信访制度的信心。

5. 环境信访效果的考核指标不合理

如前所述，环保部门为环境信访机构工作人员和环境监察人员解决纠纷效果设置的考核标准极为单一，基本上是以结案为唯一指标。一味追求高结案率的弊端相当明显：一方面，环境监察人员不关心引发环境信访的污染是否得到解决，只要受害者不再投诉就"万事大吉"，没有充分利用受害者提供的污染信息控制污染，从源头上遏制纠纷；另一方面考虑到目标考核对自身业绩的重大影响，不排除个别人员对结案率动手脚制作虚假统计数据的可能。从全国环境信访和投诉总量及办结量的比例来看，近十年环境信访办结率均在97%以上，这一问题存在的可能性其实已不言而明。

（四）环境信访信息化平台不完善，信息公开力度弱

前文分析了环境信访的理念、立法和运行机制中存在的不足，除此之外，环境信访的配套措施也存在诸多不足，特别是在对信息化平台的利用方面尤为薄弱。本节拟从信息化平台和信息背景下环境信访信息公开两个方面阐释信息化背景下环境信访存在的问题。

1. 环境信访信息化平台不完善

前文提到在信息时代里环境信访途径多样化，民众可以利用各式各类信息化平台进行环境信访，但经过统计分析发现，作为公民信访的信息化平台在实践中不尽完善。一方面，公众不太愿意选择信息化平台进行环境信访。2015 年、2016 年全国各级环保部门微信举报分别为 13719 件、65882 年，在数以百万计的环境信访总量中所占比例极小。即使是在全民微信的时代，每年通过环保微信举报平台收到群众举报总量，在当年全国的环境信访案件总量中所占比例也不大，这说明现代化信息平台并未成为公众进行环境信访的首选。究其原因，环保部门网站上很少有关于网络环境信访的程序指南，公众想要进行线上信访需要先找到信访入口，再根据网站所提供的步骤完成基本信息的填写，而这些复杂的步骤很有可能降低公众对网络环境信访的期待。有时网络信访平台还不如拨打"12369"投诉热线的效率高。环保部门虽提供了线上环境信访通道但却没有很好地利用起来，通

过信息化平台进行环境信访的便利程度不及传统的信访方式,与最初所设想的便利受害者环境信访的目的背道而驰。

另一方面,环保部门对网络环境信访平台的使用持谨慎的态度。以中国环境保护部官网为例,环保部官方网站设置了部长信箱,供公众提出工作意见和建议;还设置了可供公民举报的平台通道,但目前为止,并未见到有关"环境信访"的栏目设置。"举报"与"环境信访"相比,前者的范围更窄,要求更高,一般要求举报者提供相关证据;而后者则范围宽泛,要求较低,环境信访在某种意义上更倾向于是一种"投诉",即便信访人没有相关证据,只要认为自己的权益因为污染者的排污行为受到损害,便可以向当地环保部门信访机构进行投诉。由此看来,环保部对于环境信访的态度是比较谨慎的。地方环保部门对待网络环境信访平台的态度同样谨慎。

据上述,环境信访启动程序对信息化平台的利用尚有欠缺,由此推知,环境信访的处理过程及结果,直至最后回复信访人等程序利用信访化平台的情况可能更不尽人意。事实上也是如此:中国环境保护部利用官网平台回应了每个月通过"12369"或微信平台举报的环境污染案件办结情况,每个月的数量也仅有几十件,更为可惜的是,没有公布有关环境信访处理过程的信息,又引发了另一个问题:环境信访信息公开力度弱。

2. 环境信访信息公开力度弱

近年来出现了多起有较大社会影响的环境群体性纠纷及群体性信访事件,其中,受害者没有畅通的渠道及时获知建设项目的环境影响评价报告以及环境纠纷解决或信访处理过程的相关信息,是致使受害者认为处理程序存在问题进而导致冲突升级的重要原因。信息不对称往往是矛盾深化的根源,信息公开则是保障公民的环境知情权的重要途径,亦是环境信访不可或缺的一环。随着信息化时代的到来,利用信息化平台进行环境信访信息公开应成为一种趋势。

不过实践还是令人堪忧:一方面,环境信访过程公开程度不足。会使得信访人无法跟进权利救济进程,更无法在信访处理过程中发表自己的意见或看法,不利于环境纠纷的最终解决。另一方面,环境信访回复公开也有欠缺。如表 3 - 1 所示,环保部官网公布的环境信访案件处理情况在当年全国环境信访办结总量占比小。此外"重点环境案件处理情况"在 2015 年 7 月之后便再无记录,举报办结情况的相关数据不完整。许多地方环保部门通过网站平台公布环境信访回复的数量总体上不多,公众不能很好地利用信息平台获知环境信访的结果,虽不能说环境信访的处理不到位,但整体看来,通过信息化平台的环境信访公开的确存在不足。

表3-1 环境信访案件处理情况公示情况表

	2013年	2014年	2015年	2016年	合计
全国环境信访办结总量(单位:件)	1250190	1644168	1772259	--	4666617
"12369"环保举报热线举报案件情况(单位:件)	1357	1468	1850	502	5177
所占比重(%)	0.11%	0.09%	0.1%	--	--
重点环境案件处理情况(单位:件)	--	227	49	--	276
所占比重(%)	--	0.01%	0.002%	--	--
环保部已办结举报情况(单位:件)	--	--	--	392	392
所占比重(%)	--	--	--	--	--

总体来看,无论是环境信访的理念,还是有关环境信访的立法,抑或环境信访运行机制等方面环境信访制度都存在不足。信息化背景下环境信访的问题突出表现在环境信访信息化平台不完善,利用信息化平台公开信息力度弱,表面看来这是由公众和环保部门双方造成的;但深入分析发现,公众不愿意采用网络信访的原因仍在于环保部门提供的网络环境信访途径未满足公众的需求。

四、信息化背景下环境信访制度的完善

(一)更新环境信访理念

环境权是环境法律关系主体享有的在健康、舒适和优美的环境中生存和发展的权利。环境权曾是一项有争议的权利,现在已逐渐成为一项法定的权利,可惜的是,环境权在我国环境法律体系中并没有得到正式认可。

将环境权作为一项基本人权来保护还要求环保部门转变价值观念,"稳定压倒一切"的前提条件是"服务于民",重视公民合法权益。环境信访的过程中,必须一改以往只重视暂时的稳定而忽略公民合法权益的做法,从污染者与受害者(信访人)利益关系出发,认真听取双方当事人的陈述和申辩,促进双方矛盾实质性解决。

(二)填补环境信访立法空白

在转变理念的同时,须完善环境信访相关立法,提高《办法》的效力层级,增加网络环境信访相关条款,并完善包含有环境信访规范的"环境损害赔偿法"和"环境纠纷行政处理办法"。《办法》可以上升为行政法规或在环境法律中专章加以规定,且应增加有关网络环境信访的相关条款,如网络信访的流程等事项。"环境损害赔偿法"是一个全面的、关于环境纠纷处理的实体法和程序法相结合的法律,"环境纠纷行政处理办法"是一个环境行政机关处理环境的程序性的法规或规章。有了这

两个立法,无论是通过行政途径去解决环境纠纷还是通过司法途径去解决环境纠纷都将有法可依,变得比较容易。环境信访制度立法包括两个方面:一是实体法,二是程序法。环境纠纷处理的实体法依据在2014年修订的《环境保护法》中已有安排,第六十四条明确规定了"因污染环境和破坏生态造成损害的,应当依据《中华人民共和国侵权法》的有关规定承担侵权责任"。在新《环境保护法》已正式实施、一系列配套环境法律法规的立法和修订工作正在紧锣密鼓筹备的背景下,可以合理期待环保部门有关环境信访的程序性规定在不久的将来正式出台。

(三)完备环境信访机制

1. 设置相对独立的环境信访机构和人员

在我国各级环保部门之外设独立的环境信访机构是一种理想的选择,但受经费、人员等条件制约短期内不易实现。况且从环境行政的分工来说,设立独立的环境信访机构也未必是一种好的选择。"把每一种功能分派到一个分离的机构去行使是不可能的。这不仅因为政府权利的行使无法明确分配,而且还因为随着政府体制的发展,政府的这两种主要功能趋向于分化成一些次要和从属的功能。每种次要的功能的习惯是,都是委托给那些在某种程度上独立的和自治的政府机关的。这些机关在政府体制中有各自的名称和职责。"[17]即便成立了专门的环境信访机构,其人员配置和实际成效可能存在问题。

根据目前的国情和环保部门机构组织现状,建议在县级以上环保部门之内设立的环境监察机构中配备专职处理环境信访事项的工作人员(可统称为环境信访工作人员)。这些工作人员只负责接受、处理和回复环境信访,不参加环境监察机构的其他工作如征收排污费、农村生态环境监察等。若在一段时间内不能满足环境信访工作对人员数量和质量的需求,也可以考虑在环境监察机构中轮流抽调现有工作人员专司环境信访事项。这一做法的目的是保证环境信访事项处理过程中的最起码的专门性和相对独立性。此外,还有两个问题值得注意:一是环境信访工作人员的专业性。环境信访事项处理者的专业性到底是利是弊,尚存争议。一般的纠纷解决理论认为,纠纷解决者的专业性知识是帮助当事人搜集并审查相关信息的关键因素。[19]但是在环境问题中,也有学者认为其是不利的。[20]二是环境信访工作人员解决纠纷的能力。能力越强,越能达到定纷止争的效果,而这种能力,还需要进一步培养。

2. 增强行政调解方式的运用

用行政调解的方式处理环境污染受害者的诉求是很多国家环境纠纷解决过程中不可或缺的一环。针对我国环境信访处理过程中行政调解运用不足的现状,应该适当加行政调解在环境信访处理过程中的应用,主要是基于以下理由:一是我国的环境监测技术还不够先进,取得的数据不全面,不确切,而且环境污染所带来的损失很多时候无法准确计算,运用调解的手段,污染者和污染受害者通过充分发表意见和看法最终达到妥协,不仅能提升各方对处理结果的满意度,也可以弥补技术落后而可能导致的公平性欠缺。[21]在很多情况下,环境争议面对面的调解比诉讼更可能产生一个使所有利益相关者受益的公平有效的结果。[22]二是环境污染和信访人作用机理复杂,影响因素众多,过多使用行政执法的方式容易破坏邻里社会的和谐。相比运用行政命令和行政处罚等方式处理环境信访,运用行政调解这种柔性的纠纷解决方式更能维护邻里关系的平衡。特别是在人数众多的环境信访中,双方人数众多,矛盾尖锐,调解的方式更能安抚群体受害者情绪、避免矛盾激化。

在调解的程序上,以下几个问题值得进一步思考:一是调解的启动。行政命令和处罚的方式为国家公权力的强制运用,不存在启动问题,即信访人提出环境信访请求后,环境信访工作人员可以强制污染者参加纠纷解决。调解则不同,调解的真谛在于双方同意后方能开启。污染者与受害者任何一方不愿意参与到调解的程序中来就会导致调解的破产,即调解程序无法启动。如何获得当事人双方的同意是调解得以运用的前提。三是纠纷解决时效。行政机关的层级化官僚体制容易引发当事人特别是受害者对纠纷解决时效的不信任,因此最好能对各种信访处理程序的时效作一相对明确的规定。四是调解的执行。若只是针对环境信访事项进行调解而不管调解协议的效力及其执行,会降低人们对调解的信任度。五是行政调解与其他调解形式如民间调解、法院调解的衔接。行政调解是解决环境信访事项的重要途径,但独木难支,将民间调解和法院调解与行政调解结合使用,可逐步提升民众对以调解的方式处理环境信访事项的期待可能性。

3. 增强环境监测在信访处理中的运用

不少学者都认为,“法律应当规定环境保护部门所属的环境监测站接受污染当事人的委托进行监测并提供监测报告是其义务,只要当事人委托,它就必须去监测”。[25]对此我们不完全赞同,调研发现县一级有限的监测能力和巨大的工作量之间存在冲突,因此可以考虑有条件地限定监测站的监测义务:将提交监测的污染纠纷限制在当事人对环境监察人员凭经验或初步监测作出的认定不服的情形中。换言之,如果当事人对环境监察人员凭经验或初步监测作出的认定提出异议,要求出具正式的监测结果报告,环境监察人员就应当指定监测站进行监测。不过有一个问题值得注意:当事人往往更加信赖监测报告,如何避免当事人随意要求出具监测报告,还需要不断提高环境监察人员认定事实和责任的能力。至于监测费用的收取,可以由环保部门预先垫付监测费用,当确定污染者承担环境责任时,再由污染者返还给环保部门,反之则由信访人自行承担。实践中信访人往往是污染受害者,可能无法负担监测费用,如果规定信访人先行垫付监测费用,受害者的环境权益可能无法得到及时救济。

当然,相比于监察人员的经验,受害者及社会大众更愿意相信监测结果,但也可能怀疑监测结果:环境信访事项处理的制度化意味着信赖专业的科学鉴定,然而科学认知是否有能力充当公正评判的依据,这一点本身还是受到质疑的。原因有两点:一是当代的环境风险很多由于新科技引发,用科学方法来评估其副作用极其困难。因为一旦新科技的实验室不再只是局限于封闭的空间,而扩展至整个社会,那么真正的变相控制与试验设计就成为不可能。因此,认可的科学鉴定与评估都是充满不确定性的,并且受制于政治力的左右。二是一旦受污染的一方要求提出科学的证据,或是进行鉴定,他们总是处于不利的位置,因为污染者往往握有科学技术的利器。科学常是揭露生产过程的秘密,而后才发现污染的现象,这种时间上的落差,使得污染者与受害者之间的信息更加不对称。科学的检验结果很难充当最终裁判的权威。

4. 区别对待环境信访处理结果的效力

纠纷解决结果的效力可分为两个维度:一是行政机关单方面作出的行政性处理决定的效力,二是经双方当事人平等协商最后达成的合意的效力。第一重维度中,当事人在一定期间内对处理结果产生质疑可再次寻求救济,若超过这一期限则产生强制执行力;而在第二重维度中,双方合意一旦经由法院确认则可直接作为强制执行的依据。就我国环境信访的实践来说,行政执法手段带有极强的单方决定性和强制性,应赋予不服行政命令或处罚结果的当事人在一定期限内向法院提起民事诉讼的权利,超过这一期限,行政处理结果发生法律效力。如果案件被法院接受,诉讼的性质应该为民事诉讼,而不能以作为环境信访事项处理者的环保部门为被告提起行政诉讼。理由之一是,由于当事人不服环境信访行政处理结果可以另行起诉,行政机关已无滥用裁判权并强制当事人接受其处理结果的可能,相应地,司法权对行政权的制约即无必要。另一个根本理由是,为保证裁决者自由地裁决,根本的前提是裁判者免受追究。[26]通过行政调解程序达成的是一个能充分体现当事人意思自治的民事协议,其效力可部分比照《人民调解法》中经人民调解委员会调解达成的调解协议。出于保证污染受害者得到及时救济和降低的考虑,宜将行政调解协议直接视为效力确定的判决,经当事人申请并经法院形式审查后可以直接作为强制执行的依据。

5. 调整对环保部门解决信访事项效果的考核标准

作为肩负着纠纷解决职能的政府机构,对其的评价应该是多方面的,基本的标准可能包括：自身技术性价值的定位是否准确，对公众负责的程度，通过解纷提高决策分析的能力，增进市民教育的可能性等。[27]我国环保部门的目标考核制度可考虑从中借鉴一些合理因素，在对环境信访工作的考核甚至整个环境监管工作的考核上有所改变，但首要的应是废除现有以信访办结率作为环保部门环境信访工作人员履职能力好坏的唯一考核标准，代之以污染是否解决作为考核环境信访工作人员和环境监察人员的主要指标，按一定权重对处理环境信访事项的总体绩效进行综合评估。调整现行环保部门内部的环境信访效果考核标准，可以提高信访人主要是受害者对环保部门环境信访工作的满意度；更为重要的是强化环保部门在控制污染进而预防越级信访、重复信访等方面的作用，很好地回应了创新社会治理战略在环境保护领域的要求。

（四）推进信访平台网络化，完善环境信访信息公开

1. 推进信访平台网络化

总体而言，环境信访信息化平台应尽可能多样化，且兼具便利性，在信息化背景之下具体表现为网络化。在"互联网+"的信息时代，利用互联网信息平台为公众提供便利性服务是政府工作基本趋势。许多部门机构都要求在有条件的情况下建立健全信息化网络平台，并通过平台完成信息公开。在信息化的大环境下，一方面，要加大对环境信访网络化平台的利用力度。不论是环境信访的提起和受理，还是环境信访的处理和回复，都可以利用信息化平台，探索通过网络平台受理、处理环境信访事项的新途径。在当前国情下，还应尽可能推进环境信访网站、微信等环境信访平台建设。在有条件的地方，尽可能为公众提供环境信访网络平台，以便及时、高效解决环境争议。可以借鉴韩国的做法，在环境网站上提供详细的线上环境信访指南，提高公众对网络环境信访通道的使用效率。

另一方面，尽可能利用信息化平台处理环境信访事项。如环保部门有关环境信访工作的机构可利用信息化平台进行多方线上合作，通过信息化平台收集各方意见，探索网络听证的新形式等，以完成对环境信访事项的处理。此外，还可以利用信息化平台进行事后监督。越级信访、重复信访情况的出现，源于有关部门没有重视环境纠纷的解决，利用行政执法的方式强势执法，没有达到纠纷解决的目的。所以，在环境信访的处理过程中，不能只局限于解决现存问题并回复信访人，还应该进行后期跟踪调查，防范于未然，发挥环境信访应有的功能。

2. 完善环境信访信息公开

环境信息涉及公民、法人的切身利益，是政府信息公开的重要内容，而环境信访信息是环境信息的重要组成部分。环境信访信息应当公开，但公开的范围和方式还有待进一步讨论。环境信访信息公开的范围不仅应当包括环境信访事项的

处理结果，还应该包括环境信访事项处理的过程和后期跟踪等信息。环境信访处理过程的公开有利于信访人及时了解权利救济的情况，也方便公众对污染者和环保部门工作的监督。后期跟踪信息的公开则是为了预防环境纠纷再次发生，切实保障公民环境权益。为此可考虑规定在环境信访的处理过程中，信访工作人员负有将信访处理的进程、决定和理由等重要事项及时通知信访人及其他利害关系人的法定义务。此外，环境信访公开的方式应尽可能实现网络化。纸质公开既不利于达到信息公开的目的，也不符合绿色原则。信访公开的网络化一方面可提高信息公开的效率，节约行政资源，又能扩大信息覆盖面，是一种较为理想的环境信访信息公开方式。

注释

[1]张杰．关于设立环保法庭及建立环境公益诉讼制度的思考[A]．李恒远，常纪文．中国环境法治 2008 年卷[C]．北京：法律出版社，2009：213.

[2]王浦劬，龚宏龄．行政信访的公共政策功能分析[J]．政治学研究，2012(2).

[3]王勇．我国环境信访的现状与问题[J]．中国环境管理干部学院学报，2014(2).

[4]曾建平．环境正义——发展中国家环境伦理问题探究[M]．济南：山东人民出版社，2007：266—267.

[5]张卫．当代西方社会冲突理论的形成及发展[J]．世界经济与政治论坛，2007(5).

[6]范愉．非诉讼纠纷解决机制研究[M]．北京：中国人民大学出版社，2000：11—17.

[7] E. F. Dukes. What We Know about Environmental Conflict Resolution: An Analysis Based on Research [J]. Confliction Resolution Quarterly, 2004(22).

[8]齐树洁，林建文．环境纠纷的解决机制研究[M]．厦门：厦门大学出版社，2005：87.

[9]范愉．纠纷解决的理论与实践[M]．北京：清华大学出版社，2007：263.

[10]朱娟．环保 NGO 参与环境纠纷协调解决机制的探讨——以 815 户居民与铁鹰钢铁有限公司环境污染纠纷案为例[A]．李恒远，常纪文．中国环境法治 2008 卷[C]．北京：法律出版社，2009：212.

[11]冯洁，汪韬．"开窗"求解环境群体性事件[EB/OL]．南方周末 http://www.infzm.com/content/83316/. 2014. 11. 14

[12][18]何明修．冲突的制度化？公害纠纷处理法与环境抗争[J]．教育与社会研究,2002(3).

[13][美]阿尔蒙德．比较政治学:体系、过程和政策[M]．曹沛霖等译．上海:上海译文出版社,1987:202.

[14]R. J. Lewicki, B. Gray, and M. Elliott. Making Sense of Intractable Environmental Conflicts: Frames and Cases [M]. Washington: Island Press, 2003: 48.

[15][日]小岛武司．诉讼外纠纷解决法[M]．丁婕译．北京:中国政法大学出版社,2005:31.

[16]吴卫星．环境权入宪之实证研究[J]．法学评论.2008(1).

[17][美]弗兰克·J·古德诺．政治与行政．王元译．北京:华夏出版社,1987:9.

[19]D. Louis. Challenges of Multiparty Environmental Mediation[J]. Journal of National Association of Administrative Law Judges, 1999 (1).

[20] L. Susskind, G. McMahon, and S. Rolley. Mediating Development Disputes [J]. Environmental Impact Assessment Review, 1987(7).

[21]吕忠梅．环境法新视野[M]．北京: 中国政法大学出版社, 2000: 295.

[22] L. S. Bacow and M. Wheeler. Environmental Dispute Resolution [M]. New York: Plenum Press, 1984: 8.

[23]林俊忠．台湾重大公害纠纷案件处理策略之研究[D]．高雄:台湾中山大学公共事务管理研究所,1999:2—3.

[24]任勇,堀井伸浩．环境纠纷处理制度对促进环境管理的协同效应——以日本为例[A]．王灿发．环境纠纷处理的理论与实践——环境纠纷处理中日国家研讨会论文集[C]．北京:中国政法大学出版社,2002:300.

[25]王灿发．中国环境纠纷及其处理的初步研究[A]．王灿发．环境纠纷处理的理论与实践——环境纠纷处理中日国家研讨会论文集[C]．北京:中国政法大学出版社,2002:189.

[26]何兵．和谐社会与纠纷解决机制[M]．北京:北京大学出版社,2007:229.

[27] M. K. Landy, M. J. Roberts, and S. R. Thomas. The Environmental Protection Agency: Asking the Wrong Questions from Nixon to Clinton (Expanded Edition)[M]. Oxford: Oxford University Press, 1994: 6.

从飓风"哈维"灾害应对看美国应急科普体系的运行研究*

王　理

一、问题的提出与研究方法

我国地域辽阔,自古大小自然灾害频发。进入新世纪初期,由于中国社会处于矛盾多发期,各类群体性事件密集出现[1],近年来,经济社会发展总体形势稳中向好,但各类安全隐患依然严峻[2]。而美国历来同样饱受各种自然灾害侵袭且损失严重,仅1980年至2017年间,经济损失超过10亿美元的自然灾害就达218起[3]。自2001年9·11事件以来,暴恐风险成为美国社会安全最大隐患之一。可以说,中美两国均面临大量危机管理事务,也有丰富的应急管理经验,两国的危机应对既有共性,也有相互值得借鉴的独特之处。2017年秋季,美国南部连遭数起超强飓风袭击,对得克萨斯州、佛罗里达州、美属波多黎各等地区造成严重灾害并引发社会矛盾。由于如此大规模的飓风灾难实属罕见,社会各界从其形成原因到灾中应对,再到灾后如何科学援助、恢复,均展开了充分讨论,其中涉及大量气象学、地理学、医学、心理学等多领域的专业知识。本文选取其中一起飓风灾难为例,着重分析美国各界应急科普表现及其中可供参考的经验教训。

本研究以2017年8月飓风哈维应对中的美国应急科普体系运作情况为个案导入,梳理灾害过程中政府、媒体、专家、公众等在应急科普传播中的职责和作用,并对美国整体应急科普体系的运作机制进行分析,试图回答以下问题:

1. 美国哈维飓风灾害应对中哪些方面体现了应急科普?有何经验教训?
2. 哪些措施保障了美国应急科普得以实现?

---

* 此文为国家社科基金项目《风险管理视角下的环境谣言传播话语博弈研究》(17CFX012)的阶段性研究成果。

王理,电子科技大学公共管理学院,讲师,博士。

3. 美国的应急科普体系建设对我国有何启示?

本研究综合使用了文献分析法、个案研究法、内容分析法等方法。

第一,文献分析法。通过中国知网、Google Scholar 等文献检索工具获取相关中英文论文,分析梳理研究现状,为本文深入展开提供理论支持;通过各种公开的信息渠道获取各类应急管理部门文件或档案,分析政府政策和措施体系,为本文提供一手文本数据资料。

第二,个案研究法。2017 年 8 月的飓风哈维对美国德克萨斯州等南部地区造成了极大的灾害影响,美国各界对政府的应急响应评价褒贬不一。飓风灾害从其形成原因到防灾准备,再到应对措施都涉及较多专业知识,适合作为案例对应急科普展开研究。通过对飓风哈维的实时关注(如追踪政府部门的信息发布状态、与当地居民远程访谈等),本文深入探析了该个案中各主体应急科普的行为和效果,并从中发现经验与不足。

第三,内容分析法。本研究以 2017 年 8 月 23 日—9 月 15 日为研究时间范围,借助 Twitter Search 工具、LexisNexis Academic 报刊数据库、Google Trends 工具,以"飓风哈维"(hurricane harvey)为研究主题,分别对美国联邦应急管理署(Federal Emergency Management Agency ,后文简称 FEMA)官方推特"@ FEMA"、美国部分应急科普专家、《纽约时报》文章和美国公众的网络信息搜索热点进行数据采集和统计分析,以研究政府的应急科普措施、专家的应急科普行为、媒体的应急科普传播和公众的应急科普知识需求。

二、应急科普研究文献回顾

(一)对应急科普的内涵研究

应急科普又可称作应急科学传播,关于其内涵,国内学术界有两种看法,分别从时间和目的对其界定。

首先,从应急科普发生的时间来理解,认为"应急科普"就是指在突发事件发生中开展的科普工作。例如,朱登科认为,"应急科普就是针对突发事件,根据公众关注的热点问题所开展的科普。也就是说,这个时候,公众需要什么,媒体与科普工作者就要马上提供这方面的科技知识"[4]。石国进认为,"应急科普指的是应急条件下开展的科普活动。应急主要指应对公共突发事件的状态、过程或能力,包括对自然灾害和人为灾害等重大突发性事故的分析与处理。它是一种特殊的社会运动,渗透其中的科学传播具有不同于普遍社会意义上科学传播的构成要素"[5]。中国科普研究所指出,应急科普是一种特定状态下开展的科普活动,即应对突发事件采取的应急性的科普,它存在的前提条件是有突发事件的发生(或者可能发生),它是一种非常态的科普活动,与常态下开展的一般科普具有明显的差异[6]。这种定义范畴下的应急科普,其作为背景的突发事件中关键舆论含有与科学有关的内容,对其舆论引导也需要通过应急科普来实现的[7]。

其次,从应急科普的目的来理解,认为应急科普是"在应急管理领域中所有与突发事件相关的教育活动与行为"[8]。例如,中国科普研究所翟立原研究员指出,应急科普是"为提高社会公众应对社会突发事件及自然灾害的能力而开展的相关科学技术普及、传播和教育,通过演习等体验活动,使其了解与应急相关的知识,掌握相关方法,树立科学思想,崇尚科学精神,并具有一定的处理实际突发问题、参与公共危机事件决策的能力"[9]。这是一项为了提高公众应对处理突发事件的科学意识及能力所开展的科普工作,不仅包括突发事件发生过程中开展的应急科普工作,而且包括常态生活中为了提高公众防范各种突发事件安全意识而开展的科技宣传工作[7]。与其他科普相比,应急科普更看重体验。应急科普掌握的是一种技巧,技巧的学习是在实际行动中才能熟练掌握的。当危险发生的时候,如果没有亲身体验过,这些技巧可能就无法正确发挥出来[10]。

而在现有英文文献中,很难找到直接对应"应急科普"的学术表达。文献中最接近也最常见的"应急教育(emergency education)"概念,源自上世纪90年代,国际社会应对各种自然灾害和人道主义灾难挑战的行动,其方式主要是在紧急状态下或突发事件发生后向灾民和儿童提供人道主义教育援助,侧重事中救助与事后恢复。因此,国外对应急科普的研究更多是从灾害教育(hazard education)、应急教育(emergency education)、防灾准备(Disaster preparedness)等角度出发,探讨其中的科学知识教育内容,大多聚焦于事中或事后的应急知识传播。

本研究所要讨论的"应急科普"与"应急科学传播"同义,尽管可以涵盖突发事件的事前、事中、事后的相关科学传播活动,但对其核心工作的界定更倾向于前文介绍的第一种理解,即在突发事件中所开展的科普工作,这是一种特定时空状态下、更强调精准与高效的科学传播活动。这也是本研究将个案研究的时间段选取在飓风发生期间的主要依据。

(二)对应急科普的应用研究

1. 应急科普的主体和对象研究

关于应急科普的主体界定,有学者认为,在应急条件下,科学传播的传播者主要包括科学共同体、政府、媒体从业者、具备专业科学知识的志愿者等部门或群体[11]。刘彦君等学者提出,应急科普的传播主体是指参与传播的多种主体,主要由控制传播技术的媒介组织(直接掌握媒介技术的组织)、科学信息的提供者、以及科普(科学传播)的管理者三种主体构成。他们同时认为,应急科普传播主体间的关系混乱是应急科普舆论引导效果不佳的主要原因[7]。比如,在中国的危机事件中,科学家大多缺席了应急管理的决策过程,同时,公众也广泛缺乏应对危机的科学知识[12]。尤其是在环境和健康危机事件中,由于各主体立场见解大相径庭,导致传播科学知识信息非常困难,如政府官员、行业从业者、各领域专家认为公众不懂科学、媒体误导公众;公众也指责政府和企业不在意其受损利益,拒绝公众参与公共决策,甚至不愿意采取行动去解决非常简单但关乎民众生命健康的问题;而作为信息传递者的媒体则往往被各方认定为故意夸大其词,为增强戏剧性效果罔顾科学事实[13]。对此,有研究建议科学家在突发事件中应更积极地参与科学传播,提升公众的应急意识。

关于应急科普的对象,董泽宇认为可分为受害者、救援者和管理者三类人,其中受害者是指可能或已经受到突发事件伤害的人员;救援者以应急救援人员和应急志愿者两大群体为主;管理者则是指承担应急管理职责的政府工作人员[8]。可见,"管理者"其实是双重角色,他们既需要作为应急科普对象,在突发事件中及时了解、掌握相关科普信息以更好地作出决策;同时他们也需要作为应急科普主体组织、管理应急科普活动。

对于作为灾害(潜在)受害者的公众,韦旭研究发现"PX 事件"中公众对突发事件科普具有迫切需求,因此建议建立和完善科普发言人制度,在突发事件中解答公众对科学问题的疑惑,减少或避免因公众对事件的不理解而引起的负面效应[14]。国外有研究则将飓风的潜在受灾者分为五种群体:率先撤离者(First Out)、行动受限者(Constrained)、乐观主义者(Optimists)、勉强者(Reluctant)和坚守者(Diehards),在调查了这五种类型公众对待飓风应急信息的态度后发现,如果撤离命令是直接由当地政府发布,而非来自天气预报或电视广播节目信息,所有居民都有强烈意愿及时撤离[15]。这与另一项研究有细微差别,后者发现,受灾者不会特别在意信息来源是哪里,只要包含了政府撤离的指导建议,他们都会具有强烈意愿遵循[16]。不过,公众对于应急信息的需求程度则大有不同,有的群体对风险知识存在错误认知,需要在飓风登陆前加强相关科学知识教育[15]。

2. 应急科普的传播模式和渠道研究

研究应急科普模式就需要搞清楚应急科普活动的构成要素及其之间的关系以及运行方式[7]。有研究通过对比国内外应急科普模式,发现目前应急科普模式发展趋向于系统化,在内容、方法、对象、主体与机制上都逐渐趋于完善[17]。有学者提出了应急条件下科学传播的三种模式,分别为类似传统科学普及机制的单向线性传播模式、以政府为核心进行组织管理的系统论模式、突出反馈机制的控制论模式[5]。也有学者提出在社会热点事件中进行科普的"嵌入"模式等[18]。姜秀慧等在全国进行抽样调查发现,电视、电台、网络等主流媒体的知识讲座与宣传是公众获取灾害预防、自救相关知识的重要渠道,而公众也更愿意通过宣传册、电视宣传片和报刊杂志来获取相关知识[19]。开展日常的突发事件应急教育时,可以通过节日纪念、指南手册等学习材料、媒体宣传、公益网站、讲座宣讲、课堂教学、灾害纪念场馆与救援基地、桌面演练和实战演练等方式[20]。

国外文献方面,多数学者从应急知识管理[21][22]、社会认知[23]、社区特征[24]等角度研究防灾准备,也有研究关注防灾教育方式,如探讨采用交互地图实时展示洪水情况[25]、借助视频游戏增进公众对火山灾害的了解[26]、利用棋盘游戏帮助公众进行危机决策和提升灾害意识[27]等。有部分学者着重研究地图信息对公众在灾害中决策的影响[28],认为将易于理解的地图嵌入预警信息中,将有助于公众更好地应对灾害事件[29]。也有学者通过实验证明,在灾难事件中,对空间知识的储备情况影响着公众准确识别灾害地理信息[30],因此,对于部分民众来讲,应急信息是文字还是地图,抑或是雷达图,他们都难以确认自己所处地理位置的灾害风险程度[28]。

值得注意的是,近年来出现了大量关注社交媒体在公共卫生、环境灾难、暴恐袭击等突发事件中的应急教育、应急知识管理的研究,如 Merchant 等学者认为 Twitter、Facebook 等平台可以更为快速广泛地传播健康知识和医疗信息,以提升紧急医疗事件中卫生资源的协调水平,但他们也同时提出,目前仍需要严谨的科学研究来评估在类似突发公共卫生事件中,通过社交媒体传播的健康科学知识是否可靠、有效[31]。

3. 应急科普的传播内容研究

国内研究方面,林坚认为,科技传播的内容即科技信息,包括科学技术知识和方法、科学思想和科学精神等[32]。在应急条件下,科学传播信息质量的好坏直接关系到处理突发公共事件的能力与效率;而衡量信息质量好坏的标准是科学含量与合理成分的多与少,符合事实的真相、应急处理的科学态度与科学精神、科学的处理程序与方法等是应急条件下科学传播的主要内容,也是高质量的信息所具有的内在本质[5]。在突发事件中,应急教育的内容应当包括应急意识、应急知识、应急技能和应急价值观[20],要使公众在面临灾害时保持清醒和冷静,具有主动处置事故的应变能力,就需要增强紧急状态下的服从指挥意识和自救意识,强化自我保护意识[33]。

相较而言,国外对应急科普传播内容的研究更注重细节,如有学者研究了美国 2010—2011 年间电视和报纸上关于自然灾害和食品安全危机的新闻报道后,发现仅有 15.7% 的报道会解释事件发生的原因和机理[34]。关于内容的具体表现方式方面,研究发现,在灾害预报时,改进以下传播内容(如下表1)将更有助于公众理解不确定的风险因素[35]。世界卫生组织(WHO)也曾就公共卫生突发事件的应急沟通向卫生管理部门等不同主体提出建议,避免出现过多专业术语和缩写词,如果不可避免地要用到,那一定要在该词第一次出现时进行详细解释[36]。

表2-1 灾害事件风险信息传播的注意事项

类别	建议改进之处
位置	提供更为具体的地理信息,便于居民识别该预报是否与自身有直接关联。
语言	避免出现过于专业的技术性术语和缩写。标题应当简单易懂。
设计	以特别的风格凸显重要内容,并强调关键信息;注意标识和题目的一致性;重点显示其中的日期、时间和位置信息。
色彩	配色方案应当更为直观;色彩不要遮盖住文字,不同颜色也不要相互重叠;为便于理解,配色不要超过7种颜色。
产品展示	推荐采用地图和文字结合的表述方式。地图应当直观呈现风险范围,文字提供进一步的解释说明。

4. 应急科普存在的问题研究

除前文提及的针对主体、渠道、内容的研究外,也有部分文章直接针对应急科普各环节中的具体问题展开探讨。Covello等学者早在1986年就曾对食品安全、环境风险、公共卫生、灾难事件等领域风险传播中存在的应急科普问题作了较为全面的总结,认为主要可以归结为以下几方面[37]:

(1)信息问题:由于缺乏对科学知识、数据、模型和方法的解释,导致对风险评估存在较大不确定性;对事件带来的后续影响、受害人群范围、协同效应等评估存在困难,尤其是对儿童、孕妇、老人等敏感人群的影响不甚明确;外行难以理解高技术含量的分析术语。

(2)消息源问题:对相关领域专家的不认同;法律和资源等约束使相关责任官员(及风险沟通者和专家)的权力和行动受到制约;个体的恐惧和担忧较为集中,不同社会层次之间存在差异;不公布风险评估存在局限性,导致风险的不确定性增大;对公众个体和群体的兴趣、担忧、恐惧、价值观、优先事项和偏好理解不足;使用官僚话语、法律条文和技术术语;缺乏公信力和可靠性。

(3)渠道问题:部分媒体选择性地报道事实或发表有偏见的报道,一味强调戏剧性、不法行为、争论点和冲突性;过早地公开不成熟的科学发现;在解释技术风险信息时将其过度简单化,或是报道失真、不准确。

(4)接受者问题:对风险的程度存在不准确的期待;缺乏对风险问题进行探究的兴趣;过度自信认为凭借某一己之力就可以解决所有危害;固执己见拒绝改变;过度信任管理者采取的行动;要求得到明确的科学解释;不愿以承担某种风险为代价规避其他风险,甚至不愿以金钱或利益为代价;难以理解什么叫"概率"。

如今已30多年过去,很多问题并没有得到解决,或是没有很好地应用于实践。如其中的信息问题,近年来仍有学者认为,尽管在近期的突发事件中政府利用了更多的可视化地理信息数据向公众展示灾害地理信息,但大部分数据仍缺乏相应的科学解释,对不了解相关技术术语的普通民众来说,理解这些信息非常困难[38]。

国内也有较多学者对我国应急科普现状问题进行探究,如胡莲翠认为,我国非典及禽流感事件的爆发凸显了政府及大众媒体在应急科普方面的缺陷和不足,其中应急科普的时效性和科学性缺失是主要问题[39]。刘波等以突发重大气候事件为例,认为目前在应急科普方面存在的问题是,政策法规和业务流程有待健全、不同部门工作权责有待明确、资源共享和经费支持有待提升等[40]。

5. 国内外应急科普的实践经验研究

我国对应急科普的研究与实践均起步较晚,大多始于2005年,有学者从宏观层面对我国应急科普体系的建立作出初步思考,认为应急科普体系的建立要以全面性和针对性、应急性和日常性、传统性和时代性、预防性和救援性相结合为原则[41]。也有研究侧重于经验层面,如科技部政策法规与监督司邱成利认为,做好应急科普工作一是要建立应急科普组织体系;二是要建立突发公共事件应急科普救援队伍;三是预防为主,注重广泛宣传;四是向公民传授突发公共事件的自救、互救、预防、逃生、避险等基本技能和防护方法;五是普及安全科学知识和心理学知识[42]。此外,有研究分析了食品安全领域应急科普的重要性和开展相关工作的具体措施[43],还有学者研究总结了地震[44]、流行病[4]、火灾[45]等具体个案的应急科普经验;也有研究介绍了国内外图书馆如何助力应急科普的情况[46]。从对地区经验的研究来看,目前成果数量较少,比较有代表性的是,高畅等回顾总结了北京地区应急科普工作的经验,并对建立应急科普机制提出建议[47];伍涛等介绍了湖北卫视联合湖北省人民政府应急管理办公室推出的电视节目《冲出危机》,认为这是政府与媒体联手打造应急科普的新模式[48]。

对国外的研究方面,较少有针对应急科普的专门研究,大多在应急管理的研究中提及应急教育、应急培训内容。如林涛等在对美国应急教育理念、培训模式、人才储备等进行研究的基础上,结合我国应急教育体系建设提出了建议[49]。程芳芳认为美国应急管理体系经过了200多年的建设,形成了全民参与的预防文化,应急预案体系较为完备,建立了以独立的应急职能机构——国土安全部为龙头的应急体制,具有“统一管理、属地为主、分级响应、标准运行”的应急机制,应急法制全面、具体、专门化和体系化[50]。胥彦等认为英国各种小型应急培训看似微不足道,但公众掌握了应急知识后在面临灾难时能最大程度避免损失;而日本加强科普宣教、全社会共同参与则是减少人员伤亡和经济损失的有效途径[51],如在2011年3月11日的地震中,日本公民面对危机冷静理性,以“日本秩序”证明了其公共危机教育的成功[52]。

(三)对现有研究的评价

第一,国外研究虽鲜有明确提出“应急科普”概念,但多数应急管理、应急教育、应急沟通等相关研究均涉及科学传播内容,不管是从研究深度(如关注应急科学传播中的各种细节因素)还是研究广度(如不同专业领域的应急科学传播),相对国内研究都更为成熟,可以说,国外研究虽无应急科普之名,但已有较为丰富的应急科普之实。

第二,近年来,我国应急科普研究热度有所增加但成效不明显,与此同时,我国各级各地政府部门的应急科普实践正逐渐增多,两者之间存在一定程度的脱节,理论既未很好地指导实践,也未能从实践中得到更好的发展和完善。

第三,目前大多研究均形成共识,普遍认为,只有政府、专家、媒体、社会组织、公众等各方主体各司其职、良性沟通,才能实现有效的应急科普传播。不过,各主体在各环节中究竟应怎样实现有效协同,仍缺乏深入研究。

综上,本研究以美国飓风哈维应对期间的应急科普实践为个案,通过一手数据和文献资料,试图从美国的经验、教训中发现对我国应急科普体系建设的有益启示,丰富现有研究成果。

三、飓风哈维危机沟通中的应急科普案例分析

(一)背景介绍

由于地理位置特殊,美国墨西哥湾地区常年饱受飓风灾害侵袭,其他地区也频频出现各类天气灾害事件。仅2017年,经济损失超过10亿美元(折合人民币近70亿美元)的气候类自然灾害事件就有15起,其中包括哈维在内的飓风灾害3起[3]。

飓风哈维是2017年大西洋飓风季中的一个热带气旋。2017年8月25日夜间,哈维以4级强度、130英里(约合209公里)时速登陆美国得克萨斯州沿海地区,并对圣体市等多个城镇造成严重影响,美国总统唐纳德·特朗普(Donald Trump)宣布得州进入自然灾害紧急状态。8月26日,风暴中心逐步北移后向东

南退回墨西哥湾,飓风风速有所减小,然而,灾情并未减弱。接踵而至的狂风暴雨使休斯敦连续数日被洪水包围,各种交通陷于瘫痪,城镇停水断电、学校停课、工厂商店关闭,人们不得不撤离到相对安全的集中避难点。8 月 30 日,减弱为热带风暴的哈维二次登陆路易斯安那州,带来强降雨和大风。直至 8 月 31 日,得克萨斯州的撤离仍在继续,不过部分地区放晴,休斯敦洪水开始消退,市长席维斯特·特纳(Sylvester Turner)宣布市区商业将逐步恢复营业,即将开始灾后重建工作。

此次哈维造成美国历史上"最极端的降雨事件"[53],其影响深度和广度史无前例[54],甚至比路易斯安那州 2005 年的卡特里娜飓风(Katrina)和 2012 年纽约州的桑迪飓风(Sandy)破坏性更强,影响面更广[55]。

据美国国家环境信息中心统计,以 8 月 25—31 日的 7 日雨量为基准,飓风共使 690 万人遭受超过 30 英寸(约合 76 厘米)的降雨量,其中 125 万余人经历降水超过 45 英寸(约合 118 厘米)、11000 人甚至遭受 50 英寸的降雨量(约 120 厘米,相当于当地正常年景一整年的降雨量)。这场灾难共造成 84 人死亡,3 万余人流离失所,20 万余家庭和企业遭到破坏或损毁[3],尽管其经济损失官方还在统计中,但根据全球风险建模企业 RMS 的估计,此次"哈维"飓风引发的大风、风暴潮和内涝所导致的经济损失可能达到 700 - 900 亿美元(约合 4620 - 5940 亿元人民币)[56]。

在这场灾难中,各界对美国政府的应急沟通评价褒贬不一。有评论认为,与 2005 年卡特里娜飓风(Katrina)相比,政府已吸取了很多经验教训,在本次灾难应对中有明显进步;也有评论认为,政府未能及时发布撤离通知,导致大量居民陷入洪水中动弹不得,伤亡严重。

(二)各方应急科普反应分析

1. 政府及决策者的应急科普行为

(1)联邦和地方政府应急准备较为充分,为应急科普的展开提供了空间

在飓风临近得克萨斯州的 24 日,州长格雷格·艾伯特(Greg Abbott)提前宣布得州 30 县进入紧急状态并发布声明,强烈敦促生活在"哈维"登陆区域的居民关注当地政府发布的警告信息,遵从撤离安排。截至当地时间 25 日中午,得州沿海多个地方政府已发布强制撤离或自愿撤离令。而休斯顿市长则不建议市民撤离,为应对"哈维"可能带来的灾害,休斯顿应急部门要求居民准备至少 5 至 7 天的食物和饮用水,以及常用药品等物资;休斯顿消防局已准备好了冲锋舟等救援设备。此外,休斯顿市应急指挥中心于 25 日晚启动,以处理各类紧急事件。

无线紧急紧急警示(WEA)也以最短每小时左右一条的频度向市民提供最新的灾情信息,如告知当地是否处于洪水威胁区域、该威胁将持续至几时、是否需要

寻求避险地点等。

与2005年的飓风应对相比，本次从联邦到地方政府，均有了更充分的准备，如提前对应急管理者和救援者进行有计划的培训、做到使应急物资提前就位、提前安排布置大型的避难场所、及时接受志愿者参与救援活动等[57]。休斯敦市长办公室联合紧急事务管理署针对休斯敦可能发生的各类型灾害事件制定了详细的防灾指南，以中文、英文、西班牙文等多语种向公众提供下载或索取服务，其中也包括对相关科学术语的详细解释[58]。有调查发现，在卡特琳娜飓风期间，仅有40%的社区民众对美国联邦应急管理署（FEMA）的应急计划有信心，但在经过十多年、花费20多亿美元用以培训地方应急机构后，有80%的民众信任本次飓风应急计划。

休斯敦所在的哈里斯县公共卫生部门主任于迈尔·肖（Umair Shah）在连续多日通过接受采访、参加记者会等向公众提供健康风险相关建议。如在8月30日的记者会上，他警告居民，尽管休斯敦积水开始退去，大家还应该注意避免接触洪水，水中被冲断的电线和杂物以及蛇等野生动物可能会给人带来伤害；同时，只要城市中还有积水，危险就依然存在，身体一旦接触过洪水，就必须严格消毒等。

（2）应急管理署借助其网站和社交媒体平台开展应急科普活动

美国联邦应急管理署（FEMA）在其网站上用英文、西班牙文、韩文、中文等多种语言提供详细的救援和避难指导，以及谣言澄清信息等。如针对飓风带来的儿童安全保障影响，网站制作了专题，结合儿科医学、儿童创伤等科学知识，从应对灾害情感影响、洪水安全、停电安全、儿童的快乐感受等方面提供应急指导[59]。以应对灾害情感影响为例，FEMA建议：

灾害所导致的损失金额可能非常巨大，家被摧毁，与亲友分离会导致儿童产生巨大的压力和焦虑。一定不能忽视风暴对居住在灾区，丢失了宠物、喜爱的玩具，或其他珍爱的儿童的影响。他们可能不完全理解发生了什么。

为了帮助儿童恢复会应对处境，以下是让他们再次找到安全感的一些有益提示：

限制看电视时间：媒体对灾害的大量报道可能会惊吓低龄儿童，也会使青少年心烦意乱。

保持生活作息：帮助孩子感觉到生活仍有条理，能让孩子感觉更舒心或获得熟悉的感觉。学校和幼儿园重新开放之后，请帮助孩子回归正常活动，包括继续上课、做运动和玩耍。

给孩子时间：通过与孩子交谈、游戏和做其他家庭活动，让孩子知道已经安全。为了帮助低龄儿童感觉安全和平静，请阅读喜欢的书，或做轻松的家庭游戏或活动。

请记住问孩子关于状况的问题没有关系。请花些时间与孩子谈论灾害，让孩子知道可以问问题，并分享他们对状况的担忧和反应。让孩子了解家庭、学校和社区所发生的事情，而不是用信息掩盖，也会有好处。

家长和监护人应简要诚实的回答问题，并询问儿童的意见和想法。请访问 nctsn. org/trauma – types/natural – disasters 了解关于如何让儿童恢复安全感的更多信息。

除了利用自身网站，应急管理署还在 twitter 上发布了一系列应急科普信息。通过 Twitter Search 搜索统计，在2017 年8 月23 日—9 月15 日期间，FEMA 的官方推特账号@ FEMA 发布带有“#Harvey”标签的推文共61 条，涉及飓风动态、救援进展、避灾注意事项、捐赠信息等。其中，与应急科普相关的推文有 7 条，分别就“如何寻找有效的避灾地点”“6 – 12 英尺的暴风巨浪到底意味着什么”“怎样进行灾后清洁”等话题进行介绍，除简短精炼的文字表述外，多数推文还配有信息图、Facebook 文章及视频链接或 FEMA 官方网站的链接等，基本覆盖了灾害中需要公众及时掌握的各类科普信息。

2. 媒体开展的应急科普传播

飓风到来前后，美国媒体刊发了大量与飓风“哈维”相关的报道，作为美国主流媒体的《纽约时报》也对其给予了重点关注，8 月 23 日—9 月 15 日其网站共刊登包含“哈维”关键词的相关文章 383 篇。借助 LexisNexis^{OR} Academic 报刊数据库，以“hurricane harvey”为关键词搜索，获取纸质版和网络版报道文章全文 255 篇，经浏览筛选后，去除与本文主题明显不相关的报道和如“更正”“讣告”等通告文稿，余 184 篇文章作为研究对象，分析美国主流媒体在灾害事件报道中如何体现应急科普细节。

从版面分布来看，这 184 篇文章中有 114 篇位于国内版(National Desk)，占半数以上(61. 96%)；有 16 篇位于纽约时报网站的快讯版(Express)，占比 8. 7%；包括社论(Editorial)、专栏述评(OP – ED Contributor)、读者来信(Letters)和周日评论(Sunday Review)等栏目的社论评论版(Editorial Desk)也达 16 篇，占比 8. 7%；商业版(Business/Financial Desk)15 篇，占比 8. 15%；有 3 篇报道位于专门的科学版(Science Desk)，分别介绍了飓风的经验教训、飓风中的有害物质和与健康相关的话题。此外还有少量文章分布于艺术与文化版(The Art/Cultural Desk)、都市版(Metropolitan Desk)、体育版(Sports Desk)、房产版(Real Estate Desk)等。

通过细读 184 篇报道，发现文中涉及相关科学知识介绍的文章近三成，共有 58 篇，主要集中在国内版和评论版，文中的应急科普话题涉及飓风成因、等级解释、灾害污染、心理疏导等各方面内容。进一步具体分析该58篇文章发现：

(1)多为长篇深度报道，文章长度保证了应急科普内容能充分呈现

这些报道字数从271字到2234字不等，平均长度为1100字左右，其中接近四分之三(43篇)的文章为800字以上的长篇报道。据美国数字新闻网站Quartz商业新闻主编Kevin Delaney于2013年提出的Quartz曲线(如图1所示)，少于500字的快讯和多于800字的长篇深度报道更容易获得成功[60]，因此新闻长度应当尽量落在500—800字区间，换算为中文字数则约为850—1500字。可以看出，这些涉及应急科普信息的报道大部分都属于该区间内，更易受到读者的欢迎。相对充裕的篇幅保证了文章在介绍飓风相关信息时可以提供足够的科学证据辅以说明，而1000余字的长度也不至于太过冗长使读者失去阅读耐心。

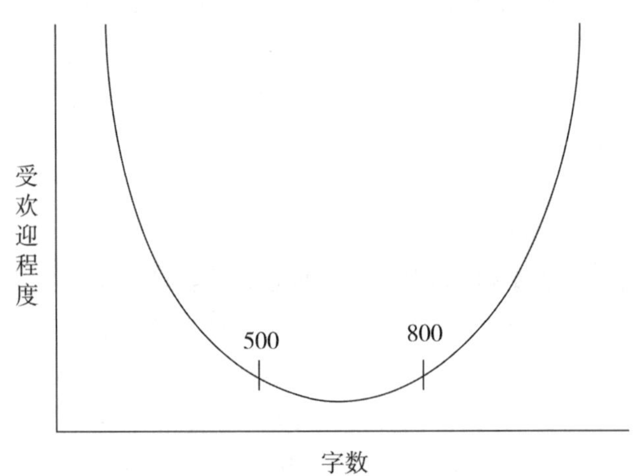

图3-1 Quartz **曲线**

(2)重视对飓风成因的科学溯源，并关注次生灾害的相关科学解释

在这些报道中，大多都会提及飓风的成因和影响并引援相关科学依据进行说明，并不回避部分尚存争议的科学观点。如除了从大气科学层面解释飓风形成过程外，其中还有31篇报道在43处提及"气候变化"(Climate Change)，试图从更为根源的因素让公众理解飓风可能的成因，帮助人们更好地认识和应对该类自然灾害。受限于篇幅，不便引用过多文本展开分析，本研究随机抽取其中10篇报道，举例如表2所示。可以看出，除针对飓风本身介绍其成因、影响、避灾知识外，不少报道关注到了一系列次生灾害的科学应对，如化工厂爆炸原因、污染防治要点、身心健康注意事项等。

表 3-1 《纽约时报》飓风“哈维”相关报道抽样举例

标题	发表日期	文中专业知识表述举例	消息源举例
飓风预警下,得州沿海地区面临洪水泛滥	8月25日	飓风等级介绍: -预计 Corpus Christi 在周六早间会遭受3级飓风 成因及影响相关解释: -即便只是热带低气压,哈维也使至少30个县面临紧迫灾害,包括严重洪灾、风暴潮和破坏性大风。	-国家飓风中心消息 -气象学家说
飓风与气候变化的关系	8月26日	飓风成因解释: -大气中更多的水分……意味着与飓风和其他风暴有关的降水强度和降雨量在持续增长 -我们可以确定,人类活动引起的海平面上升导致风暴潮更为严重	-该报告作者、得州科技大学气候科学家 Katharine Hayhoe 说道 -得州农工大学大气科学家 Andrew Dessler 说道
关于飓风哈维,我们目前知道些什么?	8月29日	飓风成因解释: -飓风是由一系列致命因素共同造成的,包括墨西哥湾的暖流和大气层上层缺乏风,因为按理说,高层大气有风的话能推动哈维远离陆地。	-科学家说 -国家天气服务中心的推特指出
化工厂发生爆炸现黑烟	8月31日	爆炸原因解释: -Arkema 工厂生产有机过氧化物用于制造塑料和其他材料。当这些化学物质受热,即会开始分解进而产生更多热量,很快导致快速的、爆炸性的反应。一些有机过氧化物在分解时也会产生可燃蒸汽。	-Arkema 北美区首席执行官 Richard Rowe 说道
关于飓风哈维相关的健康威胁问题的简短回答	9月1日	病毒爆发原因解释: -西尼罗河病毒在美国流行,其爆发由几个因素触发:包括库蚊、缺乏免疫力的人群和鸟类的密度。	-休斯顿贝勒医学院国家热带医学院院长 Peter J. Hotez 博士指出
从我们的错误中吸取教训为时未晚	9月3日	飓风成因解释: -普遍共识告诉我们,高等级强度飓风(即3、4、5级飓风)的发生频率会随着气候变暖而增加。 -还有第三种解释目前尚未证实,气候变化可能涉及其中,即由于北冰洋的冰雪消融,导致风系迂回曲折造成堵塞——就像那些把哈维锁定在休斯顿上空的障碍物一样。正是这种拖延致使哈维形成了如此大的破坏性。	-麻省理工学院的飓风专家 Kerry Emanuel 说道 -据康奈尔大学气候科学家 Charles Greene 说

续表

标题	发表日期	文中专业知识表述举例	消息源举例
休斯顿面临紧急任务:移走堆积如山的风暴残留碎片	9月7日	防止灾害污染说明: -将冰箱等电器运到回收站、把倒下的树木就地切碎为覆盖料而非烧掉,可以防止污染并延长垃圾填埋场的使用寿命。填埋场的(化学物质)渗漏将会引起地下水污染。	-负责纽约和新泽西地区的环境保护署前区域管理员 Judith Enck 说道
是否撤离?休斯顿和迈阿密作出了相反的选择	9月9日	飓风等级解释: -上一次4级飓风在得克萨斯州登陆是1961年;许多佛罗里达州居民对飓风等级标准的经验判断还停留在1992年的5级飓风安德鲁。 应急避险说明: -当涉及暴雨可能造成的洪水时,所谓"就地避难"仍是首选的应急准备方式。	-休斯顿官员说道 -布法罗大学运营管理教授、应急响应专家 Natalie Simpson 说道
特朗普总统的科学之战	9月10日	气候变化原因: -气候科学家普遍认为,二氧化碳和其他矿物燃料的排放是气候变化的主要驱动力。	-得州农工大学大气科学家 Andrew Dessler 说到
卡特里娜和它的惨痛教训	9月12日	灾后心理疏导: -尽管"(心理)创伤"可能意味着很多东西,并且通常具有破坏性,但人们往往会通过创伤来发现在一无所有时自己具有怎样的能力、哪些东西才是对自己最重要的。	-科罗拉多大学教授 Peek 博士说 -加州大学欧文分校心理学教授 Roxane Cohen Silver 等人的研究发现

(3)在引用科学依据或观点时大多明确该领域专家为消息源

这些出现科学信息的报道几乎都有引用相关领域的专家,从上表例子中也可窥见一斑。从气象学家、心理学家、医学专家,到应急管理专家、环境保护专家;从业界技术专家到学界基础研究专家,再到政府从事相关管理工作的专家,都曾作为消息源出现。记者直接引用专家话语,并将部分学术表达转化为通俗易懂的词句,既有助于读者理解其中的科学依据,也使得相关信息有据可循,增强了信息的可信度。

3. 专家应急科普传播

灾害事件中专家角色不可或缺，在本次“哈维”飓风事件过程中，各领域专家纷纷利用媒体采访契机或借助社交媒体渠道主动发声，为有效应对灾害提供专业建议。

(1)气象学、医学等领域专家传递专业知识，帮助公众应对灾难时作出科学决策，以减小损失

除前文提及的媒体报道广泛采用专家作为消息源外，不少相关领域专家积极主动利用社交媒体传播专业知识。

如来自国家水灾保险计划的专家 Roy Wright 借助 5 分钟的短视频，向公众介绍了洪水退去后怎样在潮湿的环境中清理各类受洪水污染的物质及各种霉菌，保证健康安全。该视频获得上万次观看，200 余条留言评论。值得一提的是，该系列视频中除专家以朴实轻松的语气讲述相关科学知识外，还配有一名手语解说员将其内容同步翻译为手语，充分考虑了听障人群的特殊需求，使应急科普的“普”字更有效地实现。

此外，如来自国家飓风中心的气象科学家 Eric Blake(@EricBlake12)在 8 月 23 日—9 月 15 日发表“哈维”相关推特 84 条，通过各类详实的数据、动态图、资源链接等向网友介绍“哈维”的风力变化、路径走向等。最受欢迎的一条推特收到一万余次转发和两万余点赞。迈阿密大学海洋与大气科学专家 Brian McNoldy、乔治亚大学气象学家 J. Marshall Shepherd、气象服务公司 AccuWeather 的气象学家 Becks DePodwin 等也因为活跃在推特平台上积极关注飓风进展而受到媒体推荐，希望公众多关注这些科学家以获知“哈维”相关的准确信息。

(2)风险沟通专家向专业机构提供科学传播建议，使专业知识契合公众需求且准确易懂

飓风期间，政府部门发布的一些专业信息出现偏差，为使公众能准确识别风险、对灾害应对作出科学决策，不少风险沟通专家也及时提供专业建议。如为美国国家海洋和大气管理局提供咨询服务的风险管理专家 Gina Eocso 通过推特不断呼吁，大家在传播相关应急信息时应当注意表述。如她于 8 月 26 日分别发表“一场飓风具有多种危害。风力强度降低了。但洪水风险带来的生命威胁并没有。哈维仍有生命威胁。”和“不要说‘风暴降级’。不准确。只是风力降级了。还需连续多日强调哈维暴雨洪水风险。告诉你的新闻采编部。”等推文，告诫相关部门不要简单地仅仅通报“飓风已降级”类似的不准确说法，因为尽管风力等级降低，但由于飓风过境前后都将带来一些系列灾害(如暴雨、洪水等)，对公众的生命威胁并未降低，大家仍然需要引起重视。耶鲁大学气候变化传播项目科学家 Jennifer Marlon 也向媒体建议，如果应急科学知识的传播目标是引发公众重视，那么相关机构在传递信息时就需要向公众明确描述，该自然灾害究竟会影响到他们日常生活的哪些方面[61]。

其实，早在 2015 年，为帮助专家们能在面临气象灾害时更好地开展应急科普活动，国家飓风中心（NHC）就在其网站的“热带气旋”讨论板块中增加了一项叫“关键信息”的内容，用以帮助气象学家更迅速地聚焦重要信息并借由媒体向受众传播，这些“关键信息”主要指具有不确定性的风险信息或危害信息，并且很难通过图像表达[62]，因此更需要专家们介入传播。

4. 公众应急科学知识需求

通过 Google Trends 搜索飓风期间（8 月 23 日—9 月 15 日）公众的关注焦点，全美范围内与飓风“哈维”（Hurricane Harvey）相关的网络搜索出现了爆发性增长，关注度最高的五个州，除了得克萨斯州，还有飓风二次登陆的路易斯安那州及与两州相邻具有间接影响的密西西比州、新墨西哥州、俄克拉荷马州。

据 Google Trends 数据，与主题词“Hurricane Harvey”相关性最强的前 20 个搜索关键词如下表 3 - 2。从表中可以看出，公众在对飓风信息进行搜索时，有较多信息需求都与专业的科学知识相关，如“哈维”的路径信息、飓风等级、受灾地区地图和雷达图等（表 3 - 2 中字体加粗词语），涉及相应的气象学、地理学知识。这 5 个科学信息相关的关键词搜索量如下图 3 - 2，各词搜索量走势虽有细微差别，但均在飓风登陆当天（8 月 25 日）及次日快速上升达到峰值，并在 8 月 27 日恢复较低水平后略有波动逐渐下降。由于受飓风厄玛（Irma）影响，“飓风哈维等级”一词在 9 月 5 日又出现了一次较小的峰值。可以推测，公众在面对接踵而来的飓风厄玛时仍需要“哈维”相关的风力等级信息来判断可能遭受的损失程度。

表 3 - 2　与飓风“哈维”相关的网络搜索关键词列表

	关键词		相关程度
1	harvey hurricane path	飓风哈维路径	100
2	harvey path	哈维路径	100
3	houston	休斯顿	70
4	houston hurricane harvey	休斯顿飓风哈维	70
5	hurricane harvey texas	飓风哈维得克萨斯	70
6	hurricane texas	飓风得克萨斯	70
7	texas	得克萨斯	70
8	weather hurricane harvey	天气飓风哈维	50

续表

	关键词		相关程度
9	hurricane harvey 2017	飓风哈维 2017	45
10	hurricane harvey update	飓风哈维更新	30
11	hurricane harvey news	飓风哈维新闻	25
12	katrina hurricane	卡特里娜飓风	20
13	katrina	卡特里娜	20
14	hurricane harvey category	飓风哈维等级	20
15	hurricane harvey map	飓风哈维地图	20
16	live hurricane harvey	飓风哈维实况	20
17	harvey hurricane radar	飓风哈维雷达	20
18	hurricane harvey death	飓风哈维死亡	15
19	hurrican harvey	（拼写错误的）飓风哈维	15
20	hurricane harvey flooding	飓风哈维洪水	15

（注：相关程度是指搜索热度的相对值）

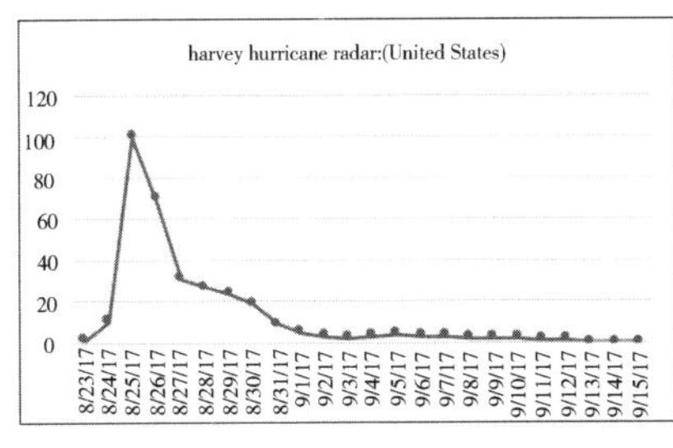

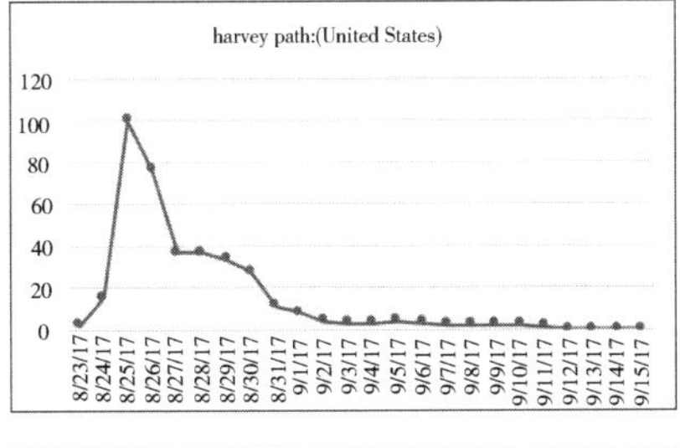

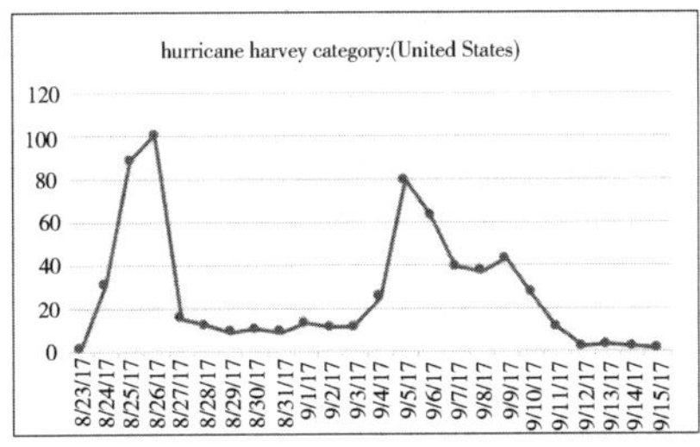

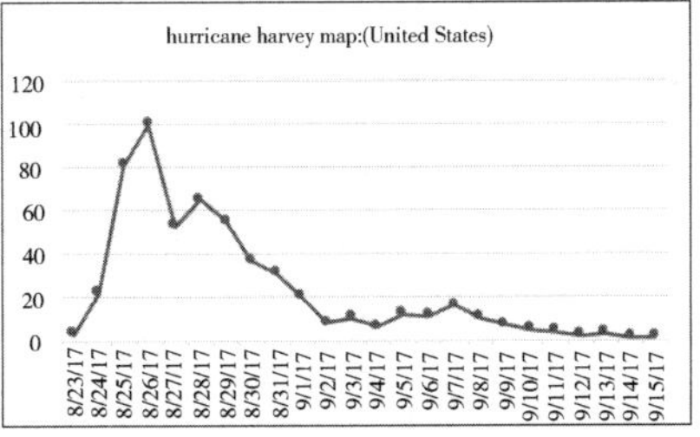

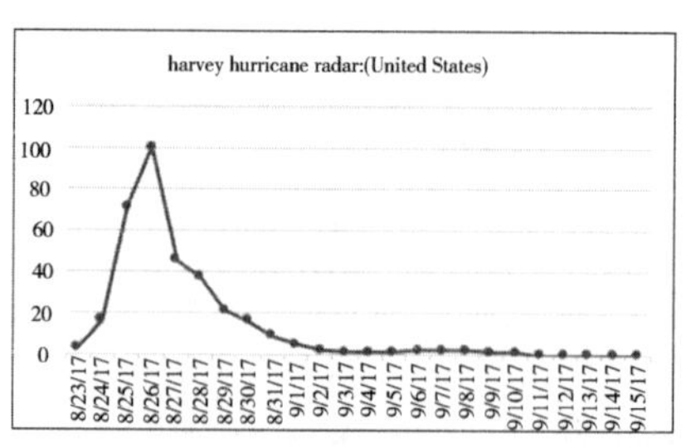

图 3－2　飓风“哈维”相关应急科普关键词搜索热度走势

进一步以受灾最严重的得克萨斯州范围内为例，对以上 20 个搜索关键词继续挖掘，依次统计公众查询各信息时会同时查询其他哪些相关话题。数据显示，“热带气旋”“飓风卡特里娜”“雷达”“天气”和“洪水”是与这些关键词相关性最强的话题。如其中与“飓风哈维路径”关联度最高的话题前三位分别为“热带气旋”“雷达”；而与“飓风哈维等级”相关性最强的话题除“热带气旋”外，还有“飓风卡特里娜”、“萨菲尔－辛普森等级”（Saffir－Simpson Scale）等。

显而易见，这些搜索关键词和相关话题都与气象领域的专业知识紧密相关，或为专业名词，或涉及灾情影响等。在遭受灾难侵袭时，公众除从政府公告、媒体报道等渠道被动接受信息外，也会有大量的主动搜索行为。本次“哈维“飓风中，公众对应急科学知识的需求与政府、媒体、专家所提供的信息基本匹配，但各地具体灾情有所不同，不同群体的信息需求也略有差别。如相比得克萨斯州而言，路易斯安那州居民则更为关注“哈维”的路径。

（三）经验与缺陷

尽管部分评论认为本次“哈维“飓风的应对比之前多次大型灾难应对有所进步，如无线系统未被大面积损毁，有助于救援工作顺利开展等，但 9 · 11 急救中心电话难以接通、撤离命令似是而非等问题仍饱受诟病。

1. 基础科学观点分歧，导致城市建设与管理无法科学实施

尽管目前断定人类活动引起的全球变暖必然导致飓风等灾难事件还为时尚早，但气候变化致使热带气旋发生频率增加却不可忽视[63]。然而，特朗普上任以来，新政府对气候变化态度暧昧，不仅声明退出“巴黎协定”，某些政府网站甚至已撤下关于气候变化的陈述和阐释。就在“哈维”来袭之前不久，联邦政府一纸政令撤销了洪水频发或易受海平面上升影响地区政府出资的基础设施项目的洪水风险标准[64]。在休斯顿市区，按照科学规划，部分原本不能建房的易受灾地区也被房地产商开发为居民区，灾害袭来更是加重损失。

2. 飓风路径难以预测,各级决策判断不一、意见相左

由于飓风的风向及力度都难以准确预知,水温或周围风的任何变化都会影响其走向,各种复杂因素的综合作用也使得风力强度随时可能发生变化,因此,"哈维"袭来时存在着诸多变数,如最初 8 月 26 日的预测路径就与其实际走向存在着一定偏差。这种情况下,是否需要撤离?怎样撤离?都是极为考验决策者判断力的。而得克萨斯州州长和休斯敦市长就因此产生了巨大分歧。得州州长阿伯特在 8 月 25 日的记者会上力劝可能受"哈维"影响的民众尽早撤离,以免事态严重后为时已晚;休斯敦市长特纳却下令居民留在家中不要提前撤离。特纳作出如此决定,一是认为休斯敦的应急储备足以应对本次灾难,即便需要撤离也有足够的军警和船只为灾民提供援助;二则在一定程度上,略有些历史阴影的意味。

2005 年夏天,卡特里娜飓风袭击美国南部墨西哥湾沿岸,1800 余人死亡,近万名灾民滞留,企图撤离灾区的汽车在高速公路上排成长队,美国政府组织救灾不力遭来大量批评。就在卡特里娜飓风发生后不到一个月,又有丽塔飓风(Rita)袭击墨西哥湾地区。这一次,美国政府提前准备,得州和路易斯安那州沿海地区近 300 万人提前撤离,很多城镇变为空城。不过,大规模撤离导致 20 个小时的交通拥堵。得州众议院 2016 年的报告显示,在丽塔造成的 100 余人死亡中,有至少 60 人的死因与撤离有关,包括 23 名养老院居民因大巴车着火身亡。因此,面对本次"哈维"来袭,一方面官方担心丽塔悲剧重演,另一方面由于缺乏果断的撤离命令,也使一部分"乐观主义者"或"勉强者"类型的市民犹豫不决、不愿撤离。

3. 通讯系统过时,无法及时传递足够的应急科学信息

尽管与 2005 年卡特里娜飓风摧毁 1000 座移动基站相比[65],本次飓风中在"哈维"路径上的 7804 座移动基站中,仅有 4% 受损,影响人数达 148565 人[66]。但无线通讯仍未最大程度发挥应急响应作用。大量灾民拨打 9 · 11 急救电话却难以接通,即便接通,有时也甚至需要等待 45 分钟以上。为此,公众不得不通过社交媒体求助,然而,负责救援的海岸警卫队却建议大家仍然通过电话求助[67]。

此外,飓风到来前,位于休斯顿市区的哈里斯县(Harris County)公共信息联络官 Francisco Sánchez, Jr. 曾给联邦通信委员会(FCC)写信提到:由于无线紧急警示(WEA)系统不能只针对县域内部分存在威胁的区域发送信息,因此,即便遭遇飓风或洪水等灾害事件,哈里斯县也很少能用到该系统[68]。但直到飓风袭来,也未见改善。同时,美国的媒体和公众也认为 FCC 的该系统略为过时,应当及时更新,如嵌入网站链接、受灾区域地图、照片等,使智能手机可以最大程度发挥其作用[69]。尽管 FCC 对此持支持态度,但由于手机硬件制造商、运营商等各方利益博弈,该更新至今未见踪影。

4. 专业表述不清，公众无法准确认知风险

早在“哈维”登陆前，美国国家飓风中心早期预报称有巨大的降雨量和“灾难性的和具有生命威胁的洪水”[70]；周五，科珀斯克里斯蒂地区的国家气象服务中心直接预警“部分区域在未来数周甚至数月都将不适宜居住”；到周日早上，国家气象服务中心警示“（本次飓风造成的）情况史无前例，所有影响不明，超出了我们任何一次的经历”[71]。类似“史无前例”这样的表述极易让公众在面对灾难时不知所措。同时，提到热带风暴，人们大多只会想到狂风巨浪，而往往忽视了暴雨才是最具破坏性的灾难。据统计，在美国近年来的飓风灾难中，近半数的人并非死于真正的“风”，而是溺水[72]。因此，如在相关信息通报中未对风险因素进行易于理解的界定，则不利于公众作出准确的认知和决策。

四、美国应急科普体系的保障成效

尽管在飓风“哈维”灾害事件中，美国应急管理与沟通出现了不少瑕疵，但作为应急管理实践行动较早的发达国家，其相对完善的应急管理体系仍为应急科普的展开提供了重要保障，值得我们从更基础的层次进行探讨。以下将从应急监测、应急行动中心、应急发布和应急培训四个角度，分析其发挥的作用和成效，发掘值得借鉴的经验。

（一）应急监测：突发性公共事件监测系统保障了应急响应速度

首先，涉及社会安全类事件主要由美国国土安全部（Department of Homeland Security）和联邦调查局（Federal Bureau of Investigation ，FBI）监测。911 事件后，为提高情报资讯整合能力、协调机构资源，由布什总统签署于 2003 年 1 月 24 日正式成立国土安全部，监测预知一切危险，确保国家免受许多潜在威胁。国土安全部现有 24 万余名员工，共同负责美国的海空边境管制、网络安全分析、情报统筹、危机应对等。FBI 则是美国司法部下属的调查机构，也是美国应对突发性公共事件体系中负责监测的重要部门。FBI 主要负责国内的犯罪情报搜集工作，它下设两个地区计算机辅助中心和两个信息技术中心，为联邦调查局的调查提供信息处理服务。同时 FBI 还拥有庞大的信息系统——国家犯罪信息中心，全天候满足执法机构对重要信息的需要。2002 年 5 月，联邦调查局进行彻底的整顿改革计划，将工作重心从传统的犯罪调查调整为预防大规模犯罪和恐怖主义活动。根据改革方案，FBI 增加了反恐怖主义部门的人力，并拟聘用 900 多名语言学家、电脑专家、工程师及科学家专门负责恐怖主义、科技、语言及情报的搜集工作。同时扩大其调查监视的权力，可以对包括教堂、清真寺、图书馆等国内任何公共场所以及公众集会、网络网站进行监视。

其次,事故灾难方面,主要由美国联邦应急管理署(FEMA)监测。FEMA 的监测预警系统叫综合公共预警与警示系统(Integrated Public Alert & Warning System, IPAWS),FEMA 认为,在紧急情况下,预警官员需要以最快的速度向公众提供救生信息,IPAWS 系统正是用于保障此功能。从联邦、州、地方政府,到部落、海外属地均可运用 IPAWS 框架下的通用警报协议来整合预警信息,也可以通过统一界面发布来自紧急事态预警系统(Emergency Alert System,EAS)、无线紧急警示系统(Wireless Emergency Alerts ,WEA)、气象预警广播系统(NOAA Weather Radio All Hazards,NWR)和其他公共预警系统的信息。这种自上而下统一、各部门打通的预警体系将联邦与地方进行有效衔接,共同做好灾难的监测预警工作,使应急专家或官员能够在第一时间做出响应。

再次,涉及极端天气的自然灾害事件由美国国家海洋与大气管理(National Oceanic and Atmospheric Administration,NOAA)下辖 6 部门之一的国家气象局(National Weather Service,NWS)气象灾害监测预警系统进行监测,并通过气象预警广播网(NOAA Weather Radio All Hazards,NWR)持续向公众提供预警信息。美国是一个气象灾害多发的国家,据美国官方统计,大约 90% 的灾害都与气候有关,为此美国非常重视气象灾害的应急管理。气象预警广播网分布于美国本土 50 个州及波多黎各、美属维京群岛等海外属地,通过与联邦通信委员会(Federal Communication Commission)的应急警报系统合作,为公众提供所有具有危害性的天气和其他紧急信息;通过与联邦政府、州政府和地方应急管理部门等官方合作,实时广播各类预警信息和灾后信息,如地震、雪崩等自然灾害,化学物质泄漏、漏油污染等环境灾害和儿童失踪案等社会安全事件。

最后,突发公共卫生事件方面,国家疾病控制和预防中心(Centers for Diseases Control and Prevention,CDC)有较为完善的流行病监测系统。CDC 是美国国家卫生部(Department of Health and Human Services ,HHS)下属的一个重要部门,它的一项重要职责是对公共卫生安全进行监控。1949 年,传染病流行学家亚历山大·朗缪尔(Alexander Langmuir)在 CDC 创建了流行病学部,不久后就启动了第一个疾病监测项目。在长达 60 余年的发展历程中,CDC 陆续成立了对脊灰、流感以及一些慢性疾病的监测项目;同时在本土追踪新发和神秘疾病爆发等方面也获得了显著成功。如今,CDC 的应急行动中心(下文将具体介绍此机构)汇集了大量训练有素的专家和最先进的技术团队,由专门的员工全天候监测公共卫生威胁,一些潜在风险可能通过公众、医生、各州或地方政府上报,也有来自合作伙伴的简报或其他国际公共卫生组织的情报。

（二）应急行动中心：专业的应急响应平台有助于确保应急知识的准确性

应急行动中心（The Mmergency Operations Center，EOC）是极端高风险事件中的应急准备和管理协调平台，重在协调资源，获取准确信息，为企业、政府或其他组织高层决策提供参考以便制定应急响应的战略方向。如应急管理署下辖的“国家商业应急行动中心”（The National Business Emergency Operations Center，NBEOC）为公共和私营部门提供双向的信息共享服务，帮助其在灾难事件中做到事前预防、事中响应、事后恢复[73]；环境保护署下辖的应急行动中心（EOC）则作为环保署的应急行动联络点，以提高数据管理和协调能力为目的，监督官员间的沟通与美国国土安全部和其他联邦机构的沟通[74]。

以下以美国疾控中心的应急行动中心为例[75]，介绍其具体运行机制。

美国疾控中心应急行动中心成立于2001年9月，自成立以来，已就60余起公共卫生安全事件启动了响应机制（如表4－1）。除突发性公共卫生事件外，该机构也可能针对计划中的事件（如美国总统就职典礼或奥运会等重大社会活动）进行监测，判断其是否有对公众健康造成威胁的隐患。在公共卫生事件应急过程中，EOC主要承担以下任务：整合医疗卫生专家资源；协调事件现场的物资设备等运送；监测响应活动；为各州和地方政府公共卫生部门提供各类资源；制度风险沟通策略，向公众提供及时、准确、一致和具有可操作性的应急信息。公共卫生威胁解除、事件结束后，疾控中心一般会对其工作进行整体评估，并提出改进建议。

表4－1　美国疾控中心应急行动中心响应的公共卫生事件列表

年份	公共卫生事件
2007年	－广泛耐药结核病爆发事件 －飓风迪安
2008年	－卫星拦截事件 －沙门菌和大肠杆菌爆发事件 －飓风多莉 －热带风暴爱德华 －飓风古斯塔夫、汉娜、艾克
2009年	－鼠伤寒沙门菌爆发事件 －总统就职典礼 －H1N1流感

续表

年份	公共卫生事件
2010 年	- 新罕布什尔炭疽热事件 - 海地地震 - 深水地平线漏油事件(墨西哥湾原油泄漏事故) - 海地霍乱爆发
2011 年	- 日本地震与海啸 - 飓风艾琳 - 消除小儿麻痹症活动
2012 年	- 脑膜炎爆发
2013 年	- H7N9 禽流感 - 中东呼吸综合征 - 多州爆发环孢子虫病
2014 年	- 中东呼吸综合征 - 无陪伴儿童难民计划 - 埃博拉病毒爆发
2015 年	- 美国防部炭疽样本误送事件调查
2016 年	- 寨卡病毒爆发 - 密歇根州弗林特水污染

以寨卡病毒疫情事件为例,2015 年以来,寨卡病毒在巴西等美洲国家持续传播,主要传播方式是蚊子叮咬,也可通过性接触传播。绝大多数感染者症状温和,但孕妇感染寨卡病毒可能破坏胎儿大脑,导致新生儿小头症等缺陷。全球目前尚无获批上市的寨卡疫苗。世界卫生组织于 2016 年 2 月宣布寨卡疫情为“国际关注的突发公共卫生事件”。针对寨卡疫情,美国疾控中心于 2015 年 12 月 22 日启动了应急行动中心,2016 年 2 月 8 日,将寨卡病毒疫情应急响应提高至最高级,共有 300 余名工作人员在应急作业中心(EOC)参加应急响应,共同开展防治寨卡病毒的各项工作。至 2017 年 9 月,美国疾控中心宣布结束寨卡疫情应急响应机制,由“寨卡协调与行动过渡小组”的专家组继续负责让应急行动中心的工作回归常态。

在这起公共卫生突发事件中,EOC 为公众提供了大量的应急科普材料并指导大家如何学习传播。针对不同人群,制作了大量不同侧重的医疗健康科普知识宣传手册以供分发或下载,最大程度地保障了应急知识传播的及时性和准确性[76]。

（三）应急发布：开放的媒体态度有助于应急科普知识及时传播

首先，主动向媒体通报危机信息，积极配合报道。美国政府一向对媒体介入突发性公共事件报道持积极开放的态度。危机事件发生后，应急管理部门等政府部门的负责人或发言人要随时准备回答公众和媒体询问，尽量提供真实和全面的信息。如在本次“哈维”飓风事件中，上至白宫，定期召开新闻发布会由白宫发言人莎拉·赫卡比·桑德斯（Sarah Huckabee Sanders）向公众提供政府应对飓风的准备情况，回答记者各种提问；下至休斯敦地方政府，如市长特纳也定期参加记者招待会更新灾情进展、应对措施并接受提问；以及如前文提及的，哈里斯县公共卫生部门负责人于迈尔·肖（Umair Shah）利用新闻发布会或记者采访契机为公众提供健康风险建议。从前文对《纽约时报》的飓风报道样本中也可以看出，除行业专家外，在面临此类灾难事件时政府官员也是重要的消息源。

其次，充分借助社交媒体开展应急传播。美国政府拥有广泛的社交媒体用户基础，同时，为保障应急体系信息需求，政府采取了设置组织机构、颁布指导文件等措施，以充分发挥社交媒体在危机应对中的作用[77]。如早在2010年的海地地震事件中，美国国际开发署、国务院、军队等部门就首次广泛使用社交媒体进行应急知识传播和救援协调[21]。为更好地在社交媒体平台开展应急信息传播，2010年，美国国土安全部（Department of Homeland Security，DHS）下属科学技术指挥部（DHS S&T）专门成立了社交媒体有效工作组（Virtual Social Media Working Group，VSMWG），其任务是在突发事件过程中，为公众的应急准备与响应提供安全可持续的社交媒体技术指导[78]。VSMWG陆续制定了多项用于危机事件中社交媒体应用的指导文件，如《社交媒体战略》[79]《下一步：运用社交媒体进行应急响应》[80]《社区参与危机响应指南及最佳案例》[81]《利用社交媒体发布预警信息》[82]《运用社交媒体增强情景感知与决策支持》[83]等，这些指导性文件为美国政府使用社交媒体进行应急沟通提供了工作思路与具体方法，保障了信息的及时公开。2015年底，“社交媒体有效工作组”更名为“应急服务与灾难管理社交媒体工作组”（Social Media Working Group for Emergency Services and Disaster Management，SMWGESDM），成员由各级各地政府、高校、公共组织等机构专家组成，如下表4-2所示。从表中可以看出，既有来自政府应急管理相关统筹部门（如应急管理办公室）、执行部门（如消防局、警局）等实战一线的专家，也有提供专业知识保障的各领域研究者或专家（如国立卫生研究院、地质调查局和各高校等）。成员的专业性、多样性和均衡性更有助于社交媒体平台上应急科普知识的准确及时传播。

表 4-2 SMWGESDM 成员所属机构(截至 2017 年 3 月)

美国红十字会	帕洛阿尔托市(加利福尼亚州)警察局
科罗拉多州交通运输部应急管理办公室	萨克拉门托县(加利福尼亚州)应急服务办公室
埃文斯顿市(伊利诺伊州)	金县(华盛顿州)应急管理办公室
联邦应急管理署	旧金山(加利福尼亚州)应急管理署
乔治梅森大学	圣路易斯(密苏里州)应急管理处
乔治华盛顿大学	南部马林县(加利福尼亚州)消防区
人类之路(非营利组织)	美国地质调查局
印第安纳波利斯(印第安纳州)消防局	华盛顿大学全球事务办公室
国立卫生研究院	弗吉尼亚州应急管理办公室
纽约市(纽约州)健康与心理卫生局	华盛顿县(阿肯色州)区域救护局
纽约市(纽约州)应急管理署	俄勒冈灾难响应志愿组织(非营利组织)
美国北方司令部	

(四)应急培训:系统的应急培训平台有助于更全面地提供科普教育

美国联邦政府高度重视应急管理教育培训体系建设,目前主要由三部分组成:一是美国联邦应急管理署主管的国家应急管理学院(Emergency Management Institute,EMI),主要针对各级政府应急管理官员和各级应急运行中心的工作人员,进行全国跨部门、跨地区的综合性应急教育培训;二是各级政府相关部门设立的消防、警察、医疗急救等专业培训学院,主要负责救援队伍的技能培训;三是部分高校设立的应急管理培训中心,主要负责应急教育的人才培养、科学研究与合作培训,如由美国应急管理学院委托(联合)各高校开发应急理论课程、应急专业知识课程、高级应急管理课程、应急新技术的研发和实验课程等。

联邦应急管理署应急管理学院(EMI)位于马里兰州埃米茨堡的全国应急培训中心(National Emergency Training Center ,NETC)内,与同隶属于联邦应急管理署的国家消防学院(National Fire Academy)共用一个校园。作为美国最权威、最有影响力的国家级应急管理教育培训机构,EMI 以"通过提升全美各级政府官员的应急管理能力,以预防、保护、应对、恢复和减缓各种灾害和危机对美国人民的潜在影响,来支持国土安全部和联邦应急管理署的目标"为宗旨,其主要任务可以概括为:

1. 向联邦、州、地方、部落、志愿者、公共或私营部门官员提供贯穿其职业生涯的专业培训,以加强应急管理专业人员的核心能力;

2. 支持“国家事故管理系统”(National Incident Management System,NIMS)、“全国响应框架”(National Response Framework,NRF)、“全国灾后恢复框架”(National Disaster Recovery Framework,NDRF)和“全国准备指南”(National Preparedness Goal,NPG)的执行。

EMI 的每年培训学生多达 200 万名以上,培训方式包括住校的实地培训,在具有合作关系的培训机构或高校分设机构参加培训,或远程技术手段实现个性化课程异地培训。课程体系覆盖了从灾害防备、应急预警、风险评估,到应急处置、应急志愿者管理、媒体沟通和恢复管理等各种议题。针对不同职业需求、不同工作经验年限的应急工作者,还提供各有侧重的培训序列和课程设计,如应急管理职业培训序列下,设立应急管理基础学院,针对三年以内工作经验者;应急管理进阶学院,要求学员至少有三年以上工作经验;应急管理高层执行学院,则针对各层级的应急管理部门负责人或高层管理者。不过,不管哪个序列、哪种学员,其课程均包括应急科普知识相关内容,如近期高层培训课程中的“应急管理执行领导核心职业素养(二)”课程中,就会专门对灾难风险管理中的科学因素、地理因素等进行培训;基础学院培训课程中也专门设置“灾难中的科学”,从地理、物理、生物、化学等多学科的科学原理和概念入手,介绍相关的灾害风险及其科学依据;即便是自学课程,也会提供诸如“危险材料概述”和“地震基础:科学、风险与应对”等应急科普相关课程。

除 EMI 体系下的职业教育外,美国高校也有非常多的应急管理相关专业,提供应急管理、国土安全、公共卫生及医学、国际灾难援助/人道主义支持、外国应急和灾难管理、高层管理教育等不同领域的高校教育,涵盖单门课程、认证培训、专科、本科(主/辅修)、硕士、博士等不同层次。截至 2016 年 8 月,仅其中应急管理方向的项目各层次累计就多达 310 项,其中硕士项目 46 项、博士项目 8 项。以其中芝加哥大学的危机与应对管理在职硕士(MSc in Threat and Response Management)项目为例,该专业办学目标是培养出具有创造力和敏捷性的危机管理专业人士,他们需要具备批判性思维能力,能利用数据分析创建极具战略性和创新性的解决方案;具备问题解决能力,拥有战术性的实践经验并且对周围世界有深刻见解;具备领导能力,能以高度的热情打造出集防备性、灵活性和安全性为一体的组织机构和社区。培养方案提供的课程除一般的危机管理理论、政策,或数据分析统计方法等课程外,还有大量涉及应急科学知识及传播的课程,如危机管理传播策略;流行病与传染性疾病;全球卫生与应急管理;公共卫生监测;应急风险响应中的心理、社会与行为因素;放射物、化学品和生物危害的应对措施——社区得以存活的关键因素等。这些课程基本囊括了各类突发事件中可能遇到的专业性知识,使学生在实际面临应急管理决策时有基本的科学常识判断,并能运用有技巧的传播手段实现应急科普。

五、美国应急科普对中国应急科普实践的启示

尽管飓风"哈维"使美国部分地区损失惨重,但得益于其相对完备的应急管理机制和相对成熟的应急科普体系,相较历次严重飓风灾害,本次灾害应对受到的各界批评已算寥寥。政府快速响应,提供应急科普信息;媒体广泛采访,传播应急科学知识;科学家积极发声,承担起公共知识分子的社会责任;公众主动搜寻相关应急科普知识,以科学决策最大程度减小灾害损失,这些都是本次飓风事件中值得借鉴的经验。当然,基础科学观点的分歧,气象科学中的种种不确定性,通讯设施的落后和部分应急执行部门专业表述不清等问题,仍是有待改进之处。本文也试图从中总结回答应急科普的根本性问题,并发现对我国应急科普体系建设的启示。

(一)要科学界定应急科普的内容

根据前文界定的研究范畴,所谓应急科普要讨论的是,在突发事件的应急沟通中,需要谁在什么时间、用什么方式、向谁传播哪些科学信息,以便民众能更加科学有效地应对突发事件,减小损失。而一切应急准备阶段和事后恢复阶段的总结评估,甚至日常教育培训,都是服务于"事件中"的应急科普。因此,突发事件中的应急科普机制应当是"为了使公众及时了解与突发事件相关的科学知识,推进突发事件应急处置工作,建立的以突发事件应急科普管理部门为龙头,以科普专家为骨干,以各种媒体为基础,以社会联动力量为辅助,统一指挥,信息共享,各部门密切配合,联合行动,快速反应的动态工作机制"[7]。应急科普既需要面向决策者,确保突发事件中的各项决策遵循科学依据、高效;也要面向普通公众,以保证公众具有自救能力,且应急措施能有效执行。

具体到应急科普内容,首先,应急科普知识来源应当基于既定科学事实,即受科学共同体承认的科学结论。科学共同体(scientific community)一词源于社会学中的"共同体"范畴,由英国科学家迈克·波拉尼(Michael Polanyi)于1945年发表的《科学的自治》一文中首次提出。他把全社会从事科学研究的科学家称为"一个具有共同信念、共同价值和共同规范的社会群体",以区别于一般的社会群体与社会组织[84]。尽管以目前的科研进展,部分科学议题仍存在争议,但经科学共同体承认的主流科学观点和科学证据仍是值得信任的。

其次,既要基础理论,也要实践指导。从认知到决策所涉及的科学知识都属于应急科普范围,如既需要物理、地理、化学、生物、医学等自然科学基本常识,以

准确认知突发事件中所面临的风险；也需要心理学、社会学、行为学等社会科学的知识背景，以形成最优的应急决策。而正如前文案例分析中所提及的，某些时候针对突发事件中的信息发布，甚至需要风险沟通专家及时对政府或科学家进行“话语方式”层面的应急科普，以保证传播效果。

再次，在“知其然”的基础上，尽量做到“知其所以然”，如国务院办公厅早在 2005 年印发的《应急管理科普宣教工作总体实施方案》中就提到“灾中教育以自救、互救知识为重点，普及基本逃生手段和防护措施，告知公众在事发后第一时间如何迅速做出反应，如何开展自救、互救”，这是“知其然”。但“灾”只是突发事件中一种，实际上，除自然灾害、事故灾难外，近年来我国频发的突发事件还包括众多社会安全类、公共卫生类事件，如反对 PX（对二甲苯）化工厂建设、垃圾焚烧厂建设等群体性事件中，其所需的应急科普就需更多做到“知其所以然”，让公众了解其中的科学原理、认同相关科学观点，才能避免危机升级。

（二）要恰当把握应急科普的关键时间节点

借鉴斯蒂文・芬克（Steven Fink）的危机阶段分析理论[85]，在危机的四个阶段（危机潜伏期、危机突发期、危机蔓延期、危机解决恢复期）均需要应急科普的介入，但侧重点有所不同。危机潜伏期的应急科普可以使各方能提前掌握所需知识，危机到来时临阵不乱，科普重点应当尽可能全面，重在应急准备。突发事件出现后，如前文对公众应急科普信息需求的分析，在飓风登陆当天及次日，相关科学知识搜索量最高。也有学者认为此时公众对科学知识的强烈需求可以使应急科普效果达到最佳[86]。此时的应急科普则应集中在最为相关的核心领域，如飓风事件中的风力路径、地震事件中的余震避震、安全事故中的自救援助等。在危机蔓延期和解决恢复期，除继续提供危机应对直接相关的科学知识外（如飓风“哈维”中如何避免洪水污染、怎样在清理房屋时确保健康安全等），还应注意对事件中涉及的科学知识进行系统性回顾，无论对政府、专家还是公众来讲，都是进一步减少损失、总结经验教训的必要步骤。如《纽约时报》就在飓风“哈维”降至热带低气压、几乎不存在威胁后，还发表了《休斯顿面临紧急任务：移走堆积如山的风暴残留碎片》（9 月 7 日）、《美国环保署负责人暴风过后再讨论气候变化显得有些迟钝》（9 月 12 日）、《我们测试了休斯敦的水质》（9 月 13 日）等文章。

美国哥伦比亚大学达特新闻与创伤中心（Dart Center for Journalism and Trauma）总结了飓风报道各阶段要点，如下表所示[87]，此框架与应急科普需要注意的关键时间节点及科普重点亦有相似之处。

飓风报道各阶段要点

飓风临近时	1)在灾害来临前,记者应准备好救灾机构工作人员的联系信息,如电子邮件、手机号等。最好提前抽空与之建立密切的联系,因为灾难发生后没有充足的时间让记者去建立联系。 2)确保手机、笔记本电脑的电量充足,各种记录设备运转正常。 3)留取适量现金随身备用,以防受灾地的银行、ATM 关闭。 4)准备好应急包,通常应包括手电筒、电池、瓶装水、食物和纸巾等。 5)借助美国国家飓风中心(NHC)的门户网站实时追踪风暴路径。 6)有条件的新闻机构应建立安全室供记者驻扎,备好照明、通风、发电及通讯设备,记者应远离窗户。
飓风袭来时	1)尽量留在安全的地方直到危险过去,避免不必要的风险;不要站在积水中报道,以免触电。 2)如确有驻扎现场的需要,记者应紧跟救灾机构以确保得到有关飓风的最新消息;暴风袭来时应在高处观察、报道。 3)一旦得到准确消息,无论何时都应发推或发微博,无须等到信息完整——这也正是社交媒体的优势,可以实时向人们传达信息。
飓风过境后	1)及时向救灾机构获取并确认飓风造成的损失与伤亡情况,以及能源供应、路况、学校关停等信息;尽管一些信息看似很普通,但读者有知情权,同时这也向人们传递生活正在恢复正常的信号。 2)将政府官话和专业术语等转化成便于大众理解的内容,不要害怕去询问官方——如果记者都不能搞明白,读者更无法理解。 3)出于人性关怀,采访飓风的亲历者时应考虑其心理准备;采访时应避免过于严肃,也不应表现得过于同情,采访态度需要折中处理。 4)巧寻报道角度,设身处地思考飓风亲历者的信息获取需求。例如,在飓风过境后,医院也遭受了洪灾,医疗记录可能会受损,因此可从医疗档案的重建切入,探讨医疗记录电子化的重要性。

(三)要明确应急科普的主体及其权责

实际上,政府、媒体、专家、机构、公众都可以身兼传播主体与对象的双重角色,这种框架下的应急科普更明显区别于传统以政府为主导的“科普”模式,更倾向于科学传播三阶段论中的第三阶段,即公众参与的科学传播模式。

首先,政府是应急管理的决策者,也是应急科普有效实施的协调者。从应急科普所需的各类制度保障、政策支持、资源整合,再到具体实施,都需要政府支持配合。在突发性公共事件发生的不同阶段,政府所扮演的具体角色有所不同,如事前是“观察家”和公共危机意识的“培训师”;事中是各类信息的发布者和各种关系的协调者,事后则是修复自身形象和抚慰公众心理的恢复者,并重新回归“观察家”的角色[88]。

其次,媒体是应急科普信息有效传播的重要渠道,也是打通决策者、专家和公众的重要桥梁。相较常规报道和日常科学新闻而言,突发事件中涉及应急科普的报道对媒体机构和记者个体均提出了更高要求。无论是有严格编发流程的传统媒体还是各种新媒体平台上的自媒体,在紧急情况下都需更强调科普信息的针对性、知识细节的准确性和话语表达的易读性。

再次,专业机构和专家是应急科普的重要信息来源,这是社会的需要,也是科学家的责任。如早在1985年,英国皇家学会就专门发布《公众理解科学》报告,其中要求"每一位科学家必须清楚地认识到,促使公众理解科学是其职业责任",因为"如果公共税收支持了科学训练和科学研究,那么科学家也有责任向纳税人解说科学"[89]。这在应急科普领域更是如此。在紧急情况下,唯有具备相关知识背景和领域专长的专业机构或科学家才能保证应急信息的准确性与合理性。但由于近年来公众对科学家和政府结论越来越缺乏信任[90],加之中国科学家长期以来欠缺与媒体和公众交流的意识和能力[91],"专家"一词一度被污名化。尽管如今在各级各地科协和果壳网、科学松鼠会等民间组织的共同努力下有所改善,但重建信任、实现平等互动的公众参与科学,仍是任重道远。

最后,公众是应急科普最主要的对象,即应急科普信息终端。在突发事件中,不同群体对待应急科普的态度会有差异,如部分公众会主动搜寻相关风险信息及科学依据以便尽早决策,部分公众仅被动接收政府公告或媒体报道等信息,部分公众甚至会逃避面对对自己不利的风险信息[92][93]。然而,公众的应急防范能力和应对水平是突发事件处理成败的关键因素之一,普通公众应当有义务以积极的态度应对危机,并且只有具备一定的应急科学知识基础,才能在确保自身安全的同时尽力帮助他人。

注释

[1]常红. 社会蓝皮书:每年各种群体性事件多达数万起[N/OL]. 人民网,2012-12-18, http://society.people.com.cn/n/2012/1218/c1008-19933666.html.

[2]李培林,陈光金,张翼. 社会蓝皮书:2017年中国社会形势分析与预测[M]. 北京:社会科学文献出版社,2016.

[3] NOAA National Centers for Environmental Information (NCEI) U.S. Billion-Dollar Weather and Climate Disasters (2017). https://www.ncdc.noaa.gov/billions/.

[4]朱登科. 突发公共事件中网络媒体应急科普的作用分析——以人民网、

新浪网对汶川地震、甲型 H1N1 流感相关报道为例[J]. 科技传播,2010(2):226—229.

[5]石国进. 应急条件下的科学传播机制探究[J]. 中国科技论坛,2009(2):93—97.

[6]中国科协. 抗震救灾中的应急科普——科普专家王渝生、苏青访谈[EB/OL]. [2012-07-15]. http://210.14.113.38:9080/asop/login.asop? titleId=95.

[7]刘彦君,吴玉辉,赵芳,刘如,李荣. 面向突发公共事件舆论引导的应急科普机制构建的路径选择——基于多元主体共同参与视角的分析[J]. 情报杂志,2017(3):74—78.

[8]董泽宇. 突发事件应急教育初探[J]. 中国减灾,2014(10):48—50.

[9]翟立原. 应急科普重在体验[J]. 中国科技教育,2008(7):25—28.

[10]中国科普研究所. 中国科协十二五规划应急科普能力建设研究报告[EB/OL]. [2013-02-20]. http://www.cast.org.cn/n35081/n12288643/12609160.html.

[11]石国进. 应急条件下的科学传播机制探究[J]. 中国科技论坛,2009(2):93—97.

[12]Zhang Y, Liu X, Li Z. Role of Chinese Scientists in Important Emergencies[C]//Technology Management for Emerging Technologies (PICMET), 2012 Proceedings of PICMET'12:. IEEE, 2012: 80—84.

[13] Covello V T, von Winterfeldt D, Slovic P. Communicating Scientific Information about Health and Environmental Risks: Problems and Opportunities from a Social and Behavioral Perspective[M]//Uncertainty in Risk Assessment, Risk Management, and Decision Making. Springer, Boston, MA, 1987: 221—239.

[14]韦旭. “PX 事件”对建立“科普发言人”制度的启示[J]. 科协论坛,2014(7): 27—29.

[15] Marlon, J. R., Rosenthal, S., Feinberg, G., Pal, S. and Leiserowitz, A. (2015). Hurricane Attitudes of Coastal Connecticut Residents: A Segmentation Analysis[J]. Yale University. New Haven, CT: Yale Project on Climate Change Communication, 2015.

[16] Liu B F, Fraustino J D, Jin Y. Social Media Use During Disasters: How Information form and Source Influence Intended Behavioral Responses[J]. Communication Research, 2016, 43(5): 626—646.

[17]郭倩,郝勇. 突发性自然灾害应急科普模式的发展趋势研究[J]. 科技

传播.2014(5):127.

[18]徐硕强,张红方. 科学普及“嵌入”社会热点事件的模式研究[J]. 科普研究,2012(2):16—21.

[19]姜秀慧,邢娟娟. 公众应急知识宣传与教育需求问卷调查研究[J]. 中国安全生产科学技术,2012(11):196—199.

[20]董泽宇. 论突发事件应急教育的作用,内容与形式[J]. 城市与减灾,2014(3):25—27.

[21]Yates D, Paquette S. Emergency Knowledge Management and Social Media Technologies: A Case Study of the 2010 Haitian Earthquake[J]. International Journal of Information Management, 2011, 31(1): 6—13.

[22] Jennex M E. Implementing Social Media in Crisis Response Using Knowledge Management[J]. Managing Crises and Disasters with Emerging Technologies: Advancements: Advancements, 2012, 216.

[23] Paton D. Disaster Preparedness: A Social – cognitive Perspective[J]. Disaster Prevention and Management: An International Journal, 2003, 12(3): 210—216.

[24] Paton D, Johnston D. Disasters and Communities: Vulnerability, Resilience and Preparedness[J]. Disaster Prevention and Management: An International Journal, 2001, 10(4): 270—277.

[25] Demir I, Krajewski W F. Towards an Integrated Flood Information System: Centralized Data Access, Analysis, and Visualization[J]. Environmental Modelling & Software, 2013, 50: 77—84.

[26] Mani L, Cole P D, Stewart I. Using Video Games for Volcanic Hazard Education and Communication[J]. Natural Hazards and Earth System Sciences, 2016, 2016: 1—1.

[27] Mossoux S, Delcamp A, Poppe S, et al. Hazagora: Will You Survive the Next Disaster? – A Serious Game to Raise Awareness about Geohazards and Disaster Risk Reduction[J]. Natural Hazards and Earth System Sciences, 2016, 16(1): 135—147.

[28] Casteel M A, Downing J R. Assessing Risk Following a Wireless Emergency Alert: Are 90 Characters Enough? [J]. Journal of Homeland Security and Emergency Management, 2016, 13(1): 95—112.

[29] Liu, B. F., Wood, M. M., Egnoto, M., Bean, H., Sutton, J., Mileti, D., & Madden, S. Is a Picture Worth a Thousand Words? The Effects of Maps and

Warning Messages on how publics respond to disaster information[J]. Public Relations Review.

[30] Burigat S, Chittaro L. Passive and Active Navigation of Virtual Environments vs. Traditional Printed Evacuation Maps: A Comparative Evaluation in the Aviation Domain[J]. International Journal of Human - Computer Studies, 2016, 87: 92—105.

[31] Merchant R M, Elmer S, Lurie N. Integrating Social Media into Emergency - preparedness Efforts[J]. New England Journal of Medicine, 2011, 365(4): 289—291.

[32]林坚. 科技传播的结构和模式探析[J]. 科学技术与辩证法,2001(4):49—56.

[33]刘伟. 西方发达国家公共危机教育的主要特征及其启示[J]. 中州学刊,2013(2):10—14.

[34]Parmer J, Baur C, Eroglu D, et al. Crisis and Emergency Risk Messaging in Mass Media News Stories: Is the Public Getting the Information they need to Protect Their Health? [J]. Health Communication, 2016, 31(10): 1215—1222.

[35] Hogan Carr R, Montz B, Maxfield K, et al. Effectively Communicating Risk and Uncertainty to the Public: Assessing the National Weather Service's Flood Forecast and Warning Tools[J]. Bulletin of the American Meteorological Society, 2016, 97(9): 1649—1665.

[36] Hyer R N, Covello V T. Effective Media Communication During Public Health Emergencies: A WHO Field Guide[M]. World Health Organization, 2007.

[37] Covello, V., von Winterfeldt, D., and Slovic, P. Risk Communication: Background Report for the National Conference on Risk Communication[R]. Washington, D. C.: Conservation Foundation, 1986.

[38] MacPherson - Krutsky, C. HazardReady - a geographically Based Natural Hazard Education and Preparedness Web Application[M]. M. S. Professional Paper, University of Montana, Missoula, Montana, 2016: 73.

[39]胡莲翠. 突发公共卫生事件中应急科普作用研究[D]. 安徽医科大学硕士学位论文,2016.

[40]刘波,王海波,任珂. 突发和重大天气气候事件应急科普机制研究[J]. 科技传播,2017(18):106—107.

[41]林兆彬. 建立突发公共事件中应急科普体系的思考[A]. 中国科普理论

与实践探索——公民科学素质建设论坛暨第十八届全国科普理论研讨会论文集,2011.

[42]邱成利. 加强我国科普能力建设的若干思考与建议[J]. 中国科技资源导刊,2016(5):81—86.

[43]莫英杰,吴贯锋,姚卫蓉等. 我国食品安全应急科普的现状与分析[J]. 中国食品学报,2012(1):153—159.

[44]Ren, F. , & Zhai, J. (2013). Communication and Popularization of Science and Technology in China. Springer Science & Business Media, 123.

[45]褚建勋,陆阳丽. 论科技工作者在应急科普中的作用缺失——以上海"11·15"重大火灾为例的危机三阶段分析[A]. 中国科普理论与实践探索——公民科学素质建设论坛暨第十八届全国科普理论研讨会论文集,2011.

[46]张靖,陈朝晖. 图书馆参与应急科学传播服务的现状与思考[J]. 图书馆情报,2014(6):58—62.

[47]高畅,刘彦君,贾明慧. 从"科学家与媒体面对面"活动看北京市突发事件应急科普机制的建立[J]. 科技智囊,2015(4):74—79.

[48]伍涛,高英波. 政府与媒体联手打造应急管理科普宣教新模式——湖北卫视《冲出危机》节目成为电视版"公共安全手册"[J]. 中国应急管理,2012(7):48—49.

[49]林涛,林毓铭. 美国应急教育的借鉴与启示[J]. 中国应急管理,2012(2):51—55.

[50]程芳芳. 中美应急管理体系与科技支撑的现况及比较研究[D]. 硕士学位论文. 广州:暨南大学,2011.

[51]胥彦,吴群红,林婷,尚积伟. 国外突发公共卫生事件应急培训策略选择及对我国的借鉴[J]. 中国卫生经济,2009(5):36—39.

[52]纪新青.3·11 日本地震对中国公共危机教育的启示[J]. 理论界,2011(6):180—182.

[53]Samenow, J. 60 inches of rain fell from Hurricane Harvey in Texas, shattering U. S. storm record[N/OL]. The Washington Post. 2017 - 09 - 22. https://www. washingtonpost. com/news/capital - weather - gang/wp/2017/08/29/harvey - marks - the - most - extreme - rain - event - in - u - s - history/? hpid = hp_rhp - top - table - main_extreme - weather - 1245pm% 3Ahomepage% 2Fstory&utm_term =. bcb3469bf64c.

[54] Ingraham, C. Houston is experiencing its third '500 - year' flood in 3

years. How is that possible? [N/OL] The Washington Post. 2017 - 08 - 29. https://www.washingtonpost.com/news/wonk/wp/2017/08/29/houston - is - experiencing - its - third - 500 - year - flood - in - 3 - years - how - is - that - possible/? utm_term =. 4ce6fed75512.

[55] Dottle, R., King, R., & Koeze, E. Hurricane Harvey's Impact — And How It Compares To OtherStorms [EB/OL]. 2017 - 08 - 02. https://fivethirtyeight.com/features/hurricane - harveys - impact - and - how - it - compares - to - other - storms/.

[56] Copse y, T. As Hurricane Harvey recedes, US must do more thanrebuild [EB/OL]. 2017 - 08 - 31. https://www.chinadialogue.net/blog/10031 - As - Hurricane - Harvey - recedes - US - must - do - more - than - rebuild/en.

[57] Philipps, D. Lessons From Hurricane Katrina Helped in Houston[N]. The New York Times. 2017 - 09 - 08.

[58] 休斯顿市长办公室/紧急事务管理署. 灾难防备指南[R/OL]. http://houstontx.gov/oem/pages/preparedness/publications/disaster - preparedness - guide/Chinese.pdf

[59] FEMA. 飓风过后确保儿童安全情况简报[R/OL]. https://www.fema.gov/media - library - data/1504480296172 - a1ce9857790f1e5a33854f8e7514fea2/Keeping_Children_Safe_after_Harvey_8_30_CHINES.pdf.

[60] Marshal, S. Why Quartz does not publish 500 to 800 word articles[EB/OL]. 2013 - 10 - 25. https://www.journalism.co.uk/news/ - smartden - why - quartz - does - not - publish - 500 - to - 800 - word - articles/s2/a554444/.

[61] D'Angelo, C. Hurricane Harvey Is Testing Our Ability To Communicate Natural Disaster Risks[N/OL]. 2017 - 08 - 30. https://www.huffingtonpost.com/entry/hurricane - harvey - communication - weather - disasters _ us _59a41f8ae4b0821444c4a4ba.

[62] Franklin, J. The National Hurricane Center's communication during Irma was not a problem[N/OL]. 2017 - 10 - 04. https://www.washingtonpost.com/news/capital - weather - gang/wp/2017/10/04/the - national - hurricane - centers - communication - during - irma - was - not - a - problem/? utm_term =. 920ded8489e6.

[63] Global Warming and Hurricanes[R/OL]. Geophysical Fluid Dynamics Laboratory. https://www.gfdl.noaa.gov/global - warming - and - hurricanes/.

[64] The White House. Presidential Executive Order on Establishing Discipline and Accountability in the Environmental Review and Permitting Process for Infrastructure[EB/OL]. 2017 - 08 - 15. https://www.whitehouse.gov/the-press-office/2017/08/15/presidential-executive-order-establishing-discipline-and-accountability.

[65] Moran, K P. Report on Hurricane Katrina[R/OL]. 2005 - 09 - 07. https://apps.fcc.gov/edocs_public/attachmatch/DOC-260895A1.pdf.

[66] FCC. Communications Status Report for Areas Impacted by Tropical Storm Harvey[R/OL]. 2017 - 08 - 27. https://apps.fcc.gov/edocs_public/attachmatch/DOC-346369A1.pdf.

[67] Silverman, L. Facebook, Twitter Replace 911 Calls For Stranded In Houston[N/OL]. 2017 - 08 - 28. https://www.npr.org/sections/alltechconsidered/2017/08/28/546831780/texas-police-and-residents-turn-to-social-media-to-communicate-amid-harvey.

[68] Francisco Sánchez. Letter: 15 - 91 and 15 - 94 - Wireless Emergency Alerts[EB/OL]. https://ecfsapi.fcc.gov/file/1071068050241/FCC_ExParteLetter-SIGNED_7-10-17.pdf.

[69] Romm, T. Before Hurricane Harvey, wireless carriers lobbied against upgrades to a national emergency alert system[EB/OL]. 2017 - 08 - 26. https://www.recode.net/2017/8/26/16205010/hurricane-harvey-texas-att-verizon-wireless-telecom-emergency-alert-system.

[70] NHC. Post - Tropical Cyclone Rina Public Advisory[R/OL]. http://www.nhc.noaa.gov/text/refresh/MIATCPAT4+shtml/252356.shtml.

[71] NWS[NWS]. Harvey events[Twitter Post]. 2017 - 08 - 27. https://twitter.com/NWS/status/901832717070983169.

[72] Rappaport E N. Fatalities in the United States from Atlantic tropical cyclones: New data and interpretation[J]. Bulletin of the American Meteorological Society, 2014, 95(3): 341—346.

[73] FEMA. National Business Emergency Operations Center[EB/OL]. https://www.fema.gov/nbeoc.

[74] EPA. Emergency Operations Center[EB/OL]. https://www.epa.gov/emergency-response/emergency-operations-center.

[75] CDC. Emergency Operations Centers: CDC Emergency Operations Center

(EOC)[EB/OL]. https://www.cdc.gov/phpr/eoc.htm.

[76] CDC. Zika Communication Toolkits[EB/OL]. https://www.cdc.gov/zika/comm-resources/toolkits.html.

[77] 谢起慧，汤书昆，褚建勋. 美国政府危机应对中的社交媒体使用分析[J]. 中国应急管理，2015(3):38—44.

[78] Virtual Social Media Working Group and DHS First Responders Group. Virtual Social Media Working Group Fact Sheet[R/OL]. 2013.02.26. https://www.dhs.gov/publication/virtual-social-media-working-group.

[79] Virtual Social Media Working Group and DHS First Responders Group. Social Media Strategy[R/OL]. 2012-01. https://www.dhs.gov/publication/vsmwg-social-media-strategy#.

[80] Virtual Social Media Working Group and DHS First Responders Group. Next Steps: Social Media for Emergency Response[R/OL]. 2012-01. https://www.dhs.gov/publication/vsmwg-next-steps-social-media-emergency-response.

[81] DHS Science and Technology Directorate. Virtual Social Media Working Group Community Engagement Guidance and Best Practices[R/OL]. 2012-09-18. https://www.dhs.gov/publication/vsmwg-community-engagement-guidance-best-practices.

[82] DHS Science and Technology Directorate. Alerts and Warnings Using Social Media Project Fact Sheet[R/OL]. 2014-10-31. https://www.dhs.gov/publication/alerts-and-warnings-using-social-media-project.

[83] Virtual Social Media Working Group and DHS First Responders Group. Using Social Media for Enhanced Situational Awareness and Decision Support[R/OL]. 2014-06. https://www.dhs.gov/publication/using-social-media-enhanced-situational-awareness-decision-support.

[84] Polanyi M. The Autonomy of Science[J]. The Scientific Monthly, 1945, 60(2): 141—150.

[85] Fink, S. Crisis Management: Planning for the Inevitable[M]. American Management Association, 1986.

[86] 王大鹏. 应急科普应该前置[J]. 科学家，2014(5): 78—79.

[87] Pope, J. Covering Hurricanes: Before, During and After the Storm[EB/OL]. 2011-08-29. https://dartcenter.org/content/covering-hurricanes-before

– they – hit.

[88] 刘彦君. 应急科普研究[EB/OL]. 2013 - 6 - 29. http://www.bjstinfo.com.cn/Html/Article/20130625/1103.html

[89] The Royal Society. The public understanding of science[R]. London: SW1Y 5AG, 1985: 24.

[90] Nelkin, D. Science Controversies: The Dynamics of Public Disputes in the United States. Handbook of Science and Technology Studies, 1995: 444—56.

[91] 贾鹤鹏, 苗伟山. 公众参与科学模型与解决科技争议的原则[J]. 中国软科学, 2015 (5): 58—66.

[92] Maslow A H. The Need to Know and the Fear of Knowing[J]. The Journal of General Psychology, 1963, 68(1): 111—125.

[93] Case D O, Andrews J E, Johnson J D, et al. Avoiding Versus Seeking: The Relationship of Information Seeking to Avoidance, Blunting, Coping, Dissonance, and Related Concepts[J]. Journal of the Medical Library Association, 2005, 93(3): 353.

后　记

在《社会安全与危机管理研究》即将付梓之际，写下此篇短文，谈谈出版本书的由来。

本书是由电子科技大学公共管理学院“社会安全与危机管理研究中心”的教师集体撰写的一部学术性著作。为进一步凝练学院学科研究方向，培育建设大团队、开展大项目研究，2016 年 9 月，公共管理学院启动建设了首批八个院级研究中心，我负责申报的社会安全与危机管理研究中心就是其中之一。

我申报设立社会安全与危机管理研究中心，是基于我的研究兴趣和学院已有的研究基础。自 2003 年“非典”公共卫生事件后，我开始以危机管理作为主要的研究方向之一，10 余年来逐渐形成了一定的研究专长，也增强了研究兴趣。同时，学院还有相当多的教师直接或间接从事社会安全、危机管理等方面的学术研究，无论是研究者的规模还是研究成果数量，在学院都名列前茅。在学院加强学术团队建设政策的支持下，为了聚合学院具有共同学术志趣的教师，在社会安全与危机管理领域更好地进行学术交流与合作，形成团队研究优势，本研究中心应运而生。

社会安全与危机管理研究中心的首批核心成员近 10 人，他们具有政治学、公共管理学、法学、传播学、心理学等不同学科背景以及国际化视野，在社会安全与危机管理领域多年耕耘，积累了丰富的成果，拥有 10 余项国家级项目、30 余项省部级项目，以及众多学术论著。本研究中心成立后，我们制定了中心的建设发展计划，开展了内部的一些学术交流和研究活动。为集中展示和交流研究中心的学术成果，我们还决定有计划地出版个人专著和集体合著，本书的出版正是一次尝试。

本书所收入的八篇文章，均来源于中心成员的课题研究成果，既有结题成果也有阶段性成果。课题均为国家级或省部级课题，使文章有较高的质量基础，不仅浓缩了课题成果的精华内容，还在近期的写作修改中吸纳了新观点、补充了新材料，质量又得到进一步提升。

这八篇文章，从不同侧面反映了社会安全与危机管理研究的主题内容，既有对传统常规问题的深化研究，也有对近年来的热点问题的及时回应；既有对基础理论问题的研究，也有直面实践问题的应用性研究。在学科研究途径上，涵盖公共管理学、法学、传播学、社会学等学科；在研究方法上，综合运用规范性研究、案例研究、计量研究、实证研究等方法。

尽管我们已努力了，但本书文章仍存在一些不足。这些年我们在社会安全与危机管理领域的研究虽有一定成绩，但离实践的要求还有差距，在研究的进一步拓展和深化上还面临困难。当前，我国已进入风险社会，各种矛盾和问题愈加突出，引发社会安全与危机事件的因素增多，有许多深层次问题亟待破解，需要理论研究及时有效回应。本研究中心将紧紧跟踪理论前沿与现实重大热点问题，更加注重理论联系实际，加强对外学术交流与合作，力争多出学术精品。

本书能有幸入选人民日报出版社学术文库并顺利出版，得到了人民日报出版社的大力支持。借此机会，一并表示我们由衷的谢意。

刘智勇

2018 年 4 月